汉字文化新视角丛书

申小龙 主编

汉字思维

申小龙 等著

本丛书提出的汉字文化新视角，
基于这样一种学术理念：
语言（言）、文字（文）和视象符号（象）
三者构成了文化的核心要素和条件。
本丛书的出版，
预示着中国语言文化研究在一个世纪的
『去汉字化』的历程之后，『再汉字化』的世纪转向。
这一转向的本质就是在中国文化的地方性视界
和世界性视界融通的过程中，
重新确认汉字在文化承担
和文化融通中的巨大功用和远大前景。

山东教育出版社
·济南·

图书在版编目（CIP）数据

汉字思维/申小龙等著. —济南：山东教育出版社，2014（2024.4重印）

（汉字文化新视角丛书/申小龙主编）

ISBN 978-7-5328-7219-0

Ⅰ.①汉… Ⅱ.①申… Ⅲ.①汉字-研究 Ⅳ.①H12

中国版本图书馆CIP数据核字（2014）第025663号

HANZI WENHUA XIN SHIJIAO CONGSHU

HANZI SIWEI

汉字文化新视角丛书　　申小龙　主编

汉字思维　　申小龙　等著

主管单位：山东出版传媒股份有限公司

出版发行：山东教育出版社

地址：济南市市中区二环南路2066号4区1号　　邮编：250003

电话：（0531）82092660　　网址：www.sjs.com.cn

印　　刷：山东华立印务有限公司

版　　次：2014年5月第1版

印　　次：2024年4月第2次印刷

开　　本：787毫米×1092毫米　1/16

印　　张：31.5

字　　数：451千

定　　价：99.80元

（如印装质量有问题，请与印刷厂联系调换）印厂电话：0531-76216033

目 录

总　序

一、汉字何以成为一种文化

“汉字何以成为一种文化？”这个题目以“普通语言学”的眼光审视，暗含着一个“制度陷阱”，因为它预设了汉字的文化属性，而文字的定义——依西方文化的教诲——早已被否定了文化内涵。手头一本已经翻烂了的伦敦应用科学出版社《语言与语言学词典》（中译本）对文字的定义是：“用惯用的、可见的符号或字符在物体表面把语言记录下来的过程或结果。”也就是说，文字的存在价值仅仅是记录语言的工具。这样一个冰冷的定义让中国人显然很不舒服，它和我们传统语文对汉字的温暖感受——“咬文嚼字”、“龙飞凤舞”乃至“字里乾坤”——距离太远了！抽出我们的《辞海》，看看它对文字的定义：“记录和传达语言的书写符号，扩大语言在时间和空间上的交际功用的文化工具，对人类的文明起很大的促进作用。”这就在西方语境中尽可能照顾了中国人独有的汉字感觉。

汉字成为一种文化首先是因为汉字字形有丰富的古代文明内涵。且不说汉字构形映射物质文明的林林总总，即在思想，如《左传》“止戈为武”，《韩非子》“古者仓颉之作书也，自环者谓之私，背私谓之公”，字形的分析总是一种理论的阐释，人文的视角。姜亮夫先生说得好：“整个汉字的精神，是从人（更确切一点说，是人的身体全部）出发的。一切物质的存在，是从人的眼所见、耳所闻、手所触、鼻所嗅、舌所尝出的（而尤以‘见’为重要）。……画一个物也以人所感受的大小轻重为判。牛羊虎以头，人所易知也；龙凤最详，人所崇敬也。总之，它是从人看事物，从人的官能看事物。”[1]我们可以说汉字的解析从一开始就具有思想史和文化史的意义，而不仅仅是纯语言学的意义。

汉字成为一种文化又因为汉字构形体现了汉民族的文化心理，其结构规则甚至带有文化元编码性质，这种元编码成为中国人各种文化行为的精神理据。汉字在表意的过程中，自觉地对事象进行分析，根据事象的特点和意义要素的组合，设计汉字的结构。每一个字的构形，都是造字者看待事象的一种样式，或者说是造字者对事象内在逻辑的一种理解，而这种样式的理解，基本上是以二合为基础的。也说是说，汉字的孳乳，是一个由“一”到“二”的过程，由单体到合体的过程，这正体贴了汉民族“物生有两”、“二气感应”、“一阴一阳谓之道”的文化心理。

汉字的区别性很强的意象使汉字具有卓越的组义性。莱布尼茨曾说汉语是自亚里士多德以来西方世界梦寐以求的组义语言，而这一特点离不开表意汉字的创造。在汉语发展中大量的词语组合来自汉字书面语的创新，由此大大丰富了汉语书面词汇。组义使得汉字具有了超越口语的强大的语言功能。饶宗颐曾说：“汉人是用文字来控制语言，不像苏美尔等民族，一行文字语言化，结局是文字反为语言所吞没。”[2]他说的正是汉字极富想象力且灵活多变的组义性。难怪有人说汉字就像“活字印刷”，有限的汉字可以无限地组合，而拼音文字则是“雕版印刷”了。比较一下“鼻炎”与“rhinitis”，我们就可以体会组义的长处。《包法利夫人》中，主人公准备上医学院了，却站在介绍课程的公告栏前目瞪口呆：anatomy, pathology, physiology, pharmacy, chenistry, botany, clinical practice, therapeutics, hygiene and materia medica。一个将要上大学的人，对要学的专业居然“一字不识”，这样的情节在中国人听来匪夷所思。

[1] 姜亮夫：《古文字学》，浙江人民出版社1984年版，第69页。

[2] 饶宗颐：《符号、初文与字母——汉字树》，上海书店出版社2003年版，第183页。

汉字成为一种文化，更在于汉字的区别性很强的表意性使它具有了超方言的“第二语言”作用，维系了中华民族的统一。汉字的这一独特的文化功能，其重要性怎么强调也不为过。索绪尔晚年在病榻上学习汉字，明白了“对汉人来说，表意字和口说的词都是观念的符号；在他们看来，文字就是第二语言。在谈话中，如果有两个口说的词发音相同，他们有时就求助于书写的词来说明他们的思想。……汉语各种方言表示同一观念的词都可以用相同的书写符号。”[1] 汉字对汉语“言语异声”的表达进行观念整合，达到“多元统一”。这样一种“调洽殊方，沟贯异代”（钱穆语）的功能，堪称“天下主义”！一位日本友人说，外国人讲日语，哪怕再流畅，日本人也能发现他是“外人”。而她走遍了中国大地，中国人并不在意她的口音——在西北，有人以为她是南方人；在北方，有人以为她是香港人或台湾人；而在南方，人们则以为她是维族人。中文“四海之内皆兄弟”的观念整合性，在这位日本人看来，与英文相似，是天然的世界语（当然，汉字的“世界性”和拼音文字的世界性，涵义是不一样的）。汉字的观念整合性，一方面自下而上，以极富包容性的谐音将汉语各方言文化的异质性在维护其“言语异声”差别性的同时织入统一的文化经纬，另一方面又自上而下，以极富想象力的意象将统一的文化观念传布到九州方域，凝聚起同质文化的规范和力量。由此我们可知，汉字本质上是一种意识形态的建构，是中华文化的深层结构。正如柏杨所说：“中华字像一条看不见的魔线一样，把言语不同，风俗习惯不同，血统不同的人民的心声，缝在一起，成为一种自觉的中国人。”[2]

与汉字的观念整合性相联系的，是汉字的谐音性使地方戏曲有了生存空间。汉字的观念整合走意会的路径，不涉音轨，客观上宕开了方音艺术的生存天地。在汉字的语音包容下，汉语各方言区草根性的戏文唱腔与官话标准音“你走你的阳关道，我过我的独木桥”，相安无事，中国几百种地方戏曲源远流长，由此形成西方拼音文化难以想象的异彩多

[1] 索绪尔：《普通语言学教程》，商务印书馆1980年版，第51页。
[2] 柏杨：《中国人史纲》上，中国友谊出版社1998年版，第472页。

姿。汉字保护了方言文化生态多样性，也就保护了中国各地方文化的精神认同和家园意识。当然，这种保护是有代价的，即方言尤其是中原以外的方言及其戏曲，不再具有汉字的书写性，从而不再在中华“雅文化”或者说主流文化中具有话语权。

汉字作为一种文化，在汉民族独特的文学样式中得到了淋漓尽致的体现。在这里，与其说是汉字记录了汉文学，毋宁说是汉字创造了汉文学的样式。在文字产生前的远古时代，文化的传承凭记忆而口耳相传。为便于记诵，韵文形式的歌舞成为一种“讲史”的仪式。闻一多解释“诗言志”之古义即一种历史叙事。然而，随着社会生活的复杂化，“韵文史”渐渐不堪记忆和叙事之重负，西方产生了散文化的叙事诗，而中国却是诗歌在与散文的“混战”中“大权旁落”，淡出讲史的领域，反过来强化其诗性功能。在这一过程中，汉字起了十分关键的作用。复旦大学的张新教授在多年前就颇有见地地指出：“文字的肌理能决定一种诗的存在方式。”一方面，“与西方文字相比，中国文字具有单音的特点。单音易于词句整齐划一。‘我去君来’，‘桃红柳绿’，稍有比较，即成排偶。而意义排偶与声音对仗是律诗的基本特征。”西方艺术虽然也强调对称，但“音义对称在英文中是极其不易的。原因就在英文是单复音错杂”。另一方面，“中西文法不同。西文文法严密，不如中文字句构造可以自由伸缩颠倒，使句子对得工整”。张新认为，“中国文字这种高度凝聚力，对短小的抒情能胜任，而对需要铺张展开描述的叙事却反而显得太凝重与累赘。所以中国诗向来注重含蓄。所谓练字、诗眼，其实质就是诗人企望在有限的文字中凝聚更大的信息量即意象容量。”[1]在复旦大学的“语言与文化”课上，一位2003级新闻系同学对汉语是什么的回答，此时听来更有体会：汉语是炫目的先秦繁星，浩渺的汉宫秋月；是珠落玉盘的琵琶，“推”、“敲”不定的月下门，“吹”、“绿”不定的江南岸；是君子好逑的《诗经》，魂兮归来的《楚辞》；是千古绝唱的诗词曲赋，是功垂青史的《四库全书》……

---

[1] 张新：《闻一多猜想——诗化还是诗的小说化》，《中西学术》第一辑，学林出版社1995年版。

汉字何以成为一种文化？我们还可以有更多的回答：汉字记载了浩瀚的历史文献，汉字形成了独特的书法和篆刻艺术，汉字具有很强的民间游戏功能，等等。一旦我们用新的视角审视这个历久常新的问题，我们就会从中找到中西语言文字、中西文化、中西学术的根本分野。此时，我们完全可以重新为汉字定义：汉字是汉民族思维和交际最重要的书面符号系统。

二、从去汉字化到再汉字化

中国独特的人文传统有三个通融性：

其一是小学（语言文字学）与经学的通融。许慎强调想接续历史传统、读懂儒家典籍，就必须对汉字的形音义关系进行正本清源，字义明乃经义明，小学明乃经学明，强调汉字是“经艺之本”：盖文字者，经艺之本，王政之始，前人所以垂后，后人所以识古。故曰“本立而道生”……（许慎《说文解字序》）许慎的“本立而道生”实际上借助字学（小学）建立了经学与识古（史学）之间的同构关系，消解了典籍散佚所带来的历史认同危机。经学建立的记载阐释历史的模式得以延续。

其二是经学内部表现为文史哲的通融。苏轼说：“天下之事，散在经、子、史中，不可徒得。必有一物以摄之，然后为已用。所谓一物者，‘意’是也。”（宋葛立方《韵语阳秋》）在我们看来，这“意”，就是汉字元编码为传统文史哲提供了统一的思想资源和表述方式。因此清代经学家章学诚在其《文史通义》开卷便宣称“《六经》皆史也”。经、史之所以相通，实际上基于汉字的表意思维或元编码：表意汉字既是一种对事实的照录（“史”的方式），又是一种对世界的形象表达（“文”的方式），还是一种对现实独特的认知方式（“哲”的方式）。文史哲的通融，实为汉字表意性元编码的体现。

其三是小学内部表现为语言与文字、书写文本与非书写文本的通融。我们分别表述为字词通融和名物通融。首先看字词通融：汉字倾向于使自身成为一个有意义的符号来记录汉语的语符（语素或词），这要求汉字保持一个有意义的形体、一个音节、一个词义三位一体。这种对应使得汉字的字义与词义、字形与词形之间难分难舍，呈现一种跨界、整体通融性，体现了汉字与汉语独特的既分离又统一的张力关系。再看名物通融：从言文关系看，汉字代表的是一个语言概念单位，而从名物关系看，汉字对应的则是一个现实物，这就要求汉字对现实物具有形象描摹性即绘画性特征。如“仙”这个简化字，字面义是用“山中之人”的意象去表达某个现实物的。汉字的这种意象性打通了书写与绘画、书写与物象的界线。这种书写与非书写之间的越界，进一步造就了汉字书法、文人画这样的书写编码与非书写图像编码相通融的文化景观。

这三个通融显示了汉字在中国学术传统中的本位性。“本立而道生”，说明汉字不仅是汉文化的载体和存在基础，也是中国语文得以建构的基本条件。

中国语言学的科学主义转型主要发生在“五四”前后的新文化思潮。该思潮引进了西方语言中心主义的立场，把文字看作是单纯的记录口语、承载语言的科学工具，因此将是否有效地记录语言和口语看作是文字优劣的唯一标准。根据此标准，远离口语的汉字成为五四新文化运动先驱们的众矢之的。废除汉字、提倡文字拉丁化和白话文，进而对中国传统文化进行颠覆，这成为“五四”时代的主流思潮。我们将这种思潮称之为“去汉字化”运动。此后直到上个世纪80年代，“去汉字化”一直是中国学术和文化界的主流意识形态。80年代起，去汉字化所造成的传统断层越来越受到关注和批评。不断有学者强调写意的汉字与写音的字母之间的文化差异，认为汉字是独立于汉语的符号系统，要求对汉语、汉字文化特性重新评估，提出艺术、文学创作的“字思维”或汉字书写原则，而中西文化的差异在于“写”和“说”、“字”和“词”。对去汉字化和全盘西化的批判，越来越表现出回归汉字的情绪，“再汉字化”思潮初露端倪。

上个世纪八九十年代的文化语言学，是“再汉字化”思潮的先声。文化语言学把语言学看作是一种人学，把汉语言文字看作汉文化存在和建构的基本条件。作为中国现代语言学中以陈望道、张世禄、郭绍虞等前辈学者为代表的本土学派的研究传统的继续，文化语言学强调汉字汉语独特的人文精神，强调建立具有中国特色的语言学，在文史哲融通的大汉字文化格局中研究汉语，尤其注重汉语中的语文精神即汉字所负载的传统人文精神的研究。郭绍虞是最早提出汉语的字本位性的学者，文化语言学派继承了这一传统，并在进入21世纪后逐渐汇通中国社会科学诸领域，进一步形成文化批判和文化建设两大主题。

文化批判方面的思考主要有：批评五四以来汉语研究的西方科学主义立场（申小龙，1989、1998、2003），五四以来现代汉语研究是“印欧语的眼光”（徐通锵，1998），将五四以来的新文化运动归结为“去汉字化运动”（孟华，2004），五四以来中国学术在西方文论面前患了“失语症”（曹顺庆，1996），五四白话文运动过于强调语言的断裂性，要对20世纪以来的中国文化走向进行重估（郑敏，1998），反思现当代文学中的“音本位”和“字本位”思潮（郜元宝，2002），对八九十年代出现的以汉字本位为特征的“母语写作”思潮进行总结（旻乐，1999），《诗探索》从1995年第2期起开辟专栏，发表了大量有关“字思维”的文章。有论者认为，关于母语思维与写作的讨论，“将是我们在21世纪的门槛前一次可能扭转今后中华文化乾坤的大讨论（郑敏语）”。

文化建设方面的思考主要有：强调汉字对汉语的影响及汉语的字本位性质，提出文化语言学理论、汉字人文精神论（申小龙，1988、1995、2001）；提出字本位语言理论（徐通锵，1992、1998；苏新春，1994；潘文国，2002）；提出或倡导文学的“字思维”原则（汪曾祺，1989；石虎，1995；王岳川，1996）；提出汉字书写的“春秋笔法”是中国学术的话语模式（曹顺庆，1997）；中国经学是“书写中心主义”（杨乃乔，1998）；提出以汉字和汉语的融合为特征的“语文思维”概念（刘晓明，2002）；提出中西文化的差异在于“写”和“说”、“字”和“词”（叶秀山，1991）；提出汉字是华夏文明的内在形式，强调汉字与汉语的关系既是汉语的最基本问题，也是汉文化的基本问题（孟华，2004）。

“再汉字化”思潮或中国学术的“汉字转向”的核心问题是汉字与

汉语、汉字与汉文化的关系以及汉字在这种关系中的本位性。

中国历史上重大的文化和学术转型都是围绕汉字问题展开的，抓住这一点，中国学术和中国思想史的许多根本问题就会迎刃而解。而在西方国家，由于使用拼音文字，西方学术界普遍将文字看作是语言的工具，文字学甚至不是语言学内部的独立学科。国内学术界自五四新文化运动以来引进了一种西方语音中心主义的文字学立场，将汉字处理为记录汉语的工具，汉字的性质取决于它所记录的汉语的性质，汉字独立的符号性及其所代表深厚的人文精神被严重忽视。重新评估汉语言文化的汉字性问题就是文化语言学的“再汉字化”立场。它不是简单地对传统语文学的肯定和回归，而是要求重新估价汉字在汉语言、文学、文化研究中的核心地位及其利弊，以实现中国学术与西方学术的差别化和对话：一方面使自己成为西方学术的一个有积极建设意义的“他者”，同时又使西方学术成为中国学术的积极发现者。因此，中国学术21世纪面临一个“汉字转向”的问题：汉语和汉文化的可能性是建立在汉字的可能性基础上的，这是中国学术，包括汉语言、文学、历史、哲学、文化存在的基本条件。这种“再汉字化”立场，是中国文化语言学为世界学术所贡献出的最为独特的东方理论视角。

“再汉字化”转向，也顺应了世界学术的大趋势。当代世界学术经历了两个重要的转向：一是语言学转向，二是文字学或图像转向。

所谓语言学转向，主要表现在文史哲诸人文领域开始思考世界存在的条件是建立在语言的可能性基础上的，文学、史学、哲学都开始关注语言问题，并从语言学那里吸取方法论立场。复旦大学的文化语言学在80年代举起了中国学术语言学转向的大旗，其语言文化哲学思想在中国哲学界、文学界等人文学科领域均产生了重大影响。

所谓的文字学转向，一般认为肇始于法国哲学家德里达的解构主义哲学。他的“文字”概念是广义的，泛指一切视象符号，如图像、雕塑、表演、音乐、建筑、仪式等等，当然也包括汉字、拉丁字母这样的狭义文字。德里达的基本观点是，现实、知识、真理和历史的可能性是建立在“文字”的可能性基础上的。因此，文史哲在考虑自己研究对象的存在条件时，由对其语言性的思考再进一步转向对语言、文字、图像三者关系性的思考。因为现实、历史和知识不仅仅是以语言为存在条件的，文字、图像也同等重要（在今天的“读图时代”尤其如此）而且更易被忽视。在世界文化格局中，汉字是一种极为独特的符号系统，它处在语言和图像中间的枢纽位置，它既具有图像符号的视觉思维特性，又具有语言之书写符号的口语精神。中国文化的汉字本位性一方面抑制了中国传统文化的图像思维，又抑制了汉语方言的话语精神，汉字自身替代了图像、话语，成了中华民族历史、文学、知识、思维、现实存在的最基本条件。这就是汉字的“本位性”问题。该问题构成了中国学术、中国文化最核心和最基本的问题，学术界和文化界对该问题的觉醒和重新阐释，这就是“汉字转向”或“再汉字化”。中国文化语言学在引领中国上个世纪末的“语言学转向”之后，再次擎起“文字学转向”的旗帜，这是时代所赋予的不可推卸的历史责任。

三、本丛书的基本观点

本丛书提出的汉字文化新视角，基于这样一种学术理念：语言（言）、文字（文）和视象符号（象）三者构成了文化的核心要素和条件。中国语言、学术、文化的基本问题是一个汉字问题，即以汉字为枢纽，在言、文、象三者的对立统一关系格局中研究其中的每一个要素，并将这种以汉字为本的言文象三者既分离又统一看作是中国学术、中国文化存在的最基本条件。它要求我们冲破传统学科分治的壁垒，在一个大汉字文化观的格局下进行学术研究。这种学术立场也可叫做“新语文”主义。

以“再汉字化”研究为宗旨的汉字文化新视角丛书，具体围绕四个基本主题：

一是汉字文化特性的研究，选题有《汉字思维》（申小龙等）；

二是汉字的语言性研究，选题有《汉字的语言性与语言功能》（苏新春）；

三是汉字的符号性研究，选题有《汉字主导的文化符号谱系》（孟华）；

四是汉字书面语研究，分为三个层次：

1）现代汉字书面语的历史发展研究，选题有《“北京官话”与汉语的近代转变》（武春野）；

2）现代汉字书面语的文化特性研究，选题有《书写汉语的声音——现象学视野下的汉语语言学》（朱磊）；

3）现代汉字书面语的网络形态研究，选题有《中国网络言说的新语文》（申小龙、盖建平、游畅）。

本丛书的出版，预示着中国语言文化研究在一个世纪的“去汉字化”的历程之后，“再汉字化”的世纪转向。这一转向的本质就是在中国文化的地方性视界和世界性视界融通的过程中，重新确认汉字在文化承担和文化融通中的巨大功用和远大前景。

申小龙　孟华

2013年8月30日

前言

汉字何以成为一种文化？我们可以说汉字字形有丰富的古代文明内涵，汉字构形体现了汉民族的文化心理，汉字的区别性很强的意象使汉字具有卓越的组义性，汉字的区别性很强的表意性使它具有了超方言的“第二语言”作用，维系了中华民族的统一，汉字的谐音性使地方戏曲有了生存空间，汉字创造了汉文学的样式。我们还可以有更多的回答：汉字记载了浩瀚的历史文献，汉字形成了独特的书法和篆刻艺术，汉字具有很强的民间游戏功能……一旦我们用新的视角审视这个历久常新的问题，我们就会从中找到中西语言文字、中西文化、中西学术的根本分野。此时，我们完全可以重新为汉字定义：汉字是汉民族思维和交际最重要的书面符号系统。

一、“字”在中文表达理解中的核心作用

汉字的重新定义，使我们对汉字研究在中国语言学研究中的位置有了与西方文字研究殊异的新的认识。在我们翻译出版的英国语言学家罗宾斯的《普通语言学导论》一书中，文字研究被视为“语言学中对不同形式的书面语所作的次要的且范围较小的研究，有时被称为书写法（graphics）或文字学（graphonomy，也译字法学），或者按语音学术语的模式，称为字音学（graphetics）”。仅仅作为“书写法”的文字研究，“由于这种物质材料不那么复杂，文字与口语相比较是次要的语

言表现形式，因此在语言学研究中文字学并不占有重要的地位”[1]。西方语言学的文字学（graphology）单纯研究拼音文字的形状和实体，字位学（grapheme）则关注字母的表音（位）功能（grapheme）是一种文字系统的最小区别性单位，它将具有同一功能的不同形状的书写符号抽象为一个字位，各种形状变异如草写体、印刷体则是它的字位变体（allograph），所以也称标音法。这两门学科都是专门为研究拼音文字而设立的。它们和中国语言研究传统在汉字基础上建立的文字学有本质的不同。

与拼音文字相比，汉字不仅有字形，而且有字音、字义和字能（字的组合、搭配功能）。

在汉语的句子组织中，句法的基点是“字”。“因字而生句，积句而成章，积章而成篇”（《文心雕龙·章句》）是中国古代语言学对“字”和“句”关系的基本认识。在“字”和“句”中间，完全没有“词”的位置。即无须“词”的转换，汉字天然就是一个基本的语言单位。而“词”这个观念，在汉语中原来是一种文学样式，是将诗文配上曲调加以演唱的形式。“词”的word含义，是由翻译外来词而产生的，它并不是一个中文的概念。

在现代汉语的分析范畴中，“单音词”和“字”对应，两者并无冲突。“双音词”把两个字的较为稳定的组合视为一个基本单位，并非没有道理。首先，单个汉字字义丰富，却不够明确。虽然中文高度依赖语境，但当我们仅仅指称一个概念的时候，指称本身的明晰就成了概念清晰的一个基本条件。中文不断创造新的概念、新的指称，其方法就是将有限的汉字灵活组合，产生新的组合义，从而创新了语汇。由此，新的组合义（1+1＞2或1+1≠2的组合义），是双字组结构“合法性”即“词化”的必要条件。举一个很简单的例子：“明”表示bright，“白”表示white，而两者组合后的“明白”表示understand（组合义）。其次，中文的表达喜好单双音节交错的节律，因此新的概念的

[1] R.H.罗宾斯：《普通语言学导论》，申小龙等译，复旦大学出版社2008年版，第20页。

产生，即字的组合和“意会”，大都发生在一个稳定的双字组范围内。甚至即使在意义上是1+1=2的字组，也会因双音化而“凝固”起来，成为一个基本单位。前者如“然则”，王力分析说：“‘然’是‘如此’，‘则’是‘那么’，‘然则’本来是两个词，即‘既然如此，那么……就’的意思。后来由于它们常常结合在一起，就凝固起来，成为一个连词了。”[1]又如“所以”，“在上古时期，‘所以’应该认为是两个词，‘以’字有它表示工具语的本来意义”。“‘所以’这个仂语，在古代汉语里是最常见的凝固形式之一”。[2]更有些1+1=1的字组，它的组合不惜以意义的冗余去凑足一个双音节。例如古代汉语中大量的“偏义复词”，诸如用“吉凶”指“凶”，用“国家”指“国”。“有孙母未去，出入无完裙”（杜甫《石壕吏》），“出入”实指“入”；“备他盗之出入与非常也”（《史记·项羽本纪》），“出入”实指“出”。又如古代汉语中大量的“同义并行复合词”，“涕泪”同义，“诛杀”同义，“忧虞”同义，“愿望”同义，“爱怜”同义。“吾既已言之王矣”（《墨子·公输》）的“既已”、“斧斤以时入山林”（《孟子·梁惠王上》）的“斧斤”，都是十分典型的1+1=1的组合。在汉语史的发展中，基本表达单位的双音节化是一个长期的趋势。

然而，即使受双音化的影响，汉语的“双音词”仍然与欧洲语言的word有根本的不同。其关键在于汉语的双音组合是“字”组，汉字在组合中有很大的分析性。这就造成了中国语言学的一个世纪纠结：当两个汉字组合起来的时候，我们无法清晰地判断哪些组合是word，哪些组合不是。即使是那些很有把握判断为“词”的字组，只要提供合适的语境，组合中的字就有可能独立表意，由此形成汉语表达中十分独特的“组义分合二重性”。经典的例子如“非常”，合则为“很”，分则为“不寻常”；又如“半天”，合则为“好久”，分则为“白天的一半”。汉字的分析性使得“字”即使在一个成熟的组合中都潜藏

[1] 王力：《汉语史稿》，中华书局2004年版，第392~393页。

[2] 王力：《汉语史稿》，中华书局2004年版，第390、461页。

着很大的游离性，这种游离性甚至能转换结构的性质。一个引人注目的现象就是“动宾强势转换”。例如联合结构“唱歌”强势转换为动宾结构（“唱了一个歌”），联合结构“睡觉”强势转换为动宾结构（“睡好觉”），偏正结构“小便”强势转换为动宾结构（“小便小不出来”），甚至貌似不可分析的连绵词、音译词也难挡汉字的游离，连绵词“慷慨”强势转换为动宾结构（“慷他人之慨”），音译词“幽默”强势转换为动宾结构（“幽他一默”）。这一因汉字特点而造成的理解上的分合二重性，稍加扩展就成为汉语表达中习以为常的“结构重新分析”。

在汉语的句子组织中，音韵节律的基点也是“字”。“一句之中，或多一字，或少一字；一字之中，或用平声，或用仄声；同一平字、仄字，或用阴平、阳平、上声、去声、入声，则音节迥异。故字句为音节之矩。积字成句，积句成章，积章成篇。合而读之，音节见矣；歌而咏之，神气出矣。”（刘大櫆《论文偶记》）汉语的表达，天然讲究对称与和谐。这种讲究，在口语中粗放地表现为单双音节的配合，而一旦要深究其规律，必须推敲书面语中每一个字的音韵表现，所谓“神气不可见，于音节见之；音节无可准，由字句准之”（《论文偶记》）。“字正”才能“腔圆”，字音是句子音律的基础。

在汉语的句子组织中，意义的基点也是“字”。汉语是一种高度依赖语境的语言。汉语的说话人奉行“听话人负责”的言说策略，对听话人的默契有很深的信任。因此汉语句子的建构讲究“人详我略”。句子的意义依靠有限的文字作充分的意会，这样的文字在句子的理解中就成了一个一个的意义支点，在多方意会中灵活地组合起来，字义成为句义乃至篇章之义的基础。汉语句子的理解，在“字斟句酌”和“字里行间”展开，形成“文字有意以立句，句有数以连章，章有体以成篇”（王充《论衡·正说》）的意义格局。这样一个特点，造成了中文简洁凝练、灵活自由的风格，这也是为什么唐诗和宋词成为中国古代文学的高峰的原因。正如张新所说，“中国文字这种高度凝聚力，对短小的抒情能胜任，而对需要铺张展开描述的叙事却反而显得太凝重与累赘。所以中国诗向来注重含蓄。所谓练字、诗眼，其实质就是诗人企望在有限的文字中凝聚更大的信息量即意象容量”[1]。汉字的凝练是中国文学充满诗意、中国人的思维充满丰富的意象和诗意的重要原因。

中国语文研究传统高度评价“字”在汉语结构的组织和理解中作为基本要素的功用。刘勰指出：“夫人之立言，因字而生句，积句而成章，积章而成篇。……句之精英，字不妄也。振本而末从，知一而万毕矣。”（《文心雕龙·章句》）我在上世纪80年代的博士论文《〈左传〉句型研究》中就指出：“（刘勰）强调‘因字而生句’，这是同西方形态语言的因‘框架’（形态配合关系）而生句完全异质的一种组织方略。因‘框架’而生句，以大统小，以虚摄实，是先有句法关系模式，然后在这个图式内的各条‘透视线’上刻意经营。这是一种静态的空间体造句。因字而生句，是以小组大，散点经营，以流程见局势。这是一种动态的时间流造句。刘勰所谓‘振本而末从，知一而万毕’，其中的‘本’、‘一’，都体现出汉语句子以‘字’为立足点的建构而非‘填构’的语言组织方略”[2]。当然，就汉语句子的格局而言，仅仅有字的立足点还是不够的，字的运用必须和“气”联系起来，并且浑然一体，形成句读段，才能产生强大的铺排延宕能力，使汉语的思维和表达流动起来，在语境的观照下形成生发语义的整体（这一点，正是后来有人提出的“字本位”语法的很大的局限）。而“气”的形成，依然是“字”的有节律的组合。

汪曾祺曾提出过一个观点：作为汉字书面语的诗歌和小说，用口语朗诵，甚至配乐朗诵，听上去就像隔靴搔痒，很不过瘾，因为离开了汉字视觉，会损伤原作的意境。他以柯仲平的“人在冰上走，水在冰下流……”为例，指出：“这写得很美。但是听朗诵的都是识字的，并且大都是有一定的诗的素养的，他们还是把听觉转化成视觉的（人的感觉是相通的），实际还是在想象中看到了那几个字。如果叫一个不识字

[1] 张新：《闻一多猜想——诗化还是诗的小说化》，《中西学术》第1辑，学林出版社1995年版。

[2] 申小龙：《中国句型文化》，东北师大出版社1988年版，第14页。

的，没有文学素养的普通农民来听，大概不会感受到那样的意境，那样浓厚的诗意。‘老妪都解’不难，叫老妪都能欣赏就不那么容易。‘离离原上草’，老妪未必都能击节。”因此，汉字书面语的阅读效果比耳听更好。与其听书，“不若直接看书痛快。”[1]

正由于“字”在中文表达和理解中强有力的核心作用，所以汉语的思维，从书面语的角度说，本质上是汉字的思维。这也是我们为什么给汉字下这样的文化定义：汉字是汉民族思维和交际最重要的书面符号系统。[2]汪曾祺从一个“文化人”的角度更为入木三分地指出：“中国字不是拼音文字。中国有文化的人，与其说是用汉语思维，不如说是用汉字思维。”[3]饶宗颐进一步认定在语言和文字的关系上，“汉人是用文字来控制语言，不像苏美尔等民族，一行文字语言化，结局是文字反为语言所吞没”[4]。苏美尔人（Sumerian，闪族人）在两河流域创造了伟大的文明，他们在世界历史上最早建立了城市，由氏族制度向文明时代过渡。在这个过程中，苏美尔楔形文字的创造成为苏美尔文明的重要特征。这种文字最初的形态是图形文字。由于它产生于公元前第三个一千年时期，有的西方人认为它是汉字的源头。甚至发现它也是“先作纵书，后来九十度转为横书”。但就其图形本身而言，饶宗颐认为“自然以之表达具体的东西较为容易，抽象观念则困难滋多。在乌鲁克时代[5]，若一涉及泥板上写刻大部分的神庙的有关经济记录，尤以羊牛的数目最为常见，表达的事物十分简单。它的显形文字发展未达规范化，远不像汉文的形声构造的齐整和严密”。更重要的是，苏美尔人

---

[1] 汪曾祺：《“揉面”——谈语言》，《汪曾祺代表作》，华夏出版社1999年版，第342页。

[2] 参见申小龙：《论汉字的文化定义》，《浙江社会科学》2002年第6期。

[3] 汪曾祺：《“揉面”——谈语言》，《汪曾祺代表作》，华夏出版社1999年版，第342页。

[4] 饶宗颐：《符号、初文与字母——汉字树》，上海书店出版社2003年版，第183页。

[5] 乌鲁克（Uruk），苏美尔时期和后来巴比伦尼亚时期的古城，位于现在的伊拉克赛马沃市以东30公里。乌鲁克时代指公元前4000—公元前3200年，其文化在整个苏美尔社会城市化的进程中是一个开路先锋。乌鲁克被誉为“世界第一城”。——引者

的语言是黏着语，大部分是单音节，很少形态变化。“到了巴比伦人[1]接替了苏美尔的字体时，继续发展这种音节系统，由于巴比伦人是屈折语系，需要在字的音节上来表示意义，不像苏美尔人之为黏着（单音语），只有于‘字’上来取义，于是更增加了复杂性，因而需要多量的限定词（determination），而且每个符号不少为多音节符号。”显然，语言的特征决定了文字的走向。表意字对语言的控制，拼音文字“为语言所吞没”，划出了人类文字与文化类型的深刻界域。

二、汉字的特征决定中国古代语言学研究的特征

汉字的文化特征，深刻地决定了中国古代语言研究的特征。

印欧系语言的研究起源于语法分析。印度的古典语文学从一开始就专注于宗教经典《吠陀》语言结构形式的分析和解释。他们建立了世界上第一个语法体系：波尼尼语法，即公元前4世纪后半叶印度语文学家波尼尼（Pāṇini）的《波尼尼经》。美国语言学家布龙菲尔德描述这一语法研究的过程时说：“我们看到印度的语法学家把他们的兴趣从圣经扩大到上层阶级的语言，编写了许多关于语言形式的规则和表格来描写纯正的言语，那就是所谓梵语（Sanskrit）。随即，他们作出了一套关于语法和词汇的系统分类法。这项工作一定做了好几代，才能编出那部流传至今的最早的著作——《波尼尼语法》。”[2]这本书由3996条语法规则组成，极其详尽地描写了梵语词汇的屈折变化、派生形式、合成规则，描写了每一种句法的实际运用。与此同时，欧洲的语言学者在哲学和逻辑研究的基础上，尤其是在逻辑范畴研究的基础上，对希腊语词的变化、词的结构模式和词类进行研究，形成一种逻辑–语法学。我们从亚里士多德的研究中可以清晰地观察到欧洲语言学的源始样态：“陈

[1] 公元前2000年，阿摩利人建立了以巴比伦城为首都的巴比伦王国。公元前1792年，汉谟拉比（Hammurabi，古巴比伦最伟大的国王）即位，征服了苏美尔人和阿卡德人，统一了美索不达米亚平原，建立起一个以幼发拉底河河畔的巴比伦城为首都的王朝。从那时起，美索不达米亚就被称为“巴比伦尼亚”，那里所有居民都被称为巴比伦人。——引者

[2] 布龙菲尔德：《语言论》，商务印书馆1980年版，第10页。

述主词的任何谓词与主词都必然是可换位或不可换位的。如若可以换位，谓词就应该是定义或固有属性；因为如果谓词揭示了主词的本质，它就是定义；如果没有揭示本质，则是固有属性。因为固有属性之为固有属性，乃是由于它能与主词换位但又不揭示本质。如果谓词与主词不可以换位，它就或者是或者不是陈述主词定义的一个语词。如果它是陈述主词定义的语词，它就应是属或种差。既然定义是由属加种差构成的，如果它不是陈述主词的语词，它显然只能是偶性，因为……偶性不是定义，不是属，也不是固有属性，但它又是属于主词的。接下来，我们必须区分范畴的种类，以便从中发现上述四种述语。它们的数目是十个，即本质、数量、性质、关系、何地、何时、所处、动作、承受。事物的偶性、属、固有属性和定义总是这些范畴之一，因为通过这些范畴所形成的任何命题都或者表示事物的本质，或者表示它的性质、数量或其他某一个范畴。从这些显而易见：揭示事物本质的人有时表示实体，有时表示性质，有时则表示其他的某一范畴。”[1]从语法规则的细致描写到逻辑阐释，为什么印欧语研究的源始样态没有发生在汉语的古典研究中？钱基博从文章的文化特征解释这一点：

我国文章尤有不同于欧美者，盖欧美重形式而我国文章重精神也。唯欧美之尚形式也，故为文皆有定法，……皆缕析条分，日趋精密。后世无不本此以为著述。是以文少隐约模棱之弊，此其利也。然其失在过泥形式，文章不能活用，少生气。

数千年来，中国无如欧美之文法书，而欧美文法学说则日新月异，岂非以形式可说而精神不可说乎。[2]

如果说文章“重精神”是汉语语法“阙如”的一个重要原因，那么我们进一步深究文章的腠理，就会发现：中文依托意涵丰润的表意汉字，使得字义在句子理解中的功用主导了结构形式的安排，并超越了结构形式的限制。中文的理解本质上是字义的配合，因此中文的结构显现

[1]《亚里斯多德全集》第一卷，中国人民大学出版社1990年版，第361~362页。

[2]钱基博:《国文研究法》，载《戊午暑期国文讲义汇刊》，《国文讲义汇刊》，中华书局1981年。

出“神形同构”的特点。“他坐地铁到体育场”和“他到体育场坐地铁”所指的经验顺序完全不同，概念结构的差异引导着语法结构的差异。在经验领域中不能出现在动作后面的处所，在句法上也不能出现在动词的后面，所以“在马背上跳”不能说成“跳在马背上”。不仅如此，中文字义理解对形式的超越还表现在即使“神形异构”，仍然不影响对字义的理解，所以中文会出现“差点儿输了”和“差点儿没输”都表示没输，“水淹了庄稼”和“庄稼淹了水”同义的样貌。这充分说明无论是“神形同构”，还是“神形异构”，它的核心是“以神统形”。中文的语法是“以意运法”的“活法”，而非“以意从法”的“死法”。“文成法立”是中文语法最本质的表述。文意恰当地表现出来，文法也就立在其中，所谓“文成法立，未尝有定格也。传人适如其人，述事适如其事，无定之中有一定焉”（章学诚《文史通义》）。“无定之法”经过人的“心营意造”，即成“一定之法”。而这样的营造，是离不开一个个表意汉字在组合中的多方意会的。这样，我们也就能够理解，为什么中国的语言研究始于文字的考究，从先秦的字义辨析，到汉初的正字范本，再到西汉的我国第一部语言学著作——汇释字义的《尔雅》。

从某种意义上说，汉字书面语为中国古代的语言研究提供了一个比口语更真实也更重要的基础。说它真实，是因为汉字以其在形音义上的各种可能性不断创新、丰富和发展了汉语的语汇和句子形式。我们迄今能够看到的中文的优秀篇章，绝大多数是汉字创造性经营的杰作。说它重要，是因为在历史上汉字是唯一能够维系中国统一版图的交际工具和思维工具。而这一点，从使用拼音文字的欧洲语言学注重口语的理论视角来看，汉字几乎是遮蔽了口语的真实性的。文字学家唐兰曾说：“从文字上几乎看不到真实的语言，所以，在中国，几乎可以说没有语言学。但是，中国人用文字统一了古今殊语，也统一了东南西北无数的分歧的语言，所以，从纪元以前就有了文字学，而且一直在发展。西方的语言学，中国的文字学，是两个不同的学科，充分表现出两种倾向不同的文字里所造成的极明显的差别。”[1]王力在《中国语言学史》中也

[1] 唐兰：《中国文字学》，上海古籍出版社2001年版，第5页。

指出，西方的语言学和文字学可以截然分科，中国古代的语言学离开了文字学就好像无所附丽，中国古代的文字学就是语文学，或者称“小学”。古代的语言研究，是以“字学”为核心的。“清代的《四库全书总目提要》把小学类分为训诂之属、字书之属、韵书之属。大致来说，训诂是研究字义的，字书是研究字形的，韵书是研究字音的。但是，研究字形的时候不能不讲字形和字音、字义的关系，而韵书又兼起字典的作用，所以三者之间的界限不是十分清楚的。只有一点可以肯定：‘小学’是有关文字的学问；古人治‘小学’不是以语言为对象，而是以文字为对象的。”[1]许国璋说过同样的意见：“从语言的书写形式出发，去研究语言，这是汉语语言学一开始就有的特点。”“汉语的文字学即是研究古汉语演变的历史语言学。”[2]中国的语言学之所以以“字学”为核心，而不是像印欧系语言的研究那样以语法为核心，正是表意汉字的特点决定的。

汉字的使用很大程度上出于记录汉语的需要，但表意汉字一经产生，其意象形式本身就积极参与了汉语组织的建构。它不仅清晰地辨析了汉语中大量的同音音节，而且像积木一样以自身在字音、字形、字义理解上的极大的灵活性创生无数新的概念和表达形式。对于这一点，索绪尔明确地指出：“对汉人来说，表意字和口说的词都是观念的符号；在他们看来，文字就是第二语言。”[3]所以我在十多年前就指出：“汉字具有与欧洲文字完全不同的价值——其表达功能不在是否有效地记录语言，而在是否有效地传达概念。”[4]李泽厚在《论语今读》中也认为：“中国一大特色是言（口头语言）文（书面语言）的殊途同归”，即“中国的书面语言并非口头语言的记录或保存，它本身有独立的起源，大概源出于结绳记事。所以六书中应以‘指事第一’为原则。它本为远古巫师—君主—贵族所掌握，神圣而神秘；其后由于传授经

---

[1] 王力：《中国语言学史》，山西人民出版社1981年版，第2页。

[2] 许国璋：《许国璋论语言》，外语教学与研究出版社1991年版，第74、75页。

[3] 索绪尔：《普通语言学教程》，商务印书馆1980年版，第47页。

[4] 申小龙：《论汉字的文化定义》，《浙江社会科学》2002年第6期。

验、历史事实和祖先功业而与口头语言结合，但又始终和而不同，仍然保持其相对独立性格”。李泽厚认为汉字的价值在于“中国书面语言对口头语言有支配、统率、范导功能，是文字（汉字）而不是语言（口头语言）成为组合社会和统一群体的重要工具，这是中华文化一大特征，它是‘太初有为’的直接记录和表现，影响甚至决定了中国思想的基本面貌，极为重要”。汉字这一价值的实现在于其鲜明的文化特征“重形而不重音，极灵活而又有规范”，因此，李泽厚认为：“中国语文之不可能拼音化，不可以西言语法强加于上，亦此之故。”[1]

正是汉字的这种“语言性”，决定了中国古代语言学以“字学”为基本范式。由此，我们也可以更深入地理解王力在《中国语言学史》中的一段话：

汉族语言文字本身的特点规定了中国古代语言学不以语法为对象，而以文字为对象。其所以不以语法为对象，因为汉语的语法是比较简单的。虚词可以作为词汇的问题来解决，句法则古今的差别不大，古代汉语句法问题可以通过熟读领悟来解决。这就说明了为什么梵语音韵曾经影响我国的音韵学，而梵语语法却没有促使汉语语法学的产生；又说明了为什么直到19世纪末年，马建忠才从西方移植了“葛朗玛”。[2]

汉语的语法之所以是“比较简单的”，是因为它在形态逐渐简化的历史趋向中依托表意汉字而使单位的组合弃“形合”而用“意合”。汉语的虚词之所以“可以作为词汇的问题来解决”，是因为虚词的功能经过表意汉字的书写，凸显了它作为中文意义单位的本性——虚实相涵的灵活性。如清代谢鼎卿在《虚字阐义》中所说：“字之虚实有分而无分。本实字而止轻取其神，即为虚字；本虚字而特重按其理，即如实字。”袁仁林在《虚字说》中也指出：“迨涉笔用之，始得其虚活处。”汉语的虚词正是在“涉笔”中显现其“字法”的灵活性的。至于“句法问题可以通过熟读领悟来解决”，正说明句法的问题本质上是

[1] 李泽厚：《论语今读》，三联书店2004年版，第181~182页。
[2] 王力：《中国语言学史》，山西人民出版社1981年版，第211页。

“以神统形”的问题。说得通俗一点，就是不了解意义就不了解结构形式，而意义的理解在很大程度上是以字义为基点的多方意会，或者说以字义的多种可能性为触发点的多方意会。表意汉字对汉语建构的强大的反作用，不仅在两千年前阻隔了拼音文字的梵语语法对汉语的影响，而且在现代化过程中移植了拼音文字的语法后，依然使中文语法的几乎所有基本的引进范畴，都捉襟见肘。

三、以“字学”为中心的中国语言与文化

从人类文字形式的角度看，世界的语言学可以划分为拼音文字的语言学和表意文字的语言学两种。不同的文字形式是和不同的语言类型相适应的，不同的语言学范式也是和不同的语言文字类型相适应的。拼音文字的语言学具有其内在的地方性和世界性，同样，表意文字的语言学也具有其内在的地方性和世界性。我们今天误将前者的地方性理解为世界性，而对前者真正的世界性不甚了然；误将后者的地方性替换为前者的地方性，更对后者的世界性浑然不觉。汉语是一种什么样的语言，汉字是一种什么样的文字，汉语和汉字是什么样的关系，对这些“本体论”问题的认识，不仅取决于汉语汉字本身的性质，而且取决于研究者的语言学思维方式：是印欧语思维，还是中文思维？而决定语言学思维方式的，归根到底，就是所使用的基本概念：是印欧语概念，还是中文概念？而汉字的概念，对于欧洲语言来说，正是一个不可译的概念，正如欧洲语言的word，对于中文来说，也是一个不可译的概念。迄今为止，中国语言学的地方性知识与西方语言学的地方性知识的接触，中国语言学与西方语言学的交流，中国语言学的现代化，症结所在就在这里。

叶秀山在上世纪90年代就从文化比较的角度明确指出：“西方文化重语言，重说，中国文化重文字，重写。……中国文化在其深层结构上是以‘字学’为核心的。”[1]王蒙对这种“字学”核心作过生动的阐

[1] 叶秀山：《美的哲学》，人民出版社1991年版，第26、27页。

释。他认为，中华传统典籍注重的最根本的概念，多半是“字本位”，即以单个表意汉字为本体的。“如哲学里的天、地、乾、坤、有、无、阴、阳、道、理、器、一、元、真、否、泰……伦理里的仁、义、德、道、礼、和、合、诚、信、廉、耻、勇……戏曲主题则讲忠、孝、节、义，读诗（经）则讲兴、观、群、怨。……有了仁，就要求仁政；有了道，就认定执政的合法性在于有道，并区分王道与霸道还有道法自然与朝闻道夕死可矣；有了义，就提倡舍生取义的价值观念……这些文字、概念、命题，不但有表述意义、价值意义、哲学意义，也有终极信仰的意义与审美意义。华文注重文字——概念的合理性与正统性，宁可冒实证不足或者郢书燕说的危险，却要做到高屋建瓴与势如破竹，做到坚贞不屈与贯彻始终。”[1]“字”在中国文化的深层结构中，是有独立意涵和灵魂的语言符号。字的书写重构中华文化的意识形态；字义的演变和延异，以静穆的形态和廓大的胸怀推宕意涵的增生，同时又“万变不离其宗”。

以字学为核心，中文的形式表现出一系列特点：

首先，中文的组合是字义的组合，而非用单位去填充某种形式框架。相对于后者，前者的“组义”具有很强的主体性和创新性。以“凄”字为例，历代文人在“无语话凄凉”时创生出一系列在特定语境中与“凄”字相配的组合：凄凉、凄冷、哀凄、幽凄、凄怆、凄恻、凄切、凄然、凄清、凄婉、凄惨、凄楚……即使在当代年轻人的作品中，我们也能看到如万花筒般幻化组合、极富天趣和新意的名字：樱空释、梨落、星旧、泫榻、岚裳、蝶澈、潮涯、迟墨、片风、皇柝、渊祭、剪瞳……（郭敬明《幻城》）“梨落”让我们感到梨花落如雪，细草细如茵，如生命消逝般的凄凉；“蝶澈”让我们在如溪水一般清澈的瞳仁中看到对花开蝶舞的眷恋，一股清新气息扑面而来。

王蒙举过一个生动的例子，来说明汉字的主体性和创新性。他的小说《夜的眼》译成了欧洲多国文字。几乎所有的欧洲译者都向王蒙提出

[1] 王蒙：《汉字与中国文化》，《文汇报》2004年9月14日。

过同样一个问题：题目中的“眼”是单数还是复数？王蒙无法回答这个问题。在他看来，汉语是以“字”为本位的，“眼”是“本”，是一个“有着自己独立性的字”，具有比eye或eyes更高的概括性与灵活性：“它可以代表主人公的双眼，它可以象征黑夜的或有的某个无法区分单数与复数的神性的形而上的而非此岸的形而下的眼睛，它可以指向文本里写到的孤独的电灯泡。”因此，“眼”的单数和复数取决于它出现的语境，这是“第二位的问题”。我理解，这“第二位的问题”就是语境中暗示的问题。在中文的理解中，汉字的表意性使它具有一种“本立道生”的功用，在这里，“道生一，一生二，二生三，三生万物”在汉字的组织中演绎为一种“追本溯源、层层推演”的“字思维”。一方面，如“华文里的‘是’字，既是to be也是am，又是was，还是were，包括了have been、has been和used to be等”。另一方面，“眼派生出来眼神、眼球、眼界、眼力、眼光等概念，再转用或发挥作心眼、慧眼、开眼、天眼……”王蒙指出：“英语里的cattle—牛、calf—小牛、beef—牛肉、veal—小牛肉、cow—母牛、bull或者ox—公牛、buffalo—水牛、milk—牛奶、butter—牛油……大异其趣。这些与牛有关的词，在华文里，是以牛字为本位，为本质，为纲，其余则是派生出来的‘目’。这样的牛字本位，则难以从英语中看出来。”[1]王蒙在这里剖析的正以汉字为单位的“字组”和拼音文字的“词”的文化差异。

其次，中文的理解是字的形音义在特定语境中的积极暗示与默契，而非高度依赖丰富细致的形态变化。因此中文重视字在意义、形式和功能上的弹性以适应语境理解的灵活性。中文的表达，对听话人的默契有深刻的信任。它是一种“听话人负责”而非“说话人负责”的语言。美国人类学家爱德华·霍尔认为，如果以对语境的依赖程度来区分人类语言的话，汉语排在高度依赖语境（“高语境”）的语言的前列。语言的高度依赖语境有诸多社会文化原因。例如人与人的相互关系非常密切，共享一张信息大网，具有较高的同质性。就像一个大家庭的成员，相互

[1] 王蒙：《汉字与中国文化》，《文汇报》2004年9月14日。

之间有很强的默契和心灵感应。许多信息不用通过语言形式，而是通过语境传达出来。再如说话人对环境因素、非语言行为（如表情、身势）非常依赖和敏感，与陌生人接触习惯在一开始通过一些背景性的问题对对方的社会文化背景作出假设，以确定说什么和怎么说，有一个“预热”的过程。又如重视交际双方的角色关系、亲疏程度、家庭背景差异，有时甚至忽视语言本身传递的信息，甚至对主要依靠语言形式交流信息的人非常不信任，认为沉默是金，言外之意传达的信息胜过语言信息。由此交流比较隐晦、间接、含蓄、迂回，注重礼貌，顾全面子，甚至不惜说一些善意的谎言，注重创造和谐的气氛，避免冲突，言简意赅，点到为止。而这些社会文化成因在语言中的实现，都要求语言单位简易而灵活，具有强大的暗示能力。毫无疑问，汉字以其独具一格的形象、音象和意象，以其在组合中极富弹性的意会和联想功能，为“高语境”的理解提供了印欧系语言难以想象的坚实基础。正如石虎所说，当一个字打入眼眸，人首先感受的便是字象。它是由线条的抽象框架形象所激发的字象思维。它一定会去复合字所对应的物象。这种字象意延绵具有非言说性，它决定了汉语诗意本质的不可言说性。[1]中国哲学家对汉语理解的高度依赖语境有较之西人更为深入的论述，并视为中国哲学的一种思维风尚：

中国哲学家惯于用名言隽语、比喻例证的形式表达自己的思想。……名言隽语一定很简短；比喻例证一定无联系。因而名言隽语、比喻例证就不够明晰。它们明晰不足而暗示有余，前者从后者得到补偿。当然，明晰与暗示是不可得兼的。一种表达，越是明晰，就越少暗示；正如一种表达，越是散文化，就越少诗意。正因为中国哲学家的言论、文章不很明晰，所以它们所暗示的几乎是无穷的。[2]

其三，中文的表达，在基于字的形音义的发散性解悟的同时，用更多的余力经营字与字组合的音乐性，即节奏和谐，韵律流畅，一气

[1] 石虎：《论字思维》，谢冕、吴思敬《字思维与中国现代诗学》，天津社会科学出版社2002年版，第12页。

[2] 冯友兰：《中国哲学简史》，北京大学出版社1985年版，第17页。

贯注。所以在汉语的句子建构中,“音句”是中文特有的一种句子结构单位。集“音句”而成“义句”(这里的“义”指特定的表达功能的完成),是中文最典型的句子样态,前人称之为“流水句”。字和音律、音句的关系,如刘大櫆所谓“字句为音节之矩”(《论文偶记》)。传统中文的无需标点,正是基于音句的自然节律。而中文句子之所以可以有意识地(刻意的)或无意识地(天然的)经营音乐性,正是因为它将句子的理解更多地建立在字义的发散性暗示而非结构形态的精确严密上。而这两者,实际上是格格不入的。换句话说,精确和严密,不是与生俱来与中文一起成长的思维方式。中文能够用欧化的方式进行精确性的编码,但精确性在中文的思维中,不是一个积极的概念,更不是一个褒义词。中文的推敲,不在“推”和“敲”哪个更精确,而在“推”和“敲”哪个的暗示和联想更丰富和生动。

字在中文表达理解中的核心作用,汉字的特征决定中国古代语言学研究的特征,以字学为中心的中国语言与文化,这三个论题预示着中国语言文化研究在一个世纪的“去汉字化”的历程之后,“再汉字化”的世纪转向。

本书由申小龙教授和复旦大学中文系文化语言学方向的博士生与硕士生集体撰写,申小龙主编和主撰,各章的撰写者有:蒋远桥(第一章),申小龙、姜德军(第二、三、五章),王小曼(第四章),张抗抗(第六章),易萍萍(第七章),王一心(第八章),张雯君(第九章)。

申小龙

第一章　汉字思维的基础——象意性

第一节　汉字的意指方式：从甲骨文谈起

汉字是记录汉语的书写符号系统，也是汉族人的第二语言系统，又是世界上最古老的文字之一。饶宗颐说："汉字是中国文化的肌理骨干，可以说是整个汉文化构成的因子，我们必须对汉文字有充分的理解然后方可探骊得珠地掌握到对汉文化深层结构的认识。"[1]而甲骨文是现在可见的最早成体系的汉字，是中国现在可见的最早文献纪录。对甲骨文意指方式进行研究，是我们理解汉字思维特征的基础。

意指方式指的是形体符号系统（能指）与音义符号系统（所指）的关系形式，具体包括：一、意义关系，即形体符号系统与音义符号系统之间的命名关系，如命名者是如何将形体与音义结合为一个二级符号整体的，传统上主要以六书理论为代表；二、标记关系，即形体符号系统与音义符号系统之间的结构对应关系，两者在结构上是否同构即一一对应，有没有特殊情况，有的话又是什么，是什么导致了这种特殊情况。

对汉字及甲骨文意义关系研究的文章很多，大多高屋建瓴列出观点，提出新看法，却一般只是就该关系的某一方面进行研究，而无总体的视角，又多只从甲骨文选取有利于自己的材料作为论据，缺少翔实全面的实际数据。我们结合前人时贤对汉字及甲骨文意指方式意义关系理

[1] 饶宗颐：《符号·初文与字母——汉字树》，上海书店出版社2001年版，引言。

论的研究和检讨，以徐中舒主编《甲骨文字典》所收1111字中形、音、义俱明并在卜辞中意义明确者（凡851字）为语料库，对该语料库进行穷尽性的分析和测查，将其研究归类，提出切合甲骨文实际的甲骨文意指方式意义关系，以期对汉字意指理论和汉字思维特征的研究起到基础而又根本的参考作用。

甲骨文意指方式的标记关系除了一一对应以外，还有很多不对应的情况，分为一形多义（形体包括字表、字素形、字缀形）和一义多形（形体变化包括增损和改换两种途径）加以讨论并从甲骨文字的象形性质因而具有直观具体的要求、文字体系本身的表词义理性的要求和文字体系的易于书写的要求三方面分析了产生甲骨文中能指和所指不对应的原因。

甲骨文是中国正统文字的发端。正统文字与方域文字相对而言，正统文字指记录通语雅言为职能的文字系统，方域文字指记录方域语言为职能的文字系统。出于社会交流的需要，通语雅言与正统文字总是覆盖着整个社会，而方域文字则具有一定区域性，虽然字的理据与正统文字基本保持一致，所用字样[1]也大多重合，可是作为形音义统一体的文字来说，他们分别记录了雅言系统和方言系统，这两者在语音上有着明显的区别。比如，殷商时代的方域文字周原甲骨文。殷商时代的语音研究尚不能清晰，我们来看看两者除了多数用字重合之外的某些具有方域色彩的文字。如贞问的“贞”字，殷商甲骨文一般用两个字即卜和（鼎）来分别表示占卜和贞问。至周原甲骨文则卜鼎合一作（贞），后来被金文吸收，故金文贞作（散盘），而鼎又与贝形相混，故今楷书承篆书作贞。这说明了确实存在正统文字与方域文字的区别。我们只有证明甲骨文是中国正统文字的发端及演进过程中的一个重要阶段，才能证明甲骨文意指方式对汉字、汉民族思维方式有重大的影响和作用。我们以甲骨文为中国正统文字的发端，主要有以下考虑：

---

[1] 我们所说字样是指文字学意义上的字样，具体包括字素、字缀，以及字素、字缀间的关系等，不同于书体艺术方面的字样概念。字素、字缀等概念出自李圃《甲骨文文字学》，学林出版社1995年版。

一、甲骨文的族属

有学者以为，甲骨文记录的是商族的语言，与以周族为代表的先秦汉语没有传承关系。[1]我们以为商周时的语言状况，只有通过对当时语言的出土材料和传世文献的比较才能认识。我们先比较殷商甲骨文和周原甲骨文。所引辞例，殷墟甲骨出自《甲骨文合集》径书片号，周原甲骨文出自《周原甲骨文综述》[2]：

1. 乙丑卜，贞，王其侑升于文武帝必，其以羌五人正，王受有佑？（35356）

癸巳，彝文武帝乙宗。贞，王其邵祭成唐，御服二女，其彝盟牡二，豚三，思有正？（周原H11：1）

2. 王其步，自树于来，无灾？（24347）

曰，祠，自蒿于周？（周原H11：117）

3. 燎于河？（1273）

燎于河？（周原H11：30）

周原甲骨的年代，大约为文王到昭穆时期，部分周原甲骨的族属，如例1，有人以为神不歆非类，民不祀非族，周人不可能祭祀商人的先王，所以这类甲骨被认为是出于商而被带到周原去的。我们比较殷周甲骨各片，词汇、文法上都并无明显区别，无论族属如何判定，也不会影响两者甲骨文是一致的这一判断。对商周金文、典籍的比较也可以得出相同结论。当然，两者间也有差异，诚如上文举到的"贞"字的例子，但这种差异实在是"时代性大于地方性"，"周秦文字文法，都继承了殷代文字文法而继续一贯的发展下去，显然不是和殷文殷语有着基本上的不同的"。[3]

众位学者也有类似的判断：

张光直：早周的文字、文法、占卜制度、地名、祭祀等文物制度与

[1] 洪波：《兼指代词语源考》，《古汉语研究》1994年第2期。

[2] 徐锡台：《周原甲骨文综述》，三秦出版社1987年版。

[3] 陈梦家：《殷虚卜辞综述》，中华书局1988年版，第133页。

殷墟所见大同小异。[1]

陈梦家：大体上说，殷的文字和语法与西周的文字是相承袭的，属于一个系统。[2]

郭锡良：倾向于商人、周人都是华夏族的分支，是使用的同一种语言。因为历史传说、文献资料都没有商人、周人发生语言隔阂、语言融合的任何迹象。[3]

二、甲骨文与当时实际语言的关系

有的学者认为，由于受到了书写工具、书写内容、文体篇幅的限制以及多为残辞断简，不能反映殷商文的全貌，“商代甲骨文未能全面地反映当时的书面语”、“甲骨文是商代文字中一种不太正规的形体，而商代较正规的字体则是当时的金文”[4]。我们以为商甲骨文是能反映当时实际语言的，主要有以下考虑：

1. 书写材料充足。殷墟不产龟，所用为外地进贡。据胡厚宣《殷代卜龟之来源》统计，贡龟491次，凡12334版；牛祭967次，用牛至少在9374头以上[5]，可以说材料是源源不断的。另外出土的无字甲骨亦甚多，与有字甲骨几乎相当，还有很多有字甲骨有字面积常常只占很小比例等等都证明了书写材料充足。

2. 书写水平高超。或以为契刻困难，所以史官记事从简，故甲骨文字多甚简略。其实我们只要看看甲骨文实物就会找到反例。比如很多周原甲骨常常笔画细微，小如粟米，特别是H11：1在不到3平方厘米的大小上刻了30字，让人想到今天的微雕，起天工之叹。而当时商人的生产

[1] 张光直：《中国青铜时代·殷周关系的再检讨》，三联书店1983年版，第105页。

[2] 陈梦家：《殷虚卜辞综述》，中华书局1988年版，第80页。

[3] 郭锡良：《汉语历代书面语和口语的关系》，《程千帆先生八十寿辰纪念文集》，江苏古籍出版社1992年版。

[4] 如张世禄《古代汉语教程》中的观点。张世禄：《古代汉语教程》，复旦大学出版社2000年版，第9~10页。

[5] 载胡厚宣《甲骨文商史论丛初集》。胡厚宣甲骨文商史论丛初集（外一种），河北教育出版社2002年版。用牛之数见于465页，龟版之数见于484页。

水平当不低于周人，所以书写（契刻）水平实在不能证明文字简略。

3. 能够反映当时口语全貌。郭锡良《汉语历代书面语和口语的关系》一文指出，甲骨文单字有四千多，而现代汉语常用字也就三千多。甲骨刻辞虽然文体单一，但反映的社会内容十分广泛。甲骨文的词类、短语、句型、语序、虚词等语法与金文或先秦典籍也无很大差异。很多甲骨文读起来也是明白如话，应该很接近于当时的口语，如：

甲申卜，不其网鱼？（16203）

亥卜，师贞，王曰："有孕，嘉？"扶曰："嘉。"（21071）

另外有被称做"简单而朴素的古歌"的12870片："癸卯卜，今日雨？其自西来雨？其自东来雨？其自北来雨？其自南来雨？"这种重复可以看做是史官出于巫术的需要、怀着尊敬的心情对当时口语的忠实记录。[1]

可以看出甲骨文是中国正统文字的发端及演进过程中的一个重要阶段，对甲骨文意指方式的研究，有助于我们了解汉字对汉民族思维方式的影响和作用。

第二节　意指方式的概念及研究综述

为了建立一套可操作的术语，我们用能指表示能使意义出现在感知层面并同时被确认为是外在于人的成分或成分组。我们用所指来表示意义或能指所覆盖的并因能指的存在而得以表现的各种意义。而能指和所指之间的结合方式我们称之为意指方式。

意指方式的概念是符号学从现象学理论中吸收了有关意指作用（signification）的概念的部分内容而形成的概念。符号学概念中的意义显现的表达方式，就源自现象学的启发。这种表达方式在感觉的范围之内，在感觉主体与被感觉对象之间互为基础的关系之中，把意指形式的

[1] 蒋远桥：《甲骨文反复辞法简析》，《修辞学习》2005年第1期。

地位确定为可感觉的与可理解的、幻觉与分享的信仰之间的一种关系空间。格雷玛斯在《结构语义学》中明确地写到："我们建议把感知确定为非语言学的场所，而对于意指作用的理解就在这个场所内。"[1] 现代法国的符号学研究者们并不看重语言符号，认为符号是一种已经建构的对象，而不是可供观察的对象。他们更看重语义研究，努力探讨意指方式，认为符号学应该成为一种有关意指系统的理论。他们研究的领域是作为意指实践结果的各种文本。这样形成了以结构研究为主的格雷玛斯等人的学派，这一学派以"法语研究学会"的成员为主，其通常的称谓便是"巴黎符号学学派"。巴黎符号学学派的有关意指理论的基础概念，在格雷玛斯的《结构语义学》中得到了阐述。

孟华在讨论到汉字的结合方式时也给意指关系下了定义。他说："汉字形体符号系统（能指）与汉语音义符号系统（所指）之间的符号关系叫意指关系，我们主要从两个方面探讨汉字的意指关系：意义关系和标记关系。"[2] 我们采用了孟华对意指关系的定义和解说，也把意指方式分为意义关系和标记关系两部分。不过我们对意指方式这样区分是以对选入字料库的甲骨文字的分析为基础的。

我们分析可以看出，甲骨文字是二层的符号系统。[3] 第一层中，甲骨文的形体结构是能指，形体理据是所指，这一层中能指和所指之间的结合方式我们称之为意指方式的意义关系。第二层中，以第一层的甲骨文字符号为能指，以甲骨文语言中的语素为所指，这一层中能指和所指之间的结合方式我们称之为意指方式的标记关系，也可以称之为形式关系。为了术语的通俗易懂，我们还是用了"标记关系"这一术语，可以看做是具有形体理据的形体结构是怎样来标记甲骨文语言中的各个语素的。

我们可以把以上内容绘图如下：

---

[1] 格雷玛斯著，蒋梓骅译：《结构语义学》，百花文艺出版社2001年版，第8页。

[2] 孟华、黄亚平：《汉字符号学》，上海古籍出版社2001年版，第218页。

[3] 关于汉字是二层的符号系统的说法参考了王凤阳《汉字学》、孟华《符号表达原理》，黄亚平、孟华《汉字符号学》等书中的观点而有所发展。

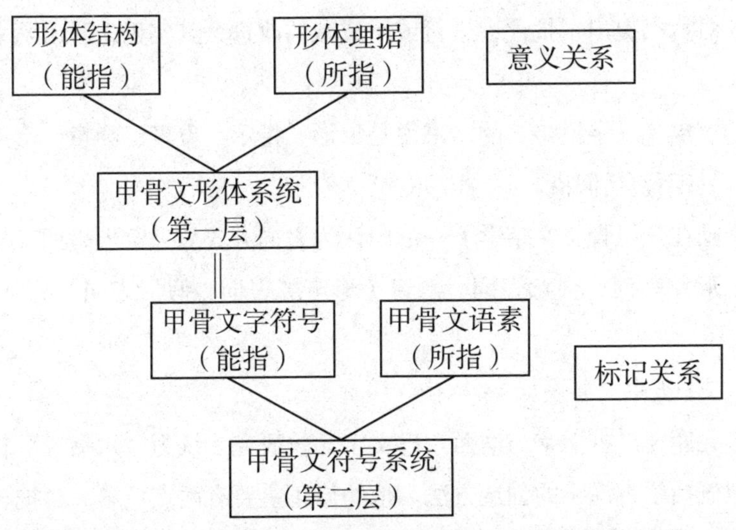

这个图表不仅适用于甲骨文，也适用于汉字的各个阶段。我们虽然一直称汉字为“形音义结合体”，但在不同的层次里，所谓的“形”、“义”是有各自不同的含义的。比如第一层面上，形是指形体结构，义则是构字理据；第二层面上，形是指包含了形体结构和构字理据在内的形体系统，义则是语素所具有的意义，这与第一层的“义”有联系但往往并不相同。

一、意义关系研究综述

（一）六书

许慎《说文解字·叙》中说“周礼八岁入小学，保氏教国子先以六书：一曰指事，指事者，视而可识，察而可见，上下是也。二曰象形，象形者，画成其物，随体诘诎，日月是也。三曰形声，形声者，以事为名，取譬相成，江河是也。四曰会意，会意者，比类合谊，以见指撝，武信是也。五曰转注，转注者，建类一首，同意相受，考老是也。六曰假借，假借者，本无其字，依声托事，令长是也”[1]。“六书说”第一次系统地提出并阐述了汉字意指方式理论，对文字学的发展起了巨大作用。六书的名目到今天仍然在被人使用，影响了几千年的汉字研究。虽

[1] 许慎：《说文解字》，中华书局1963年版，第314页。

然有人对六书提出了批评，进行或增或减的改进，其实仍未脱出六书框架。

詹鄞鑫《汉字说略》的六书说是象形、指示、象事、会意、形声、变体。[1]不包括假借。

李圃在《甲骨文文字学》一书中认为表词方式分为象形表词、指事表词、形意表词、会意表词、意音（形声）表词、假借表词。[2]包括假借。

（二）五书

王元鹿《汉古文字与纳西东巴文字比较研究》认为“六书说”较为科学地概括了古汉字的创造方法。他的修正主要有两点：第一，把转注字并入形声字，认为转注字都是形声字，不必为它另立一类造字法，否则容易造成逻辑混乱。第二，他把“合体象形”归入会意，而把“独体指事”、“独体会意”归入象形，这样他提出的五书是象形、指事、会意、假借、形声。[3]

（三）四书

张玉金、夏中华在《汉字学概论》中提出汉字的造字法有四类，即表义法、表音法、音义法和记号法[4]。其中表音法是指变体表声字、双声字等，而不包括假借，与传统的四体二用说相比，区别在合并了象形、指事、会意为表义法，从指事中分出记号法，另从无法包括在六书内的部分字中归纳出表音法。

以下“四书说”基本相同，即传统的四体二用说。

清代学者提出来“四书说”。清代著名语言学家戴震说：“指事、象形、形声、会意四者，字之体也；转注、假借两者，字之用也。”段玉裁完全接受了戴震的观点，他说道：“盖有指事、象形，而后有

[1] 詹鄞鑫：《汉字说略》，辽宁教育出版社1991年版，第151～217页。

[2] 李圃：《甲骨文文字学》，学林出版社1995年版，第122～160页。

[3] 王元鹿：《汉古文字与纳西东巴文字比较研究》，华东师范大学出版社1988年版，第42～44页。

[4] 张玉金、夏中华：《汉字学概论》，广西教育出版社2001年版，第162～171页。

会意、形声，有是四者为体，而后有转注、假借两者为用”，明确地指出，前四书是造字之本，后两书是用字之本。这样清代学者提出的造字法理论即是象形、指事、会意、形声四书。

申小龙在《汉字人文精神论》中认为“汉字基本上用了四种造字方法：象形、指事、会意、形声”，“至于转注和假借，只要严格区分汉字造字和表词的关系，就可以清楚它们和造字不是同一个范畴。它们是汉字在使用过程中由于本身性质所决定而必然要出现的表词现象”[1]。并反对把转注理解为引申造字法，“造字法不是词义引申法”[2]。

陈炜湛在《甲骨文简论》中说“事实证明，六书理论对甲骨文基本上还是适用的，对于分析和考释甲骨文还是有用的”[3]。“从字形结构分析，甲骨文也大体上不出象形、指事、会意、形声这四种结构方式”[4]。

（四）三书

唐兰和高明的三书皆不包括假借在内。

唐兰在《古文字学导论》中认为“指事这个名目，是前人因一部分文字无法解释而立的。其实这种文字，大都是象形或象意，在文字史上，根本就没有发生过指事文字”[5]。他提出了自己的三书说，即象形文字、象意文字和形声文字三种，名为“三书”，后来又在《中国文字学》一书中对“三书说”进行补充。[6]

高明在《中国古文字学通论》中指出“总观汉字的形体结构，象形、会意、形声三种方法已足以概括。六书中的指事，无非为象形之分支，乃一本小变，无须另立一类；转注、假借为用字之法”[7]。应该说基本上同意唐兰在《中国文字学》中提出的“三书说”。

---

[1] 申小龙：《汉字人文精神论》，江西教育出版社1995年版，第229页。

[2] 申小龙：《汉字人文精神论》，江西教育出版社1995年版，第232页。

[3] 陈炜湛：《甲骨文简论》，上海古籍出版社1999年版，第59页。

[4] 陈炜湛：《甲骨文简论》，上海古籍出版社1999年版，第59页。

[5] 唐兰：《古文字学导论》，齐鲁书社1981年版，第86~87页。

[6] 唐兰：《中国文字学》，古籍出版社2001年版，第66页。

[7] 高明：《中国古文字学通论》，北京大学出版社2002年版，第57页。

陈梦家等人包括假借在内的三书说如下：

陈梦家认为假借是必须的文字类型："象形（后来又有形声）作为语言的代音字或注音字是极重要的。在这里，被假借的象形（或形声）事实上是音符。假借字必须是文字的基本类型之一，它是文字与语言联系的环节。"[1] 他提出了自己的三书说并列出表格如下：

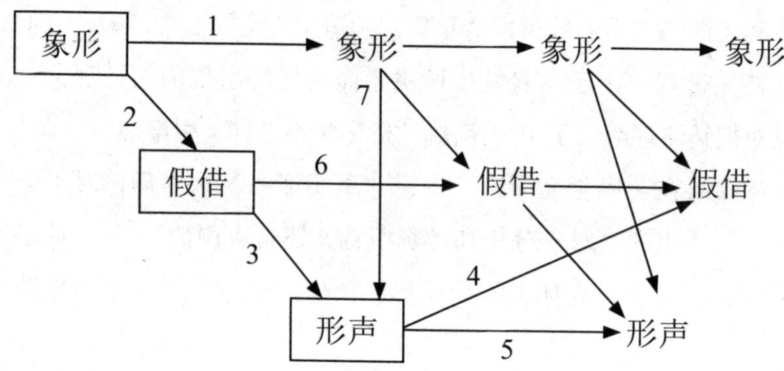

赵诚在《甲骨文字学》一书中也提出了自己的三书说："可以把甲骨文字构成的类型分为三种，即形义字、音义字、形声字。"[2]

裘锡圭在《文字学概要》中基本同意陈梦家的三书说，以为"陈氏的三书说基本上是合理的，只是象形应该改为表意（指用意符造字）。这样才能使汉字里所有的表意字在三书说里都有它们的位置"。[3] 认为唐兰三书说中象形、象意的划分意义不大[4]，假借字应当包括在汉字类型之内。

张世禄在《中国文字学概要》第4章中提出的三书说是写实法、象征法、标音法。[5] 张氏的写实法大体相当于传统的象形。他的象征法包括过去的指事、会意，标音法则兼指以前的会意兼形声、形声和假借。

林沄在《古文字研究简论》中提出的"三书说"为以形表义、以形

[1] 陈梦家：《殷虚卜辞综述》，中华书局1988年版，第76页。
[2] 赵诚：《甲骨文字学》，商务印书馆1993年版，第144页。
[3] 裘锡圭：《文字学概要》，商务印书馆1999年版，第106页。
[4] 裘锡圭：《文字学概要》，商务印书馆1999年版，第105页。
[5] 张世禄：《中国文字学概要》第4章，文通书局1941年版。

记音和兼及音义。[1]

陆宗明在《汉字符号学》中分类如下：以形表意编码包括象形字、指事字、会意字；形声结合编码包括形声字；零编码包括转注字、假借字。[2]

何九盈在《汉字文化学》一书中在二元表达机制的基础上提出了自己的“三书说”：“我也主张把汉字分为表意、形声、假借三个类型，但理论根据和划分层面与唐兰、陈梦家都不同”，“我所谓的‘三书’是建立在二元化的表达机制之上的。即造字表达和借字表达。造字表达又分为表意类、形声类。”[3]

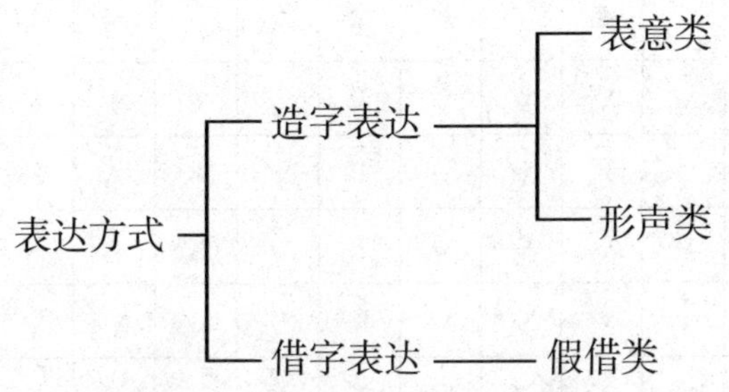

（五）二书

孟华、黄亚平《汉字符号学》一书中提出了自己的“二书说”，认为象形、会意、指事可以归为“象意”，假借、形声可以归为“象声”，即象意、象声二书[4]。

王力主编的《古代汉语》中说：“今天我们对于汉字的构造可以做更科学的说明。首先应该认为转注与假借和汉字的构造无关；其次，对于象形、指事、会意、形声还可以做更合理的分类：一类是没有表音成分的纯粹表意字（包括象形、指事、会意），一类是有表音成分的形声字。”[5]这样二书就是表意字和形声字。

[1] 林沄：《古文字研究简论》，吉林大学出版社1986年版，第28页。

[2] 陆宗明：《汉字符号学》，江苏教育出版社2001年版，第61页。

[3] 何九盈：《汉字文化学》，辽宁人民出版社2001年版，第180~181页。

[4] 孟华、黄亚平：《汉字符号学》，上海古籍出版社2001年版，第16页。

[5] 王力主编：《古代汉语》，中华书局1981年版，第160页。

（六）小结

我们从上述内容中选出有独到见解和代表性的学说列表如下，其中术语栏前11个较为常用，后5个为较个人的术语，打勾者为学者各书之名目，打叉者为各书名目中未能包含者，未作标记者与前面的名目在内容上已有包含，不须标记。人名下的字母表示该术语项内容被包含于字母所表示的术语内，如象形/张玉金框内的P表示象形在张玉金的四书体系中被包含于P即表义项内。

术语＼人名		许慎	詹鄞鑫	李圃	王元鹿	张玉金	申小龙	唐兰	陈梦家	裘锡圭	张世禄	孟华	王力
象形	A	√	√	√	√	P	√	√	√	K	√	K	K
指事	B	√	×	√	√	P	√	×	A	K	K	K	K
会意	C	√	√	√	√	P	√	K	A	K	K	K	K
形声	D	√	√	√	√	K	√	√	√	√	L	×	√
转注	E	√	×	×	D	×	×	×	×	×	×	×	×
假借	F	√	×	√	√	×	×	×	√	√	L	N	×
象事	G	A	√	O	A	P	A	K	A	K	A	M	K
变体	H	×	√	×	×	√	×	×	×	×	×	×	×
记号	I	×	×	×	×	√	×	×	×	×	×	×	×
指示	J	B	√	B	B	P	B	√	A	K	K	K	K
象意	K							√		√		√	√
标音	L					√					√		
象征	M										√		
象声	N											√	
形意	O			√		√							
表义	P					√							

从这个表格我们可以看出，绝大多数学者摒弃了传统六书说的转注项（只有王元鹿将转注归入D即形声项），除此之外还是基本赞同许慎

六书说的观点，即使有所改动，也只是进行细节上的分合或者名称上的另取，应该说仍然是在六书体系之内的意指方式探讨。

转注一书，定义模糊，历来解释最为纷杂[1]。诸家学说都淘汰了这个名目，另据裘锡圭《文字学概要》的说法，“在今天研究汉字，根本不用去管转注这个术语”[2]。所以我们也只讨论甲骨文中象形、指事、会意、形声、假借五书。

大多数学者的体系未能包含变体和记号两类汉字（詹鄞鑫、张玉金的体系内包含变体，张玉金的体系内包含记号）。关于意指方式的意义关系的讨论的分歧主要集中在以下两点：

一是是否包含假借，许慎、李圃、王元鹿、陈梦家、裘锡圭有假借的名目，詹鄞鑫、张玉金、申小龙、唐兰、王力没有假借的名目，张世禄将假借和形声同归于标音名目下，孟华则将假借归于象声的名目下；二是象形、指事、会意三类之间或总体的分合。

二、标记关系研究综述

（一）繁化和简化

梁东汉在《汉字的结构及其流变》一书中详尽地分析了汉字的简化和繁化现象。将简化分为六类、繁化分为三类加以全面论说，并对汉字发展的内因和外因加以概括。[3]

唐兰的《中国文字学》一书中有“趋简·好繁·尚同·别异”一节，认为“文字演化，从理论上说，应该是对着简易的目标前进的，不过，有些时候，人们又觉得是繁复的好，由繁而简，由简而繁，总是跟着风气跑的”[4]。

吴浩坤在《中国甲骨学史》中提到“甲骨文字虽然已是六书具备，离开草创的时期已很遥远，但尚在发展变化之中，并未全部定

[1] 详见裘锡圭：《文字学概要》，商务印书馆1999年版，第100页。

[2] 详见裘锡圭：《文字学概要》，商务印书馆1999年版，第102页。

[3] 梁东汉：《汉字的结构及其流变》，上海教育出版社1981年版，第41~54页。

[4] 唐兰：《中国文字学》，古籍出版社2001年版，第113页。

型”[1]。并整理戴家祥《商周字例》讲稿中的十种类型列于书中，每字约举三四例。[2]

高明《中国古文字学通论》中“汉字形体的简化与规范化”一节的第一部分分析了五类汉字形体简化的现象。[3]

（二）偏旁通用

唐兰在《古文字学导论》中讲到：“凡义相近的字，在偏旁里可以通转。”举了数例，说：“通转和演变是不同的，演变是由时代不同而变化……至于通转，却不是时间关系，在文字形式没有十分固定以前，同时的文字会有好多样写法，既非特别模古，也不是有意创造新体，只是有许多通用的写法，为大家所公认的。”[4]

高明《中国古文字学通论》中“意义相近的形旁互为通用”一节，列举了32例形旁通用的例子[5]，证明了“如果两种形旁意义相近，即可互相代用”。“汉字形体的简化与规范化”一节的第一部分分析了五类汉字形体简化的现象。

张桂光在《古文字义近形旁通用条件的探讨》一文中，对采用义近形旁的现象和条件进行了详尽的分析。[6]还著有《甲骨文形符系统特征的探讨》、《金文形符系统特征的探讨》及《战国文字形符系统特征的探讨》等系列文章[7]，对不同状态的古文字的形符系统的特点进行了探讨，对意指方式的标记关系多有涉及。

（三）异体·同形·合文

裘锡圭《文字学概要》一书专设“异体字、同形字、同义换读”一节讨论汉字与汉语的标记关系问题。对狭义异体字、部分异体字、广义

[1] 吴浩坤、潘悠：《中国甲骨学史》，上海人民出版社1985年版，第120页。

[2] 吴浩坤、潘悠：《中国甲骨学史》，上海人民出版社1985年版，第121～24页。

[3] 高明：《中国古文字学通论》，北京大学出版社2002年版，第130～158页。

[4] 唐兰：《古文字学导论》，齐鲁书社1981年版，第231页。

[5] 高明：《中国古文字学通论》，北京大学出版社2002年版，第159～164页。

[6] 张桂光：《古文字义近形旁通用条件的探讨》，《古文字论集》，中华书局2004年版，第37～54页。

[7] 这三篇论文都收入张桂光：《古文字论集》，中华书局2004年版，第58～116页。

异体字、广义同形字、狭义同形字、同义换读进行了界定和分析[1]，其字料库虽然一般并不是古汉字，也对我们的研究有理论上的指导作用。

李圃《甲骨文文字学》中有“甲骨文文辞多用异体”一节讨论了异体的定义、产生的原因和产生的途径。[2]李圃另有《正本清源说异体》一文阐明辨别异体字的理论、方法和步骤。[3]

赵诚在《甲骨文字学纲要》一书中设立“一字多体和一体多义”一节，讨论了甲骨文中异体和异义的现象。[4]

梁梅《试析异体字的定义及相关问题》一文讨论了与异体字的定义相关的若干问题。[5]

张桂光《汉字学简论》一书中对汉字形符多异体的现象及其原因进行了描述和分析，也对近似形符近似的原因及它们之间的区别性进行了资料翔实的分析。[6]

陈炜湛在《甲骨文简论》中说到：“甲骨文字的形体结构究竟有什么特点呢？总的说来，是结构不固定。独体字的形式固然多变，合体字的各个部分结合也不严，具体书写又有相当大的随意性，或分或合，或正或反，相当灵活，往往因时因人而异。”[7]他从四个方面加以说明，即合文、一字异形、异字同形、反书。[8]

[1] 裘锡圭：《文字学概要》，商务印书馆1999年版，第206～222页。

[2] 李圃：《甲骨文文字学》，学林出版社1995年版，第168～173页。

[3] 李圃：《正本清源说异体》，《语言研究》2003年第1期，第78～86页。

[4] 赵诚：《甲骨文字学》，商务印书馆1993年版，第76～77页。

[5] 梁梅：《试析异体字的定义及相关问题》，《广西师院学报》1998年第2期。

[6] 张桂光：《汉字学简论》，广东高等教育出版社2004年版，第79～90页。

[7] 陈炜湛：《甲骨文简论》，上海古籍出版社1999年版，第63页。

[8] 陈炜湛：《甲骨文简论》，上海古籍出版社1999年版，第67～69页。

第三节 甲骨文意指方式之意义关系具体研究

一、象形

“象形者，画成其物，随体诘诎，日月是也。”一般所谓象形，就是“按照客观事物的形体，随其圆转曲直描绘出一种具有形象感的代表符号，以表达语言中的词义”[1]。人事纷繁，要求每一个字符“画成其物”是非常困难的。象形字的产生方法归根到底可以归结为“近取诸身，远取诸物”。

（一）象形字的判定

象形字描摹的结果都应该是一个浑然一体的事物，原则上不可以再分，不能分为两个或两个以上独立的字符。如眉若进行分析，为目，但上三弯则不成字；如齿若进行分析，为口，但口中四牙则不能单独成字。

物态多变，作为已成体系的甲骨文字不可能也没必要把所描摹的事物进行惟妙惟肖的“摹画”的。在“随体诘诎”的过程中，总会省去不重要的、无区别意义的一部分物征，只留下一个对事物的“速写”，比如虎字的形体有如下多种，从第一个形体的口、耳、尾、爪、纹俱全到最后一个形体只留下了张开的大口这一区别性特征，我们以为虽然有繁简之分，却仍是象形字。有的形体由于只在某一部分上与别的形体相区别，也必然将有区别意义的一部分特地刻画甚至夸张出来，如羌、儿等字都是在人字上加上了区别于别的状态的人的特征点画，但这些特征点画存在的目的只是为了范围、限定这个字的含义，与“人”的形体发生的关系是表层的、直接的，这类字我们也仍把它看成象形字。

有一类形体在上述简化整体、着重刻画区别性特征的基础上再进一步，即只刻画具有区别性特征的部分，如牛、羊、车三

[1] 高明：《中国古文字学通论》，北京大学出版社1996年版，第47页。

字，只刻画了牛头、羊头、车轮，即是牛、羊、车最具区别意义的部分，虽然它们的形体只是描摹对象的一部分，但自身却是一个不可再分的整体，在语言中它们的所指分别是牛、羊、车，我们也把它们看做象形字。

现实中的事物本来就有奇有偶，有少有多，有简有繁，比如门单者为户，双者为门，前人在为门、户造字的时候都采用了象形的手法，描摹的结果如门、户，虽然门字可以再分析成两个户，但仍把它看成象形字。这类字我们可以称做合体象形字。象形字一般是独体的，这类象形字可以看成是特例，在《甲骨文字典》中计有門（可以分析为两户）、行（可以分析为彳、亍）、珏（周原周墓葬即有状物出土，殷代金文有母盘父丁盘父乙盘之形，[1]也可证珏字两玉本浑然为一物。故入整体象形之合体象形）、樂（琴瑟之象也，可以分析为木、两）等四个。

万物是不停运动变化的，如果一个形体描摹的是一个变化了的或变化中的对象，我们也把它当做象形字。如屰、夭、匕、尸四字都是人字的变形，也可以看成像人体不同时候的形态。另外如雨，可以看成像天上下落的雨点，也可以看成像下雨的情形。这类字我们也把它当做象形字。

这五条象形字的判定规则并不是先于分类而存在的，而是我们在对《甲骨文字典》作穷尽性的分析基础上归纳得到的，应该说是从实践中来，同时也指导着分类的实践。另外，我们的统计只包括形、音、义俱明者，而不包括构形不明者。如兮这类独体字，虽然一般当是象形字，但也不计入象形字数。也不包括考释众说纷出者，如允，徐中舒谓“象人头顶有标志之形”[2]，但别说纷纭，如谓像人回顾形、像人点首允许状、头上之丨为进而益上之形等等[3]，也不计入象形字数。这样，我们归纳所得象形字凡三百一十四字。

[1] 见于《甲骨文字典》，第883页。

[2] 徐中舒：《甲骨文字典》，四川辞书出版社1989年版，第958页。

[3] 见《金文诂林》5379页允字条，转引自《甲骨文字典》，第958页。

（二）象形的分类

从字形与所象物的吻合程度来看，我们可以把象形分为整体象形、部分象形和衬托象形。整体象形字的字形几乎等于所象物本身，部分象形字的字形为所象物的一部分，衬托象形字的字形则大于所象物的形体。

1. 整体象形

整体象形字是象形字中最为普通、争议最少的一部分。统计《甲骨文字典》，我们可得整体象形字凡二百七十四字，如下甲骨文形体后的数字表示该形体在《甲骨文字典》中的页码：

帝 7	每 46	單 120
示 10	小 65	止 125
且 21	曾 68	歲 143
祈 25	仌 70	屰 153
禍 27	公 71	行 182
王 32	余 72	疋 195
玉 34	牛 78	册 200
中 39	告 85	舌 208
珏 37	口 87	干 209
屮 45	周 94	冎 213
屯 45	㕣 99	言 221

善 225

229

妾 230

鬲 258

獻 258

268

又 279

左 314

臣 321

卜 349

贞 350

目 361

自 378

百 384

羽 385

隹 389

鸡 394

萑 408

羌 416

鸟 426

凤 427

朋 429

畢 437

叀 451

步 461

肉 468

角 481

觵 481

箕 487

畀 91

奠 492

工 493

曰 498

乃 500

卣 502

于 510

壴 514

豆 519

虍 525

虎 527

盧 534

皿 550

井 555

皀 556

鬯 562

爵 563

食 569

合 573

今 573

缶 581

矢 581

高 590

亳 591

央 595

郭 596

京 598

亯 601

良 608

來 616

麦 619

夒 622

舞 630

木 639

栅 646

苿 647

樂 650

東 661

才 672

若 675

桑 677

索 683

南 684

生 687

贝 701

乇 716

日 719

㫃 731

晶 741

月 743

囧 748

毌 753

757

束 765

片 768

鼎 770

克 773

录 775

禾 777

穆 778

秋 783

米 792

耑 797

宀 797

宋 810

吕 834

帽 850

网 853

环 854

帚 865

白 869

黹 871

人 875

儒 878

作 887

匕 913

丘 924

衣 932

裘 939

老 940

尸 942

舟 946

彤 947

方 953

儿 957

兀 957

先 973

欠 981

旡 989

首 993

卩 999

苟 1020

鬼 1021

由 1023

山 1025

厃 1032

石 1033

长 1041

勿 1043

而 1045

豕 1047

豶 1048

豭 1049

1055

豸 1059

1061

象 1065

马 1067

1077

鹿 1079

麛 1080

麋 1082

兔 1093

犬 1096

龙 1098

火 1109
尞 1110
大 1139
夨 1164
夭 1164
交 1166
壶 1167
幸 1168
𠦪 1173
立 1179
水 1183
川 1228
災 1229
泉 1231
谷 1238
冬 1239

雨 1240
霝 1243
鱼 1253
燕 1258
龙 1259
不 1267
至 1272
西 1276
卤 1278
户 1280
门 1282
耳 1285
女 1299
姜 1301
晏 1316
乂 1353

弗 1353
弋 1355
氒 1356
戈 1356
戉 1377
我 1379
義 1381
直 1385
亡 1386
医 1390
匚 1391
甾 1395
弓 1396
弘 1397
發 1399
糸 1409

绝 1409

纏 1421

率 1422

蜀 1424

虹 1426

它 1430

龟 1434

黽 1441

亟 1447

恒 1448

亘 1449

凡 1450

土 1457

田 1466

黄 1475

力 1478

铸 1483

1485

且 1489

斤 1491

斗 1496

斝 1496

车 1499

1499

1407

宁 1520

亚 1523

六 1529

七 1530

禽 1531

萬 1532

甲 1535

尤 1539

丙 1540

丁 1549

戊 1551

己 1555

庚 1558

辛 1561

子 1570

丑 1583

寅 1585

辰 1589

午 1595

未 1598

申 1599

酉 1600

戌 1607

亥 1611

这些字中，像动物或动物的部分的计为42字，像植物或植物的部分的计为16字，像人、人的器官或人的变形的计为50字，像物具或其他的计为166字。

2. 合体象形

整体象形字中有一类字值得讨论，就是我们在前文提到过的合体象形字。在前文中我们对合体象形字作了定义，并指出在《甲骨文字典》中的字例即門（可以分析为两户）、行（可以分析为彳、亍）、珏（王国维说“其用为货币及服御者皆小玉小贝而有物焉以系之，所系之贝玉，于玉则谓之珏，于贝则谓之朋”[1]。证以考古发掘，如周原周墓葬即有状物出土。殷代金文有母盘父丁盘父乙盘之形[2]，也可证珏字两玉本浑然为一物。故入整体象形之合体象形）、樂（琴瑟之象也，可以分析为木、两）等四个。在这里我们主要讨论一下我们所说的合体象形字和以前人所称的合体象形字的区别，再说说合体象形字与会意字的区别。

前人有所谓“合体象形字”，段玉裁说：“有独体之象形，有合体之象形，独体如日月水火是也，合体者从某而又象其形，如眉，从目而以象其形，箕从竹而以象其形，……畴从田，而以像耕田沟诘屈之形是也。”[3]章太炎也认为有合体之象形，包括两类，一类同段玉裁，另一则如兒字，像小儿头囟未合之形。[4]

我们以为把段玉裁说的合体象形和章太炎的第一类合体象形称为衬托象形更为合适，因为诚如段玉裁自己所说“附于从某者，不成字不可读[5]”，所以不称为合体。我们以为所谓“合体”，当是字素与字素的组

[1] 见《甲骨文字典》，第37页。

[2] 见《甲骨文字典》，第883页。

[3] 段玉裁：《说文解字注》，上海古籍出版社2000年版，第755页。

[4] 见于章太炎《国学讲演录》之“小学略说”。

[5] 段玉裁：《说文解字注》，上海古籍出版社2000年版，第755页。

合，而不是字素和字缀或字缀和字缀的组合[1]，所以我们把这类字看做衬托象形字，而非合体象形字。

章太炎称做合体象形字的第二类，如儿 这一类，归结此类字的特点是，在一个可以单独构字的字素上加一不单独成字的字缀构成形体，即使此字缀可单独成字，但它成字时的字义与字缀字没有本义或引申义的关系，而是偶然的同形，其字缀常常是字素所象物的一部分，一般具有区别性特征，是造字者为了强调突出这个特点而将本来应该属于可以单独构字的字素的一部分的特征扩大，形成字缀，附加于字素上，来表示整个的客观事物。同类字还有欠 、无 等等，我们以为这类字的造字理念与其他很多整体象形字相似，比如大多的动物字，即突出所象物的一部分区别性特征，将其在字形中扩大。这类字既非字素与字素的组合，也不具有特殊性，不必称为合体象形字，只是普通的整体象形字的一种，没有另立名目的必要。

我们这里所说的合体象形字，首先是由两个或以上可以单独构字的字素构成，这一点是与一般象形字的最大差别。另外，这些字素单独成字时的意义与它作为偏旁参与构形时的意义是有联系的， 即必定是它的本义或引申义，这样我们就能把合体象形字与一部分整体象形字区别开来，比如麦 （可以分析为来、止，止本象趾形，在这里象的是麦根的形状）、亳 （可以分析为高、中，中本为艸形，在这里象的是屋柱之形）二字，虽然也是由两个字素构成，但麦中的止象麦根的形状，与止单独构字所成的“脚趾”的意思毫无关联。我们可以说，麦字从止，只是由于止与麦根形诸文字后形体上偶然的相似而导致同形，并不能看成是一个真正意义上的字素，所以我们不把麦字看成合体象形

[1] 字素、字缀的概念主要来自李圃。他在《甲骨文字学》一书中提出了字素、字缀的概念，并在以后的一系列论文中对这一系统概念进行阐述和运用。他在《甲骨文字学》一书的第9页说：“汉字的字素是作为构成汉字的结构要素被提出来的，是严格地受着汉字的特性制约的，这主要表现为它的物质性：有相对独立存在的块体，表意体系中与汉语语素的关系，亦即形与义、音相统一的关系。……汉字的字素是构成汉字的结构要素，是汉字中形与义、音相统一的最小的造字单位。”而字缀主要是指具有形体，不具有读音，意义也不明确的笔画线条。详见《甲骨文字学》第二章。

字。亳字也同此。

合体象形字由多个字素构成，为什么却又称它为象形而不是会意呢？我们以为合体象形和会意的区别有三点：

一是字素间的关系。合体象形字的构字字素间的关系都是静态的、平面的，与其所象物的各个组成部分的位置有着对应关系，两个或多个组成部分和合成后的字在意义上直接联系。与步字比较一下，我们就能更好地理解两者的区别。人生两足，该字形也取象于可以视为一个整体的事物，也可以视为象形，但步两止一前一后，并非常态，这一前一后所表达的是行走的意思，也正是这一前一后即两个组成部分间发生的这种相对位置关系是这个步字意义的来源和关键。因此，我们把步字看成会意字而非象形字。合体象形字的字素都是形符字素。会意字的构字字素间的关系都是动态的、立体的，会意字的意义不能由字素意义的简单相加得到，而需要通过特定的心理机制进行各种蒙太奇式的结合，字素有形符字素，也有义符字素。

二是合体象形的所象物是一个浑然一体的整体，而这个事物本身就可以被分解为几个可以在甲骨文中得到表现的组成部分；有些会意字，比如图形式的会意字，虽然也具有“随体诘屈”的特点，但各个字素并不是一个浑然一体的整体，而是偶然组合在一起。

三是合体象形字所象物都是物，而图形式会意字虽然也是随体画物，但所画成的不是物，而是事。

3. 半合体象形

整体象形字中有一类字为形符字素加字缀构成，这个字缀并不是指示符号，而具有参与构字的近于形符的意义。凡十字，如下：

止 125　　至 1272　　七 1530

才 672　　直 1385　　尤 1539

生 687　　亟 1447

兀 957　　恒 1448

由于这些字缀并不是指示符号，所以我们不把它们归入指事字。这些字并不由两个字素构成，所以也不能把它们归入会意字。才、生、至中的短横都隐含有“地”的意义，才像草于地下之形，生像草于地上之形，至像矢至地之形，兀中的短横隐含有“天”的意义，像人顶于天，表示高，亟则像人顶天立地之形，表示极意，尤则像手碍于物之形，所以说这些字缀介于义和形之间的一种较特殊的状态，可以定义为半合体象形字。

4. 部分象形

部分象形是指写出物体的部分轮廓成字来表示整个的客观事物。统计《甲骨文字典》我们可得部分象形字凡四字，如下：

牛 78　　麋 1082

羊 413　　车 1499

其中牛、麋、车俱有作全形者，如：牛 78、麋 1082、车 1499。

与部分象形相近的整体象形字有两类：一是抽象程度很高的整体象形字；另一类是趋向于可以重复构成整个事物的一部分的整体象形字。

抽象程度很高的象形字数量很多，与局部象形字有相似之处，即都不是描画事物的各个部分或细节，但我们不把抽象程度高的象形字归入局部象形字，而仍把它看成整体象形字。我们以为两者的区别在于，高抽象程度的象形字仍然能勾勒出事物整体的轮廓，甚至有的组成部分已经符号化（如虎字可以由张开大嘴的虎头和人 组成），但仍可以看得出事物整体的线条轮廓，如又、左、止，又是把五指简成二指，左同，止把五趾简成三趾，而局部象形字只画出了事物的某一部分，用来借代整个事物，与整个事物的轮廓则大相径庭。

另一部分整体象形字是因为描摹对象实在浩漫庞大过于复杂，无法将整个事物摄入字形内，只能选取具有很强重复性的一部分来代表整个事物，如木、火、山、丘、网等字，木截取了上三枝下三枝，火截取三焰，山截取三峰，丘截取二峰，网截取一块。我们可以发现，如果重复这些描摹出来的字形，都是可以组成完整的事物的，这一类字我们仍然把它们归入整体象形字。因为这类字虽然只描摹了对象的一部分，但整个事物却可以由进入文字的这一部分重复而成，而局部象形则不是这样，从上述四个局部象形字我们也能看出，这一部分是不能重复形成整个事物的。

通过上述讨论我们即会发现，虽然部分象形这一名目一直出现于古文字学、文字学诸论著中[1]，但其实数量很少，仅占所有象形字的1.32%，所占比例仅为0.013强。而且这四个字中，还有三个字是同时存在整体象形的形体的。可以说，甲骨文中真正的局部象形字只有羊一个。也许是因牛羊两字局部象形的形体既为甲骨文所习见又为现今生活的人们所熟悉，容易引起人们的注意，才会如此固定地让文字学家们给了它一席之地吧。

5. 衬托象形

裘锡圭象物字一类有“复杂象物字”，说“有一些象物字的字形比较复杂。这些字所象的东西很难孤立地画出来，或者孤立地画出来容易跟其他东西相混。所以为它们造象物字的时候，需要把某种相关的事物，如周围环境、所附着的主体或所包含的东西等也一起表示出来，或者另加一个用来明确字义的意符。这种象物字可以称为复杂象物字”[2]。史建伟在《简析衬托象形字》[3]一文中提出了衬托象形的概念并选举例子加以说明阐述。我们采用史建伟的术语，把描绘出本体之外还描绘出与本体相关的部分事物以更清楚地显明这个形体所表达的意思的象形字称为衬托象形字。

衬托象形字的判定可以根据如下三条规则：

（1）衬托象形字的字义与其形体某一部分的形体义相同。

[1] 参见裘锡圭：《文字学概要》，第118页。

[2] 裘锡圭：《文字学概要》，商务印书馆1999年版，第118页。

[3] 史建伟：《简析衬托象形字》，《文字学论丛》2001年第1辑，吉林文史出版社2001年版，第144页。

（2）衬托象形不能分开分析，若拆开则必有一部分不成字，这是和“合体象形”的区别。

（3）衬托象形和指事的区别，指事在原有形体上添加的部分不是物体本身固有的组成部分，而只是抽象的指示符号，但衬托象形的衬托部分是固有的象形部分，是一体的、具体的、不可分割的。

根据以上三条，我们可以从字料库中得到衬托象形字凡四十一字，如下：

天 3
牢 82
齿 192
□ 282
父 282
尹 286
用 354
眔 363
眉 374
芊 414
箙 486
甘 497
彭 515
葉 654
朱 644
囿 695
茵 696
圂 697
量 726
函 756
隶 757
栗 760
束 765
稻 780
康 781
黍 790
向 801
宜 806
身 931
屎 943
尾 944
尿 945
免 960
頁 991
文 995
包 1018

渊  1194　　　勺  1487

州 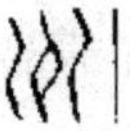 1230　　　升  1497

雷  1241

（三）关于衬托象形的分析

1. 衬托象形中的"象声字"

象形字中有"象声字"一类，主要集中在衬托象形里。我们这里所说的象声字，并非一般所谓的"象声词"、"拟声词"之类。一般我们所谓的拟声词，比如称蛙为蛙、称猫为猫、称鸭为鸭等等，说物能"自呼其名"，是从"词"和语音的角度来说的，即这个字的发音（词的读音）和它的所指即某种事物所能发出的声音有一定程度的相似性，这种相似性可能是结果，也可能是原因，但这里的所指只与词或语音相关，而与"字"无涉。我们说的象形字中有一类"象声字"，则是说这一类字是以字形为能指来记录所指即某种事物所能发出的声音，进而有时也用这个能指来指代能发出这个声音的事物。把这类字放在衬托象形里讨论，是因为这类字的构成方式主要是在能发出声音的事物上加某些可能表示声音的字缀。如果这个字是指代事物的，则这些表示声音的字缀为衬托符号；如果这个字是指代声音的，则这个表示事物的形符字素为衬托符号。所以，这类字总是可以归在衬托象形里面。字料库里，这类字我们总共统计得到3个，即：彭 515、康 781、雷 1241。

彭，从 从 ，李孝定以为 为鼓声之标志， 即鼓。[1]《说文》："鼓声也，从 ， 声。" 康，从庚从 ，郭沫若《甲骨文字研究·释干支》认为庚像有耳可摇之乐器，其下之点表示乐器之发声振动。[2] 雷，从申或从申省，从 或 或点以示雷声。我们可以看出，这些点或圈或短横可以看做另一种意义上的"声符"，即以形表声

[1] 见李孝定《甲骨文字集释》卷五，转引自《甲骨文字典》，第515页。

[2] 转引自《甲骨文字典》，第781页。

的声符，与说文里说的“彭，从壴，彡声”的“声”即“形声字”的“声”有着本质的区别。我们单拈出这三个虽然为数不多却意义重大的“象声字”来阐述，是确信这“象声字”，尤其是这些“声符字缀”是在一定程度上打破了六书范畴的。

2. 衬托象形的构成方式

观察衬托象形字我们可以看出，衬托象形字所指的事物一般都具有不易表达的特点，我们可以把它们归纳为如下五类：

（1）方状、栏状物。这一类事物形诸刻划之后，都会呈现出四方的轮廓线条而易混淆，所以需要另加衬托符号加以区别，凡十字如下：

牢 82　　茵 696　　宜 806

用 354　　圂 697　　渊 1194

箙 486　　函 756

囿 695　　向 801

（2）点状、块状、线状物。这一类事物形诸刻划之后，都会呈现出点或线的轮廓，而长点和短线、大点与小块都易混淆，所以需要另加衬托符号加以区别，凡十八字如下：

齿 192　　甘 497　　栗 760

叉 282　　葉 654　　束 765

父 282　　朱 644　　稻 780

363　　量 726　　黍 790

眉 374　　757　　屎 943

尿 945　　文  995　　州 1230

（3）人体的一部分或人体饰物。作为人体的一部分或饰物，若无明显的自身特征，则必然需要借助人体的形状来确定这一部分的位置、状态，凡六字如下：

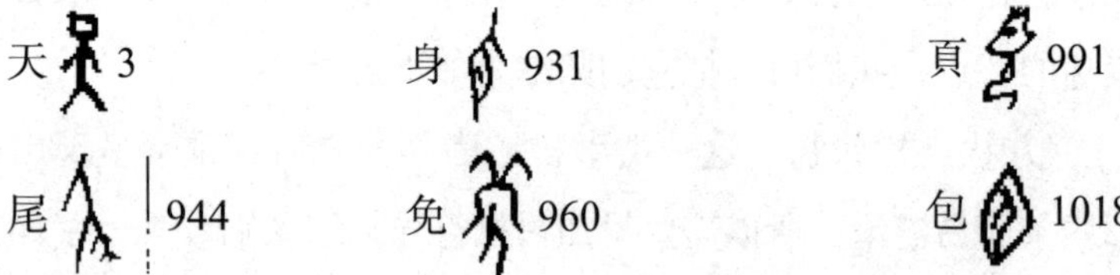

天 3　　身 931　　頁 991

尾 944　　免 960　　包 1018

（4）形体虚无。难以单以形体明确其性质的事物。如芈字，乃羊气上出也，另三字则已见上述，皆为“象声字”，声音虚无，要以载体明显之，则亦必借助于能发出这种声音的事物来限定、彰明之，凡四字如下：

芈 414　　康 781

彭 515　　雷 1241

余下两字则为容器之象形，在容器内加点以示所盛之物，似乎并非必需，如下：

升 1497　　勺 1487

（四）小结

这样我们把314个象形字以字形和所象的吻合程度为标准分为整体象形、部分象形和衬托象形三类，字数和各自所占比例分别如下：

	名目	字数	所占比例
象形字	整体象形	274	87.261%
	部分象形	4	1.274%
	衬托象形	41	13.057%

部分象形字四字中牛、麋、车俱有作全形者如牛78、麋1082、车1499。整体象形字中757、束765有作衬托象形者如757、束765，凡有五字重出。

从上列表格我们可以看出象形的造字方法中，以整体象形为最多，占87%强，衬托象形次之，部分象形最少，仅占1%强。汉字作为工具有简易的要求，象形字有直观具体的要求，甲骨文中各类象形字的比例也体现了这两个要求的矛盾运动。部分象形注意了简易，但如果过多使用必然引起字形间的混同，降低直观具体性，所以较少。衬托象形注意了直观具体性，却由于有一部分羡余信息，不够简易，但由于有一部分事物如果不加衬托部分则无法表现准确，所以所占字数较部分象形为多。这也体现了甲骨文直观具体性的要求是比较占优的，而书写简易的要求处于下风。整体象形既符合汉字作为工具的简易的要求，也符合象形字直观具体的要求，所以所占比例最大。

（五）具有部分表音功能的象形字

于省吾首先指出有一种具有部分表音功能的独体象形字[1]，举例如下：

羌，像人戴羊角形，羊省声同时为声符。

每，像女戴羊角形，羊省声同时为声符。

麋，上部像眉目形，兼音。

天（顶），上部以丁为顶，兼音。[2]

张桂光也对此进行了阐述，说："象形字中有声符形化，如麋利用了可标声的，但麋字的下部又不足以称为形符而只能与一起构成一个字形，而被称为象形字。其实是含有声音的成分的。"[3]

我们以为"部分表音功能的独体象形字"是存在的，通检《甲骨文

[1] 于省吾：《释具有部分表音的独体象形字》，《甲骨文字释林》，中华书局1999年版，第436页。

[2] 于省吾：《释具有部分表音的独体象形字》，《甲骨文字释林》，中华书局1999年版，第435~440页。

[3] 张桂光：《古文字论集》，中华书局2004年版，第54页。

字典》可得象形之带声者凡十字，如下：

天 3　　麋 1082

止 125　　至 1272

眉 374　　姜 1301

羌 416　　弘 1397

甘 497　　尤 1539

这十字可以分为三类：A类是夸大的区别性特征加主体构件构成的字，如天、羌、麋、姜；B类是形符字素和字缀构成的半合体象形字，如止、甘、尤；C类为其他，如眉、弘。A类一般以夸大的区别性特征为带声者，如天以囗为声，羌以 为声；B类一般以形符字素为带声者，如止以 为声，甘以口为声；C类比较不确定， 以 为声，弘为带把之弓，以弓为声。

这些字形上是一，其实可视为二，其中一个字符除构形外，还参与了示音，如羌字，本是人，其所戴羊角可以用来装饰，但可以用来装饰的事物很多，古人单单选择了羊角，这应是古人造字时有意选择羊角用来作声符，以标示整个字的读音，同时又可以看做装饰，参与整个字的构形。

于省吾在《释具有部分表音的独体象形字》一文中还认为“形声字的起源，是从某些独体象形字已发展到具有部分表音的独体象形字，然后才逐渐分化为形符和声符相配合的形声字”[1]。通过对带声象形字的分析可以认为这个说法是不正确的。整部《甲骨文字典》里这种带声

［1］于省吾：《释具有部分表音的独体象形字》，《甲骨文字释林》，中华书局1999年版，第436页。

的象形字只有10个，在金文等等以后的文字中，带声的象形字也不见大规模的出现，但形声字的增长速度却是惊人的，《说文》中的形声字已经占了全书的87.89%[1]。我们既不能理解十来个带声的象形字是如何发展出几千个形声字，也未能在甲骨文、金文中找到“从某些独体象形字发展到具有部分表音功能的独体象形字再发展到形声字”的痕迹。我们以为，形声字的产生和发展还是以传统的解释较为容易让人接受，即在独体字上加注形符或声符发展到形符与声符相配产生形声字。

二、指事

“指事者，视而可识，察而见意，上下是也。”指事字的结构类型向有分歧。有的认为指事字是那些纯粹的抽象符号字，有的认为除了抽象符号字外，还应包括在象形字的基础上添加标识符号所形成的字。纯粹的抽象符号如《说文》所列之丄丅及一二三亖等等，在象形字的基础上，添加标识符号所形成的所谓指事字如本等。我们先讨论一下许慎六书之指事的原意到底是怎样的。

（一）许慎的指事概念

段玉裁在《说文叙》注说：“指事之别于象形者，形谓一物，事晐众物，专博斯分。故一举日月，一举上下，上下所晐之物多，日月只一物，学者知此，可以得指事、象形之分矣。”不难看出，段氏认为的指事字，是那些独体的抽象符号。朱宗莱《文字学形义篇》说：“若夫指事之文，许君亦往往言象某形，则以造文之初，虑只象形一例，厥后无体可象，乃始变通成法，形意兼施，虚实互用，上以济写实之穷，下以开会意之先，后人分别言之，目为指事，推原其始，因一本小变而已。”[2]可以看出，段氏和朱氏所说的指事字都是独体的抽象符号一类。但现在流行的对指事字的定义一般还包括另一类，即在象形的基础

[1] 臧克和：《字符·结构》，《中国文字研究》第4辑，广西教育出版社2003年版。
[2] 转引自高明：《中国古文字学通论》，北京大学出版社1996年版，第46页。

上添加指示符号而成的字。[1]那这一类字是否也包含在许慎所谓的指事字中呢？我们的答案是否定的。

所以会产生上述的歧解，究其原因，是人们忽略了《说文·叙》中所蕴含的许慎对汉字发生的认识。我们认为，许氏的界说，尤其是他把指事列于象形之前，自有其自己的主张，是他对汉字创造时的原始逻辑经考察分析后得出的自己的结论。“指事”之“事”，是指抽象的概念，许氏所举例字“上、下”正是其证。因此，我们可以这样说，指事字就是那些记录抽象概念的字。然而，抽象的概念，也可以用会意、形声字表示，但是会意、形声字却又不符合“视而可识，察而见意”这一界定。因此，根据前人研究成果并结合许氏定义，准确地说，许慎所谓的指事字应该是那些记录抽象概念却“视而可识，察而见意”的字。这也正是许氏把指事放在象形前面的原因。如果许氏原意中的指事字是指在象形字的基础上添加标识符号所形成的字，他当然不会把指事放在象形前面，而应该放在象形的后面了。

（二）指事字的判定和类型

许慎的本意指事字是不包括象形字的基础上添加指示符号这一类的。那这一类字又是如何归入指事字的呢？我们看王筠《说文释例》例二论指事，立正例一，变例八，变例之六为“形不可象变为指事”，其所举例字为刃、本、末、朱、面、寸、亦等等[2]，大约就是现在所说的指事中的在象形的基础上添加指示符号而成的指事字。其后诸家论说指事字，都包括了这一类字。

我们把指事字分为两类：一类为纯粹的抽象符号字，我们用裘锡圭的术语[3]，把它称为抽象字；另一类为在象形的基础上添加指示符号而成的字，我们也用裘锡圭的术语，把它称为指示字。

统计《甲骨文字典》形义俱明的851字，可得指事字凡17。

---

[1] 参见陈炜湛：《甲骨文简论》，第60页；陈世辉、汤余惠《古文字学概要》，第34～35页。

[2] 参见何添：《王筠说文六书相兼说研究》，吉林文史出版社2000年版，第40页。

[3] 裘锡圭：《文字学概要》，商务印书馆1999年版，第110~111页。

这17个指事字中，抽象字凡13，如下：

一 1

丩  216

員  700

上 5

十 218

二 1446

下 8

廿  219

四  1519

三 31

卅  220

八  67

卌  221

在象形的基础上添加指事符号而成的指事字即指示字凡4，如下：

天  3

亦  1163

厷  281

弦  1405

我们把字料库中可见的、构形明确的17个指事字分为抽象字和指示字，它们的字数和各自所占比例分别如下：

	名目	字数	所占比例
指事字	抽象字	13	76.47%
	指示字	4	23.53%

可以看到，甲骨文中抽象字多出指示字，为指示字的三倍多。这与一般文字学书中多有不同。造成这种现象的原因主要有以下几个：

1. 后出的一些指示字在甲骨文中尚未出现，比如末字初见于蔡侯钟，本字初见于本鼎，刃字初见于《说文》等等。

2. 陈炜湛把母、夨、夭、交、曰、甘、朱、血等字都归入指事字[1]，裘锡圭把叉归入指示[2]，如果按抽象字和指示字二分之，则

[1] 陈炜湛：《甲骨文简论》，上海古籍出版社1999年版，第60~61页。

[2] 裘锡圭：《文字学概要》，商务印书馆1999年版，第121页。

母、矢、夭、交入抽象字，曰、甘、朱、血、叉当入指示字。但我们把这些字都判定为象形字，所以得出的结果也会有所不同。

3. 我们在上文中提到的半合体象形字有的学者也把它归入指示字，我们则把它归入象形字。

4. 一部分某些学者以为属于指示的字，我们因构形不明而未作考虑，如允 958、千 218、九 1531、旬 1016等字，有学者以为是指示字，但我们仍以为它们构形不明。比如允字众说纷纭，已见上文举例；九字《甲骨文字典》以为“象曲钩之形……钩九古音同，故钩得借为九，復于钩上加指示符号而作 ”[1]，旬字《甲骨文字典》以为“从亘上加一指事符号”[2]。但我们以为指示符号所指示的意思当与原象形字字义有关联，比如亦，指示符号所指示的是人之腋，人即原象形字字符大也；弦，指示符号所指示的是弓之形；厷，指示符号所指示的是又之肱；天，指示符号所指示的是人之颠，人即原象形字字符大也。反观九、旬等字，指示符号所指示的位置、字义和原有的象形字并无联系，如果考虑“钩得借为九”之类的原因，则钩已为九，则这一短横也不得视为指示符号，而只能看成一个羡画了。千字不归入指示字的原因也同此。

这一类在原有字形上加一字缀而构成的字，如果这一字缀具有并只具有区别性作用，使得加了字缀后的字成为不同于原字的另一个字，我们以为这类字无法归入六书的任何一书，不必强为之说。如果参考裘锡圭、詹鄞鑫、张玉金等人的意见[3]，可以另立“改易”一门以包含之。张桂光把如下三类也归入指事字：一类是在象形字的基础上，减某些部件以提示字义之所指的，如孑，以子缺其右臂，来提示“无右臂也，单也”的意思，另如片、蘖、孓，可以称为减体指事；一类是在象

[1] 徐中舒：《甲骨文字典》，四川辞书出版社2003年版，第1531页。

[2] 徐中舒：《甲骨文字典》，四川辞书出版社2003年版，第1016页。

[3] 裘锡圭的观点见于《文字学概要》第139页；詹鄞鑫的观点见于《汉字说略》，辽宁教育出版社1991年版，第151～217页；张玉金的观点见张玉金、夏中华《汉字学概论》，广西教育出版社2001年版，第162～171页。

形字的基础上，改变一下方向位置从而提示字义的，如屰、左、悬等，可以称之为变向指事，另如永、化；还有一类就是我们上面提到的加一区别性字缀而不具有提示作用而构成的新字[1]。这三类字我们都是不归入指事字的。

（三）关于指事字的一些讨论

关于抽象字的来源，前人多有阐述，如唐兰以为与前代的结绳符号、契刻有关。[2]参照许慎关于指事字的定义及甲骨文指事字的实况，我们以为这种看法是可取的。古人结绳，事大大其结，事小小其结，事多多其结，事少少其结。结绳的大小、多少，随着时间的推移，在古人的大脑里，逐渐形成了固定的概念。这种结绳符号，经长期使用约定成一个或一系列的内容后，可以推断它们会对某些汉字的产生做出影响，所表达的内容，则大多是抽象的数据或大小等抽象的概念。这一点也正与我们前文讨论的许慎的原意相符合。尽管其所指是抽象的，但由于是人们长期使用、约定俗成的，而且符号简单，故易识易解。抽象字凡十三，除了其中的“員”字外，可能都和契刻或结绳有关。

員700字甚为特殊，亦足探讨。裘锡圭以为員是从鼎○（圆）声的字，“由于○字很容易跟上面提到过的口（方）字和丁字的简体相混，古人大概很早就假借員字来代替它了”[3]，并指出“也有人认为員就是○的繁体，鼎绝大多数是圆口的，所以在○下加注鼎字，以免它跟别的字相混”[4]。我们同意裘锡圭的“也有人认为”的说法。由于○并未见于甲骨文，我们只能假定比我们所见更早的文字中○作为抽象指事字，用来表示抽象的圆形的概念。但由于裘锡圭提到的原因，即“容易跟口（方）字和丁字的简体相混”，所以商人在○下加注鼎字构成一衬托抽象字来表示圆形的概念，其原因在鼎口都是圆的。应该说，員700字是目前仅见的加了形符字素为衬托符号的衬托指事字，或者

[1] 张桂光：《汉字学简论》，广东高等教育出版社2004年版，第55～56页。

[2] 唐兰：《中国文字学》，古籍出版社2001年版，第44～54页。

[3] 裘锡圭：《文字学概要》，商务印书馆1999年版，第111页。

[4] 裘锡圭：《文字学概要》，商务印书馆1999年版，第111页。

更准确地称之为衬托抽象字，值得我们重视。

张桂光在《古文字考释十四则》[1]一文中考释[illegible]、[illegible]时指出指示符号具有“一般标在形符之上”的特点，并指出“指示符号不宽泛含混，如果指示符号游离于形体之外，则一般不是指事字，可能是会意字”[2]，同时据此条原则考证了甲骨文中的[illegible]字。[illegible]字在张玉金《释甲骨文中的[illegible]和卩》[3]一文中释“膝”，以为是在卩的膝部加一指示符号而成的指事字，是膝的初文。张桂光则释旮，以为卩旁之短竖由于游离于卩形之外，不得视为指示符号，而看成坎[illegible]之省或殘更为合适。对比我们统计《甲骨文字典》所得的4个指示字，其中天[illegible]3、厷[illegible]281、弦[illegible]1405三字的指示符号都紧紧附着于形符之上，而亦[illegible]1163字的指示符号却游离于形符之外。亦字常为一般教科书及专家引以作指事字的代表字，自不可因为张桂光的这条“指示符号的特征”而废了亦字指事字的地位。所以我们以为张桂光的这条关于指示符号的特征可作参考，却不能绝对化。

于省吾还有“附划因声指事字”的提法，举例如又尤、口甘、从并、弓弘、人千、白百等等。这些字的构形是在前字上加指事符号区别前字，仍因前字为声，这与部分表音的独体象形字不同，虽然后一字均以前一字为声符参与构形，但有两种情况：A. 后一字与前一字有意义上的联系，如甘以口为声符，同时口也是甘的形符，因为有口才能显示甘味；B. 后字与前字无意义联系，前字只是作为声符参与后字的构形。如千以人为声，但人并不作为一个有意义的形符与参与后字的构形，不像羌字，羊角和人能构成一有形可象的整体。A类如吏、夕、尤、弘、甘、少、并，B类如束东、白百、人千、矢寅、母每、母毋等等[4]。对照我们对象形和会意的分析会发现，于省吾所说的指事字，

[1] 张桂光：《古文字论集》，中华书局2004年版，第101~111页。

[2] 张桂光：《古文字论集》，中华书局2004年版，第105页。

[3] 张玉金：《释甲骨文中的[illegible]和卩》，《古文字研究》第23辑。

[4] 于省吾：《释古文字中附划因声指事字的一例》，《甲骨文字释林》，中华书局1999年版，第446页。

我们分别把它们归入了象形、会意，千字则以构形不明目之。反观我们自己归纳所得的四个指示字，会发现四个指示字没有一个可以归入于省吾所说“附划因声指事字”一类。

三、会意

“会意者，比类合谊，以见指撝，武信是也。”段玉裁注说：“会者合也，合二体之意也。一体不足以见其义，故必合二体以成字。”王筠说：“案会者，合也，合谊即会意之正解。《说文》用谊，今人用义。会意者，合二字三字之义，以成一字之义。”[1] 裘锡圭《文字学概要》说：“在抽象字、指事字之外，凡是会合两个以上意来表示一个跟这些意符本身的意义都不相同的字，我们都看做会意字。”[2] 会意字是在象形的基础上产生的一种新的字体结构。象形字多以图形的方法代表诸物的名称，多为物的静止形态，会意字多是表示物或人活动形态的一些字。

（一）会意字的判定

任何会意字都可以分解为两个或以上可以单独构字的字素，并且这些字素单独构字时的字义与在该会意字构字过程中具有的字素义有本义或引申义的关系。两个或以上可以单独构字的字素外是否还有字缀参与会意字的构字则是随意的。比如麦字，可以分析为来、止两个字素，不过“止”这个字素在构字过程中具有的字素义是“像麦根之形”，与止单独成字时“趾”的意思毫无关联，所以麦字不得视为会意字。另外，如疾字，可以分析为矢、大两个字素，而且这两个字素在构字过程中具有的字素义分别是箭、人体，与它们单独成字时的字义有本义或引申义的关系，所以“疾”字是符合会意字的这条判定标准的。这一条判定标准与判定合体象形字的标准相同。

任何会意字的字素间的关系是立体的、动态的，会意字的字义不等

[1] 转引自高明：《中国古文字学通论》，北京大学出版社1996年版，第49页。

[2] 裘锡圭：《文字学概要》，商务印书馆1999年版，第122页。

于各个字素义的简单相加。会意字的字素在合成新字的时候，是一种整体的凝结和叠加，二者（或更多）互为语境、互相指涉、互相渗透，整体意义大于部分之和，融合为一个完整意境。这些新字的构成不是按照逻辑概念的推理，也不是按照两个意符字素之间的类似于语法中的所谓“主谓、偏正、支配、主补”等线性关系组合而成的，而是用类似于电影中蒙太奇的手法将两个字素并置、罗列、凝结而成，通过含混、跳跃、省略等方式使会意成分之间直接粘合在一起，来表示复杂的语义内容。如见字，从卩从目，见的意义不是目和卩的简单叠加，目也不是卩的区别特征，见字这样构成的理据是：先将实施某一行为的器官标出，再选取这一器官较为灵敏的生物配合，很自然就会引起对实施这一器官的行为的联想了。这一条判定标准是判定合体象形字与会意字的区别的关键。

会意字依靠构成会意字的多个字素并置、罗列、凝结，来表示复杂的语义内容，所以这个语义内容一般为抽象的“意”，而不是简单的“形” 或“事”，常常表现象形或指事不易表达的行为动作。如上举的见字，在表面结构上与兒字并无不同，都是由人体器官加人体构成，但两者的深层结构以及表达的意义是完全不同的：见字表达的是以器官进行的一个行为动作，兒字表达的是这个器官比较特殊的一类人。两个器官，一个是动作的发出者，一个是某一类人的区别特征，这两个词一为动词，一为名词。这也是区分会意字和大部分象形字的方法和关键。

根据以上三条会意字的判定原则，我们通检《甲骨文字典》中形义俱明的851字，得构形明确的会意字凡三百二十五字。

（二）会意字的分类

我们以会意字的字素与会意字的字义之间的关系为标准把会意字分为图形式会意字、关系位会意字、混沌式会意字、主体加器官组成的会意字、重复式会意字、比义式会意字六类。裘锡圭的六类会意字是图形式会意字、利用偏旁间的位置关系的会意字、主体和器官的会意字、重复同一偏旁而成的会意字、偏旁连读成语的会意字、其他。我们六类中

的图形式的会意字、主体加器官组成的会意字、重复式会意字与裘锡圭的几乎相等，关系位会意字则大致等于利用偏旁间的位置关系的会意字，比义式会意字大致等于偏旁连读成语的会意字，混沌式会意字则包括其他以及字素间的关系比较跳跃、离奇的会意字。

裘锡圭在《文字学概要》一书中给会意字分类时说："会意字数量既多，情况也很复杂，下面把它们分成六类，分别举例加以说明。这六类并没有一个完全统一的分类标准，这样分只是一种权宜的办法。"[1] 我们在分类时也有相同的感受。由于所谓"字素与会意字的字义之间的关系"这条标准本身是含糊而笼统的，我们的分类也具有某些含糊和笼统的地方，比如图形式会意字全都可以包括在广义的关系位会意字中，混沌式会意字中包含了一些不同的会意方法，本身也比较"混沌"，主体加器官组成的会意字有时与图形式会意字或者关系位会意字难以区分，比义式会意字中的义符字素有时也可以看成形符字素，而关系位会意字、图形式会意字中的某些形符字素也可以看成义符字素等等。

我们归类时的过程是这样的：先从会意字中分出图形式会意字、关系位会意字这一大块，因为这两类字可以归入广义的关系位会意字，然后从剩下的字中找出重复式会意字、比义式会意字，因为这两类比较明显而不易与其他的类别相混，然后从剩下的字中再分出主体加器官组成的会意字，并检查了原先从会意谱中分出图形式会意字、关系位会意字，把包含有器官字素、字义与该器官字素发出的行动有关的字一并归入主体加器官组成的会意字，而不论这个会意字是否具有图画性，或者这字素间的相对位置关系是否对字义有作用，最后明确混沌式会意字这一部分。我们剔除了不少像会意字而在为它分类时却又觉得构形不明或者字义不明的字，努力使分类趋于规范而不至于失去意义。

1. 图形式会意字

郑樵在《六书略》中把步字列入象形，以为"像二趾相前后"之

[1] 裘锡圭：《文字学概要》，商务印书馆1999年版，第123页。

形，林义光在《文源》中则以为像射、涉、春、争等字那样“随体画物，其会合也不以意而以形”的字，都应该算象形字[1]。我们以为这类字与“不正为歪”这类“取其词义连属”的会意字是有区别的，但这些字与一般会意字具有相同的特点，就是会合两个以上的意符字素来表示一个新的意思，在这一点上与我们以为的象形字区别更大。所以，这类字我们还是视之为会意字，并把这类具有“随体画物，其会合也不以意而以形”特点的会意字归入图形式会意字一类。图形式会意字与其他会意字的区别在“随体画物，其会合也不以意而以形”，它与象形字的区别在它仍是会合两个以上的意符字素来表示一个新的意思的。图形式会意字凡167字，如下：

福 14

祭 18

柴 20

刍 55

璞 34

[illegible] 56

蓐 60

葬 62

莽 64

召 89

登 139

遣 155

逐 158

得 165

齲 193

仆 236

丞 237

畀 237

弄 238

238

戒 239

兵 239

具 241

兴 254

农 257

259

孚 265

[1] 郑樵和林义光的说法俱见于裘锡圭：《文字学概要》，商务印书馆1999年版，第99页。

为 266

艺 269

埶 270

[illegible] 272

叟 283

曼 284

央 285

楚 288

取 292

彗 293

卑 315

史 316

肄 318

聿 319

鼓 324

簋 325

役 325

专 329

啟 331

徹 332

敏 333

[illegible] 334

攸 336

畋 337

牧 337

甫 355

夏 361

昳 365

爽 373

鲁 383

隻 390

离 395

雞 397

罹 399

美 416

集 426

粪 438

弃 439

爯 444

爰 455

受 456

敢 457

耤 480
解 481
殼 482
簋 485
典 490
寧 504
鼓 517
彝 520
豊 523
豐 523
虢 528
虣 529
阱 555
益 536
尽 537
盥 538

养 571
射 582
侯 583
韦 631
析 651
休 652
丰 689
垂 691
東 692
買 706
贵 706
邦 712
斿 732
旋 733
旅 734
鬭 772

年 782
秦 784
香 791
春 793
臽 794
[illegible] 796
宿 807
梦 836
疒 837
疾 838
疛 839
冢 49
麗 855
羅 855
罵 856
執 863

敝 871

倗 883

何 884

偁 885

[illegible] 887

侵 889

弔 897

[illegible] 911

卓 914

眔 926

壬 927

朕 948

般 949

斻 955

弁 973

司 997

畏 1024

磬 1035

昜 1044

豢 1049

[illegible] 1056

彘 1057

爇 1111

熯 1111

烄 1113

焚 1117

光 1118

赤 1138

奚 1177

湔 1186

沈 1203

沫 1207

渔 1257

乳 1267

拖 1298

掫 1298

妻 1203

妥 1319

引 1397

弜 1403

系 1405

彝 1413

蚩 1425

基 1455

劦 1479

铸 1483

斫 1492

娩 1573

羞 1584

尊 1606

2. 关系位会意字

关于关系位将有更详尽的探讨见于“会意字中的关系位”一节，所以这里对“关系位”只进行以帮助阅读为目的的简单介绍。我们把汉字字素间的相对位置关系称做关系位，如果字素间的相对位置关系对这个会意字的字义和字义的理解起区别性作用、处于关键的地位，我们就把这个会意字称为关系位会意字。这是狭义上的关系位会意字的定义。广义上来讲，只要字素间的相对位置关系对字义的理解起到一定作用，也可以归入关系位会意字。第一类会意字即图形式会意字由于是“随体画物”，字素与现实中的各个事物具有对应关系，则字素间的相对位置关系也会与现实中的各个事物具有对应关系，则字素间的相对位置关系必然对会意字的理解起到一定的帮助作用，所以说图形式会意字可以看成广义关系位会意字。如果我们把关系位会意字与图形式会意字并列，则这个关系位会意字必然是狭义的，如果我们单举关系位会意字，则也可能是广义上的关系位会意字。本小节中的关系位会意字明显是狭义的定义。

关系位会意字凡52字，如下：

折 57	[illegible] 278	蔑 412
莫 61	及 289	冓 442
前 126	秉 290	即 557
步 142	反 290	去 549
辵 149	[illegible] 291	既 559
競 227	友 295	会 577
奴 236	臧 321	[illegible] 584

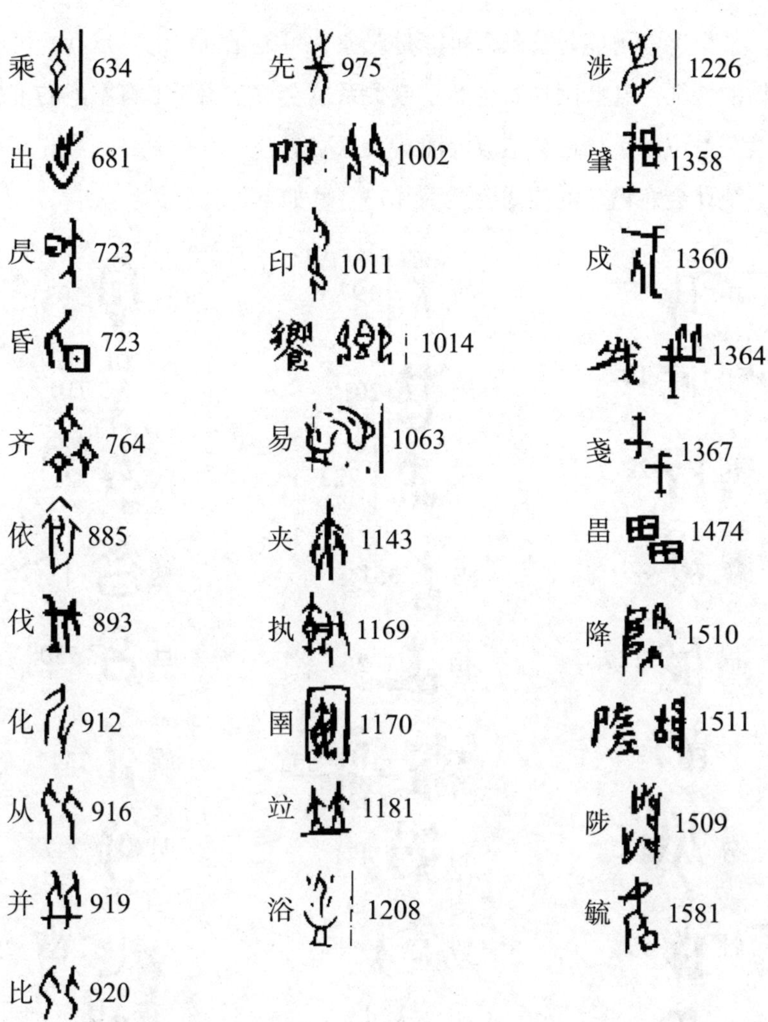

3. 混沌式会意字

图形式会意字由形符字素构成，关系位会意字由于开始使用象征的手法，已经出现一部分义符字素，混沌式会意字则一般由形符字素和义符字素共同构成，所以字素和新字字义之间的关系显得跳跃、离奇，我们把这一类会意字称为混沌式会意字。混沌式会意字新字的构成不是按照逻辑概念的推理，也不是按照两个意符字素之间的类似于语法中的所谓“主谓、偏正、支配、主补”等线性关系组合而成的，而是用类似于电影中蒙太奇的手法将两个字素并置、罗列、凝结而成，通过含混、跳跃、省略等方式使会意成分之间直接粘合在一起，来表示复杂的语义内容。某个字素可能是背景，可能是对象，可能是动作的发出者，可能是事物的特征。某些图形式会意字或关系位会意字由于形符字素的讹变或字素关系位的破坏也会造成混沌式会意字。

统计会意谱，混沌式会意字凡73字，如下：

祐 17	咢 197	賓 703
祀 19	嗣 201	邑 710
祏 22	讯 222	啟 721
祝 24	占 351	昔 725
祸 27	相 364	旦 730
祈 25	424	族 734
分 68	利 471	明 747
牡 79	初 472	751
吹 88	劓 474	稷 779
丧 123	刲 479	家 798
後 164	弦 584	定 802
166	602	安 802
194	复 621	宝 804

宰 805

寝 808

宗 811

宫 832

寮 835

保 876

仲 880

伊 881

盗 988

令 1000

色 1012

辟 1015

庶 1030

狩 1099

献 1101

休 1201

听 1288

声 1289

聝 1291

婦 1304

好 1312

如 1315

嬖 1317

戎 1359

或 1361

武 1365

孙 1407

绍 1411

编 1412

埽 1456

野 1465

彊 1474

男 1477

酒 1601

4. 主体加器官组成的会意字

裘锡圭是这样解释这类字的："这类字把像人或动物的字或形符，跟像某种器官的字或形符配合起来（有时还加上像其他有关事物的偏旁），以表示跟这种器官有关的某种行为或情状。"[1] 张桂光在《汉字

[1] 裘锡圭：《文字学概要》，商务印书馆1999年版，第131页。

学简论》里把这一类字称为“事物组合的特征联想表意方式”，并这样解释“圣从人从耳，鸣从口从鸡，臭从犬从自。此三字的行为，是人与动物都具有的，但要用象形字或图画式组合的会意字都不易表达，先将实施某一行为的器官标出，再选取这一器官最灵敏的动物配合放置，很自然就会引起对实施这一器官的行为的联想了”[1]。

主体加器官组成的会意字凡10字，如下：

鸣 431　　兄 966　　臭 1100

覞 722　　見 977　　聖 1287

望 928　　饮 986

监 930　　次 987

5. 重复式会意字

重复式会意字由形符叠加构成，以相同形符的叠加作为表意手段的一种组字方式。我们需要注意区分重复式会意字和合体象形字及也由两个相同或相似字素构成的会意字。

与合体象形字的区别已见于“合体象形”一节关于合体象形与会意字的区别的讨论，与此问题相合的主要在以下三点：一是合体象形的所象物是一个浑然一体的整体，而重复式会意字则否；二是合体象形字所象物都是物，而重复式会意字虽然也是随体画物，但所画成的不是物，而是事。重复式会意字通过叠加手段表达的是一种既与该形符意义相关又超乎字面直观含义之外的隐性含义。这种隐性含义可以分为如下三类：（1）表现物之众，即数量上的扩大，可以用来作物之总名，如多肉叠加表众多之义；丝、蚰俱为总名。（2）表现物之盛，表现为

[1] 张桂光：《汉字学简论》，广东高等教育出版社2004年版，第94页。

对某类事物特征的强化，如羴，羊臭也；焱，火华也。（3）以两个相同字素来表示“二”的意思，如棘以二棗并置会曹偶之意，丽以二耒耦耕会并耦意，附二犬相从俞显耦意。三是字素间的关系，合体象形字字素间的关系是平面的、具体的，常常与所象事物一一对应，重复式会意字只是形式上的放置重复同一字素，字素间常常不存在联系，而只是以重复本身来表现新的意义。所以说重复式会意字的字义是与形符字素有关系但不等于字素的简单相加，而常常是表现字素的性质相关的字义。

与也由两个相同或相似字素构成的会意字的区别主要是在字素之间的关系上。比如北、斗、从、比、化等字字素间的关系较重复式会意字更为密切，这一类字义的表现方式常常是两个相同字素间的相对位置，比如北以两人相背会北意，从以两人相从会从意，这类字一般都可归入关系位会意字。重复式会意字两个字素间的关系比较宽松，在某种意义上，重复式会意字只是形式上的重复同一字素来表达新的意义，而两个字素间几乎不存在联系。

统计会意谱，可得重复式会意字凡11字，如下：

棘 663	吅 120	焱 1137
林 667	品 197	丝 1421
森 669	羴 424	蚰 1427
多 752	丽 1083	

6. 比义式会意字

比义式会意字最大的特点在于它的字素基本上都是义符字素，即这些会意字都是以字素义相结合，而与字素的形无关，所以在某种程度上也可以说，这类会意字可以由“偏旁连读成语”[1]。

统计会意谱，可得比义式会意字凡12字，如下：

元 2	豚 1058	姓 1301
天 3	灾 1117	娶 1303
雀 392	衍 1192	婢 1310
羔 414	永 1235	官 1502

对这些字可以进行分析如下：人上为元，大上为天，小隹为雀，小羊为羔，豕肉为豚，宀火为灾，水行为衍，人行于水为永，女生为姓，取女为娶，卑妾为婢，所止息之宀为官（𠂤为止息义）。

7. 小结

这样我们把325个会意字分为六类，它们的字数和各自所占比例分别如下：

	图形式会意字	关系位会意字	混沌式会意字	主体加器官组成的会意字	重复式会意字	比义式会意字
字数	167	52	73	10	11	12
比例	51.385%	16%	22.461%	3.077%	3.384%	3.693%

我们在为会意字分类时已经谈到了一部分各类会意字的特点，说到六类会意字中图形式会意字、关系位会意字、主体加器官组成的会意字、重复式会意字都是基本使用形符字素的，混沌式会意字、比义式会意字基本使用义符字素。我们按所使用的字素的特点再把上述六类会意字分为两大类的话，就是使用形符字素类包括图形式会意字、关系位会意字、主体加器官组成的会意字、重复式会意字，使用义符字素类包括

[1] 裘锡圭：《文字学概要》，商务印书馆1999年版，第135页。

混沌式会意字、比义式会意字，它们的字数和各自所占比例分别如下：

会意字	字数	比例
形符字素构成类	240	73.846%
义符字素构成类	85	26.154%

通过这个表格我们可以看到，会意字中使用形符字素的会意字远远多于使用义符字素的会意字，几乎为三倍。

使用形符字素的会意字由于形符之间的相对位置关系一般比较重要而固定，我们可以把它们称为广义的关系位会意字。

（三）会意字中的关系位

汉字字素间的相对位置关系，我们把它叫做关系位。一般以为甲骨文“书写任意”，不仅独体字的书写方向多可改变，合体字的各个字素可以居无定所，其所处位置和字素方向也时有变化。前贤如胡小石、唐兰等却对此提出了异议，他们注意到了“关系位”与“分布位”的不同，并已经开始认识到了关系位对会意字有影响。[1]裘锡圭的六类会意字中有一类便是“利用偏旁间的位置关系的会意字”，万业馨在《关系位略说》一文中对关系位进行了阐发[2]，给人良多启示。我们不仅取了万业馨“关系位”这个术语，也几乎全盘接受了他关于关系位的定义，只对关系位作了广义和狭义的区分。下文谈到的关系位会意字一般都是广义上的关系位会意字。我们所做更多的是针对甲骨文特定的字料库，对关系位及与之相关的问题进行探讨，作出证据确凿、资料翔实的进一步阐发。

1. 关系位的类推作用

甲骨文中以形符字素构成的会意字（见上节叙述，包括图形式会意字、关系位会意字、主体加器官组成的会意字、重复式会意字四类，字

[1] 胡小石的意见首见于1928年《甲骨文例》，详见于《胡小石论文集三编》，上海古籍出版社1995年版，第48页。唐兰的意见见于《古文字学导论》，齐鲁书社1981年版，第167页。转引自万业馨《关系位略说》，《古文字研究》22辑，中华书局，第311~315页。

[2] 万业馨：《关系位略说》，《古文字研究》22辑，中华书局，第311~315页。

数占到会意字总数的73.846%）字素的相对位置有时十分重要，字素间的相对位置是该字表达意义的根本所在，如各和出，陟和降，好和毓的字素并没有区别，字素间的位置关系是该字所以区别性因素，反映着事象或物象的本质关系。这种字素移位会发生混淆的字，其字素的相对位置关系是非常严格的。这是汉字的表词义理性的作用。万业馨在《关系位略说》一文中引了裘锡圭、姚孝遂等人的意见和证据，明确了关系位在古汉字中确实在在，并把“偏旁在整字中所处的位置”称为分布位，与“偏旁之间的位置”的关系位相对举，举了十几个甲骨文中常见的例子，证明了“组成这些字的偏旁的关系位对区分字形起着决定性作用，在关系位稳定存在的前提下，分布位几乎完全不产生影响。在甲骨文中，这样的字例可谓比比皆是，它们完全可以证明关系位的客观存在。”[1]我们从实际资料出发，统计甲骨文中的会意字，其中具有关系位的占73.846%，也证明了万业馨的观点。

另外，我们还注意到这样一种情况：由义符字素构成的会意字中有不需要关系位而出现了关系位的，如夙，我们把它归入混沌式会意字，其中夕为义符字素，表示夜间、夜晚的意思，为形符字素，像人有所执事形，整个字的意思是人在夜间执事。由于夕为义符字素，所以是不需要关系位的，但我们观察后会发现这样一个事实：所有夙字，字形夕全在两手中或上，绝无例外者，我们以为这是模拟与一起构成关系位会意字的常态即以手执物的样子而造成的。我们把这种现象称为关系位的类推作用。

我们回头看义符字素构成的会意字即混沌式会意字和比义式会意字两部分，会发现这种关系位的类推作用的发生不是偶然的，而是大量存在的。

先看比义式会意部分，我们逐字分析如下：人上为元，大上为天，但这两个字都把“上”字放在了顶部；小隹为雀，小字放在隹上模拟成头饰的形状；宀火为灾，所止息之宀为官，火、𠂤置于宀下；水行

[1] 万业馨：《关系位略说》，《古文字研究》22辑，中华书局，第312页。

为衍，人行于水为永，人、水与彳的关系都类同于关系位会意字中的相对位置关系；女生为姓，取女为娶，女字皆面向另一字素而无例外者。羔、豕、婢三字的字形我们以为受到汉字书写方式的影响更大，而受关系位影响较少。这样我们发现12字中有9字的字形是受到了关系位的类推作用的影响的。

再看混沌式会意字，我们以为其中有27字受到了关系位的类推作用的影响，如下：

酒 1601
埽 1456
绍 1411
好 1312
婦 1304
令 1000
伊 881
寮 835
宫 832

宗 811
寝 808
宰 805
宝 804
安 802
定 802
家 798
751
賓 703

复 621
弦 584
□ 479
□ 474
初 472
利 471
後 164
祈 25
祝 24

从上例中我们可以看到，比如从刀从斤者刃部都对着另一字素、从宀者另一字素都置于宀下等等类似的现象，我们以为这都是受到了关系位的类推作用的影响。这类字我们可以称为半关系位会意字，也可以看成广义上的关系位会意字。

这样，我们再把甲骨文325个会意字中的关系位会意字重新做一统计：形符字素类240字，加混沌式会意字中的关系位会意字为27字，加比义式会意字中的关系位会意字为9字，共计276字，占全部会意字的84.923%强。这样我们可以看到，会意字中狭义的关系位会意字占16%，广义的关系位会意字（包括半关系位会意字）约占85%，足见甲骨文会意构字中关系位的重要作用。

2. 关系位的破坏和会意的名称

关系位会意字中的关系位在甲骨文中已经出现了被破坏的情况，有的甚至已经消失。

甲骨文本身有线条化的趋势，所以甲骨文中一些本来图形性很强的字形在发展过程中会失去“随体画物”的特征，或者，虽然形符字素本身还保留着象形的特征，但关系位却由于线条化而变得不可复见，造成了关系位的破坏。如偁 885字，本像人以手提鱼之形，会称举意，为图形式的会意字，人和鱼相对，并作以人手持鱼状，人和鱼之间的相对位置关系对字义的彰显甚为重要，后来演而为 形，人和鱼的关系位被破坏，人和鱼也各自从形符字素转变为义符字素，偁字也从关系位会意转入混沌式会意了。

甲骨文有竖写的要求并把字形约束在一个无形的方框内的趋势，这样就必定要对一些“随体画物”的不甚整齐的字形重新处理，在不破坏系统的前提下，有时候甚至不惜破坏这种利用字素间的相对位置的会意字的关系位为代价。如涉 1228字，甲骨文一般作 ，像两止分别于水之两边形，表渡水义。但为了使字形方起来、竖起来，也有作 形的，就破坏了水两边各一止的会意方式。如齐 764字，《说文》：“齐，禾麦吐穗上平也，象形。”这个齐字本来应该是通过三个禾穗间的相对位置来表示“整齐”这个意思的。甲骨文作 ，所像三个禾穗并未整齐，平铺的字素被上下重叠起来以适应汉字字形方和竖的要求。有一些字虽然不以关系位为区别，但是平铺的形体更具有象意的直观具体性，更接近先民“随体画物”的原则，也在“方”的要求下被重叠起来，如森、林、蟲、協等字。

关系位会意字中的关系位被大量破坏，出现在后来的汉字演变的历史长河中。万业馨以为，古文字发展到小篆关系位已破坏殆尽，字素也完成了从形符字素到义符字素的转化，所以《汉书·艺文志》的象意和许慎的会意不仅仅是名称的差别，更表明了汉字发展阶段的差别。[1]我们以为万业馨将关系位的破坏和意符的发展及许慎"会意"这个名目的合适性放在一起考虑是敏锐而正确的。

随着汉字发展，在汉字发展的内部规律如简化的作用下，甲骨文的线条越来越趋于线条化、笔画化、符号化，同时也省去了一些不重要的、不具有区别性意义的字素或者重复的字素。另外，在汉字方和竖写的共同作用下，汉字中的关系位到春秋战国时期已经被大大破坏，所以《左传》说文也会有"止戈为武"之类的说解出现。尤其到了秦代李斯奏归天下之书于小篆，更使关系位消失殆尽。许慎的六书和他的汉字分析是根据小篆字形立说，虽然许慎高才，对关系位也有领会，在书中常常以形来说义，但由于形体改变，形符字素间的关系位已多不可得，所以许慎以形说义的字多出差错。另外，许慎更多地也是以"从某从某"来说会意字，这是许慎未能掌握关系位导致的短处，却也是许慎能正视关系位被破坏的情形、能作出符合汉字现状的说解的表现，更应该看做是许慎的长处。而这个短处本不能归咎于许慎。

我们以为关系位被破坏的过程，同时就是形符字素向义符字素转化的过程。许慎所得六书之称谓其中"会意"一名异于《汉书·艺文志》之"象意"。许慎的结论是分析小篆所得，由于小篆中关系位已经被破坏殆尽，形符字素向义符字素的转化已经基本完成，所以许慎得出"会意"的名目是符合小篆的事实的。以义符合，当然用"会"字更为合适。我们根据对甲骨文的分析可以发现，甲骨文中关系位是广泛存在的，占全部会意字的83.923%强，形符字素组合成字，一般遵循"随体画物"的特征，我们以为称之以《汉书·艺文志》中的"象意"更为合适。为了叙述方便，在没有必要的时候，下文中我们一般还是以"会

[1] 万业馨:《关系位略说》,《古文字研究》第22辑，中华书局，第313页。

意”称呼这种造字方式。

关系位被破坏的过程，就是形符字素到义符字素的发展过程，也就是汉字从甲骨文的象意到小篆的会意的发展过程。

四、假借

形声字基本上是在假借的基础上产生的。张世禄说：“我们从古文字学的研究，又可以见到一个常例：后代所通行的形声字，在金石甲骨的刻文上往往就用它们声旁的假借，不必另加形旁。”[1] 黄侃说：“形声之字其所从之字多由假借。”[2] 裘锡圭说：“最早的形声字不是直接用意符和音符组成，而是通过在假借字上加注音符或在表意字上加注音符而产生的。”[3] 所以我们先讲假借。

“假借者，本无其字，依声托事，令长是也。”许多抽象的事物难以造象，许多具体的事物也难以刻画。于是，为了适应记录语言、表达概念的需要，假借字应运而生。假借字并不造新字，然而其功用独步一时。孙治让在《与王子壮论假借书》中说：“天下之事无穷，造字之初，苟无假借一例，则逐事而为之字，而字有不可胜造之数，此必穷之数也，故依声而托以事焉。视之不必是其字，而言之则其声也。闻之足以相喻，用之可以不尽：是假借可救造字之穷而通其变。”毫无疑问，假借使象形汉字的表词功能大大增强，并且使象形汉字和语言中的词建立起稳定的关系，更使按语句顺序记录话语成为可能，使叙事成为可能。可以说，自假借使用以后，汉字才真正跨入了成体系文字的阶段。殷焕先说：“汉字作为甲骨文字体系的文字，当其记录语言开始之日，即其假借之法产生之时。”[4] 当然，从字形结构本身来说，假借依存的汉字构形的原逻辑框架并没有改变。假借写词法在从图画文字到表意文字体系的质变过程中是一个关键，这不意味着它是孤立地发挥作用

[1] 张世禄：《中国音韵学史》，商务印书馆1998年版，第46页。

[2] 黄侃：《黄侃手批说文解字》，上海古籍出版社1987年版，第945页。

[3] 裘锡圭：《文字学概要》，商务印书馆1999年版，第151页。

[4] 殷焕先：《汉字三论》，齐鲁书社1981年版，第26页。

的。首先，假借是凭借形象写词而存在的。它可以根据被描画事物的名称，以同音词关系，就其在所写词句中的地位和关系，想出所写的词来。没有形象写词，就没有假借写词的可能。因此，假借写词不能离形象写词而存在。没有象形、会意等的同时确立，只靠假借是不能成功的。

然而，假借字一多，必然产生一形多义、一字多词的现象。汉语的同音词多，在选用假借字形时，音同音近的字形都可能入选，于是又出现一义多形、一词多字的现象。这些都使语言表达含糊混淆。为此，就要增强假借字的区别性。这种区别，是建立在对汉字音义关系的辩证认识的基础上。象形字在使用中的含混是与它的表词相联系的。象形字的形式本身是传达意义的，可是词却是一个音义结合体，具有二重性。假借字反其道而行之，其形式仅仅传达声音，同样无法适应词的音义二重性。于是需要为一形表多词的字加注形符以义别之，或加注音符以声别之。换句话说，就是在字义混同时标音，在字音混同时标义，使大部分汉字都能在音、义两方面站住脚。

假借首先是一种用字之法，而不是造字之法。张玉金分析传统六书的缺陷，第一条就是“把造字法和用字法混为一谈，更不会谈到这两者区分的原则”[1]，并提出了能称得上“造字”的四条标准[2]，以此四条衡量假借，指出“假借不是造字，所谓假借，是指一个词原无书写形式，借用了一个音同或音近的字……虽然是为没有书写形式的词配备了文字，但它不是一种造的活动，无生的过程。结果虽然使一个有待记录的词有了书写形式，但在整个汉字大家庭中并没有增加一个新的成员。像这类活动，要称之为用字”[3]。我们同意张玉金的观点，以为假借是用字之法，而非造字之法。每一个假借字究其本都可以分析为象形、指事、会意或形声，假借并不能属于汉字的一个构造方式。这个问题上何九盈做过这样的分析“唐兰讲的是结构方式，假借不是结构问题，当

[1] 张玉金、夏中华：《汉字学概论》，广西教育出版社2001年版，第153页。
[2] 张玉金、夏中华：《汉字学概论》，广西教育出版社2001年版，第154页。
[3] 张玉金、夏中华：《汉字学概论》，广西教育出版社2001年版，第154页。

然不在考虑之列。陈梦家讲的是汉字的基本类型，不单是汉字构造方式问题，也包括用字规则，假借这一类就必须要考虑到。有人认为，假借是不造字的造字，这就是把假借的本质特点给抹掉了。无论是本无其字的假借还是本有其字的假借，被借字在构造上并未发生什么变化，只表意功能发生了转换，这是用字过程中产生的问题。其实，若以结构为原则分类，假借与表意、形声根本不处于同一层面，只有以汉字类型、表达方式分类时，表意、形声、假借三者才可以相提并论"[1]，我们以为这个分析是深刻而中肯的。

我们这里探讨的是"甲骨文意指方式"，属于何九盈所说的"表意功能"、"用字规则"这一范畴，必然要考虑假借在甲骨文中使用的范围、数量、特点等。

（一）假借的判定

郑振锋《从甲骨文看上古汉语中的假借现象》一文"依据《甲骨文合集》所提供的字料，对甲骨文字作了穷尽性的筛选，测查了全部不重复的个体字符，分析其形、音、义及其在卜辞中的用法，决定所考察字有1481字。确定了所考察的字料之后，在具体的假借字判定过程中，遵循以下三条原则：第一，对于一个字形，其造意有多种解释，我们则根据科学性、权威性原则，选择一种说法；第二，一些构形不明的字，在卜辞中意义明确……我们从甲骨文字实际出发，根据它们在卜辞中所记录词的意义来推断，仍将一些这种构形不明的字视为假借字；第三，甲骨卜辞中的专名用字，有些明显不是假借。……而多数专名用字，字形意义与所记录的词义没有任何联系，应该属于假借。……依据确定假借字的原则，我们在所考察的1481字中共确定假借字1229个，占所收总字数的83%"[2]。我们的字料库与郑振峰有所不同，具体的假借字判定过程中，对照郑振峰该文对假借的具体分析，我们可以看出判定方法和原则也有所不同，主要体现在对专用名词的判定上，我们剔除了所有

[1] 何九盈：《汉字文化学》，辽宁人民出版社2001年版，第180~181页。

[2] 郑振峰：《从甲骨文看上古汉语中的假借现象》，《河北师范大学学报》1999年第4期。

人名，并更为严格地控制地名、方国名、祭名、族名、神祇名进入假借谱。

我们把所有人名都排除在假借之外，是基于这样的前提：任何人的名字都是有理据的，不能因为理据的丧失就认为理据不存在。以我们现在的情形揣度，一般人取名都费尽心思，在名字里寄托着各种情思。人名能反映出对本族文化的认同，能反映出从众心理、求美心理、逆反心理，能在人名中看出时代、文化的烙印。结合殷商历史看，当时的人名与出生的方式、时间常有联系，与宗教、崇拜、禁忌也有关联。而且几乎所有人名都是与字的本义或者引申义发生关系，这种理据不同于语音层面的理据，而是意义上的理据，所以我们不把人名字归入假借谱。[1]

我们排除人名于假借之外，却收地名、方国名、祭名、族名、神祇名进入假借谱，主要是考虑两者存在这样一个区别：地、方、祭、族、神祇名都存在先在语言中大量使用而后借文字以记之的可能，但殷商时代的先公先王名多以天干为之，其他人名多以官职名、技能名、动物名为之，应该与字的本义或引申义存在关联。但地、方、祭、族、神祇名也存在与人名相似的情况，所以在把它们收入假借时我们较收其他的实词和所有的虚词为慎重。

这样，我们通检851字的字料库，可得假借字凡313字。

（二）甲骨文假借的特点

这313字中，借做地名用法的有178字，借做方国名用法的有111字，借做祭名用法的有36字，借做神祇名用法的有12字，借做族名字用法的有14字，除上述专名外，借做实词用法的有62字。另外，借做虚词用法的有16字。一字一借者最多，为151字，一字二借者次之，为103字；一字三借及以上者较少，为59字。由于确定假借字时没有区分是否

[1] 关于人名中蕴含的与字的本义或引申义的关系可参见申小龙主编“文化语言学丛书”之王建华著：《文化的镜象——人名》，吉林教育出版社1990年版；王泉根《中国人名文化》中篇“中国人取名小史”之“时代名·氏族名·自我名”及“太阳神崇拜的结晶”二节。团结出版社2000年版，第35～54页。

有本义或引申义的用法，所以在甲骨文中有本义或引申用法的假借字占多少、没有本义或引申义用法的假借字占多少这个统计只能付之阙如或留待后日了。

从上面的统计我们可以看出，假借谱中的字多被借为专名字，有借为除专名外的用法的包括实词、虚词总共为78字，约占总假借字数313字的24.92%，为四分之一不到。不过这个比例若和后世文字相比，已经很大了。

有假借用法的字数为313字，约占字料库总字数即851字的36.78%。这个数字和郑振锋《从甲骨文看上古汉语中的假借现象》一文所得的数据83%相比[1]，相差太远。王蕴智说："就商代的文字资料来看，表意字的大部分都被假用过，文字假借的比率约占总字数的70%以上。有些字的本义用法甚至不及其假借义的使用率，有的字一经假借便永假不归，成了永久性的记音符号。还有的一字几假，以不致于引起语义上的混淆为度[2]。"这个数据和郑振峰的比较接近，但也和我们的结果有些差距。我们以为出现差距的主要原因有二：一是在我们摒弃了所有的人名用字（在郑振峰的统计中，人名假借用字数接近地名假借用字，王蕴智的统计由于未说明过程，统计的原则和方法不得而知）进入假借谱，并把不少地名、方国名、族名、神祇名用字看做引申义用法而不是假借用法；二是我们的字料库与郑振峰的字料库有所不同。我们选的字料库中的851字是《甲骨文字典》以为在甲骨文使用中意义明确，并且文字的构形也明确的，属于甲骨文中较为常用者。郑振峰的字料库计有1481字，比我们多了630字。这630字应该绝大部分都是地名、人名或者其做专用名词字。我们的字料库有其缺陷，比如甲骨文中常见的假借虚字如非、允等等，都因为构形不明而被剔出了字料库，这也必然引起假借字所占比例的降低。当然，郑振峰的字料库也未能善美，甲骨学界较为普遍的看法是甲骨文中目前可释字近千，比如华东师范大学

[1] 郑振峰:《从甲骨文看上古汉语中的假借现象》,《河北师范大学学报》1999年第4期。

[2] 王蕴智:《商代字式简论》，《中国文字研究》第五辑，第117～125页。

中国文字研究与应用中心研制的“古文字查询检索系统”（http：//www.wenzi.cn/guwenzi.htm）中“甲骨文检索”部分入选“甲骨文字构件分析统计所据字形表”选字为“936个考释有定论，结构清晰、典型”的甲骨文字（http：//www.ideograms.org/database/jiagu4.pdf），936这个数目和我们851的数目还是比较接近的。我们这样做是未必正确的，也是冒着这些统计数据全无参考价值的危险，但出于前面所说的两条考虑，决定还是把这样的统计数据放在这里，聊备一说。

五、形声

“形声者，以事为名，取譬相成，江河是也。”段玉裁说：“名即古曰名，今曰字之名。譬者谕也，谕者告也。‘以事为名’，谓半义也，‘取譬相成’，谓半声也。江河之字，以水为名，譬其声如工可，因取工可成其名。其别于指事、象形，指事、象形独体，形声合体，其别于会意者，会意合体主义，形声合体主声。”裘锡圭说：“形声字其实都是通过在已有的文字上加注定符或音符而产生的，后来人们还直接用定符和音符组成新的形声字。不过就汉字的情况来看，在已有的文字上加注定符或音符，始终是形声字产生的主要途径。”[1]象形、指事、会意字的形体只传达意义而与声音疏于联系，假借字反其道而行，其形体只传达声音，同样无法适应汉字记词准确的要求。要解决上述矛盾，就需要为一形表多词的字加注形符以义别之，或加注音符以声别之，使大部分汉字都能在音义两方面站住脚。

从某种意义上说，相对形声，会意字还是某种意义上的“独体”，只有形声引入了音的成分合体表词，才是真正意义上的“合体”。词的音义二重性为汉字的形声相合的构形提供了坚实的基础，一形一声成为形声字固定的结构模式。一个字不可能有两个形符，也不可能有两个声符，“过去所谓二形一声、三形一声等等细目，皆不符合形声字的实际情况，是对形声字体结构的误解。形声字是复体字，都是一声一形，

[1] 裘锡圭：《文字学概要》，商务印书馆1999年版，第7页。

所谓复形复声是不准确的[1]”。如“宝”字，甲骨文像房子里有贝和玉，是个会意字，后加注音符缶，从表面上看有三形一声，实质仍是一形一声，即以原有的是会意字的宝字为意符，缶为声符。正因为形声结构在表词方法和思维方法上都趋向完善，所以以形声构形的字逐渐成为汉字的主流。

关于形声字的定义及界定争议较少，我们把结合形旁和声旁构成的字就称为形声字。需要说明的是，这里所说的形旁与“2.3.会意”一节里所说的形符并不相等，“会意”一节里形符与义符相对，而“形声”一节里的形旁大概包括形符和义符而以义符为主。为了行文的方便，我们仍以传统的“形旁”或“形符”来指称形声字的表形部分。

从字料库统计可得，形声字凡222字。

（一）形声字的分类

从形声字形成的途径来看，可以把形声字大致分为假借字上注形符、表意字上加形符、表意字上加声符、形声相合、把表意字字形的一部分改换成音符这样五类。[2]本拟将222个形声字按此五个名目归类，但在操作过程中发现由于我们作的是关于甲骨文这一断代的、横向的探讨，而形声字五类分法的依据即形声字的形成途径则是通代的、纵向的过程，很多形声字在甲骨文中缺少字形、文本来确定到底是如何形成的，所以这一操作在进行近半后因效果不佳而只能失望地放弃了。分类的例字可参见裘锡圭《文字学概要》“形声字”一章及王蕴智《商代字式简论》[3]一文，不复赘述。

（二）甲骨文的形符、声符的分析

统计的时候以甲骨文形体为准，如镬1484从鬲隻声，但是在楷书中为从金蒦声，我们按甲骨文形体为准，统计时只计形符鬲而不计金，声符也如此。

---

[1] 高明：《中国古文字学通论》，北京大学出版社1996年版，第54页。

[2] 裘锡圭：《文字学概要》，商务印书馆1999年版，第151～156页。王蕴智：《商代字式简论》，《中国文字研究》第五辑，第119～121页。

[3] 王蕴智：《商代字式简论》，《中国文字研究》第五辑，第119～121页。

我们统计222个形声字，得形符54个，如下：

示、艸、八、牛、口、止、辵、彳、行、禾、廾、皀、鬲、攴、目、隹、鸟、凤、右、人、戈、刀、皿、啬、木、日、鼎、宀、衣、老、卩、鬼、广、石、马、鹿、䖝、犬、炏、火、水、雨、又、収、女、戈、匚、糸、黾、田、阜、己、辛、羊、酉。

统计可得声旁143个，如下：

凡、方、止、畐、右、又、巳、石、兄、御、囯、乃、高、屯、豕、网、生、勿、门、隹、庚、亘、秝、土、合、止、尼、辟、𠂤、至、余、及、午、羊、己、辰、龠、子、龍、索、㷋、丙、孝、爻、寅、生、虘、立、翼、矢、奚、刍、匕、今、户、工、吅、臼、泉、舟、复、肉、弗、于、成、爿、必、虎、卯、俞、白、角、般、其、自、疋、王、束、见、斤、将、虒、中、尹、旬、京、壬、韦、酉、我、利、習、步、吏、文、良、亡、贝、[illegible]、单、喜、箙、各、樂、夆、邑、宁、黄、萬、尞、函、丝、丑、鹿、西、壽、耳、画、壴、商、臬、彗、林、妻、貍、于、取、帚、未、力、多、卑、眉、幵、井、才、音、录、允、隻、辛、父、丁、旹。

王蕴智在《商代字式简论》一文中对形声字的形符和声符数目也有统计。他说："据我们初步统计，形声字形符的数量在商代可释字形中已近100个，……在商代可释字形中，可以充当形声字声符的偏旁字就更多了，据我们初步统计，此时至少已有260多个表意字或形声字被用为声符。"[1]王蕴智还把他统计所得的形符和声符都罗列出来，我们这里不多引述了。

邹晓丽在《甲骨文字学述要》一书中也对1127个甲骨文中选出的257个形声字的形符和声符有过统计，并得形符81个，得声符180个。[2]

对比几组数据，我们得到的形符和声符数目最少，最大原因应该在

[1] 王蕴智：《商代字式简论》，《中国文字研究》第5辑，第121~122页。

[2] 邹晓丽：《甲骨文字学述要》，岳麓书社1999年版。见于附录一"257个甲骨文音意构形字表"、附录二"甲骨文音意构形形符表"、附录三"甲骨文音意构形声符表"，第233~241页。

于字料库的不一样。王蕴智未说明取样字料库，我们无法知道字料库的字数和进入字料库的标准。邹晓丽的字料库为1127字，约为我们字料库851字的1.34倍。邹晓丽所得形符数目为81个，为我们所得形符数目54个的1.5倍，邹晓丽所得声符数目为180个，为我们所得声符数目143个的1.26倍。这三个比例比较接近。

形符中，统字超过五字以上者有示、辵、隹、皿、木、宀、人、马、犬、水、雨、女凡十二字，其中从水最多，计37字，从女次之，计21字。形符平均构字量为4.1字强。由于受到选入字料库的标准的影响，很多从女的形声字由于在甲骨文中义不明、构形不明未能进入考虑范围，比如统计《甲骨文字典》，从女之字不论可识与否、不论形声与否总计为129字，其中绝大部分应该是形声字。

143个声符平均构字量约为1.55字。金文中具有表声功能的字素有311个，平均构字量是1.67个。“现代汉语通用字表”中形声字为5361个，声符字素有1325个，平均构字4.25个。[1]从这个比较我们可以看出，形声字的发展并不以声符构字数的增加为特征，而是以声符数的增加为明显特征。这并不是因为原有声符不足以表示所有的读音，而是因为在形声字的形成过程中，使用声符时对字形区分度的特别关注。这种情况造成了汉字中声符字素量的不断增大，也是汉字未走向表音化的一个重要原因。

甲骨文形符和声符有一个共同的特点就是不稳定，义近形符间、音近声符间，常可换用。详见第三章关于意指方式标记关系的讨论。

甲骨文形符和声符的相对位置和绝对位置有如下特点：首先，形符和声符的绝对位置十分灵活，常常居无定所，任意分布，其相对位置也比会意字灵活得多；其次，没有关系位要求的形声字，其形符和声符间却常常受到关系位的类推作用的影响，而导致声符形化。

---

[1] 数据见于张再兴：《西周金文字素表声功能二题》，《中国文字研究》第四辑，第111页。

（三）关系位的类推作用：声符形化

关系位一般出现于形符字素和形符字素之间，其类推作用也见于形符字素和义符字素之间，这都已见于上文阐述。形声字是声符字素和形符字素（更确切地可以称之为意符字素）的结合，这两类字素的结合是不需要关系位的。但我们在分析形声字的时候发现，形声字由于受到甲骨文字中甚为强势的会意（象意）方式的影响，形符和声符也受到了关系位的类推作用，甲骨文形声字的声符呈现出形符化的趋势，即声符字素的分布以及声符字素和形符字素的关系常常类似于关系位会意字，造成本为形声字的“假会意字”，这种现象我们称之为声符形化。[1]

如妸 1311为女字，卜辞中用为妇名。卜辞中用为妇名之字多为从女之形声字，如娥、媢、妠等，以此例之，则妸为形声明矣。妸为从女丂声之形声字，丂与可声同。甲骨文中妸字均把丂置于女字头上，以造成像头戴饰物之假象，是受到了关系位的类推作用的影响。与此几乎一样的女字还有如娥 1310、媢 1312、妠 1313等等。如受 456字，以舟相受之说殊不可解。裘锡圭说：“可授受的东西很多，为什么造字的人挑选了舟呢，大概是由于舟的音跟受相近可以兼起表音的作用。……就受字从舟的那种较古字形来说，其实可以把它看做会意兼形声字[2]。”这种分析是深刻的。

检查222个形声字，可得声符形化字54个，如下：

舊 410　　鶇|、 430　　盂 533

鹂 430　　受 456　　仓 578

[1] “声符形化”的概念主要采自陈年福：《甲骨文符形化字综论》，《甲骨文动词词汇研究》，巴蜀书社2001年版，第245～259页。但陈年福主要是在会意字中探讨声符形化，而我们主要是在形声字中讨论声符形化，另外我们把声符形化的原因归结为“关系位的类推作用”，是对陈年福文章观点的拓展和提高。

[2] 裘锡圭：《文字学概要》，商务印书馆1999年版，第125页。

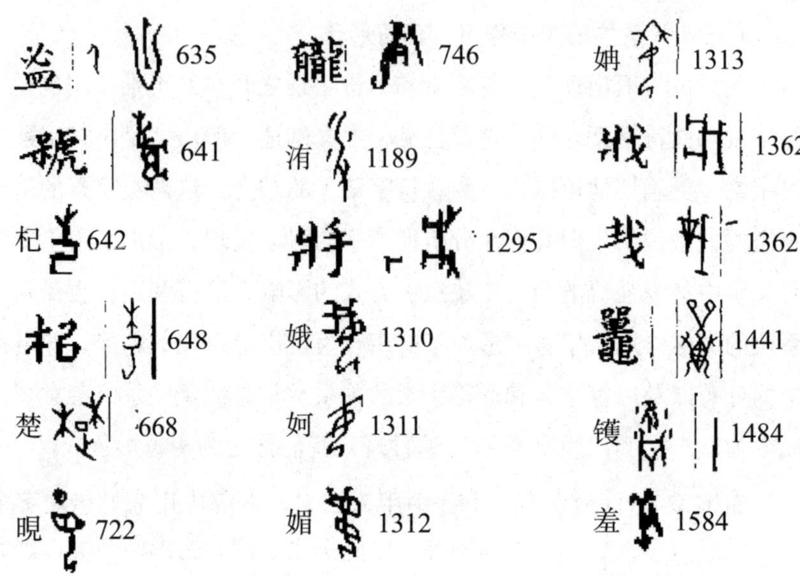

还包括：几乎从止的字止都向着声符（趄 124、跽 194除外），应该也是受到了如“逐”字像以止逐物的象意方式的影响，计9字；所有从刀、戈、斤之字，刀口皆向着声符，像割物之意，计9字；所有从宀的字，声符皆置于宀下，这可以看做是为了方便文字的布局，也可以看做是声符形化，从雨之字同，两者计12字。共30字。

以上几种可能也受到了除关系位的类推作用外的因素的影响，如汉字方和竖写的要求，不过肯定也受到了关系位的类推作用的影响。所以我们把这30字也归入声符形化字。形声字中受关系位的类推作用影响的声符形化字凡54字，占了所有形声字的24.3%强，约为四分之一。

1. 声符形化与亦声字的区别

会意字中有一些字的形符是兼声的，我们一般称之为亦声字。亦声字不等于声符形化字，因为亦声会意字并不一定都是关系位会意字，它的表声的意符起的作用有时是形符，这些形符中的部分形符参与关系位构形，这时的亦声会意字才可以看做是声符形化字。但大多数的表声的意符只是义符，而不参与关系位构形，声符形化中的义符却常常作为“假形符”参与关系位构形，造成“假会意字”。另外，亦声字的形成基本上是历时的（也不完全排除造字时即选用可以表声的形符的现象，如受字），即在原来的意符字上加注形符，而把原来的意符字当做声符作用，从理论上讲这基本是一个历时的过程，虽然未在我们的论文中得到证明。而声符形化字则是在造字的即时产生的，是共时的。造字者、用字者受到了关系位的类推作用，受到了在甲骨文以及前代文字中甚为强势的象意造字方式的影响，他们无法一下子从象意造字的手法中摆脱出来，也许无法接受两个本可以有联系的字素间却不存在联系的情况出现。这说明了关系位类推作用的强大和普遍。

2. 声符形化的淡出

关系位的类推作用下的“声符形化”必然是随着关系位的破坏和消失而破坏和消失的，这是声符形化淡出的根本原因。另外，随着小篆中形声字大行其道，人们受表形造字即关系位造字法的影响已不如甲骨文时深刻，新出现的形声字声符和形符的位置一般都较固定而不会受到关系位的影响，更多的是受到了汉字系统自身发展变化的影响，线条化、符号化之外，使文字保持方的形状并利于竖写，所以后世的形声字多以左右结构为主。如甲骨文中声符形化已经受到破坏的字如媚1312作者，娥1310作者，婤1313作，都是把上下结构变成了利于方形的左右结构。

与关系位被破坏的情形一样，声符形化字到小篆阶段已经基本退出了造字舞台。原有的声符形化字也因为字素间关系位的破坏而变成纯形声字，也看不出“假象意字”的痕迹了。

讨论声符形化的时候，我们已经说到了声符形化字与亦声字的区别，所说的亦声字就是会意兼形声字。各书相兼的情况是确实存在的，造成相兼情况的原因主要有以下几点：

（1）文字非一人所造、一人所用，不同的造字者、用字者会用不同的思维方式、造字方式为同一事物、概念造出形体有异的字。如天字有三种形体，其中第一个为象形字，第二个为指事字，第三个为会意字。

（2）虽然我们探讨的是“甲骨文”这一相对共时的文字状态，但绝对的共时是不存在的。现在可见的甲骨文在五期的时期里也有很多的发展变化，具体到单个字形上，常常会导致一个字的造字方式的变化。其中常见的是文字的声化，常常会在原有文字上加注声符。如鸡、凤、星三字，本为象形，但随着文字的发展，人们为这三个形体分别加上了奚、凡、生三个声符，也使这三个字的造字方式在我们的分析中成了象形和会意相兼者。也有在原有字上加注与原字意义相关的形符而以原字为声，这样新构成的字当然就是会意兼形声了。

我们统计851字中，共得各书相兼者27字，如下：

天　3　abc
福　14　cd
祐　17　cd
祀　19　cd
祏　22　cd
祝　24　cd
祈　25　ac
禍　27　acd
御　166　cd

嗣　201　cd
鸡　394　ad
凤　427　ad
受　456　cd
晛　722　cd
晶　741　ad
[illegible]　772　cd
仲　880　cd
伊　881　cd

姓　1301　cd
娶　1303　cd
婦　1304　cd
婢　1310　cd
铸　1483　ac
羞　1584　cd
酒　1601　cd

其中的字母a表示象形，b表示指事，c表示会意，d表示形声，文字后写了哪几个字母就表示哪几种意指方式相兼。

六、意指关系研究小结

综合以上内容，我们对甲骨文意指方式之意义关系作一总结如下：

象形字凡314字。我们把314个象形字以字形和所象的吻合程度为标准分为整体象形、部分象形和衬托象形三类，字数和各自所占比例分别如下：

	名目	字数	所占比例
象形字	整体象形	274	87.261%
	部分象形	4	1.274%
	衬托象形	41	13.057%

整体象形字凡274个，其中合体象形字4个，半合体象形字10字。

衬托象形字凡41字，衬托象形字中有象声字3个。

指事字17个，按其构成方式分为抽象字和指示字，其字数和所占比例分别如下：

名目	字数	所占比例
抽象字	13	76.47%
指示字	4	23.53%

会意字325个，按其构成方式分为六类，它们的字数和各自所占比例分别如下：

会意字	图形式会意字	关系位会意字	混沌式会意字	主体加器官组成的会意字	重复式会意字	比义式会意字
字数	167	52	73	10	11	12
比例	51.385%	16%	22.461%	3.077%	3.384%	3.693%

按会意字字素的特点可以分为形符字素构成类和义符字素构成类，它们的字数和各自所占比例分别如下：

会意字	字数	比例
形符字素构成类	240	73.846%
义符字素构成类	85	26.154%

甲骨文325个会意字中的广义关系位会意字包括：形符字素类240字，混沌式会意字中的关系位会意字为27字，比义式会意字中的关系位会意字为9字，共计276字，占全部会意字的84.923%强。这样我们可以看到，会意字中狭义的关系位会意字占16%，广义的关系位会意字（包括半关系位会意字）约占84%。列表如下：

会意字	字数	所占比例
广义的关系位会意字	276	84.923%
非关系位会意字	49	15.077%

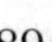

有假借用法的字凡313字，约占字料库总字数即851字的36.78%。借做除专名外的用法的包括实词、虚词总共为78字，占字料库总字数的9.166%。

形声字凡222字，形声字中受关系位的类推作用影响的“假会意字”即形符声化字凡54字，占了所有形声字的24.3%强。

如果我们把关系位的类推作用下形成的声符形化字和广义的关系位会意字同归于关系位字，则可得关系位字276加54为330字，占851字的38.778%，多过六书中的任何一书，足可以证明“随体画物”的关系位在甲骨文中的巨大作用，足可以证明我们把甲骨文意指方式中的“会意”改称“象意”的正确性。

这样我们总结甲骨文的意义关系意指方式如下：

名目	象形	指事	会意	形声	假借	关系位（象意）
字数	314	17	325	222	313	330
所占比例	36.898%	1.998%	38.19%	26.087%	36.78%	38.778%

综上所述，我们把甲骨文意义关系的意指方式概括如下：甲骨文以象形、象意为主要意指方式，两者加起来占三分之二强，形声也有大量的使用，约占四分之一，指事字很少，约占百分之二。甲骨文中有假借用法的字数占三分之一强，其中有借做除专名外的用法的包括实词、虚词约占总字数的十分之一。

由于象形在某种意义上也可以看成是“象意”[1]，指事的“象意”更为明显，虽然甲骨文已经出现不少形声字，假借也得到了文字史上最广泛的使用，但从比例、数据来看，我们还是可以把甲骨文称为“表意文字”的。

[1] 孟华、黄亚平:《汉字符号学》，上海古籍出版社2001年版，第218~222页。

第四节　甲骨文标记关系的意指原理分析

甲骨文意指方式中的标记关系，指的是形体符号系统与音义符号系统之间的结构对应关系。

一、一形多义

一形多义是指同一个形体具有两个或两个以上的不同意义。甲骨文“结构不固定，独体字的形式固然多变，合体字的各个部分结合也不严，具体书写又有相当大的随意性，或分或合，或正或反，相当灵活，往往因时因人而异”[1]，这是由于甲骨文虽然已经是相当完备的文字体系，但文字仍在不断创造变化中，文字的形式还未固定，因而呈现出多种多样、比较复杂的现象。

1. 形体是字

我们以该字所表示的多个词之间的关系为标准分为如下三类讨论：

（1）一个字表示了两个词，这两个词之间意义联系很紧密或是由孳乳而成的区别文。

联系紧密者如是“大”也是“夫”，是“大”也是“天（颠顶）”，如《乙》9076“庚辰王弗疾朕天”[2]。“大”像人正立之形，与子像幼儿之形对言，其字形有略其头部作的，也有突出头形作的，也有以一横替头形作的，这三者之间是有明显紧密的意义联系的。

由孳乳而成者如既是“自”（自己），也是“鼻”。自像鼻形，本意是鼻子，如《乙》6385“贞，有疾自，隹有祸？”[3]可能由于人们以鼻自指，“自”又引申出“自己”这个意义，如《乙》

[1] 陈炜湛：《甲骨文简论》，上海古籍出版社1999年版，第63页。

[2] 转引自徐中舒《甲骨文字典》，四川辞书出版社1998年版，第3页。

[3] 转引自徐中舒《甲骨文字典》，四川辞书出版社1998年版，第378页。

5323“贞，惠王自向西？”[1]后来人们为了辨别这一个形体表示的两个词，就给“自”加了声符“畀”作“鼻”来表示“鼻子”这个本义。如“帝”既是“帝（上帝）”也是“禘”。帝，甲骨文作，像架木或束木燔以祭天之形。本义是祭礼，如《乙》4549“癸未卜，帝下乙？”[2]后来由祭天引申为“天帝”之“帝”和商王称号。后来人们为了辨别这一个形体表示的两个词，就给帝加了“示”这个形符作“禘”来表示“祭礼”这个意义。

（2）一个字表示了两个词，这两个词之间有声韵的联系，即两个词间有假借的关系。如巳，《说文》“包”字条“巳在中，像子为成形也”，甲骨文作像胎儿手足未成之形。被借做“祭祀”之“祀”的专字。其他类似的如是其、箕，是田、畋等。我们可以看出，对这种兼有多词的字加以区别时，加注意符者稍多。

（3）一个字表示了两个词，这两个词间既无声韵的联系，也无意义的联系，而完全是文字发展的偶然使得两个词的形体相同。如既是“下”，也是“入”；既是“工”，也是“壬”；既是“子”也是“巳”；既是“甲”也是“七”；既是“内”，也是“丙”等等。还有一些形体虽不完全一样却极似而常混淆的。如为“火”有时也是“山”，但一般底平者为“山”，曲者为“火”；“气”和“三”皆为三横作，而“气”是第一、三横较长而中横略短，“三”则三横等长；“上甲”和“田”都形似作，区别只在于“上甲”中间的“十”与边框不搭连而“田”字相搭连。[3]上述的例子是我们把历时的甲骨文字放在了共时的平面上考察得出的结果。其实，有些形体在某个共时平面内还是有区别的，如在一到四期中一般为夕，一般为月，而到第五期则为月，为夕了。[4]

---

[1] 转引自徐中舒《甲骨文字典》，四川辞书出版社1998年版，第378页。

[2] 转引自徐中舒《甲骨文字典》，四川辞书出版社1998年版，第23页。

[3] 陈炜湛：《甲骨文异字同形例》，《古文字研究》（第六辑），中华书局1981年版，第227页。

[4] 邹晓丽：《甲骨文字学述要》，岳麓书社1999年版，第40页。

随着社会的发展和人们生活的丰富，需要用文字来指代的词越来越多，文字的引申、假借都会造成一形多义。同时文字自身发展有简易的要求，古汉字由图画变为意象，线条化、符号化大大地加强，使得出现了近似易混甚至完全意义的字形，甲骨文字正是处于变化而未定型的早期阶段，这是甲骨文字中一形多词现象存在的重要原因。另外，如刻画简省讹变、异体字众多字形不规范等都是直接原因。这些现象反映了对文字的最基本的要求是简单化，便于书写，容易掌握，但在表词义理性的要求下，同时还极力要求表达概念准确，避免混淆，所以一形多词这股支流到后世字体如小篆中几乎已经绝流了。

另外，甲骨文象意的本质也会造成一形多义。客观世界中本来有很多形体偶然相似或者本来意义上有联系的事物，一位甲骨文作者在端详山、火时所感觉到的实际经验是以诉诸特定文化单位即汉字为中介的，而汉字则是立足于自己的倾向来构建的，所以作者的世界观在某种程度上取决于作者的经验本身。所以，在某一特定时期尤其是文字创制相对较早的时期，也就是象意的特点表现比较明显的时期里，是有可能存在一些矛盾的字形的。

2. 形体是字素或字缀

我们下面来讨论形体不是单独成字的构字部件在成字过程中释放出来其本身隐含的意义相异的情况。字素指可以单独成字的部件，字缀指不能单独成字的偏旁笔画等等。

如甲骨文的“口”形，作为字素可以独立成字即“口”，但“口”作字素在和别的字素或字缀构成新字时，可以表现为多种完全不同的意义。如“寿（铸）”，口为铸铜器之陶范形。殷墟考古证以实模，有出气孔，铸时以合金溶液注入范中，几个口正象冶铸器的陶模，“己”则像金属溶液注入陶铸时的孔道，增加了双手、金、皿等字素，表示用双手持熔化青铜的钳锅往铸铜器的陶范里倾注铜液。文字形体上增加了手、皿、金等字素，对“铸”起了丰富和限定的作用，使人对“寿”之本义一目了然。“口”又可以指窗户，如“向”，甲骨文作，所从之宀为屋架，“口”像窗形，《说文》“向，北出牖也，从宀从口，诗曰塞向墉户”。口又可以指石块，如史，像手持中，“中”的一竖是木棍，“口”像捆在木棍上以增加重量及攻击力的石块。兵从双手持斤，甲骨文作，《说文》古文从人从双手持干，持干犹持斤也。同例如单、史等。[1] 另外，如甲骨文字中的点（包括短横）很常见，与不同的字素组合时意义各不相同。如“土”，点以示泥沙，“雨”中，点表示雨点，“泉”、“沉”中，点表示水流，“尞”中，点以示火花等等。[2]

甲骨文为象意字，所象的对象虽不是具体的“形”而基本上是“意”，但比较而言笔画的义域还是比较单一，写实性比较强，所以字素或字缀隐含的意义为图像所限制比较单调。在发展过程中，相对写实的“图画”渐渐被线条和笔画替代，字素和字缀图像特点慢慢失去，符号特点占了主导地位。到楷书，很多字素或字缀形体大大简化，已经符号化了，使得字素所代表的意义也就更为错综复杂，如灬，一些有“火”的意义，如“热、烈”，还有很多其他意义，如在“燕、魚”中是尾巴，在“為、薦”中是脚，在“鳥、烏”中是趾等等。从字缀的角度看，从原先的“图画线条”到现在横、竖、撇、捺、折，字缀与意义的对应性大大下降，笔画的涵义概括性大大加强。从字缀相似性的要求看是退步了，从书写简易性的要求看则是大大进步了。

二、一义多形

下面说一义多形的情况，我们以字素或字缀的数目是否要变化为准分为增损和改换两种方式来考察。

1. 增损

增损是指同一个词的形式即字形共时或历时地在构造上有字素或字缀的增加或者减少，可以分为字素增损和字缀增损。

（1）字素增损

语言对文字的本质要求是语言中有区别的词在文字上也要有区别，

[1] 方述鑫：《甲骨文口形偏旁释例》，《古文字研究论文集》，《四川大学学报丛刊》第十辑，第280~300页。

[2] 朱歧祥：《甲骨文的点》，《甲骨文研究》，台北：里仁书局2000年版。

要求词有定字、字代定词。为了使已有的易混淆的字区分开来，有时要在个别字形上添点字缀或字素，使之区分。如“鸡”原像鸡形作，因为易与鸟相混，所以添加声符奚以区别之。“凤”字也是如此。甲骨文作为象意文字，也会在原有字形上加上些字素以增加文字的直观具体性。如“春”甲骨文从屯从日，但也可以在原有字形上加木、林、森，增加草木繁茂的气象来丰富和限定春的内涵。如“射”，甲骨文从矢在弓上，也可以加手，从又从矢在弓上，表示以手开弓射箭，字形更为直观具体。如“福”字其字素有酉、又、示等，从最简单的一个酉到甚为复杂的由四个字素构成，简直就是一幅奉尊于宗庙示前的图画了。但是文字本身又有简易的要求，所以那些后来偶尔一现的“图画文字”的众多字素会被减损，形成矛盾运动。

通过上述的例子我们也可以看出，被减或增的字素一般都是特征不突出的字素，如各可省去彳，福可省去宀、手等字素。另外是省去重叠部分，如渔字从四鱼省至一鱼，都是省去重复的字素。有些字素的减损也受到了汉字从上到下的行款的影响，如“韋”字，四个止形分散在四边，不利于竖写，就要左右收缩，把左右两个止减损掉了。“渔”字也类此。

（2）字缀增损

雨字的雨点可多可少，齿字的牙齿个数可多可少等等。我们可以看出，点的增损最为多见并随意，而且很多点的增加都是无助于限定或丰富文字的内涵的，作为羡画，只有艺术上的审美价值：有为了字形之充实而补于中空处者，有补于文字周边以追求对称者等。如果说字缀增加的原因主要是为了字形的美观或具体直观性，那么字缀减少的原因则在于甲骨文自身简化的要求了。甲骨文很多是复制客观实物形体的，包含了很多多余的字、线等字缀，用文字区别所记的词时，有简便、易记的要求，而且只要求所记的词不发生混淆即可，所以会对某些字缀进行归并、省略。如“虎”字对虎全身做了细致的描绘，到后来则是对线条进行了大量的省变，只勾勒大意，突出特点，剩下了原字的轮廓。其他的例子如文、子、黍等等。另外，使用频率高的字，线条简化得厉害，甚

至有一简再简的。如一些与先民生活息息相关的动物植物字，如卜辞常见的“贞”字等。字缀的增加一般都是受到甲骨文象意的直观具体性的要求，如齿、马、象等字。从上述分析可以看出，字缀增损的主要原因是简易的要求和象意直观的要求这对矛盾的运动。我们可以看出在甲骨文体系里，简易的要求就已经占优了，虽然象意的要求是甲骨文的一个本质特点并一直隐藏于汉字体系的深处。

2. 改换

改换是字素数目基本不变，而由字素移位或替换的方式造成一词多形的一种方式。改换包括三类：

（1）移位

甲骨文是记录卜辞的文字，文例受占卜如对贞和迎兆的影响很大。甲骨上刻卜辞，常常会有两边大致对称的卜辞出现，如缀211、乙6385、乙867等，所以很多文字可左向也可右向，如羽、父，其他如牧、牝、已、犬、月、取、龟、斤、及等字都有正反两写的情况。同时，由于甲骨文处于文字发展的初级阶段，所以有很多甲骨文字字素位置“变动不拘”，可以上下、里外互换，这一点在形声字里尤为突出。形声字由于两个字素间几乎不存在相互的位置关系的意义，或者由于本来存在的关系位遭到破坏，很多甲骨文中的形声字都有多种写法。如娟、雉、姜、娥等。可正写也可反写的字多只单纯表示物形，为象形字，所象的物体本身左右向不定或可左右向自由活动，如云、月、女、犬、禾等等。也有一部分会意字的字素可以变换位置，主要以义合的会意字为主，如牡、牝等和一部分形合的会意字。

甲骨文中形合的会意字字素的相对位置有时十分重要，字素间的相对位置是该字表达意义的根本所在，如各和出，陟和降，好和毓等字的字素并没有区别，字素间的位置关系是该字所以区别性因素，反映着事象或物象的本质关系。这种字素移位会发生混淆的字，其字素的相对位置关系是非常严格的。这是汉字的表词义理性的作用。不过，我们也会发现，有些形合的会意字虽然不能改变字素间的相对位置，却可以在不破坏相对位置的前提下，改变字素的方向，如牧、及、得、专等，有的虽然不是同时改变两个的位置，却也能改变单个字素的方向，如羌（下部的人可以左右向不定）、各（甲骨文形体中凵上的止可以左右向不定）等。这是甲骨文象意的直观具体性和汉字表词义理性的矛盾运动的反映，我们也可以看到所有的字素移位都是以不与别的字混淆即服从汉字的表词义理性为前提的，可以说表词义理性是矛盾的主要方面，这也说明甲骨文已经是一种成体系的成熟的文字。

甲骨文有竖写的要求并把字形约束在一个无形的方框内的趋势，这样就必定要对一些“随体画物”的不甚整齐的字形重新处理，在不破坏系统的前提下，有时候甚至不惜破坏这种利用字素间的相对位置的会意字的关系位为代价。如涉1228字，甲骨文一般作，像两止分别于水之两边形，表渡水义。但为了使字形方起来、竖起来，也有作形的，就破坏了水两边各一止的会意方式。如齐764字，《说文》：“齐，禾麦吐穗上平也，象形。”这个齐字本来应该是通过三个禾穗间的相对位置来表示“整齐”这个意思的。甲骨文作，所像三个禾穗排列整齐，平铺的字素被上下重叠起来以适应汉字字形方和竖的要求。有一些字虽然不以关系位为区别，但是平铺的形体更具有象意的直观具体性，更接近先民“随体画物”的原则，也在“方”的要求下被重叠起来，如森、林、蟲、协等字。汉字方和竖的要求使一大批本来横写的动物名竖了起来，成了历时的由字素移位造成的异体字，如犬、虎、兕、象、马、豖等等。我们可以把这些异体字的产生看做是甲骨文象意直观具体性的要求和甲骨文本身的书写规律的要求之间的矛盾运动的结果。我们能看到，甲骨文本身书写规律的要求即方和竖的要求是明显占了上风的。它对由于字素移位造成的异体字的规范作用是远远大于其反面作用的。竖和方作为后代字体的一个要求被确定下来，淘汰了原先不方的或横写的一批异体字，所以说其规范作用是占主导地位的。

（2）字素替换

甲骨文是一种象意文字，是一种动机性文字，甲骨文有时不拘形体，而仅以甲骨文创制者表意或表音的目的为目的。在象意性原则那里，这个“象”的过程就是观察者所反映的对象的观念或特征，是一个独立于对象而存在的对象化的东西，符号不过是被动的媒介。在象意字这里，形并不是跟着理性概念走的，也不是跟着对象走，而是跟着人、跟着人的日常经验感觉走，所以形是人对对象的主观理解图式，是动态的。“汉字的精神，是从人（更确切一点说，是人的身体全部）出发的，一切物质的存在是从人的眼所见、耳所闻、手所触、鼻所嗅、舌所尝出发的（而尤以‘见’为重要）。表高为上视，表低为下视，……总之，他是从人看事物，从人的三通看事物。……一切动物的耳目口鼻足趾爪牙为字，并不为虎牙立字，不为象鼻、豕目、鸡口、驴耳……立专字，汉字不用其物的牲表某一事，只是用‘人本’的所有表一切，这还不是人本而何？”[1]会意字的意象是以表达者的主观动机为主同坐标而展开的符号表达，是按照是否可信或可能而不是事实的真假来推理的，这样的表达不可避免的会带来一种可能性的增加。这种可能性在甲骨文中就导致了很多异体字。所以，甲骨文可以用相类或音相通的字素互用而产生分化，只要这些字素的语义场在甲骨文创制者眼中是相似或者类同的。可以分为替换意符和替换声符两类。

替换意符者如牢从羊从牛并无不同，逐字逐豕、兔、鹿或者二豕都是逐，牡可从牛、羊、豕、鹿等形。甲骨文中从屮从木也常常可以替换，如蓐有从二屮者，也有从二木者，藝有从屮者，也有从木者等等。其他如毓、宾、沈、渔、牝等等。[2]

替换声符者如雉从矢声，也可以从夷声，河从丂声，也可以从可声，麓从录声，也可以从鹿声等等。字素替换的方式是改换一类中最为常见的。

（3）用不同造字法

用不同的造字法造成异体字的原因和字素替换是差不多的，都是由于甲骨文是象意文字。如灾字，可以是会意，像宀下有火，可以是形声。如渔可以是会意，像手持杆钓鱼形，或像手张网捕鱼形，是形声。

---

［1］姜亮夫：《古文字学》，云南人民出版社1999年版，第56~57页。

［2］更多例子可参见高明《中国古文字学通论》，第129~158页。

3. 关于一义多形的讨论

我们这里把一词多形看成是多形但是通用的根据是什么呢？除了与词联系考察外，从文字本身来看，关键应当是一组表示一个词的多个形体要有相同的基本字素，我们可以称之为字位，字位是判定几个不同形体的字是同一个词的不同形式还是不同词的不同形式的重要参考。字位可以是一个也可以是多个。如前文所举的“福”字，最复杂的可以由六个字素构成，考察“福”字的一百多个形体，我们可得出盛酒器“酉”是“福”字的区别性字素即字位，“酉”在福字的所有形体中是不可或缺的。如“大”字，在长期使用过程中由于笔画的变易而出现多个形体，但是每个“大”字的形体都有部分不可或缺的字位。字位大部分时候都是多个的，大多的会意字、形声字的字位都在两个以上。我们可以把起区别作用的字素称为区别性字素，把起区别作用的字缀称为区别性字缀。区别性字缀是我们判断众多独体字是否是同一个词的标准。如“虎”字，从早期随体诘诎，嘴、齿、斑纹、趾兼具的图画文字到后来经过很大省变的轮廓字，中间异形字很多，而张开的大嘴则是我们赖以判断这是个“虎”字而非别的字的区别性字缀。如“牛”字和“羊”字，牛角上扬，羊角下垂，代表上扬或下垂的角的笔画就是我们赖以区分“牛”字和“羊”字的区别性字缀。

另外，需要注意的是，某些可有可无替换的字缀或字素在造字之初是否就是可有可无替换的呢？其中最值得讨论的是字素替换这一类，比如“沈”字和“牢”字的情况及其搭配关系就是一个有趣的例子。“沈”字从牛，也可从羊。沈，“沈牛羊以祭川泽也”，见《殷墟甲骨刻辞类纂》从牛的沈其宾语为牛或牢的有百来例，即沈、牢、牛三者的主字素之一“牛”是一致的。“沈”的宾语为其他动物而“沈”字仍由“牛”构成的仅二见，即《合集》5522正“沈三羊”和《合集》16186“沈十羊十豕”。“沈”字由字素“羊”构成的一见，即《合集》16186，其宾语也是由字素羊构成，所以“沈”和“牢”的字位“羊”还是一致的。另外，若沈祭与燎祭对举，则沈牢之“牢”多写做牛，而燎牢之“牢”大都从羊，如《合集》14380、《合集》14536、《合集》

16194、《合集》31005等十来例。只有个别燎牢之“牢”由“牛”构成，如《合集》33385“丙申卜沈二牢燎牢”。“小牢”之牢则多从羊。我们可以看出，“牢”字从“羊”还是“牛”是比较严格地受着上下文的制约并不完全是随意的。通过这些分析我们是不是可以提出这样的问题，卜辞行文中使用“沈”从牛或者从羊，和“牢”作从牛还是从羊有没有可能是某一次祭祀情况的真实写照，上面的分析有没有可能是当时沈祭以牛为主而燎祭以羊为主的真实反映？徐中舒《甲骨文字典》“牢”字条说“卜辞中牢 各有专指，牢为经过专门饲养而用做祭牲之牛， 为经过专门饲养而用做祭牲之羊。”[1] “牢”的另一异体从宀从马，《合集》29415“王畜马在兹牢”，这里的“牢”字就是从马的，与宾语马是一致的。另外，如“埋”字，《合集》16197“埋三犬”[2]，埋字由字素犬构成，与其宾语犬一致。如“逐”字，像止于豕后会追逐意，同时也有像止于鹿、兔、虎、犬后会追逐之意者，在造字之初有没有可能是对某次田猎的真实记录呢？另外如“牝”，有从牛、羊、犬、马、豕五形，“疑从牛即言牛之牝，从羊即言羊之牝，从豕亦然，用牲之礼亦如是，故分别书之”[3]。纳西文刀字像匕首形，曲折之则为“刀折断”字，人字稍作变易可以表示立、伏、舞、走、跑、左、右、跳等，这与甲骨文中侧“目”为“臣”，倒“人”为“逆”是相类的；纳西文牛之“吼”像牛之嘴出气形，若说“马吼”，则把牛头换成马头，甲骨文“登”字有从鬯的，有没有可能也是登祭所用食品是鬯的真实反映？[4]

这是改换的情况，其他的如字缀增损可能也相类似。如“中”字，契文有作 等者，其位置或左或右，盖因风而左右偃也，数亦有二或四或六或九不等，也有可能各有所象，是数各异的真实写照。[5]

---

[1] 徐中舒：《甲骨文字典》，四川辞书出版社1998年版，第586页。

[2] 上引甲骨文辞句均引自姚孝遂《殷墟甲骨刻辞类纂》，中华书局1989年版。

[3] 叶玉森说，转引自《甲骨文字集释》卷一第58页。

[4] 有关纳西文材料见王元鹿：《汉古文字与纳西东巴文字比较研究》，华东师范大学出版社1988年版。

[5] 参见李孝定：《甲骨文字集释》163页中字条。

三、标记关系研究小结

甲骨文意指方式中的标记关系是比较不固定的，除一形对一义的字外，还有很多一对多、多对一、多对多的情况。究其原因如下：

象意文字的性质导致甲骨文本身具有直观具体的要求，同时拥有多种同义手段导致了一义多词。甲骨文文字体系本身有表词义理性的要求，即语言要求文字尽可能准确、清晰的表达语言，这对象意的动机性文字的多种同义手段具有反拨作用，使甲骨文文字体系不致异体字过多而崩溃。另外，文字体系本身又有易于书写的要求，甲骨文就一直在这三者中变化运动。我们推测甲骨文在初产生时可能也有过一个如东巴文字一样以形表意为主的原始文字阶段。在那个时期，甲骨文象意的直观具体性的要求在这三个方面中占了主要位置。可能当时形式与内容的关系较为统一，许多在后来被认为是一个词的多个形体，在当时很有可能是表示了不同的词。而到商代后期的甲骨文已是早已进入体系文字阶段的成熟、发达的文字，逐渐摆脱了对图画和记号的依赖而能独立的逐词记录语言。这样要求增加字数的同时还要摒弃文字画式表意手法、简化字形并使之趋于固定，尽量使语言中有区别的词在甲骨文中得到反映，甲骨文在简易的要求和表词义理性的区别的要求间取得平衡。而象意的直观具体的要求虽然在甲骨文和铜器铭文上的族名、人名中也得到反映，但在后世文字尤其是经过隶变的文字中已经转入幕后，隐藏于深层。

对甲骨文字形体与内容关系有很大影响的因素还有汉字自身呈方块形、右行、下行的规律，甲骨文本身的特点如书写条件为刀笔和龟甲兽骨、多为迎兆刻辞、很多对贞，甲骨文传承方式的特点等等，其他的因素还有类推的作用、艺术审美的要求等。

第二章　汉字的字形思维

汉字思维是凝结在汉字中的古人造字过程中的思维方式。汉族人传统思维方式具有辩证性、整体性、主体性、人文性等特征，这些都能从汉字的类型、性质、构造方式、发展演变、形义关系等方面得到印证。汉民族的思维模式规定和制约着汉字的产生、发展及其特性，汉字则凝聚和传承着汉民族的思维方式。如汪曾祺所说："一个民族文化的最基本点是语言，汉语和汉字不是一回事。中国有文化的人，与其说是用汉语思维，不如说是用汉字思维。"[1]

第一节　汉字构形的辩证思维

一、汉字的二合建构

语言是以特定的民族形式来表达思想的交际工具，同时语言形式本身又是思维过程的一部分。人类思维中从概念的形成到推理的展开，都需要有语言形式的"模铸"而形成和巩固，同时又向前推进了人的认

[1] 汪曾祺：《"揉面"——谈语言》，《无事此静坐》，辽宁人民出版社2007年版，第379页。

识。因此，语言形式和思维形式、思维方式有着密切的联系。各民族不同的思维方式，必然深刻影响与之相应的语言形式，反之亦然。

语言与思维相辅相成，而在语言的各种形式表现中，文字的结构，尤其是表意文字的结构，最直观地体现了一个民族的思维方式与思维特点。“汉字是以象形为基础、表意为主导而又兼有表音成分的表意制（体系）文字”，[1]“与汉语单音成义的特点相适应”。[2]汉字和汉语关系至为密切，与汉民族思维有着直接的联系。汉字的结构系统体现汉民族看待世界的思维方式。

汉字是一种方块表意文字。无论是从汉字的结构方式，还是从汉字的表意方式来看，都充满了汉民族辩证思维的特点。汉字的起源和发展已有数千年的历史。与之相伴，古代汉民族很早就形成了“物生有两”、“二气感应”、“刚柔相摩”、“一阴一阳谓之道”的朴素辩证思想，以阴阳对应、左右平衡、上下对称、方圆可周、意象互涵为美。与汉字具有异曲同工之妙的《周易》中的卦爻，是这种辩证思维的最集中的体现。

《周易》通过象征天、地、雷、风、水、火、山、泽八种自然现象的八卦形式推测自然和社会的变化，以阴阳两种势力的相互作用作为产生万物的根源。它的所谓“吉”卦，多为具有交感性质的上下两卦；所谓“凶”卦，多为不具有交感性质的上下两卦。如“泰”卦的象是地在上，天在下，象征着阴气上升，阳气下降，天地具有交感变化，因而是吉卦。而“否”卦的象是天在上，地在下，没有交感性质的变化，没有发展的前途，因而是凶卦。

“刚柔相推，变在其中”，是古人朴素的宇宙观和形象的辩证法，认为事物内部、事物之间都存在着辩证关系。《老子》云：“有无相生，难易相成，长短相较，高下相倾，音声相和，前后相随。”又云：“道生一，一生二，二生三，三生万物。万物负阴而抱阳，冲气以为和。”这里所说的“一”即太极、终极。太极生两仪，从而演化万物。

---

[1] 参见许威汉：《谈汉字的发展演变》，《语文论丛》1981年第一辑。

[2] 王力：《汉语浅谈》，北京出版社1964年版，第9页。

这里所说的“二”，实质就是“一”，然而它是一种不断运动、变化的相对的过程、和谐的“二元”。在中国古代哲学中，万物都是对立物的变幻，都具有“交感”的性质，相互对立而又相互渗透，互存互补，相辅相成。无论是男女、日月，还是天地、阴阳，都在浑然一体中往复变化，就像太极图中黑白二色共处于一个圆球之中。古人云：“天地万物之理，无独必有对。”（《河南程氏遗书》卷十一）“二端故有感，本一故能合。”（张载《正蒙·乾称》）“凡天下之事，一不能化，唯两而后能化。”（《朱子语类》卷九十八）“天下之变万，而要归于两端，两端归于一致。”（《老子衍》）“两不立则一不可见，一不可见则两之用息。”（张载《正蒙·太和》）总之，“其阴阳两端循环不已者，立天地之大义”（张载《正蒙·太和》）。这种辩证的思想在汉字构形中最直接的表现，就是汉字的二合建构和汉字构形中形声相益的方法。

古汉字是以象形为基础的。如石虎在《字象篇》中所言“问字必问其形，得形必感其象”[1]。所谓象形，按照许慎的说法，就是“画成其物，随体诘诎”。然而人事纷繁，要求每一个字符“画成其物”是非常困难的。所以在古汉字中，真正能独立地描绘事物的字形不多，如“山”、“止”（趾）、“门”、“人”、“象”、“女”、“子”等，都是只用简单的几笔就把区别性特征突出来或者是把区别性特征化、线条化。大部分象形字都是举偏而概全、画部分以代全体。

如“目”字，甲骨文、金文等均为一只眼睛，因其左右对称，以一目代二目。与之相关的字“見”、“盾”、“眉”、“冒”、“省”、“看”、“相”，或以一目代二目，或以一目代全身、身体等。“盾”表示以盾蔽目（以目代身体）；“冒”的小篆字形上为帽子，下边是眼睛，以目代头部；“省”的甲骨文和小篆字形像眼睛观察草，以一目代双目察看；“看”的小篆字形上面是“手”字的变形，下面是“目”，意思是用手加额遮目而远望等。以耳朵代头颅、首级的“聝”字，甲骨文像首级挂在戈戟之上。其构形源于古代杀获敌人之后用割耳朵来代替首级的习俗。

---

[1] 石虎：《字象篇》，《诗探索》第三辑1996年版。

又如“羊”和“牛”，如孔子所言，“牛羊之字以形举也”（《说文》释“羊”引）。“牛”字是一个牛头之形，“羊”字更是一个羊头的轮廓之形，“像头角足尾之形”。作为文字构形的一种手段，这种以部分代全体的造字方式，使用了一种经济实用的手法，又为造字者和识字者所共同认可，体现了象形与象意互涵的辩证关系。此外，如“马”画头和鬃，“虎”画口和牙，“隹”（短尾鸟）画头和翼，“木”画枝干，“车”画车厢和轮。这种区别性特征，正如董彦堂所说：“大口修尾为虎，长嘴巨牙为象；猿狻同形别于口耳之间，牛羊异角只看曲直之度。”[1]

难以取特点的则或截取一小部分，如“网”和“吕”（脊椎）；或以一物替代一类，如“兵”以“斤”来代替所有武器，“伐”以“戈”来代替兵器；或画他物以衬托，如“瓜”画瓜蔓，“须”画头颀面颊，“齿”画口，“眉”画目，“州”画水流，“血”画盛血之盘，“侯”（箭靶）画箭，“牢”画羊。

至于动作行为，只能或突出活动的生物器官、肢体部位，如“见”以目象，“闻”以口、耳象，“祝”以屈体之人仰天之口象，“企”以足尖着地象，“采”以手在木上采摘象，“拱”以双手象，“鸣”以鸟嘴象，“臭”以犬鼻象；或突出活动的环境，如“集”以木作背景，“陟”以山作背景，“徒”以路作背景，“盥”以盆作背景，“涉”以水作背景，“出”以居室作背景；或突出活动参与的各方，如“牧”由持鞭之手和牛合成，“逐”由人足和豕合成，“采”由手和树上之果合成，“艺”由人和树苗合成，“食”由口和食器合成，“射”由手和弓箭合成；或突出动作的方位、角度，如“手”既可以是往上伸去、五指上扬的形象，也可以是像五指下撮之形的“爪”，它构成了“采”字等，还可以是手掌侧伸、拇指在下、四指并排居上的形象“又”，它构成了“右”、“秉”、“叔”、“及”、“取”、“友”、“度”等一系列字。

从以上这些例子可以看出，象形汉字在表意的过程中，为了克服“画成其物”的局限，早已进行自觉或不自觉的分析。根据事象的特点

[1] 转引自孙雍长：《管窥蠡测集》，岳麓书社1994年版，第41页。

和意义要素的组合，设计汉字的特征和结构。每一个字的构形，都是造字者看待事象的一种独特样式，或者说造字者对事象内在逻辑的一种独特理解。人们一般可以根据字形或字的各构成部件来推求其本义。如“豆”的古文字形是一种装东西的器皿；“伐”的古文字形和结构传达的意思是“以戈击颈”，其义为杀伐；“夙”似人早起披星戴月劳作的甲骨文形体，其本义是表示“早晨”。而这种样式和理解，基本上是以二合为基础的。也就是说，象形汉字的孳乳，是一个由“一”到“二”的过程，由单体到合体的过程，由简单象形到会意象形的过程。言此而意彼，据义构形，最终实现两象融合的符号化过程。而会意，正是汉民族辩证思维的一种原始运作。

会意字的基本形式是两个（少数是两个以上）象形符号的组合，集数字而成一字。例如：

“析”字以一木和一斤会意，斤为斧的象形，本义是破木，即劈开木头；

“伐”字以一戈和一人会意，以戈刃砍人的头，本义是砍杀；

“及”字以一人和一又会意，表一只手把前边的人抓住，本义是追赶上；

“隻”字以一又和一隹会意，人捕鸟在手，本义是猎得禽兽，为后来的獲字初文；

“男”字以一田和一力会意；

“从”字的古文以二人相随会意；

“走”字的古文以一走动之人和一足会意；

“武”字的古文以一戈和一足会意；

“妇”字的古文以一女持帚会意；

“步”字的古文以双足会意；

“友”字古文以二又会意；

“即”字的古文以一人一食器会意（《说文》：“即，就食也。”）；

“北”字的古文以二人相背会意（《说文》：“乖也。”）；

“刑”字的古文以人和牢狱会意；

“并”字的古文以二人并立会意；

“陷”字的古文以人和陷阱会意；

“舀”字的古文以手和穴会意（金文和小篆都是由“爫”和“臼”两部分组成，意思是手掌撮起来，像勺的样子，从器皿里舀取水的意思）；

“旦”字的古文以半升之日和全升之日会意；

“宿”字的古文以人和席子会意；

“得”字的古文以手和贝会意；

“族”字的古文以人和军旗会意；

“奚”字的古文以绳索和奴隶会意（《周礼注》：“女奴也。”）；

“获”字的古文以手和鸟会意；

“竞”字的古文以二人竞逐会意；

“腰”字的古文以双手叉腰会意；

“戒”字的古文以双手持戈会意。

可以说，二合是汉字意义结构的基本框架。这种造字方式在今天仍然具有生命力，如现代网络语言挖掘古字而用的“槑”由两个“呆”会意，多用来形容人很呆，很傻，很天真。“氼”由水人会意，人掉水底下，就是溺水，这个字就是“溺”的意思。“㗊”以四口和丩会意，四张嘴同时叫，是大声叫的意思。“圐圙”（读kū lüè），在内蒙古方言一般读做库伦，多用做地名，字形是两个口分别框住了四面八方，意为“围起来的草场”。

除了以相互对待的形象符号会意之外，汉字的孳乳还采取一种较为理性的解释性的二合结构。例如，大耳合为“耷”，大长合为“套”，小土合成“尘”（“塵”的异体），不正合为“歪”，山高合为“嵩”，山石合成“岩”（“巖”），小隹合为“雀”，少力合为“劣”，入米合成“籴”，出米合成“粜”，小大合为“尖”（上小下大），上下合为“卡”（不上不下），永日合为“昶”，“四方”、“木”组合为“楞”等。在这些字中，字符的意义代替了形符的意义，其结构依然是二合的。造字者对汉字所指称的事象均作了二元的析解，从而产生了事象的朴素的原逻辑。

然而，无论是以形象符号会意还是以字符会意，汉字的孳乳都不能停留在会意上。许多抽象的事物难以造象，许多具体的事物也难以刻画。于是，为了适应记录语言、表达语词概念的需要，假借字应运而生。如“其”字，本是箕形，但后来假借为代词；“也”字，本为“蛇”的写照，后来假借为语气助词。

假借字并不造新字，然而其功用独步一时。古人云：“天下之事无穷，造字之初，苟无假借一例，则逐事而为之字，而字有不可胜造之数，此必穷之数也，故依声而托以事焉。视之不必是其字，而言之则其声也；闻之足以相喻，用之可以不尽；是假借可救造字之穷而通其变。”（清代孙诒让《籀庼述林》卷十《与王子壮论假借书》）在甲骨文中假借的用法十分普遍。根据对《殷契粹编》用字的统计，在全书20856个字中，假借字有12701个，约占总用字数的61%。毫无疑问，假借使象形汉字的记词功能大大增强，并且使象形汉字和语言中的词建立起稳定的关系。可以说，自假借大量使用以后，汉字真正跨入了成熟文字的阶段。如殷焕先所说：“汉字……当自记录语言开始之时，即其‘假借’之法产生之时。”[1]假借是汉字成熟的标志。

当然，从字形结构本身来说，假借依存的汉字构形的原逻辑框架并没有改变。正如孙常叙所言：

假借写词法在从图画文字到表意文字的质变过程中是一个关键。这不意味着它是孤立地发挥作用的。首先，假借是凭借形象写词而存在的。它可以根据被描画事物的名称，以同音词关系，就其在所写词句中的地位和关系，想出所写的词来。没有形象写词，就没有假借写词的可能。因此，假借写词它不能离形象写词而存在。其次，突破图画文字樊篱，是书写形式摆脱语意图解向有声语言组织就范的过程。这时，假借写词是和它依以存在的形象写词同时活动，互相作用，组成一个整体力量而横决先期文字区域的。没有象形、象事、象意等写词法的同时确

[1] 殷焕先：《汉字三论》，齐鲁书社1981年版，第26页。

立，光靠假借，在当时是不能成功的。[1]

一个字在它刚刚被创造出来的时候，往往是单义的，表数义是后起的现象。然而，假借以一字表数义，随着假借字增多，其字形与字义的关系，必然会产生一形多义、一字多词的现象。而且汉语里同音词多，在选用假借字形时，音同音近的字形都可能入选，于是又出现一义多形、一词多字的现象。这些都使语言表达含混模糊。为此，就要增强假借字的区别性。这种区别，是建立在对汉字音义关系的辩证认识的基础上。

汉字在使用中的多义是与它的记词相联系的。词是一个音义结合体。汉字以象形、指事、会意的形式传达意义，以假借传达声音，都无法适应词的音义二重性。古代汉民族在造字时认识到，仅仅通过意义结构上的辩证二合，并不能满足汉字表达的功能；只有在音义关系上贯彻辩证二合的观点，才能从根本上完善汉字结构的表达功能。具体来说，就是需要为一形表多词的字加注形符以义别之，或加注音符以声别之。换句话说，就是在字义混同时标音，在字音混同时标义，使大部分汉字都能在音义两方面站住脚，以二合求统一。正是这种成熟的辩证思维，使汉字构形进入一个前所未有的充分发展阶段。

即以“齐”字为例。《论语·乡党》：“齐必变食。”《集韵》言：“隶作斋。”《论语·乡党》：“摄齐升堂。”《经典释文》：“齐，本又作齐（衣下缝）。”《左传·庄公六年》：“后君噬齐。”杜预注曰“若啮腹齐，喻不可及”，后作“脐”。《礼记·王藻》：“趋以采齐。”《经典释文》：“齐，依注作荠。”《礼记·乐记》：“地气上升”，注曰“齐读为跻（升腾）”。《周礼·天官·醢人》：“以五齐、七醢……实之”，注曰“齐当为齑”。《尔雅·释虫》：“蟦，蛴螬。”《经典释文》作：“蛴，本又作齐。”《礼记·祭统》：“君执鸾刀羞齐。”《经典释文》作：“齐，本亦作哜。”以上斋、齐、脐、荠、齑、蛴、哜诸字，都是“齐”字假

[1] 孙常叙：《从图画文字的性质和发展试论汉字体系的起源和建立》，《吉林师大学报》1959年第4期。

借后加形旁以作区别而造成的形声字。

再如避、闢、嬖、譬等字，都是“辟”字在假借用法后添加偏旁形成的后起字。

显然，形声二合构形是一种完善的表词形式。从这个意义上说，形声之前的二合结构都仅仅是意之合，对形声结合来说它们还是“独体”，只有形声才具备了科学的合体表词手段。所以，段玉裁在注释《说文解字》“形声者，以事为名，取譬相成，江河是也”时云：“以事为名，谓半义也；取譬相成，谓半声也。江河二字，以水为名，譬其声为工、可，因取工、可之声而成其名。其别于指事、象形者，指事、象形独体，形声合体。”

“合体”与“独体”的区别，不仅在于合体表词方法的完备，而且在于合体思维方法的成熟。在形声表词之前，虽然以意义符号结合表词的方式多以二合分析事象、组合事象，但也并不排除三合甚至多合的现象。例如，三人为“众”，多木为“森”，木上三口为“喿”（《说文解字》：“鸟群鸣也。”），木上三火为“燊”（许慎的《说文解字》：“燊，盛貌，从焱在木上。”“焱，火华也。从三火。”），曰上三子为“孴”（《说文》：“盛貌。”《玉篇》：“众多貌。”）。《说文》“晶”字下注曰：“凡言物盛，皆三其文。”也就是说由三个独体字合成一个字往往表示“物之盛”，比如“磊”从三石，意为“众石”；“品”从三口，训为“众庶”；另外还有我们常见的“森、淼、犇”等等。除了同体三合外，也有异体三合，如手持火在室内搜寻为“叜”，手持器械在室内殴人为“寇”，日月而空为“曌”，两手分为“掰”等等。

而在形声字中，二合的思维已经成熟，词的音义二重性为汉字的二合构形提供了坚实的基础。一形一声成为形声字固定的结构模式。一个字不可能有两个形符，也不可能有两个声符。有些字看似多合，实质上仍是二合。如“宝”字，甲骨文像房子里有贝和玉，是个会意字。后加注音符“缶”，作“寶”。从表面上看有三形一声，实质仍是一形一声。又如“碧”字，《说文解字》释为“从玉、石，白声”，实质是“石”形“珀”声。正因为形声结构在表词方法和思维方法上都趋向完善，所

以，以形声构形的字逐渐成为汉字的主流。

从具体的形符的构字量来看，甲骨文中只有60余个形符，其中能造字五个以上的只有“人”、“女”、“止”、“口”、“示”、“木”、“水”“日”、“火”、“雨”、“大”、“隹”等14个形符。而缺乏孳生能力、只有一个字形的形符有20余个。而到了西周、东周和战国时期，形符的孳生能力普遍增强了。例如，“土”旁在殷商甲骨文中只有一个字，而在西周时已有10个字，战国时增加到32个字。“贝”旁在殷商时只有一个字，西周和战国时已增至19和18个字。“肉”旁在殷商时只有一个字，西周时已增至10个字，战国时又增至25个字。“心”旁在殷商时只有一个字，西周时已有27个字，战国时增至65个字。许多形符在殷商时尚未出现，后世不但出现而且有很强的造字能力。例如，“竹”旁在西周时有10个字，战国时增至21个字。“金”旁在西周时出现30个字，战国时增至42个字。“邑”旁在西周时出现21个字，战国时增至89个字。“疒”旁在西周时出现5个字，战国时增至29个字。“言”旁在西周时出现28个字，战国时增至42个字。这些形声字的激增，一方面是由于社会发展的需要，例如，“贝”旁字之于商业交换的增多，“金”旁字之于金属的广泛使用，“邑”旁字之于城市的增加等；另一方面，形声二合结构在表词上的优势适应了社会发展的需要。从整个汉字系统来看，甲骨文中的形声字约占全部字数的20%，后世的形声字则已占全部字数的90%了。

值得注意的是，形声字的二合结构并不是音义矛盾的双方平分秋色。从表面上看，形声字结构或是左形右声（如论、校），或是右形左声（如期、胡），或是上形下声（如箕、药），或是上声下形（如基、盲），或是内形外声（如问、辩），或是内声外形（如固、裹），但实际上形符是附属于声符的。因为形声字发展的主要动力是为了区别大量使用的假借字，这些假借用字正是以其声音表意的，后来加上形符只是为了给声音所表之义加注标记。形符的这种辅助性质，使历代解释字义的语文学家，将字义的根据更多地放在声符上。

一般认为，在隶书、楷书等书写的字形中，声符一般都不变形，而形符却常常会变形。变形后的形符在字形上往往表现出对声符的依附，如“浪”、“狼”、“都”、“鄙”等。宋代文字学家王圣美认为：“古之字皆从右文。凡字，其类在左，其义在右，如木类，其左皆从木。所谓‘右文’者，如戋，小也。水之小者曰浅，金之小者曰钱，歹之小者曰残，贝之小者曰贱。如此之类，皆以戋为义也。”（沈括《梦溪笔淡》卷十四）宋代的其他学者也指出：

“青字有精明之义，故日之无障蔽音为晴，水之无溷浊者为清，目之能明见者为睛，米之去粗皮者为精。”（宋·张世南《游宦纪闻》卷第九）

“卢者，字母也。加金则为鑪，加火则为爐，加黑则为黸。凡省文者，省其所加之偏旁，但字母则众义该矣。亦如田者，字母也，或为畋猎之畋，或为佃田之佃，若用省文，唯以田字该之。他皆类此。”（王观国《学林》卷五）卢字例还有：加土为垆，加水为泸，加鸟为鸬，加鱼为鲈，加犬为獹，加玉为瓐，加目为矑。

“‘昏’本为日之昏，心目之昏犹日之昏也，或加心与目焉。嫁娶者必以昏时，故因谓之昏，或加女焉。‘熏’本为烟火之熏，日之将入，其色亦然，故谓之熏黄，楚辞犹作曛黄，或加日焉。帛色之亦黑者亦然，故谓之熏，或加纟或衣焉。饮酒者酒气酣而上行，亦谓之熏，或加酉焉。”（戴侗《六书故》）

清代的训诂学家在此基础上进一步指出：“凡声同、声近、声转之字，其义多存乎声。”（郝懿行《尔雅义疏》）“学者之考字，因形以得其音，因音以得其义。治经莫重于得义，得义莫切于得音。”（段玉裁《广雅疏证·序》）段玉裁在《说文解字注》中论述更为深入：“声与义同原，故谐声之偏旁多与字义相近，此会意形声两兼之字致多也。《说文》或称其会意，略其形声；或称其形声，略其会意。虽则省文，实欲互见。不知此，则声与义隔。”这样的“凡同声多同义”的例子在汉语中俯拾皆是，如，言语声气之曲叫“句”，曲铁叫钩，曲竹叫苟，曲木叫枸，曲绳叫约；刀曲曰劬，羽曲曰翑，肉曲曰朐；曲手勾之为拘，天寒曲足（缩）为跔，疾者曲背为痀，雄鸡曲颈为雊，均因形状弯曲而以形声字的声符作依托而得义。[1]

形声二合结构中声符的主体地位从字形本身也可以看出来。首先，由于形声字中因形近而分化的字少，因同源音近而分化的字占大多数，因而形声字的声符的形体较形符稳定得多。形符由于仅起一个标记意义的辅助作用，带有很大的随意性，缺乏系统性和逻辑性。同一形体往往不是同一类东西，如“犬”旁的“狻”、“狐”、“猴”、“猪”不是同类，“虫”旁的“蛟”（龙类）、“蚡”（鼠类）、“蛰”（鸟类）、“虹”（天象类）、“蜼”（猿类）也令人不得其解。“竹”旁之于“笑”，“车”旁之于“较”，“虫”旁之于“虽”、“蛮”、“闽”，“水”旁之于“演”，也都存在这样的问题。同一字的形体还常常有异体，这更增加了随意性。例如，“逼”与“偪”，“休”与“庥”，“氓”与“甿”，“挽”与“輓”，“盘”、“槃”与“鎜”，“镘”、“槾”与“墁”。

反过来，同一类事物往往有多种形符。例如，与手有关的形符有“寸”、“爪”、“殳”、“支”、“手”、“又”、“聿”、“𠬪”、“彐”、“丮”等十几种，与眼有关的形符有“目”、“见”、“瞿”、“Ⅲ”、“苜”等多种，与口有关的形符有“口”、“誩”、“品”、“只”、“言”、“曰”、“号”等多种，与行走有关的形符有“足”、“行”、“廴”、“彳”、“步”、“走”、“辵”、“屮”、“尢”等多种。

许多形符属“同义反复”，如“龖”，是龙腾飞的样子；“龘”，仍是龙腾飞的样子。再如：

“火”（甲骨文字形像火焰，本义是物体燃烧所发的光、焰和热）、“炎”（火苗升腾，炎热、酷热）、“焱”（火花、火焰）、“燚”（火燃烧的样子）；

“虫”、“䖵”、“蟲”；

“中”、“艸”、“芔”、“茻”；

“隹”、“雔”、“雥”；

“山”、“屾”，“木”、“林”。

[1] 参见苏新春:《汉字文化引论》，广西教育出版社1996年版，第79页。

同是表示猪，“猪”从“犬”，“豭”从“豕”，“豚”从“肉”，“彘”从“互”。

同是表示亲属关系，“姑”、“姪”从“女”，“舅”、“甥”从“男”，“伯”、“仲”从“人”，“孟”、“季”从“子”。

其次，形声字的主体——声符的形体是稳定的，而形符常常要变形，尤其是作偏旁时既变形又分化，显示出强烈的对声符的依从性。在古汉字中既可作单字用，又可作偏旁用的象形符号，后来却分化了，有了较大的变形。如：

“手”形作偏旁，左有“打”,上有“看”,下有“拳”；

“火”形作偏旁，左有“炮”,上有“光”,下有“焚”；

“心”形作偏旁，左有“性”,下有“志”和“恭”；

“示”形作偏旁，左有“祖”,下有“祭”；

“水”形作偏旁，左有“河”,下有“浆”；

“肉”形作偏旁，左有“肝”,右有“胡”,下有“齐”或“肯”等。

较小的变形如“土”旁，作声符时不变（如“杜”、“肚”、“吐”），作形符时则倾斜（如“堤”、“坊”、“地”）。又如“羊”旁，作声符时不变（如“洋”、“详”、“佯”），作形符时也倾斜（如“羝”、“羚”、“羶”）。

较大的变形如“足”旁，作声符时不变（如“促”、“龊”、“促”），作形符时则变形（如“跑”、“跳”、“跃”）。又如“邑”旁，作声符时不变（如“浥”、“挹”、“扈”），作形符时则变形（如“都”、“邦”、“郊”）。又如“阜”旁，作声符时不变（如“埠”），作形符时则变形（如“队”、“限”、“降”）。

许多汉字一旦作为形符进入形声结构，都变形了。诸如，“犭”之于“犬”，“氵”之于“水”，“亻”之于“人”，“⻊”之于“足”，“丬”之于“爿”，“纟”之于“糸”，“衤”之于“衣”，“礻”之于“示”，“刂”之于“刀”，“扌”之于“手”，“爫”之于“爪”，“忄”之于“心”，“虍”之于“虎”，“饣”之于“食”，“讠”之于“言”，“辶”之于“辵”等等。

在隶书和楷书里，形声字的声符一般都不变形，而意符则往往变形。这充分说明形声字的二合结构是以声为主的。这是由文字的表词功能决定的。当然，这并不是说形符不重要。恰恰相反，正是形符为形声字的大量孳生提供了可能。形声字是汉字在求记词音的同时又求意义区别的产物。不记词没有文字的基础，而不区别又不可能有有效的表达，这就是形声结构的辩证法。

形声相益的方法有利于创造更多的新字，同时形声相益的汉字构形也更体现出平衡对称的辩证思维。有意思的是，这种相互关系在不少形声字中会相互转化，即起记词音作用的是形旁，起意义区别作用的是声旁。例如，"鸡"的古文字形与"鸟"相混，就加"奚"声；"凤"的古文字形与"鸟"相混，就加"凡"声；"弦"的古文字形与"弓"近，就加"玄"声；"齿"的古文字形与"臼"近，就加"止"声。中国古代的阴阳转化、相辅相成的辩证思维方法，在声符和形符上得到了充分的体现。

声符通常认为是用来表示声音的，但是相同声符的字表示的意义有某种相似性，因此推求一组相同声符的字，常常可以知道其所表示的意义范畴。将声符的表义和形符相结合，就能十分准确地推求出汉字的本义。如，通过对一组以"寺"为声符的字的比较，得出"寺"符字有"直立、操持"等意义，就可以推出"痔"、"峙"、"等"、"跱"等字的意义。

一般认为，形符指示字本义所属的意义范畴，这主要是对早期所造的形声字而言。后起形声字的形符，并不一定表示其本义所属的意义范畴。如"懸"从心縣声，但是，"心"与表示"懸"的本义"悬挂"在范畴又有何关系呢？细查得知，"懸"是个后起字，它本来写作"縣"，是一个会意字。

二、汉字结构平衡

与汉字，尤其是汉字的主体形声字构形的辩证思维相联系的，还有汉字书写形式的结构平衡。汉字从产生、发展到成熟定形的过程中，越来越讲求平衡性、对称性和整体性。一般认为汉字存在“字无定格”现象，即“正反侧倒不拘”，偏旁形体不固定，各种偏旁在字体中的位置也不固定。但如果说早期的汉字构形存在这种任意性的话，那么后期的汉字构形中结构平衡已占了主导地位。

结构平衡，是汉民族文化表现形式的一个显著特征。中国古代的建筑，在平面布局上总是有一条中轴线，沿着轴线展开格局，并且总是把最重要、最高大的建筑布置在轴线上，因而显得主次分明、平衡对称。大至帝王宫殿，小至平民的四合院，都是严格的轴线对称的格局，遵循比例和等差，构成整体和谐之美。中国的语言也是如此。

汉语的音节由声母和韵母组成对立的平衡。韵母内部韵头有开合、洪细的对立，韵尾有阴声韵、阳声韵的对立。汉语的声调既有高（平、上）低（去、入）的对立，又有平（平）仄（上、去、入）的对立，还有舒（平、上、去）促（入）的对立。因而汉语的音律具有整体的平衡美。汉语的词汇以双音节为主，汉语的成语类固定结构以四音节为主，汉语的句法也讲究平行结构，这样一种运思方式反映在汉字构形上，必然也注重结构平衡。

从声符和形符的相互制约来看，汉字结构中形符的位置往往受声符形状的制约。

声符细长状，形符就在横轴上相配，成左右结构。如“贩”、“财”、“炕”、”炒”、“婚”、“娟”、“绨”、“经”等。

声符横阔状，形符就在纵轴上相配，成上下结构。如“贷”、“赏”、“煎”、“烈”、“娶”、“婆”、“絮”、“紧”等。

在有些形声字中，声符的位置也受形符形状的制约。形符细长状，声符就在横轴上相配，如“讼”、“颂”、“讧”、“项”等。形符横阔状，声符就在纵轴上相配，如“翁”、“瓮”、“贡”、“空”等。

同是一个声符“同”，因形符的不同形状，就会有“铜”、“筒”、“迥”、“衕”四种组配。

同是一个声符“今”，因形符的不同形状，也会有“贪”、“岑”、“雂”、“妗”四种组配。

形符和声符的相互制约，不仅会产生位置变化，而且会产生形态变化。例如：

“心”作形符，在纵轴为“恕”、“慕”，在横轴为“愉”；

“手”作形符，在纵轴为“掌”、“奉”，在横轴为“拉”；

“水”作形符，在纵轴为“浆”、“泰”、“益”，在横轴为“江”；

“火”作形符，在纵轴为“煎”、“荧”、“光”，在横轴为“煌”；

“羊”作声符，在纵轴为“恙”、“羕”，在横轴为“祥”、“翔”；

“肉”作声符，在纵轴为“育”、“舀”，在横轴为“朒”；

“来”作声符，在纵轴为“莱”、“赉”、“麦”，在横轴为“崃”、“啄”、“涞”。

“平”是“坪、评、苹”这组字的声旁。

“青”是“清、晴、蜻、请、静、靖”这组字的声旁。

汉字在笔画组合时总是在不断追求“参差而均衡”、“变化而统一”、“对比而调和”的原则，以达到互相矛盾有又互相依存，相反相成的境界。

从笔画繁简与面积比例来看，为了保持方块汉字的结构平衡，二合的两部分在面积上并不平分秋色，而是注重二合的两部分的协调和对立互补的辩证关系。

除了一些笔画大致相等、左右平分的字符相合（如“打”、“扑”、“什”、“村”、“列”、“切”、“北”、“林”等）之外，笔画繁简相合的字其笔画多的字符必然增加面积以求平衡。有左小右大的（如“渭”、“捧”、“抛”、“憾”、“搁”、“摆”、“海”、“浦”、“溯”、“徊”、“待”、“懈”、“愤”等），也有左大右小的（如“创”、“影”、“乳”、“鄙”等）。上下相合的汉字也是如此，有上下相等的（如“志”），有上小下大的（如“室”），还有上大下小的（如“点”）等，这些字的笔画多的字符，约占方块内面积的三分之二。

凡是三个相同字符组成的字，为了结构平衡，必然不取横排形，也不取倒品字形，而取品字形。段玉裁云：“凡言物之盛，皆三其文。”这个“三”的排列，都采用结构平衡的品字形，如“鑫”、“森”、“淼”、

“矗”、“猋”、“犇”、“磊”等。品字形难以写得方而平衡，所以一些品字结构的字又被更为平衡的左右结构所代替。如“鲜”代替了“鱻”。“奸”代替了“姦”，“羶”代替了“羴”，“渺”代替了“淼”，“粗”代替了“麤”。

为了保持结构的平衡，一些字还将笔画甚繁的字符拆卸开，将拆下的一部分移到笔画少的一边去。如“雜”字，《说文解字》释为“从衣，集声”。段玉裁注云：“此篆盖本从衣雧，故篆者以木移左衣下作襍，久之改雦为隹，而仍作雜也。”“木”移到“衣”下正是出于平衡的需要。又如“疆”字，从土畺声，二合的两部分繁简差异很大，为了结构平衡，便将“土”旁写在“弓”里。汉字的结构，追求对立而有序，在有序中显示内在力量的趋向，在平衡中展示其变化。

无论是声符还是形符，当它因笔画太多而有可能影响方块字的结构平衡时，它都可能被变形处理，甚至被省去部分。对于大量在假借字的基础上增加形符的形声字来说，所加形符往往是简单的，于是作为声符的原假借字形就显得过繁而不和谐，人们就对声符作简化：

一是将字符重叠的声符简化为一个字符。例如，“鲜”的“羊”声是从“羴”简化而来，“融”的“虫”声是从“蟲”简化而来，“袭”的“龙”声是从“龖”简化而来，“詟”的“言”声是从“譶”简化而来。

二是将两个字符组成的声符删去一个。例如，“歎”的字符“莫”，是从“鹲”简化而来，“茸”的声符“耳”是从“聰”简化而来，“吨”的声符“屯”是从“顿”简化而来，“盘”的声符“舟”是从“般”简化而来，“疫”的声符“殳”是从“役”简化而来，“貌”的声符“豸”是从“豹”简化而来，“豹”的声符“勺”是从“的”简化而来，“炊”的声符“欠”是从“吹”简化而来。

三是将作声符的字符删去一半或一部分。例如，“标”的声符“示”是从“票”简化而来，“阳”的声符“日”是从“昜”简化而来，“时”的声符“寸”是从“寺”简化而来，“券”的声符“龹”是从“卷”简化而来，“疖”的声符“卩”是从“節”简化而来，“糜”的声符“禾”是从“囷”简化而来，“徽”的声符“𢼸”是从“微”简化而来，“汩”的声符“曰”是从“冥”简化而来。

四是将作声符的字符省去部分笔画。例如，“嵇”的声符“禾尤”是从“稽”简化而来，“訇”的声符“勹”是从“匀”简化而来，“䩨”的声符“革勺”是从“鞠”简化而来。

对于一些因形近而加注声符的字，所加声符往往是简单的，这时也可能对原有字形加以简化。例如：

“星”的形符“日”从“晶”简化而来；

“瓢”的形符“瓜”从“瓠”简化而来；

“屦”的形符“尸”是从“履”简化而来；

“虻”的形符“虫”是从“䖵”简化而来；

“龄”的形符“齿”是从“齒”简化而来。

这种种的简化，显然都是为平衡结构而设计的。

第二节　汉字构形的主体思维

一、汉字构形的主体投射

在世界文字体系中，汉字的构形洋溢着浓郁的人文精神。汉字的构形及其发展凝聚着汉民族观察探索外在世界及其自身主观世界的思维和心智的轨迹，有清晰的造字者和使用者的主体视角。在字形思维的过程中，造字者对汉字所概括的客观事实的关注，从自身主观感受入手。我们从汉字构形所描绘的上古社会方方面面的社会文化风景上可以看到这一点，这使得汉字构形体现出明显的主体思维方式。

汉字构形的主体思维不把客观世界和思维主体对立起来，不以外部事物及其客观性质作为思维对象，而是从内在的主体意识出发，按照主体意识的评价和取向，赋予世界以某种意义。古人云：“天地与我并生，万物与我为一。”（《庄子·齐物论》）自然界并不是作为认识的对象而存在，而是转化为人的内部存在。所谓“万物皆备于我”（《孟子·尽心上》)，就是说世界内在于人而存在，人的心灵中内涵着自然界的普遍原则。要认识自然界或宇宙的根本意义，只需“反身而诚”，即可“乐莫大焉”（《孟子·尽心上》)。孟子说“尽其心者，知其性也；知其性则知天矣”(《孟子·尽心上》)，把天与人的心性统一起来，认为人之所以能思，是天赋予的。这种建立在主客体统一、人与自然合一意义上的主体思维方式，在观察和理解自然现象的具体运作中，很自然地将主观理念和情感投射到自然界，使自然界具有人的特点。

从根本上说，汉字的建构精神是一种以人为立足点的人本精神。用这种思维模式建构的汉字世界充满了创造主体的情感、意志、精神和智慧，是人们认识、看待世界的一种全息图式。汉字以象形为基础来表示物体。除了有形体之外，汉字表意都是以人为本的。造字者往往在各类物象中最终选择了人体的象来构形表意。例如“首”字，物皆有首，而舍弃牛头、羊头等只选人之首；又如“死”字，物皆有生死，但是取象人之死亡。人们并不为鹰造眼字，为虎造口字。“卩”是跪在地下的人，“长”是有长头发的人，“身”是有大肚子的人，“戍”是人荷戈，“伐”是用戈斫人，“弃”是把孩子盛在箕里扔出去，“字”是把孩子留养在家里，画一只眼睛就代表有人在瞧（如“相”字)，画一张嘴就代表有人在说话（如“问”字)，画一只脚印就代表有人在走路。“人”取垂手并足而立之象，“匕”取弯身而侧卧之象，“舞”取手舞足蹈之象，“欠”取张口呼气之象，“盗”取张口垂涎之象，“大”去伸展四肢正面而立之象，“既”之中的人形为扭头朝后不屑一顾之象，真可谓人之百态。体形上有男女、长幼之别，“兒”像囟门未长合之婴儿之形，“夫”像束发成年男子之形，“老”像满头长发长者之形，“妹”像披散秀发而未及笄之女形，“身、孕”等像大着肚子怀有身孕的妇女之形。地位高低不同、境遇不同的人又有“妾、奚、仆”等役使奴仆的颈绳束缚之形，也有“囚、圉”等居于囚室牢笼的桎梏之形。正如姜亮夫所说：

整个汉字的精神，是从人（更确切一点说，是人的身体全部）出发的，一切物质的存在，是从人的眼所见、耳所闻、手所触、鼻所嗅、舌所尝出的（而尤以“见”为重要)。故表声以敔、以萧管（即吕)，表闻以耳（听、闻、聪等），表高为上观，表低为下视，画一个物也以人所感受的大小轻重为判。牛羊虎以头，人所易知也；龙凤最祥，人所崇敬也。总之，它是从人看事物，从人为官能看事物。[1]

汉字惯于采用人体图形（或包括人体器官、肢体一类的图形）来表意，这在汉字的建构中占有相当大的份额。以人之象反映众生之象，以我悟万物，万物皆悟于我，人的主体投射在汉字构形之初占有十分重要的地位。

对于汉字构形的这种以人的出发点建构观察系的思维方式，古代语言学家也有精辟的论述。许慎在其《说文解字·叙》中说：

古者庖牺氏之王天下也，仰则观象于天，俯则观法于地，观鸟兽之文与地之宜。近取诸身，远取诸物，于是始作《易》八卦，以垂宪象。及神农氏结绳为治而统其事，庶业其繁，饰伪萌生。黄帝之史仓颉见鸟兽蹄迒之迹，知分理之可相别异也，初造书契。百工以乂（治），万品以察，盖取诸夬。

许慎的这段话言明汉字构形的一个基本方略，即“仰则观象于天，俯则观法于地”；“近取诸身，远取诸物”。无论是天上之“象”还是地上之“法”，都需人的“仰”与“俯”去摄取。俯、仰之际就为万物之象打上了人的印记。

表达抽象的概念更是如此。沈兼士说：“写实的方法未免麻烦而且太呆板了，表示思想的力量的范围过于狭小。比方‘大’、‘凶’这两种抽象的意思，用写实的方法是很不容易造成一个字的，想象力薄弱的古人，你叫他不依象形而凭空构造，又是绝对不可能的事实。于是想出一种法子，借了人的形状，地的坎险，以为‘大’、‘凶’的象征，造成“大’、‘凶’两个象形字。这么一来，就可以把不容易表示的意思都能举重若轻的表示出来了。这个方法又叫做‘借象’。”[2] 所借之象，都是一种主体投射。至于“近取诸身，远取诸物”，其“远”与“近”、

[1] 姜亮夫：《古文字学》，浙江人民出版社1984年版，第69页。

[2] 沈兼士：《沈兼士学术论文集·国语问题之历史的研究》，中华书局1986年版，第23页。

"身"与"物"之别更是由人的主体决定的。因而"物象"从本质上说是一种"人象"。正如《周易·系辞》所言:"圣人有以见天下之赜,而拟诸其形容,象其物宜,是故为之象。"

许慎认为八卦开汉字构形之先河。从构形方略来说,八卦正是人对天地万物之象的一个主要概括。所以,许慎认为后世所造之书契是出于八卦的启示,("盖取诸夬")不无道理。从根本上,中国古代的主体思维正是"论太始之原以明自然之性,……必求诸己"(《老子指略》)的。因而文字的结构必然赋于经验以主体意识的特征,使之带有人的需要、人的态度、人的评价的色彩。文字构形要解决的不是事实问题,而是意义问题,即客体与人的关系问题;在一些情况下,甚至不是真假问题,而是价值选择问题,即客体与人的情感需求的问题。

汉字构形的主体思维,最直观地表现在汉字所描绘的事物类别上。有关人的衣食住行、生老病死,关于自然的飞禽走兽、雨雪霜雾、山川湖泊等生产生活图景无所不包。在甲骨文中,有关动物类的字占17%,如禽类之鸿、雉、燕、雀,兽类之兕、象、牛、羊,虫鱼类之龟、贝、虾、蚕,渔猎工具类之网、毕,畜牧类之豢、牢等。有关植物类的字占15%,如谷类之黍、稷、禾、麦,木类之栗、杏、桑、杞,生产类之耤、犁、莩、娶、土、田、畴、圃,收成类之丰、年、啬、刍,食用类之酒、飤、尊、飤等。有关天象的字占9%,如气象类之风、云、雪、雨,时间类之朝、暮、旬、夕,星象类之日、月、光、明等。有关地理的字占7%,如陆地类之山、岳,川流类之河、洛,方位类之南、北,行人类之陟、降等。有关战争的字占8%,如兵器类之戈、矛,方国类之夷、羌,战时类之射、卫,俘虏类之囚、杀等。其他衣带袭帛等衣服类的字占1.7%,宫室京高等居住类字占6%,舟车往来之行走类字占3.6%,典册教学等文化类字占1.4%,鼓磬喜乐等娱乐类字占1.7%,鬼祟祝祀等宗教类字占3.6%,大小智敏等数目、性质类字占3.6%。唯有关于人类自己及自己周围人的字最多,占20%以上。如果说一种语言的文化中心词汇比文化边缘词汇详尽,反映文化现象的词汇数量与它在文化上的重要性成正比的话,那么文字现象也是如此。甲骨文中字形描绘以人为中心，正反映了先民对人的主体的高度关注，以及先民认识世界的主体性致思途径。

甲骨文字形的“主体投射”还典型地反映在字的部首上。在部首分类中，与“人”形有关的部首有人、大、夫、从、比、北、身、民、臣、卧、尸、长等数十个。它为汉字构形的主体思维展开了广博的视角。例如：

保护、保全的“保”，取人抱幼子之形；

企求、企望的“企”，取人踮起脚直立的渴求姿态；

郁闷、忧郁的“郁”，取一人踏在一伏者背脊上之形；

变化的“变”，取人形倒转（变化之大莫过于倒转）之势；

表示性别的“匕”（女性），取向下之人形，于是雌性动物是“牝”，雌鸟是“牟”；

表示程度的“甚”，取沉湎于女色之形（从甘从匕）；

表示提、挈的“至”，取人侧立而手有所提挚之形；

“印”字和降服的“服”字，取一手揿住一人之形；

包裹之“包”，取人的胎包之形；

大小之“大”，取人的正立之形；

中央之“央”，取人立于门框中央之形；

夹的动作，取两人夹住一人之形；

表示高大、辽远的“乔”，取正面之人立于基础上之形（登高望远）；

表示不正、不合规矩的“夭”，取歪头之人形（故有“妖”之类字）；

表示交叉的“交”，取人的两腿左右交叉之形；

表示跟从的“从”，取二人相随之形；

表示乖背的“背”，取二人相背之形；

表示好坏的“好”，取女人抱子之形；

表示妩媚的“媚”，取女人头上加大眉眼之形；

站立之“立”，取立姿之人形，而并列之“并”则取立姿之双人形；

孱弱之“孱”，取人死后（尸）遗下三（众）幼子形；

年长之“长”，取长发持杖之人形；

畏惧之“畏”，取先祖（鬼）持杖教训人之形；

挺立之“挺”，取昂然直立之人形；

懿德之“懿”，取宫中后妃多子多孙之形（古以后妃多生子为美德）；

忤逆之“忤”，取木杵杵心之形；

死亡的“死”，取俯首吊唁死者之形；

肖像之“肖”，取带血水的胎儿形（以示血缘关系）；

克敌制胜之“克”，取头戴胄、手叉腰的武士之形；

旁边之“旁”，取人依傍门框之形；

文采之“文”，取人在身上刺画花纹之形；

贤德之“贤”，取以手（又）捕俘（臣）获得嘉奖（贝）之形。

以上这些字，或表动作，或表状态，或表性质，或表方位，其构形都以人为出发点。它们所概括的范畴带有很强的人本特征。

汉字构形的主体性思维，不仅表现在直接以“人”形入字贯彻主体的认识，而且还更多且明显地表现在以人体的部分构字，以人体的部分入字勾勒具有主体性的范畴。其中最常见的是以眼、口、头、手、足之形作为主体的符号构形的。

以眼的符号来说——

正直之“直”，取目光直射之形；

“看”，取手加目上障日聚光远望之形；

“相”，取仔细省视之形；

蔑视之“蔑”，取立眉瞪眼踩戈于脚下之形；

“睡”，取眼皮下垂打瞌睡之形。

以口的符号来说——

古今之“古”，取口述远古开天辟地时代事情之形（“古”字之“十”即“甲”，许慎释“甲”为“木戴孚甲”，即植物种子发芽时顶破的外壳）；

竞争的“竞”，像二人开口滔滔不绝地争论；

甘美之“甘”，取口中含食物不舍下咽之形；

哈欠之“欠”，取张口呼出气之形，“吹”像撮起嘴唇口中发出气流之形。

以头的符号（页）来说——

明显之“显”，取日照下人头之发丝清晰可见之形；

颜色之“颜”，取人的脸部富于文采之形；

标题之“题”和山颠之“颠”，都以人的头额、头顶会意；

悬挂之“悬”，本作“县”，像断首倒挂之形（首级悬挂于木杆之上示众，后加“系”）；

自己之“自”，取人的鼻子之形；

“首”字，上取头发和头皮，以示头盖；下取眼睛，以代表面部；

“胡须”之“须”，甲骨文为正面站立之人，面颊两面皆有须发之形，后“由于人形的侧立，所以须形不能左右具备”。[1]

以手的符号来说——

朋友之“友”，取两只右手形表示二人互相帮助；

及格的“及”，取右手抓住一人之形；

弹丸之“丸”，取一只手持丸之形；

君主之“君”，取右手执笔、口中发号施令之形；

划分之“划”，取右手执笔、两脚作规之形；

尺寸之“寸”，取指示右手下一寸动脉处之形；

封建之“封”，取手持树苗植于土中（在分封的疆界上植树作标记）之形；

尺度之“尺”，取人体臂长之形；寻常之“寻”，取人的双臂伸开之长度为形（许慎《说文解字》“尺”下云：“周制，寸、尺、咫、寻、常、仞诸度量，皆以人之体为法。”）；

---

［1］于省吾：《释从天从大从人的一些古文字》，《古文字研究》1986年第15辑，中华书局。

败坏之“败”，取右手持棍扑打贝之形；

分支的“支”，取以手持竹之形；

生熟的“熟”，取双手捧奴献享于宗庙之形；

巩固的“巩”，取双手捧玉（保护不使失去）之形；

戒备的“戒”，取双手持戈之形；

参与的“与”，取多只手交错、牙与口会意之形；

兴起的“兴”，取多只手共举重物之形；

早晨的“晨”，取双手拿农具“日出而作”之形；

夙兴夜寐之“夙”，取人在月下起身劳作之形；

恭敬的“恭”，取双手捧器物示敬意之形；

奇异的“异”，取人双手拿面具戴在脸上之形；

叟，王襄《簠室殷契类编》释为古“叜”字，即叟本作“叜”，像手持火把在屋内寻找东西之形。朱骏声《说文通训定声》注：“（叟）即搜之古文。从又持火，屋下索物也。会意。”《国语·齐语》：“合群叟。”

“燮”字甲骨文之形，像众人手中高举火炬围住中间讲话之人，以示团结一致，万众一心。

“取”字甲骨文字形，取揪住猎物耳朵获取之形，古代有以割取敌人尸体首级或左耳以计数献功之俗。

以足的符号来说——

表示乖逆不顺之“舛”，取两足相背之形；

表示琼花（木槿）之“舜”，上取如火焰似的花形，下取双足相背示花开烂漫；

杰出的“杰”，取正面之人双脚站于树上之形；

进出之“出”，取脚上穿鞋出门之形；

围绕的“围”，取多足围绕国邑之形；

正确之“正”，取足印（征伐者）迈向国邑（进伐）之形；

是非之“是”，取阳光（日）破晓（十，即甲），光明遍地（止）之形；

表示壮人之貌的“夏”，取一人头、手、足俱全之形；

庆祝之“庆”，取鹿、心、足形，表示人执鹿皮走到被贺人家表示庆贺；

徒劳的“徒”，取人徒步而行之形；

落后的“后”，取人的脚上缠着绳索之形；

先进的“先”，取足在人前之形；

追逐的“逐”，取人足追赶野兽之形；

前进的“进”，取人足追赶飞禽之形。

在一些汉字的本义和引申义两端对待中，一个是指人，另一个则是指非人的“自然”或“事物”的。例如：

“首”，既指人头，又可指兵器等物体的顶端。（甲骨文中的“首”字，像人头之形，后来才用来指兵器把柄顶端之物）

“耳”，既可指人之耳，又指附于物体两端便于提举之物。（“耳”字像人耳之形，后来才用来指附于物体两侧有便于拿取的耳提之物）

“走”，既可指人跑，又可指兽走。（就像“止”小篆改从辵像人追豕之形，由“人追豕”演化成各种“追逐”义；而“逐”字的甲骨文字形，就像人（脚）在豕等动物后面追逐的样子）

“年”，既指五谷成熟，又可指人的年龄。

“天”，既指人的头顶部，又可指天空或天神。

甲骨文和金文中指自然现象的“夙”、“望”、“朔”、“寒”等，全都在基于人的整体形象基础上突出了人的身体的某个部位。

除了先指人后指“自然”的，反过来也有先指“自然”或“事物”而后指人的。如“狡”、“狯”、“狠”、“狎”、“猛”、“独”、“狩”、“吠”、“默”、“献”、“类”、“臭”、“戾”等字，是先言兽言物而后用于指称人事。这部分字限于指称动物。

以上大量的事实说明，“取于身又见其为”，以人的自身肌体和行为通于一切事物，是汉字构形的基本方略。古人将世界的结构关系视为人自身的结构关系的延伸，以人的认知图式和行为模式去理解建立外在世界的图式，这是一种浓郁的主体精神和人文精神。

在许多汉字的结构视角上，我们也可以看到人的出发点。天上之物须仰视，因而画出的图式是仰视之形，如古汉字中的日、月、云、电等；地上之物须俯视，因而画出的是俯视之形，如古汉字中的龟、止、瓜等；平行之物须正视，因而画出的是正面、侧面之形，如古汉字中的首、齿、禾、鸟、人、须等。

从某种意义上说，以人的认知范畴图解和规范世界，在人类各民族的原始语言中都有表现。维柯曾经指出，人类各种语言文字的起源都有一个原则，即各民族由于一种本性上的必然，都是用诗性文字（poetic characters）来说话的。诗性文字本质上是某种想象的类型（imaginative genera）。原始人类在对周围环境的反应中，把一切物种和特殊事例都转化成某种象征、隐喻，由此形成一个神话故事世界，就像近人由伦理哲学凭推理得出可理解的类型——寓言故事一样。二者都力图把一种令人满意的、可以理解的、人化的形式强加于实际的经验。维柯认为，从发生学的观点看，出于人类心灵的不确定性，每逢在无知的场合，人就把自己当做权衡一切事物的标准，因为人们认识不到产生事物的自然原因。也无法拿同类事物进行类比来说明这些原因，人们把自己的本性移加到那些事物上去就是很自然的。人对辽远未知事物的判断，也是根据已经熟悉的、近在身边的事物。这就像儿童根据他初次看到的男人、女人或事物，来认识和呼唤以后与他们有些类似或关系的男人、女人或事物。

原始人类的诗性智慧（sapienza poetica）和诗的语言，正是一种人化了的世界。例如，在许多语言中，大部分涉及无生命的事物的表达方式，都是用人体及其各部分以及用人的感觉和性欲的隐喻来形成的。在这里"名称"和"本性"是同义的。比方用"首"（头）来表示顶或开始；用"额"、"肩"、"腰"、"脚"来表达一座山的部位；针和土豆都可以有"眼"；杯和壶都可以有"嘴"，耙、锯、梳都可以有"齿"；任何空隙或洞都可以叫做"口"。麦穗的"须"，鞋的"舌"，河的"咽喉"，地的"颈"，海的"手臂"、"啸"，钟的"手臂"、"心"，船的"腹部"，山的"腰"，果实的"肉"，岩石或矿的"脉"，天或海的"微笑"，风"吹"，波浪"呜咽"，物体在重压下"呻吟"，大地"干渴"，葡萄长得

“欢”，流脂的树在“哭泣”，磁石“爱”铁，而酒则是“葡萄的血”。这就是人在无知中把自己当做权衡世间一切事物的标准。

然而同样是“主体投射”，中西民族却有本质的不同。西方民族的“主体投射”，是一种外向思维，其目的是为了认识世界、征服世界。满足外在的需要，其“主体投射”的深层前提是世界的对象化，甚至是人的对象化或物化。而汉民族的“主体投射”，不是主客体对立意义上的主体投射，而是主客体统一、人与自然合一意义上的主体投射。它不是把自然界对象化，在对象认识的基础上反思，而是认为世界内在于人而存在，认识人自身，也就认识了自然界或宇宙的根本意义。于是反身内求，从主体自身寻求人和世界的普遍意义。通过自我反思、自我体验、自我直觉和自我证悟，穷尽人和万物的一切道理。

这种思维方式不像西方那样把客观世界和思维主体对立起来，不以外部事物及其客观性质作为思维的出发点，而是从人的主体出发，按照内在主体意识的视角和价值取向，赋予世界以某种意义。正如《庄子·齐物论》所云：“天地与我并生，万物与我为一。”自然界不是作为认识的客观对象而存在，而是转化为人的内部存在。

内向型的主体投射，表现在语言符号上，就不仅仅是在语义所指上体现原始思维某些特征的诗性智慧，而是在本体论上，即符号结构形态本身，系统、彻底地人化自然，将人的主体意识与自然法则统一，内化在汉字符号的结构上。汉字构形以人的肌体和行为通于一切事物，以人本主义作为基本的建构方略，充分地说明了这一点。

二、汉字构形的人文主义观念

汉字构形的主体思维，还反映在汉字结构所体现的人文主义观念上。人的至尊至重，早在先民造字之初就有体现。它首先表现为一种生命延续的思想。古汉字形式的许多构思，都由生命延续衍化开来。例如“孔”字，据《说文》的解释是“通也，嘉美之也”。由嘉美之义引申为程度之甚，故《诗经·豳风·东山》中有“其新孔嘉，其旧如之何”的说法。段玉裁认为，“孔训通，故俗作空穴字多作孔，其实空者窍也，作孔为假借”。然而这样一个表示抽象通达意义的字，其构形却是一幅哺乳图。金文字形像小儿食乳之形。婴儿吃奶容易过量，因以表示过甚之意。左侧的“子”形像一大头婴儿，双臂上扬；右侧之形则是一个隆起的乳房。以哺乳之形示乳汁通畅，生命延续。一个民族的通达概念，植根于乳汁的源源不绝与生命的繁衍不息中，这正是一种浓烈的人文主义意识。后来乳房的“乳”字，干脆在“孔”字结构的婴儿头上加一个手形，作抚爱之状，生动描绘了母哺子、子吮母乳的原始生育景观。

在中国远古历史上，商代曾将神鬼凌驾于人与人事之上。我们在汉字的构形中看到，许多自然现象被神灵化。例如：

“神”字，《说文》解释为“天神引出万物者也”。然而这个引出万物的天神，其形象在汉字上却是附会于空中的闪电。

“帝”字，本义为天帝。《尚书·吕刑》中有“上帝监民”的说法。《说文》释“帝”为“王天下之号”。然而“帝”的神灵，在汉字构形上却是附会于草木花萼。殷商时人敬事鬼神，或迷信占卜，事无巨细，均求卜于鬼神，依鬼神的“指令”行事，如出入之凶吉、旬夕之安否、年岁之丰歉、风雨之有无等等；或以祭祀贿赂鬼神，幻想神灵趋从于主祭者的请求，于是有伐鼓而祭，舞羽而祭，献酒肉黍稷而祭。

占卜，多用烧灼龟甲，根据烧后的裂纹预测吉凶。甲骨文的“卜”字形像龟甲上因占卜烧过后出现的裂纹形。《说文解字》：“卜灼剥龟也，像炙龟之形。一曰像龟兆之从横也。”“卜”也是象声字，其读音有如占卜时龟甲灼热爆裂时的爆裂声。

殷帝王在一年365日中，几乎无旬不祭，真可谓“国之大事，在祀与戎”（《左传·成公十三年》）。祭祀可以消灾弥难，祈求福祉，报谢神灵。然而虚幻的宗教在中土终究不能持久。当风雨不验，祸福不灵，丰歉不时，吉凶不预之时，人们就开始怀疑了。殷后期卜辞中出现的“天”字，就形象地说明了这一点。

“天”字的构形，下方的“大”是一个正面舒展双臂的人形，上方的“一”指示人的头顶。由此可见，天的概念是和人的概念联系在一起的。《说文》在解释“大”的字形时说：“大，天大地大人亦大。”在解释“天”的字形时更认为：“天，颠也，至高无上。”而这个“至高无上”，不是神学意义上的，而是人伦意义上的。段玉裁对这一点有很好的阐释：“颠者，人之顶也，以为凡高之称。始者，女之初也，以为凡起之称，然则天亦可为凡颠之称。臣于君，子于父，妻于夫，民于食者皆曰天是也。”天的人伦意义显示出人对神的超越，人对主体自身价值的反思与肯定。

事实上，“天”字产生的时代，人们已经开始怀疑对神灵的执迷。殷代晚期的帝乙帝辛就已经不信任贞人的占卜，而开始自贞自占自卜了。根据《史记·殷本纪》的记载，当时的人已敢于“作木偶人，谓之天神，与之搏。为革囊盛血，仰而射之，命曰射天”。据《尚书·微子》的记载，当时的帝辛敢于“沈酗于酒，乃罔畏畏”，而“殷民乃攘窃神祇之牺牲用，以容将食，无灾”。商朝的灭亡，更使周朝的统治者“事鬼敬神而远之”，因为鬼神并未保佑虔诚事神的殷人，世间可畏的不是神而是民，与其残民事神，不如敬天保民。《尚书·康诰》记周公对康叔的诰语云：文王灭殷是由于“克明德慎罚，不敢侮鳏寡，庸庸（任用可用的人），祗祗（尊敬可敬的人），威威（畏可畏的事），显民”。他要求康叔“往敷求于殷先哲王用保义民，汝丕远惟（思）商耇成人宅（揣度）心知训，别求闻由古先哲王用康保民”。他还指出：“民情大可见，小人难保。往乃尽心，无康好逸豫，乃其义民。”在这里，人畏已经压倒了天畏。

春秋时代，人的地位进一步升高，“民为神之主”成为一种普遍的共识。人们认为“圣王先成民而后致力于神”（《左传·桓公六年》），“祭祀以为人也”（《左传·僖公十九年》），“国将兴，听于民；将亡，听于神。神，聪明正直而壹者也，依人而行”（《左传·庄公三十二年》）。“民之所欲，天必从之”（《左传·襄公三十一年》），“祸福无门，惟人所召”（《左传·襄公二十三年》）。子产更明确宣称“天道远，人道迩，非所及也”（《左传·昭公十八年》）。

孔子将古代人文主义思想发展到一个新的境界。弟子请问知识，他答以知人；弟子请问事鬼，他答以：“未能事人，焉能事鬼?”弟子请问知，他答以“务民之义”。他不再视那些血统高贵者为君子，而将人格高贵作为君子的定义。他认为“人能弘道，非道弘人”（《论语·第二十八章》）。为此，儒家建立了一个以人为中心的人文主义宇宙观，即“惟天下之至诚，为能尽其性；能尽其性，则能尽人之性；能尽人之性，则能尽物之性；能尽物之性，则可以赞天地之化育；可以赞天地化育，则可以与天地参矣”（《中庸·第二十二章》）。

战国荀子认为：“天行有常，不为尧存，不为桀亡。”天与人的关系是“应之以治则吉，应之以乱则凶。强本而节用，天不能贫”（《天论》）。古汉字“天”的构形，既是中国古代人文主义思想的一个源头，又是这一思想历程的生动的见证。在古汉字中，像“天”这样具有人本观念的字还有“大”、“太”、“夫”、“元”等。它们的构形都以人为基本框架，它们的含义都以人为万事万物之中心。

在中国古代思想史上，由残民事神，到敬天保民，转而为重民轻天，乃至应天常，尽人事，神人地位的兴替，在汉字构形上留下深刻的印记。例如“巫”字，结构上从工。许慎说：“巫，巫祝也。女能事无形，以舞降神者也。像人两褎（袖）舞形。与工同意。”（《说文解字》）而许慎在解说“工”时也说：“工，巧饰也，像人有规矩，与巫同意。”为什么“工”与“巫”可以互释呢？一方面，只有“熟于规矩”者才长袖善舞。如段玉裁所言：“凡善其事曰工。……𢀛有规矩，而彡像其善饰。巫事无形，亦有规矩，而从像其两𢀛，故曰同意。”另一方面，“工”的规矩义又引申为典范。在敬事鬼神的时代，作为能够降神因而是神、祖代言人的巫，地位极高，受人尊敬，是人们的典范、规矩，因而“巫”字构形以“工”为骨干。然而，随着人的地位的上升，随着社会发展、生产进步、人事可恃、民智渐开，天的权威日渐式微，巫也就渐渐失去了它的神圣和灵光，被人们视为诬妄和虚幻。于是由“巫”又孳乳出一个新字“诬”。

“诬”字，《说文解字》释为“加也，从言巫声”。何以谓“加”？段玉裁《说文解字注》认为“加”即“架”。他说：

玄应五引皆作加言。加言者，架言也，古无架字，以加为之。《淮南·时则训》鹊加巢。加巢者，架巢也。《毛诗》笺曰，鹊之作巢，冬至加之。刘昌宗加音架。李善引《吕氏春秋》注曰：结，交也；构，架也。云加言者，谓凭空构架听者所当审慎也。按力部曰，加，语相增加也。从力口。然则加与诬同部互训，可不增言字。加与诬皆兼毁誉言之。毁誉不以实皆曰诬也。

捏造事实、无中生有的“诬”义，其字形却以神灵的代言人“巫”为依据，或者说其字音却与“巫”同源，这生动地说明了古代汉民族对宗教和天命的怀疑与批判。正如古人所言：

今巫祝之祝人曰：“使若千秋万岁。”千秋万岁之声聒耳。而一日之寿无征于人，此人所以简巫祝也。今世儒者之说人主，不善今之所以为治，而语已治之功，不审法官之事，不察奸邪之情，而皆道上古之传，誉先王之成功。儒者饰辞曰：“听吾言则可以霸王。”此说者之巫祝，有度之主不受也。(《韩非子·显学》)

对巫祝的否定，在先秦时代已由神事深入到人事。那些以不实之词游说君主的人被称为“说者之巫祝”。可见巫祝的饰伪行诈早已劣迹昭彰。后世杨树达在解释“诬”字时亦云：“盖巫之为术，假托鬼神，妄言祸福，故诬字从巫从言，训为加言，引申其义则为欺，为诬罔不信也。”[1]

宗教神事的人文化、人伦化是汉字构形和意义演变中一个十分引入注目的现象。有的时候字形的宗教气息依旧，而字音和字义的孳乳引申却已趋向人事。例如：

“祭”字，其甲骨文字形像右手持牲肉祭祀（左边是牲肉，右边是“又”（手），中间像祭桌，表示以手持肉祭祀神灵）。“祭”字就是有酒肉的祭祀，即牲祭。《说文》释曰：“祭祀也，从示，以手持肉。”

“祀”字，其甲骨文字形从示巳声。《说文》释曰：“祭无巳也。”商代称“年”为“祀”，恰说明“商人尚鬼，以祀为重”。因而“取四时祭祀一讫也”（四时祭祀一遍为一年）。《礼记·月令》：“春祀户，夏

[1] 杨树达：《积微居小学述林》，中华书局1983年版，第31页。

祀灶，秋祀门，冬祀行，中央土，祀中溜。”又有祀灶、祀南北郊、祀土、祀天、祀孔、祀田、祀社等多种祭祀活动。

然而后世祭祀已褪尽其宗教气息。以“祭”而言，古人云：“祭者，所以追养继孝也。”（《礼记·祭统》）祭是一种追念祖先、克尽孝道的仪式。以“祀”而言，“子祭其父谓之祀，亦犹子肖其父谓之似，子继其父谓之嗣也。……然则似、嗣、巳三字音义俱近，固又与祀字受义同原也。后世所谓祠堂，当以祀为本字”。[1]可见，祭祀的“神文”含义早已被“人文”含义所侵染，并进而被替代。其实，即使以造字之初的“神文”意义而言，也是“人本之延”。正如姜亮夫所言：

即以有关宗教神灵之事而论，吾土习以祖、社两祀为中心。祖即且之繁文，社即土之后起字。土者，人民资生之所由，又与祖相系（或曰对待更洽），古韵同也。其初文盖相同一形之变也。又皆增“示”以为内在生机。示者，大石文化之灵石也，物质也，似“远取诸物”者矣。然其立意则本诸寄寓祖先之灵神者也。则宗教源起之社与祖，亦人本之延也，于是而天神地祇、祝福机祥、礼数祭祀，皆经此（示）立义。地神祇之崇奉，亦出自人先，出自祖宗。故中土于天地神灵，亦皆“人”化，浸假而“人格化”。天人相与，复杂不可方物。轩辕、颛顼，为人先为天神，纷不可理矣。此中隐微，亦可自文字见之。一民族之文化，必有其不相杂厕之统一体，此固吾族独立人世之根本素质，亦各族精华之所在。[2]

汉字构形的主体思维和所体现的人文主义观念，不仅表现在人的至尊至贵，而且表现在对人之所以为贵、为主的深刻阐释上。汉字“仁”的构形清晰地说明了这一点。《诗·郑风·叔于田》：“岂无居人?不如叔也，洵美且仁。”《论语·颜渊》：“樊迟问仁，子曰‘爱人’。”《礼记·中庸》云：“仁者，人也。”《孟子·尽心下》亦云：“仁也者，人也。”《春秋繁露》又云：“仁之为言人也。”可见“仁义立人”是古代

[1] 张舜徽：《说文解字约注》卷一，中州书画社1983年版，第10a页。

[2] 参见姜亮夫《“示”“杜”形义说》，吴文祺主编《中华文史论丛·语言文字专辑》（下），上海古籍出版社1986年版。

的一种共识。朱熹在他的《孟子集注》中更清晰地表述为："仁者，人之所以为人之理也。"元代周伯琦《六书正讹》："元，从二从人。仁则从人从二。在天为元，在人为仁。人所以灵于万物者，仁也。"那么，为什么要把"仁"的去、存作为人所以异于禽兽者之根本呢？"仁"的"二人"结构是一个形象的答案，即人不是一种孤立的存在，而是一种社会关系的存在，人是各种社会角色关系的总和。离开了社会关系，离开了人与人的对立，无法给人下一个定义。段玉裁《说文解字注》即把"仁"的"二人"结构解释为一种"人偶"关系。他说：

《中庸》曰："仁者，人也。"注："人也读如相人偶之人，以人意相存问之言。"大射仪："揖以藕。"注："言以者，耦之事成于此意相人耦也。"聘礼："每曲揖。"注："以相人耦为敬也。"公食大夫礼："宾入三揖。"注："相人耦。"诗匪风笺云："人偶能烹鱼者，人偶能辅周道治民者。"正义曰："人偶者，谓以人意尊偶之也。"《论语注》："人偶同位人偶之辞。"《礼注》云："人偶相与为礼仪皆同也。"按：人耦犹言尔我亲密之辞。独则无偶，偶则相亲，故其字从人二。

《说文》对"仁"的释义正是"亲也"。这种文字学的解释，实质上是一种文化深层结构的分析。在中国文化看来，人的至尊至贵，其根本原因在于人的道德性。所谓道德性，是指人与人相处的时候个人要从对方、从群体出发维护关系的和谐。这就是"偶则相亲"。无论是君臣、父子、夫妇、兄弟、朋友，都是这样的"二人"关系，都要以忠、孝、仁、爱、信、义作为维护群体关系的纽带。因而"温良者，仁之本也；敬慎者，仁之地也；宽裕者，仁之作也；孙接者，仁之能也；礼节者，仁之貌也；言谈者，仁之文也；歌乐者，仁之和也；分散者，仁之施也"（《礼记·儒行》）。《礼记·礼运》亦云："仁者，义之本也，顺之体也。得之者尊。"

以"二人"、"相亲"来规定人的本质，那么作为一个人，首先就要"爱人"。历代对"仁"的解释都十分强调这一点。"仁者爱人。"（《荀子·议兵》）"仁者，爱也。"（《汉书·公孙宏传》集注）"仁以爱之。"（《礼记·乐记》）"积爱为仁。"（《说苑·修文》）"仁者，爱之效也。”（《盐铁论·刑德》）“爱由情出谓之仁。”（《韩诗外传·四》）“仁谓忠爱之道。”（《旬子·非相》）“仁，爱也，故亲。”（《荀子·大略》）“爱”，又要“兼爱”。“亲而不可不广者，仁也。”（《庄子·在宥》）“兼爱之谓仁也。”（《太元·元摛》）“仁者，兼爱之迹。”（《庄子·大宗师》）所谓“兼爱”，就是要“泽及万物”，因而“爱人利物之谓仁”（《庄子·天地》），“仁，爱人以及物”（《周礼·大司徒》）。

作为一个人，除了“爱人”之外，又要“德人”。“以德予人者谓之仁。”（《管子戒》）“为天下得人者谓之仁。”（《孟子·滕文公上》）“与民利者，仁也。”（《周书·本典》）“宽惠行德谓之仁。”（《韩非子·诡使》）因而，“仁”又可以“恩”来解释。“仁，恩也。”（《礼记·檀弓上》）“仁，犹恩也。”（《论语·阳货》皇疏）“仁，有恩者也。”（《礼记·丧服四制》）“仁者，恩之效也。”（《淮南子·齐俗》）“仁者，积恩之见证也。”（《淮南子·缪称》）“仁谓仁恩相亲偶也。”（《礼记·中庸》疏）“仁是施恩及物。”（《礼记·曲礼》疏）总之，“仁者，德之光”（《韩非子·解老》）。

人以“爱人”、“德人”为本，还要做到无私、克己。“非其所欲勿施于人，仁也。”（《管子·小问》）“恕则仁也。”（《大戴记·卫将军文子》）“德无不容，仁也。”（《庄子·缮性》）因而，“仁”又可以“忍”来解释。“仁，忍也，好生恶杀善含忍也。”（《释名·释言语》）“仁者，不忍也，施生爱人也。”（《白虎通·情性》）“君子以其不杀为仁。”（《说苑·至公》）“仁者，不杀之禁也。”（《颜氏家训·归心》“受规谏，仁也”。（《新序·杂事四》）总之，“同爱天下之物无有偏私，故谓之仁。”（《太元·元摛》）“致利除害兼爱无私谓之仁。”（《汉书·公孙宏传》）

不仅如此，“仁”还要求是非分明，疾恶如仇。“贵贤，仁也；贱不肖，仁也。”（《荀子·非十二子》）“贵贵亲贤曰仁，杀身成人曰仁。”（《一切经音义·六》）以“杀身成仁”来维护“二人”关系的和谐，将个人彻底地纳入“二人”的结构网络，这是中国文化对人的根本要求。

汉字“仁”的构形不仅是群体关系的表现，而且是群体关系（家庭、国家、民族、社会）和谐的要求。与此相关，在汉语词汇中，与孤立的“个人”相联系的词语往往带有贬义。如“一意孤行”、“孤家寡人”、“形单影只”、“孤立无援”、“郁郁寡欢”、“孤芳自赏”、“孤陋寡闻”、“孤男寡女”、“我行我素”等等。

三、中国文化的人文精神

汉字构形的主体思维和人文主义，体现了汉民族的文化心理结构。人文主义这个词，通常用来指称西方文艺复兴时期的世俗化思潮。这时，它与欧洲中世纪的“神文”主义相对立，在理论上表现为人性论、人道主义同宗教神学体系的对立，在实践上表现为14世纪下半叶开始到15世纪和16世纪由意大利遍及欧洲的人文主义运动。人文主义既然是对于希腊古典文化的复兴，可知古希腊文化中已将研究视线从自然转向了人本身。然而古希腊文化却并未被指称为人文主义，这说明人文主义在欧洲哲学史上，有其特定的与宗教神学对立的含义。这是“人文主义”的词源学意义。

人文主义又具有更为泛化的文化性质上的引申意义。它指称在世界各种文明，尤其是希腊、印度、中国这三大古老文明中相对来说更强调人的地位、人的价值的文化精神。在中西文化的比较中，中国文化的浓郁的人文精神是显而易见的。中国文化以伦理、政治为轴心，不甚追求自然之所以，缺乏神学宗教体系，无不体现了这样一种对待人生、世界的人文主义态度。与中国文化的人文主义相比，希腊文化把人看做天地万物之一。须仰赖万物才能生存，天地万物之理便是人的道理。物能左右人生，只要物质环境有了改变，人的一切生活将受其影响而随之改变。这是一种物本文化。印度文化认为上帝或神创造了宇宙万物和人类，并主宰人生的一切。这是一种神本文化。

为什么与中国文化的人文主义精神相对比，西方文化的人文主义却显出了“物文”主义精神呢？我们认为，尽管中西文化都认为人在一切事物中是居于最重要的地位，人的任何活动都必须朝向人的种种价值，但西方文化是在严格区分自然与超自然、人与神、主体与客体、心灵与肉体的基础上来肯定人的存在和理性能力的。这种肯定牺牲了与人不同的自然的或超自然的价值。把人看做是具有理智、情感、意志的独立个体，每个人都是他自己内在因素的创造物，只对自己的命运负责。因而爱情、友谊、自由、平等、尊严、权利是至高无上的。当代西方人本主义哲学存在主义也认为，一个人只有从所有的社会角色中撤出，并且以"自我"作为一个基地，对外在的角色作出内省式的再考虑时，他的"存在"才开始浮现。否则，他就是一个没有自己面目的"无名人"。这样一种将主体与客体、人与他所生存的世界分割开来的"自我"，又如何与世界发生关系呢？我们知道，人与世界的不可分割的关系，本质上是社会人文关系。当把这些关系割断以后，人就仅仅成了一个思维动物。西方哲学正是从这一点出发，断言人与世界的关系是人要思考、探求、认识世界的关系。文艺复兴时代的人文主义，也正是把西方人的心灵引向对自然的认识、利用与控制。在"物——我"的平面对立中，物只是达成人的力量的方法。人的理性力图对物有确定性的认识。这就直接促成了近代科学的发展。科学的发展使人越来越相信世界是按照人的理性构造的，人的思维逻辑就是世界万物的逻辑。这种科学的神圣化，终于使人文主义发生了深刻的异化，物的科学凌驾于人性和人的价值之上。人与自然的对立终于使人在对自然的征服中失落了自己，科学主义成了人文主义的异化力量。

与西方文化相反，中国文化的人文精神从未把人与世界对立起来，从未出现过那种站在世界对立面，以认识世界、征服世界为己任的"自我"。中国文化不是从独立个体去透视世界，而是从人与世界的全方位关系中去体认一切。这样一来，人不是个体，而是群体的分子；或者说，人是具有群体生存需要、有伦理道德自觉的互动个体。因此，仁爱、正义、宽容、和谐、义务、贡献是至高无上的。中国文化认定人与世界的自然关系和人文关系是你中有我，我中有你，无法非此即彼地截然分开，因而人的价值是在他的社会人文关系场中确立的。这样一种人文主义的人论，使中国文化在几千年的发展中贯注着独特的人文精神。禹、夏、商、周时代就借天道来表示人文。如《尚书》中所言"天聪明自我人聪明，天明畏自我人明畏”；“天视自我民视，天听自我民听”。春秋战国时代，一方面是人性的觉醒，如《孟子·离娄》：“人必自侮，然后人侮之。”“天作孽，犹可违；自作孽，不可活。”《荀子·天论》：“强本而节用，则天不能贫；养备而动时，则天不能病；修道而不贰，则天不能祸。”另一方面是人不能遗世独立，而须由亲亲而仁民、爱物。如《论语·雍也》所言：“己欲立而立人，己欲达而达人。”这种主客互融，天人合一，就是中国文化的人文主义基础。它在客体与主体、心灵与肉体、人与神之间没有绝对的对立。不仅人与自然和谐统一，而且人的肉体与心灵和谐统一，人与人和谐统一。人是所有社会角色的总和，人与世界息息相关。这样一种人文主义和主体思维方式，在中国文化的典型样式——汉字中都得到了充分的体现。

第三章　汉字的字义思维

第一节　汉字雏文的辩证构义

汉民族的辩证思维特征，最直观地体现在汉字的二合建构上。杨树达说过："古人制字，因义赋形，形与义未有不密合者。说者失其形，则义具而不知其源；失其义，则形孤而无所丽。"[1]除了构形思维之外，汉字的构义思维同样充盈着辩证的意识。这主要体现在汉字雏文构义的辩证性、汉字意义引申的辩证性和汉字使用中因环境影响发生意义转化的辩证性。

汉字雏文构义的辩证性与雏文的原始状态有关。原始文化符号的意义较为混沌，一种事象的意义很容易向其反面转化。例如：

有无转化："皀"字，甲骨文像容器中盛满食物散发出诱人的馨香气味之形，是"香"字的初文。香本无形，闻之虽香视而不见，但是在容器之上加上一些小点，则寓"嗅觉的香气"之无形转化为"视觉的香气"之有形，化无形为有形，所以后来又有视之可见的颜色义。

吉凶转化：甲骨文的"吉"字像安置兵器之形。兵器是凶器，因而"吉"有凶义；兵器安置不用又是和平幸事，因而"吉"有喜义。甲骨文的"幸"字像桎梏、手拷之形。于省吾认为是"镊"（一种钳两腕的刑具）的本字，作为刑具，"幸"有祸义；而不为桎梏所钳即为幸运，

[1] 杨树达：《积微居小学述林》卷三"释同"，中华书局1954年版，第92页。

所以“幸”又有福义。

刚柔转化：甲骨文的“屯”字像草芽破土而出。草芽柔嫩，破土艰难，因而“屯”有难义。《说文解字》曰：“屯，难也，像草木之初生屯然而难。”草芽虽嫩，但生命力旺盛，集聚着蓬勃向上的活力，因而“屯”有聚义。兵之聚曰“屯兵”，农之聚曰“屯耕”，人之聚构成“邨”（村）字，生机之聚构成“春”字（甲骨文“春”字从草从日屯声）。

施受转化：甲骨文的“受”字像上下两手持舟相授。从接受的一方说，“受”有取得义（《广雅·释诂》：“受，得也。”）；从给予的一方说，“受”有付予义（《说文》：“受，相付也。”）。同样，甲骨文的“承”字像双手托人。从托人的一方说，“承”有奉义（如“奉承”）；从受托的一方说，“承”有接受义（如“继承”）。“伐”的甲骨文字形，像用戈砍人的头。《曹刿论战》：“十年春，齐师伐我。”为讨伐、攻打义，既可以伐人，又可以指被伐。《公羊传·庄公二十八年》：“春秋伐人者为客，伐者为主。”何休注：“伐人者为客，读伐，长言之，齐人语也；见伐者为主，读伐，短言之，齐人语也。”徐疏：“谓伐人者必理直而兵强，故引声唱伐，长言之，喻其无畏矣。被伐者必理曲而寡援，恐得罪于邻国，故促声短言之，喻其恐惧也。公羊子齐人，因其俗可以见长短，故言此。”陈立《公羊义疏》：“钱氏大昕《养新录》云：‘长言若今读平声，短言若今读入声。《广韵》不收‘伐’字，盖古音失传多矣。’”

上下转化：“贡”字有以下献上之义（《说文》：“贡，献也。”《广雅·释诂》：“贡，上也。”），又有以上予下之义（《尔雅·释诂》：“贡，赐也。”）。齐佩瑢认为：“贡之本义亦上下之通名，后始分化别为二义。”[1]

美恶转化：“仇”字有匹偶之义（《尔雅·释估》：“仇，合也。”又“匹也。”），又有怨家之义（《左传·恒公二年》：“嘉耦曰妃，怨耦曰仇。”）。段玉裁《说文解字注》认为：“仇者兼好恶之词，相等为

[1] 齐佩瑢：《训诂学概论》，中华书局1984年版，第146页。

敌，因之相角为敌。”郝懿行《尔雅义疏》亦云：“怨嘉虽异，仇妃本同。对文则两耦似分，散文则仇妃俱合。”同样，“毒”字也有善恶两解。段玉裁《说文解字注》云：“毒兼善恶之辞，犹祥兼吉凶，臭兼香臭也。《易》曰圣人以此毒天下而民从之，《列子》书曰亭之毒之，皆谓厚民也。毒与笃、竺同音通用，《微子》篇天毒降灾，《史记》作天笃。”再如“伪”字也有美恶两解。《尔雅》：“载、谟、食、诈，伪也。”又：“作，为也。”“载，行也。”王引之云：“盖伪有两义，载、谟者作为之义；食、诈者虚伪之义。”（《经义述闻》）事实上“作为”和“诈伪”都有“为”义，只是道德指向不同。又如“允”字，“允”有信、诚义（《尔雅》：“允、展，信也。”“展、允，诚也。”），又有欺谩义（《尔雅》：“允、任、壬，佞也。”）。齐佩瑢认为：“诚信之言深沉也，深沉为大而虚诞亦为大。”[1]这里善恶的转化也是道德指向的不同。“古者香气秽气皆名之臭。”所以“香”与“臭”分别位于“气味”这条意义线的两端，可以延伸甚至转化。《荀子·王霸》：“人之情，口好味而臭味莫美焉。”此处臭为“香味”。《韩非子·内储说下》：“顷尝言恶闻王臭。”《国语·晋语》：“惠公改葬申生，臭彻于外。”此处臭为香的反面，是难闻的气味。“奴”，最早是恶称，是卑贱之称。《说文》：“奴，婢，皆古之罪人也。”用做对人的鄙称。后来又有美称之义，亲爱之称。钱大昕《十驾斋养新录·卷十九》：“《唐诗纪事》载昭宗《菩萨蛮》词：‘何处是英雄，迎奴归故宫。’”又《南史·卷五·齐废帝鬱林王纪》：“武帝临崩，执帝手曰：‘阿奴，若亿翁，当好作。’”

离合转化：“靠”字字形从“非”。《说文》释“非”为“违也。从飞下翅，取其相背”。而面相背则背相倚，因而“靠”字既有相违义（《说文》：“靠，相违也。”），又有相倚义（《正字通》：“今俗依附曰倚靠，与《说文》训正反。”）。段玉裁《说文解字注》认为：“今俗谓相依曰靠，古人谓相背曰靠，其义一也。犹分之合之皆曰离。”“离”

[1] 齐佩瑢：《训诂学概论》，中华书局1984年版，第155页。

有分离、分散义。《庄暴见孟子》："父子不相见，兄弟妻子离散。"这里是分离之离。离又有会合的意思，如"离骚"就是遭遇到忧患之意，"离殃"就是遭受、罹祸之意。

乱治转化："亂"字金文字形，像上下两手在整理架子上散乱的丝，本义是理丝。《尔雅·释诂》："乱，治也。"《说文》："治也。"杨树达《积微居小学述林》："人以一手持丝，又一手持互以收之，丝易乱，以互收之，则有条不紊，故字训治训理也。"[1]治丝乃乱中取治，治从乱中来，由乱到治难，由治到乱易，所以乱又有"紊乱、没有秩序、没有条理"义。如《曹刿论战》："吾视其辙乱，望其旗靡，故逐之。"而《论语》"予有乱臣十人"，"乱"是"治理"义。

正反转化："伉"，匹敌、相当，常作"配偶"义，与"伉俪"连用。伉俪者，言相敌之匹耦。《左传·成公十一年》："已不能庇其伉俪而亡之。"《后汉书·张衡传》："可与乎比伉。"注："偶也。"匹敌相等而配合。但是力量相当、势均力敌，往往会有抗衡之实力与敌对之意，所以"伉"又有相反之义"敌对、对敌、抵挡"。《吕氏春秋·士节》："养及亲者，身伉其难。"

尊卑转化："公"，旧时对男性的长者或老人的尊称。《方言·六》："凡尊老，周晋秦陇谓之公。"《称谓录·卷三十二》"尊称"下云："《容斋随笔》：'东坡云：凡人相与呼者，贵之则曰公。'"无论称老，还是称君、称父，称"公"均为尊称。后来用来称臣、称子则转为命卑下之义。《史记》记载："晁错削七国，其父闻之，谓错曰：'上初即位，公为政用事，侵削诸侯，别疏人骨肉，人口议多怨公者，何也？……吾去，公归矣。凡三呼其子为'公'。"《陆贾传》："贾亦呼其子为公。""郎"、"奴"等也既是尊称，又是贱称。

雏文意义的转化，往往会引起汉字形态的变化，即音的分化和形的分化。

从音的分化来说，最常见的是破读。古人已有"一字之中，彼此

[1] 杨树达：《积微居小学述林》，中华书局1983年版，第89页。

相形，殊声见义”（《群经音辨·序》）的说法。例如，“享，献也，呼两切；神受其献曰享，呼亮切。”（《群经音辨》）又如《春秋公羊传》：“春秋伐人者为客，伐者为主。”何休注：“伐人者为客，长言之；伐者为主，短言之。”再如，“取于人曰乞，去讫切。与之曰乞，去既切。”（《群经音辨》）

从形的分化来说，最常见的是增设字形以分化转化的意义。例如，“抗”与“阬”（坑），形源于亢，意义相对。“抗”，基本的意义是高突、凸起。《汉书·杨雄传下》：“独可抗疏，时道是非。”颜师古注：“抗，举也。谓上之也。”《淮南子·说山》：“申徒狄负石自沉于渊，而溺者不以为抗。”高诱注：“抗，高也。”“阬”（坑），基本的意义要素是低洼、凹下。《墨子·大取》：“爱之相若，择而杀其一人，其类在阬下之鼠。”《庄子·天运》：“在谷满谷，在阬满阬。”《尔雅·释诂》言“虚也”。郭璞注曰：“谓阬壍也。”陆德明释文：“阬，《尔雅》云‘虚也’”。《后汉书·马融传》“弥纶阬泽”，注引《仓颉篇》：“阬，壑也。”

再如，“讼”有责过义（《广雅·释诂》：“讼，责也。”），又有颂美义（《说文》：“讼，……曰歌讼。”）。段玉裁《说文解字注》云：“讼、颂，古今字，古作讼，后人假颂貌字为之。”“弛”有废解义（《说文》：“弛，弓解也。”《广雅·释诂》：“弛，缓也。”“弛，置也。”又：“舍也。”），又有施布义（《礼记·孔子闲居》：“弛其文德。”郑玄注：“施也。”）。古人认为：“凡延及、陈设义，当做‘施’；凡废、解义，当做弛。古书互通。”（严光照《尔雅匡名》）

其实，有许多古汉字在造字之初已按意义的辩证转化，分别构形。例如：

足停为“止”，足不停为“㐅”。（《说文》释曰：“蹈也，从反止。”）

步行为“彳”，步止为“亍”。（《说文》）释曰：“步止也，从反彳。”）

覆手为“爪”，翻手为“爫”：（《说文》释曰：“从反爪。”段玉裁注：“盖以覆手反之，即是掌也。”）

给予为“予”，不予为“幻”。(《说文》释曰：“相诈惑也，从反予。”段玉裁注：“使彼予我是为幻化。”)

前往为“之”，反之为“帀”。(《说文》释曰：“周也，从反之而帀也。”段玉裁注：“反之谓倒之也。凡物顺逆往复则周遍矣。”)

日出一上为“旦”，日入一下为“亘”（古昏字）；

自环为“私”，背私为“公”。(《说文》释曰：“平分也，从八厶，八犹背也。”)

断丝为“绝”，反绝为“继”。(《说文》释曰：“续也，从系𢇍，继或作㡭，反𢇍为㡭。”段玉裁注：“从系𢇍者，谓以系联其绝也。”)

在甲骨文中，由意义的辩证转化而构成的“一体二形”的字是成对出现的，如“上”“下”，“陟”“降”，“出”“入”等。这种辩证构形也反映出古代汉民族一体二元，凡事皆要“叩其两端”的思维持点。

还有一些字在其意义转化时，并不改变个体的形式，而是增加重体（叠字）以表示其转化的另一端。例如：

“嚣”为喧嚣，“嚣嚣”则为闲暇。《说文》：“嚣，声也。”《尔雅》：“嚣，闲也。”郭璞注：“嚣然，闲暇貌。孟子：‘人知之，亦嚣嚣；人不知，亦嚣嚣’。言恬然守静嘿也。单文为嚣喧也。叠则同萧，萧然闲旷。”

又如，“夭”为屈阏，“夭夭”则为和盛。《说文》：“夭，屈也。”《诗经·小雅·正月》：“夭夭是椓。”郑玄笺：“夭以荐瘥夭杀之。”而《诗经·桃夭》：“桃之夭夭。”毛亨传：“夭夭其少壮也。”《诗经·凯风》：“棘心夭夭。”毛亨传：“盛也。”

再如，“藐”为轻小，“藐藐”为壮美。《左传·僖公九年》：“以是藐诸孤。”而《诗经·大雅》：“藐藐昊天。”毛亨传：“藐藐，大也。”郑玄笺：“藐藐，美也。”

第二节 汉字字义的辩证引申

汉字构义思维的辩证性，除了表现在造字之初以相反相因建构字形

外，还表现在字形固定后以相反相因引申字义、转化字义。例如，

施受相因：原来表示施动方的字义，向受动方衍伸，或者相反。例如“将”有率领义。《说文》：“将，帅也。”徐灏《说文解字注笺》：“凡有所执引导，皆谓之将。”率领义向受动方延伸，即顺从义。《汉书·礼乐志》：“九夷宾将。”颜师古注：“将犹从也。”《经典释文》：“将，顺也。”又如“皮”有剥离义。“皮”字古文从又从为省，是一个动词。《说文》释曰：“剥取兽革者谓之皮。”剥离义向受动方衍伸，即物表之义。段玉裁曰：“引申凡物之表皆曰皮。”而物表之义再向施动方延伸就有了被覆之义。《释名·释形体》云：“皮，被也，被覆体也。”再如“致”有送与义。《说文》释曰：“造诣也。”由送致义向受动方衍伸，即取得义。段玉裁曰：“送而必至其处也。引申为招致之致。”徐灏《说文注笺》亦曰：“引其义。则钩而致之亦曰致。”

过程相因：过程总是处在始与终、往与复的转化中。例如，“绪”有端始义。《说文》释曰：“丝耑也。”段玉裁注：“耑者，草木初生之题也。因为凡首之称。”然而一个过程的开始，又是前一个过程的结束，于是“绪”又有余绪、流绪的意义。《广雅·释诂》：“绪，末也。”《楚辞·涉江》：“欸秋冬之绪风。”王逸注：“绪，余也。”

反过来，一个过程的结束又是另一个过程的开始。例如，“终”有终竟义。《广韵》：“终，竟也。”又有自始义。《汉书·南越传》：“终今以来。”刘淇曰：“终今以来犹云自今以往。”（《助字辩略》卷一）

此外，如“归”为女子出嫁。《公羊传·隐公二年》：“妇人谓嫁曰归。”出嫁到夫家从娘家角度而言有“去”义。《诗·周南·桃夭》：“之子于归，宜其室家。”“归适”是出嫁，“归女”是女嫁出去。从夫家回来即去夫家也曰归，即归又指出嫁女儿返回娘家。《诗·周南·葛覃》：“害瀚害否，归宁父母。”归宗，是出嫁女子回归娘家。这当中“归”是返回义。《广雅》：“归，返也。”《论语·先进》：“冠者五六人，童子六七人，浴乎沂，风乎舞雩，咏而归。”《史记·高祖本纪》：“大风起兮云飞扬，威加海内兮归故乡。”

买和卖的过程转化也是如此。《论语·乡党》：“沽酒市脯。”是买

酒。《论语·子罕》:“有美玉于斯，韫匵而藏诸？求善贾而沽诸？”是卖酒。欲得之而买之，有之而卖之。“沽名钓誉”的“沽”是“谋取而获”的意思，而“待价而沽”的“沽”则是“卖出而得”的意思，一买一卖中间皆有所取，求取与舍用为此过程之两端。

生与死的过程转化也是如此。例如，“落”有生义、有始义。《尔雅》释曰“始也”,“存也”。“落”又有死义、终义。《尔雅》:“殪，死也。”《经典释文》:“本又作落。”“落成”与“陨落”显然是相反又相因的。

又如，“化”有生义。《周礼·秋官》:“若欲其化也。”郑玄注：“化犹生也。”徐灏《说文注笺》云：“《书·尧典》传：‘乳化为孳。’正义曰：‘胎孕为化。’《吕览·过理篇》:‘剖孕妇而观其化。’此化之本义。从倒人者，人之初生，倒垂而下也，……因之化训为生。”“化”又有死义。《淮南子·精神训》:“故形有靡而神未尝化者。”高诱注：“化犹死也。”《说文通训定声》释“化”之古形“匕”曰：“匕，变也，从倒人。……倒人为匕。死也。”这种生死演化的过程相因论，实际上是中国古代哲学思想在汉字构义思维上的体现。正如《黄老帛书》所言：“极而反，盛而衰，天地之道也，人之李（理）也。”(《经法·四度》)“绝而复属（续），亡而复存，孰知其神；死而复生，以祸为福。孰知其极。”(《经法·道法》)

一些传统文字学家在对汉字构义的辩证性说解中，浸润着这种生死演化“极而反”的哲学。如段玉裁释《说文》:“熄，畜火也。亦曰灭火也。”云：“畜当从草，积也。熄取滋息之义。……灭与蓄义似相反而实相成，止息即滋息也。《孟子》曰：‘王者之迹熄而《诗》亡，《诗》亡而后《春秋》作。’”

态势相因：一个动作并不是孤立、静止地存在，由它引起的态势会触发相关甚或相反的行为。例如，“哇”是一个“咽喉之气结碍不通”的动作。《集韵》释曰：“喉咽结塞也。”结塞而欲通，于是呕吐又成了“哇”的“题中应有之义”。《孟子·滕文公》:“出而哇之。”赵岐注：“出门而呕吐之。”

再如，“厭”是表示“吃饱”、“满足”的动作。饱而腻，满足而不屑再顾，由此而生憎恶、厌恶之意。

又如，“遗”是一个亡失的动作。《说文》：“遗，亡也。”《广韵》：“遗，失也。”遗下的东西又可以被视为遗留、余留的东西，于是“遗”又有了留在的意义。《礼记·乐记》：“有遗音者矣。”郑玄注：“有不尽之音。”《史记·孝文本纪》：“遗财足。”司马贞《史记索隐》曰：“遗犹留也。”

再如，“舍”是一个留止的动作。郝懿行《尔雅义疏》云：“《汉书·高帝纪》注：‘舍，息也。’《后汉书·冯异传》注：‘舍，止息也。’《诗·郑风·羔裘》笺：‘舍犹处也。’是皆以止息为义也。”留止又与弃置相关，于是“舍”又有除释义。毛亨《诗经·雨无正》释：“舍，除也。”《说文》：“舍，释也。”段玉裁注《说文》“舍”字云：“舍可止，引申之为凡止之称。《释诂》曰：‘废……舍也。’凡止于是曰舍，止而不为亦曰舍。其义异而同也。犹置之不用曰废，置而用之亦曰废也。《论语》‘不舍昼夜’，谓不放过昼夜。不放过昼夜即是不停止于某一昼一夜。”

表里相因：一种现象其表面的呈现与内在的实质相反相成，由此引起字义的辩证引申。例如“离”有分散义。《广雅·释诂》：“离，分也。”《释言》：“离，别也。”《玉篇》：“离，散也，判也。”然而“离”又有附合义。《易·离卦·彖辞》：“离，丽也。”王弼注：“丽犹著也。”孔颖达疏：“丽谓附著也。”《后汉书·和熹邓皇后纪》：“不敢正坐离立。”李贤注：“离，并也。”《玉篇》：“离，遇也。”《文选·思玄赋》：“循法度而离殃。”李善注：“离，遭也。”可见，表面上看是相离相分的事物，实质上却是在相附相合，于是“离”字的构义有了辩证的两端。

心理相因：人的心理往往在对立的两端徘徊，由此而及彼，因彼而顾此。例如，“矜”有哀怜他人的意思。《尔雅·释言》：“矜，苦也。”《方言》：“矜，哀也。”《诗经·小雅·鸿雁》：“爰及矜人。”毛亨传：“矜，怜也。”由于哀怜他人，自身在心理上会有一定的优越感。这种心理的转移使“矜”又行了自炫自大的意义。因此在“矜恤孤羸”（《后汉书·周泽传》）的同时，又有“今又矜其功，受上赏，处尊位”（《史记·文帝本纪》）的说法。《礼记·表记》：“不矜而庄。”郑玄注：“谓自尊大也。”《春秋公羊传·僖公九年》：“矜之者何？犹曰莫我若也。”

又如，“疑”字，在“无所复疑，宜为之备”（《三国志·吴书·吴主传》）中是怀疑、不定的意思，在“无所疑止之”（《荀子·解蔽》）中是固定、停止的意思。《广韵》释“疑”曰：“不定也”。毛亨释《诗经·大雅·桑柔》中“靡所止疑”曰：“疑，定也。”定与不定，都是一种心理状态。不定是因为有疑，疑而终究要揣度以定之。于是不定之中又有定。林义光《文源》认为：“‘疑’为不定之辞，而通于定者，不定之事，每以揣测定之。可谓之定，也可谓之不定也（左从‘矢’，矢所止无定处，亦定与不定之间）。揣测或谓之‘擬’（拟），即‘疑’字所引申矣。从‘子’者，小儿之性善疑，亦善拟定。”[1]

取予相因：凡有取必有所予，凡有予也必有所取。因而取和予总是相辅而行。有予义的字往往兼摄取义。例如，“贷”有予义。《说文》：“贷，施也。”《广雅·释诂》：“贷，予也。”“贷”又有取义。《周礼·泉府》：“凡民之贷者。”郑玄注：“贷者，谓从官借本贾也。”《广雅·释诂》：“贷，借也。”

又如，“禀”有予义。《说文》：“禀，赐谷也。”《广韵》：“禀，供谷，又与也。”古人有“天灾流行．开仓库以禀贷”（仲长统《昌言·损益》）的说法。其中“禀”和“贷”都有予义，然而“禀”又有取义。《左传·昭公二十六年》：“先王所以禀于天地。”杜预注：“禀，受也。”柳宗元《非国语下·戮仆》：“仆，禀命者也。”“禀”也是承受义。这种意义还组成了“禀性”、“禀气”等词。古人这样解释“禀”的取予相因：“上以为赐，下奉承之，故引申为凡受命之称。”（江源《说文释例》）“凡赐谷曰禀，受赐亦曰禀，引申之，凡上所赋，下所受，皆曰禀。”（段玉裁《说文解字注》）

由于是同一字义的相反相因，取和予的方式往往相通。例如，

[1] 林义光：《文源》卷十，据1920年写印本影印。

“赋”字表示敛取。《说文》：“赋，敛也。”其方式是收集，即由散而集中。《左传·僖公二十七年》：“赋纳以言。”杜预注：“赋犹取也。”《公羊传·哀公十二年》：“讥始用田赋也。”何休注：“赋者，敛取其财物也。”“赋”又表示分布，其方式由集中而散，即散布。《广雅·释诂》：“赋，布也。”《说文系传》：“赋者，分也，分取之也。”段玉裁《说文解字注》认为：“敛之曰赋，班之亦曰赋。经传中凡言以物班布与人曰赋。”

原点相因：汉字的本义向不同方向引发，形成词义结构的对立统一。例如，“放”字，向放开的方向引发，有放纵的意义。《汉书·严延之传》：“宾客放为盗贼。”《齐民要术·耕田》：“草干即放火，至春而开垦。”其中的“放”都含此义。李贤注《后汉书·孔融传》“跌荡放言”曰：“放，纵也。”“放”字向放置的方向引发，又有了弃置的意义。《论语·微子》：“隐居放言。”何晏《集解》引包成注：“放，置也，不复言世务。”刘宝楠《论语正义》释“放”曰：“放置。见《广雅·释诂》。《中庸》云：‘国无道，其默足以容。’即此注义。”

又如，“打”字，向撞击的方向引发，有破坏的意义。《梁书·侯景传》：“我在此打贺拔胜，破葛荣。”文中的“打”有打击、破坏义。“打”字向制作的方向引发，又有完成的意义。欧阳修《归田录》：“至于造舟车者曰打船打车。”“打”即制造、完成义。“打”字的两种对立的意义统一于“打”的意义原点。即如古人所说：“丁者，当也。打字从手从丁，以手当其事者也。”（吴曾《辨误录》）

再如，“置”字，向弃置的方向引发，有废弃的意义。徐锴《说文解字系传》释“置”曰：“与罢同意。……置之，则去之也。”韦昭注《国语·周语》“是以小怨置大德也”曰：“置，犹废也。”“置”字向置立的方向引发，又有建立的意义。《管子·任法》：“置法而不变，使民安其法也。”《盐铁论·诛秦》：“置五属国，以距胡。”其中的“置”都是建立的意思。郑玄注《礼记·杂记》“无子则为之置后”亦云：“置犹立也。”其注《周礼·考工·庐人》“置而摇之”，又云：“置，设也。”段玉裁《说文解字注》认为：“置之本义为贳遣，转之为建立，所谓变通也。”

再如，“干”字有相涉的意义，从这一原点向侵涉引发，“干”有冲犯义。《商君书·定分》：“故吏不敢以非法遇民，民不敢犯法以干法官。”文中之“下”即冒犯义。《说文》亦云：“干，犯也。”从相涉的原点向进取引发，“干”又有求取义。《荀子·议兵》：“干赏蹈利之兵也。”杨倞注：“干，求也。”《尔雅》释“干”亦曰：“求也。”徐灏《说文注笺》解释说：“相犯必相近，故凡事之相涉相干，而干求之义生焉。”

原点引发形成字义结构的对立统一，较常见的是以程度深为原点，向两端引发。例如，“陶”字表示一种很深的情绪，向一端引发即为喜。谢灵运《酬从弟惠》：“傥若果归言，共陶暮春时。”“陶”为快乐义。李善《文选》注：“陶，喜也。”向另一端引发即为忧。《一切经音义·十二》引《诗经》“忧心且妯”作“忧心且陶”。《广雅·释言》：“陶，喜也。”“忧也。”王念孙指出：“凡一字两训而反覆旁通者，若乱之为治，故之为今，扰之为安，臭之为香，不可悉数。《尔雅》云：‘郁、陶、繇，喜也。’又云：‘繇，忧也。’则‘繇’字即有打忧喜二义。‘郁陶’亦犹是也。”(《广雅疏证》)

又如，“鞠”字表示一种很深的程度，向一端引发即为穷。《尚书·盘庚中》：“尔惟自鞠自苦。”“鞠”为穷困义。《尔雅·释言》：“鞠，穷也。”向另一端引发即为盈。《尔雅·释诂》：“鞠，盈也。”穷与盈，都表示程度之深，语义相反而相成。古注中也有从两端解释同一个字的。《诗经·齐风·南山》：“既曰告止，曷又鞠止。”毛亨传：“鞠，穷也。”郑玄笺：“鞠，盈也。”可见，“盈与穷，亦义相成也”（郝懿行《尔雅义疏》）。

汉字字义的引申，不仅是一个相反相因的构义过程，而且是一个意义由原始混沌趋向精确的过程。在这过程中，字义由统称而析言，统与析之间发生对立与转化，或统言被析为对立的两端，这又是汉字构义辩证思维的一个特点。

例如，“禽”字，《说文》的解释是：“禽，走兽总名。”《尔雅》的解释是：“二足而羽谓之禽，四足而毛谓之兽。”《玉篇》则云：“禽，二足而羽也；亦鸟兽总名。”为什么会在一个字形上出现鸟与兽的对立呢？邢昺认为，这是通言与别言之分。他在《尔雅》疏中指出：

凡语有通、别。别而言之，羽则曰禽，毛则曰兽。听以然者，禽者擒也，言鸟力小，可擒捉而取之。兽者守也，言其力多，不易可擒。先须围守，然后乃获，故曰：兽也，通而为说，鸟亦可曰兽，兽亦曰禽。故《曲礼》：“鹦鹉不曰兽，而猩猩通曰兽也。”《易》云：“王用三驱，失前禽。”刚驱走者亦曰禽也。又《周礼·司马职》云：“大兽公之，小禽私之。”以此而言。则禽未必鸟也。又郑玄注《周礼》云：“凡鸟兽未孕曰禽。”《周礼》又云：“以禽作六贽，卿羔，大夫雁。”《白虎通》云：“禽者，鸟兽之总名。以其小兽可擒，故得通名禽也。”

段玉裁认为，“禽”字构义鸟与兽的对立是出于意义的转化，即“造字之本意谓四足而走者矣。以名毛属者名羽属，此乃称谓之转移假借。及其久也，遂为羽属之定名矣。《尔雅》自其转移者言之，许指造字之本言之”（《说文解字注》）。

又如“氛”字。《左传·昭公二十年》：“梓慎望氛。”这个“氛”指预示吉凶的云气。然而析言之，“氛”又或指祥气。如《说文》：“氛，祥气也。”又或指凶气。如《国语·楚语上》：“故先王之为台榭，榭不过讲军实，台不过望氛祥。”韦昭注：“凶气为氛，吉气为祥。”段玉裁认为，氛“谓吉凶先见之气。《左传》曰‘非祭祥也，丧氛也。’杜注：‘氛，恶气也。’《晋语》曰：‘见翟祖之氛。’注：‘氛，祲氛，凶象也。凶曰氛，吉曰祥。’玉裁按：统言则祥氛二字皆兼吉凶，析言则祥吉氛凶耳。许意是统言。《左传》又曰：‘楚氛甚恶。’杜注：‘氛，气也。’可见不容分别。”

一般说来，统言的是一个浑沌的事象，析言则是字义发展适应精确表意的要求，可以具体细致地表达事物的概念。例如，“鸟”字，《说文·鸟部》：“鸟，长尾禽总名也。”段注：“短尾名‘隹’，长尾名‘鸟’，析言则然，浑言则不别也。”再如，“赐”“予”，《说文·贝部》：“赐，予也。”段注：“赐者，予之通称。《禹贡》：‘纳赐大龟’，乃下与上之词；又《玉藻》言：‘赐君子，与小人’者，别言之。统言则不别。”“赐”和“予”都是“给”的意思，但二者又有区别。给尊贵的人称“赐”，给低贱的人称“与”。

析言以后的字义结构，往往呈现出相反相成的辩证特点。例如：

大小相成。“介”字，在“受兹介福”（《周易·晋卦》）和“以登介丘”（《汉书·司马相如传》）中，都有大义。《玉篇》释“介”为“大也”。而在“忧悔齐者存乎介”（《周易·系辞》）和“无介然之虑者”（《列子·杨朱》）中，都有小义。《经典释文》释“介”为“微也”。朱骏声《说文通训定声》释“介”的字形时认为：“八者分也。……凡物分之则少小，故又为纤微之义。”

多少相成。“仅”字能够指称少数。《徐霞客游记·楚游日记》：“直北一穴，低仅尺，阔等。”《春秋公羊传·僖公十六年》：“是月者何？仅逮是月也。”何休注：“在月之几尽。……《射义》‘盖仅有存者’，言存者甚少。”《说文》释“仅”为“材（才）能也”。《广韵》亦曰：“仅，余也，才也，劣也，少也。”“仅”字又能指称多数。杜甫《泊岳阳城下》：“山城仅百层。”赵汸注：“高近百城。”段玉裁认为：

唐人文字，仅多训“庶几”之“几”。如杜诗：“山城仅百层。”韩文：“初守睢阳时，士卒仅万人。”又：“家累仅三十口。”柳文：“自古贤人才士被谤议不能自明者，仅以百数。”元微之文：“封章谏草，繁委箱笥，仅逾百轴。”此等皆李涪所谓“以仅为远近者，于多见少，于仅之本义未隔也”。（《说文解字注》）

上下相成。“琫”字，《广韵》浑言之曰：“佩刀饰也。”然而析言之“琫”义又有上下之对立。大徐本《说文》、《小尔雅》、《玉篇》、《集韵》释之为“佩刀下饰”。杜预注《左传·桓公二年）“藻率鞞鞛”曰：“鞞，佩刀削上饰；鞛，下饰。”“鞞”即“琫”。然而小徐本《说文》释之为“佩刀上饰”。徐锴曰：“刀削上饰也，琫之言捧也，若捧持之也，上为首也。”毛亨注《诗经·小雅·瞻彼洛矣》“琫鞞有珌”曰：“鞞，容刀鞞也，琫上饰，珌下饰。”

前后相成。如“轸”字，孔颖达疏《诗经·秦风·小戎》曰：“轸者，车之前后两端之横木也。”然而析言之“轸”义又有前后之对立。《释名·释车》释之曰：“枕横在前，如卧床之有枕也。”《说文》则释之曰："轸，车后横木也。"郑玄注《考工记·总序》"车轸四尺"亦曰："轸，舆后横者也。"其实，正如钱绎《方言笺疏》所言："舆下前后两端之横木，通谓之轸。故记曰：'轸之方以象地。'若但在车后，则轸不方，不得为象地，然则言车后者举此以概彼耳。"这也正说明了"轸"字意义结构的"前""后"相成。

虚实相成。"魄"字，古义为人身中依附形体而显现的精神，以别于能离开形体的魂。这样一来，"魄"既有其虚的一面，即它是精神；又有其实的一面，即它不能离开形体。《左传·昭公七年》："匹夫匹妇强死，其魂魄犹能依于人以为淫厉。""人生始化曰魄。"杜预注："魄，形也。"成伯玙《礼记外传》亦云："形体谓之魄。"然而《左传·昭公七年》孔颖达疏则认为："附形之灵为魄。"段玉裁也认为："魂魄不离形质也。形质亡而魂魄存，是人所归也。故从鬼。"桂馥《说文义证》引傅逊的话云："左氏所谓魄，不专指形而言。如下文所云'魂魄能凭依于人'，及前所云'夺伯有魄'，皆非形也。《说文》曰：'魄，阴神也。'《韵书》云：'魂，神也，阳也，气也；魄，精也，阴也，形也。'则形亦可以言魄，而魄则不可以训形矣。"形与神，是"魄"的字义结构的相反相成的两个方面。

正邪相成。"佞"字，据桂馥《说文义证》的解释，"是口才捷利之名"。然而析言之，"佞"之才可以致善，也可以致恶。从善的方面说，《左传·成公十三年》曰："寡人不佞。"正义引服虔曰："佞，才也；不才，自谦之辞。"《春秋公羊传·昭公二十五年》："丧人不佞。"何休注："不善。"这种用法的"佞"，依《慧琳音义》的解说，是"德之称"，"为善曰佞"。王筠认为："孔子之前已以佞为德，故《周策》屡见'不佞'之语。"（《说文句读》）从恶的方面说，《史记·佞幸列传》曰："嫣善骑射，善佞。"王充《论衡·答佞》亦曰："何必为佞以取富贵?"这种用法的"佞"，依《慧琳音义》的解说，是"伪善乍仁"，"伪真曰佞"，"佞者谄媚于上，曲顺人情，乍伪似仁，故从仁从女"。总之，"为佞有善有恶。为善敏捷是善佞，为恶敏捷是恶佞"。（桂馥《说文义证》)“佞者巧慧之称。巧慧有邪有正,故佞有善恶。”(涂灏《说文注笺》)这也说明凡事相反相成。

人己相成。“矜”字是一个表示感情的字眼。这种感情对人则为同情、怜悯。《诗经·小雅·鸿雁》:“爰及矜人。”毛亨传:“矜,怜也。”《后汉书·周泽传》“矜恤孤羸”之“矜”亦同此义。《尔雅》释“矜”为“苦也”;《小尔雅》释之为“惜也”;《方言》释之为“哀也”。《公羊传·宣公十五年》说得更明确:“见人之厄则矜之。”然而这种感情对自己的时候就有了夸耀、骄傲的意思。《史记·文帝本纪》:“今又矜其功,受上赏,处尊位。”《尚书·大禹谟》:“汝惟不矜,天下莫与汝争能。”文中之“矜”都有自傲的意思。所以《广雅》释“矜”为“大也”;郑玄注《礼记·表记》“不矜而庄”曰:“谓自尊大也。”“矜”字组成的词组也分化了“矜”的反成之义。“矜人”、“矜悯”用的是“矜”的哀怜人苦义。如:“愿陛下矜愍愚诚,听臣微志。”(李密《陈情表》)“矜夸”、“矜伐”、“矜贵”用的是“矜”的夸耀己美义。如:“虽勤比大禹,功如师望,亦不得厚自矜伐。”(《隋书·李谔传》)其实,哀怜人苦隐含有一种自我优越感,它与夸示己美是可以相通的。这就是字义能相反相成的基础。

由“视人”而“示己”,这种对立统一的字义结构在汉字中常见。就拿“视”字来说,《说文》:“视,瞻也。”《荀子·劝学》:“目不能两视而明。”“视”是看的意思,是对人的。然而《汉书·高帝纪》:“亦视项羽无东归意。”颜师古注曰:“视音示。”这个“视”是对己的,是显示的意思。段玉裁认为:“凡我所为使人见之亦曰视。《士昏礼》:‘视诸衿鞶。’注曰:‘视乃正字,今文作示,俗误行之。’《曲礼》:‘童子常视毋诳。’注曰:‘视,今之示字。’《小雅》:‘视民不恌。’笺云:‘视,古示字也。’按此三注一也。古作‘视’,汉人作‘示’,是为古今字。”(《说文解字注》)事实上,我视人的过程,也同是一个我示人的过程。“视”与“示”的角度转换充盈着辩证法。

第三节 字义转化的语境制约

汉字使用中因环境影响而发生意义转化的情形，较之雏文构义和字义引申所发生的意义转化要少得多。字义在使用中，在上下文的整体框架内出现相反相成的“逆向”引申，可以互相转化，更加突显出所要表达的意义。环境影响字义转化，不能说与字义本身的辩证内涵或字义发展的辩证取向没有联系，但环境（包括上下文，使用者）的作风显然是主要的。由环境引起的辩证构义有以下几种类型：

上下文中字义转化。例如，“驾”字，《诗经·小雅·采薇》：“戎车既驾，四牡业业。”“驾”指人系马于车。《一切经音义·二十二》引《三苍》云：“乘马曰驾。”亦是此义。但“驾”又有马负辕的意思，马为主动者。韩愈《送石处士序》：“若驷马驾轻车。”即此义。《说文》释“驾”亦曰：“马在轭中。”“驾”的字义在人役马和马负辕之间辩证转化，很大程度上是受语言环境的影响。如“落英”在屈原《离骚》的“朝饮木兰之坠露，夕餐秋菊之落英”中是初开的花，不用“初英”或“始英”，而是在上下文的具体的语境义之中，同“始”、“初”构成的相互对立意义，通过对“落”义的逆向转化，运用反差而更加突出其义。

语急省略后字义转化。例如，“如”字，《公羊传·隐公元年》：“母欲立之，己杀之，如勿与而已矣。”何休注：“如，即不如。齐人语也。”《左传》中有许多以“如”表示“不如”的例子。《昭公十三年》：“二三子若能死亡，则如违之，以待所济；若求安定，则如与之，以济所欲。”传统语文学认为“如”的正反两义，是“以语急而省其文”造成的，这在客观上形成了字义的辩证转化。又如“敢”字，《左传·庄公二十二年》：“敢辱高位?”何休注：“敢，不敢也。”《仪礼·聘礼》：“辞曰非礼也，敢对。曰非礼也，敢（辞）。”郑玄注：“敢言不敢。”臧琳《经义杂记》认为：

古人之言，多气急而文简。……《书·尧典》：“试可乃已。”《史记·五帝本纪》云：“试不可用而已。”是《尚书》以“不可”为“可”

也。《论语·阳货》:“其未得之也,患得之。”《集解》:“患得之者,患不能得之。楚俗语。”《论语》以“得”为“不得”,犹《尚书》以“可”为“不可”也。皆古人语急反言之证。

糅杂方言引起字义转化。例如,“郎”字是对青年男子的美称。《三国志·吴书·周瑜传》:“瑜时年二十四,吴中皆呼为周郎。”妇女称所爱的男子也为“郎”。《西洲曲》:“忆郎郎不至,仰首望飞鸿。”然而“郎”在一些方言中又是贱称。章太炎《新方言》认为:

自晋宋至唐时,以郎为尊贵之称。此语甚古。《少仪》:“负良绥。”注:“良绥,君绥也。”又《左传》戎师称“大良”、“少良”,并即今“郎”字。至秦汉,天子侍从称郎。郎本郎门之郎,以郎、良适相同,故相承称尊者为郎。然今闽广人则以“郎”音近獠,又以郎为贱称。(闽广书“郎”作“佬”,以为轻鄙之名)此无关本义者也。[1]

又如“互”字,有差别、对立的意思。《周礼·鳖人》注:“互,对也。”对则有差别,所以《广韵》释“互”为“差互”。“互”的字形,依《说文》的解释,从竹象形。“像人手所推握也。”而《韵诠》则认为“互”“像悬互中有隔别也”。《周礼·地官·中人》:“凡祭祀共其牛牲之互。”郑玄注曰:“互谓楅衡之属。”“互若今屠家悬肉格。”《文选·西京赋》“置互摆牲”,注曰:“互所以挂肉。”如此看来,“互”因有“隔别”而生差互义。然而隔别、差互又是一种交错,从字义本身来看已存在由“别”而通“交”的可能。《越谚》言:“越谓搀和曰互,如言‘互水谷’之‘互’,即此字。”受方言的影响,“互”又有了交错、交替的意思。如杜甫《北征》:“谷岩互出没。”

借字表词引起字义转化。这有两种情况,一种是被借的字本身具有字义转化的性质。例如,“乞”字,《广雅》释为“求也”,又释为“予也”。前者如,“宋公使来乞师”(《左传·隐公四年》)。后者如,“好鞍好马乞予人”(李白《少年行》)。张行孚认为这种字义转化是由于“乞”是“借”的通假。其《释乞》云:

[1] 转引自徐世荣:《语文浅论集稿》,安徽教育出版社1984年版,第325页。

求乞之乞，其本字当作耤（即借字）。乞可读“讫”，耤可读“籍”；乞可读“气”，耤亦可读“藉”，皆声相近，可通。故《礼记·少仪》“凡乞假于人”，乞假即借假也。《史记·王翦传》：“将军之乞贷亦已甚矣。”乞贷即借贷也。《汉书·朱买臣传》：“粮用乏，上计吏卒更乞丐之。”即借货也。又《买臣传》：“买臣乞其夫钱令葬。”谓借其夫钱令葬也。盖凡乞字可训求，此诸乞字不可训求，其为假乞为借，更明也。况切言之，即曰求乞；淡言之，则曰假借。其求乞与假借同义，特自今人分之，则求乞而归偿者谓之假借，假借而不归偿者谓之求乞耳。

另一种情况是一个字因假借为另一个词形而有了对立的意义。例如，“乖”字的本义是违背、不协调。《韩非子·亡徵》：“内外乖者，可亡也。”《说文》释之曰：“戾也。”《玉篇》释之曰；“背也。”古人认为：“刚柔得道谓之和，反和为乖。”（《贾子新书·道术》）但近世“乖”有了和顺义。明代周芝山《锡元亭闲话》：“俗人不识字，称人子弟曰乖，则喜，其意盖以为美谈耳。”章太炎认为，“乖”的褒意源生于方言词汇的同音假借。

《方言》：“噴，怜也。相见吹喜，有得亡之意也。”郭璞音蒯，今山东、直隶及淮南北，凡相怜爱则呼曰“小噴噴”，音如“乖”。“噴”又作“蹶”。《尔雅》：“蹶，嘉也。”居月居卫二切。居卫切者，与“噴”同音而小别。居月切者，郝懿行曰：“东齐里俗见人有善，夸美之曰‘蹶蹶’，即作‘厥’音。然地方或音如‘括’，‘括括’之语今殆遍天下矣。”而江宁惊叹其奇伟者，音犹作“乖乖”也。（章太炎《新方言》）[1]

乖的小篆字体像羊角之形，从“北”，取其分背的意思，是“背离、违背、不和谐”之义。就人而言，为人不多话状。人乖而不多話，有时就是奸猾而伶俐，而在具体语境之中因同音假借字而表现为顺从的乖乖状。

异俗引起字义转化。由于不同时空中风俗的迥异，引起字义结构

[1] 转引自徐世荣：《语文浅论集稿》，安徽教育出版社1984年版，第327~328页。

的对立。例如，“阡”字，据《风俗通》言：“南北曰阡，东西曰陌。河东以东西为阡，南北曰陌。”这是地域的差异引起字义的对立。又如“右”字。古籍中尊右之例多见。《汉书·灌夫传》：“贵戚诸势，在己之右。”颜师古注：“右，尊也。”《通俗篇·卷二十》：“《礼·王制》：‘执左道以乱政权。’疏云：‘地道尊右，右为贵。’《汉书》右贤左愚，右贵左贱，故正道为右，邪道为左。”然而古籍中也有尊左之例。《礼记·曲礼》：“进剑者左首。”郑玄注：“左首，尊也。”孔颖达硫：“郑云左首尊者，客在右，主人在左，剑首，首为尊，以尊处与主人也。假令对授，则亦左首。首尊，左亦尊，为宜也。”《广阳杂记·卷五》言：“汉制以右为尊，以贬秩为左迁，居高位曰右职，仕诸侯曰左官……自宋设左右仆射，左右谏议，左右正言；明因之，有左右都御史，左右侍郎等，皆尚左，不复以右为尊矣，今人贬官犹曰‘左迁’，称尚文犹曰‘右文’，不合于今。”如是而言，这是时间的差异引起字义的对立。

从以上的论述可以看出，汉字字义无论在雏文构义还是字义引申，乃至字义的使用中，都存在着辩证思维的特点。这与汉字构形思维辩证性的特点是一致的。以上我们所举的例子，多是汉字构义中叩其两端而成一体的较为极端的例子。其实，汉字构义的辩证思维更多地表现在字义运用中的体用兼备上。几乎大多数字义，都可以在运用中发生虚与实、死与活、动与静的转化。汉字这种深刻的文化心理构造，在人类各种民族文字中具有独特的价值和意义。

第四章　汉字的字音思维

“字音”包含声、韵、调三个要素，是汉字的一个重要组成部分。在形体与声音这两个不可或缺的文字要素中，汉字的形体表达着平衡与对称的布局之美，而汉字的字音则于抑扬顿挫之间传递着某种无以言表的音响形象之美。形与声的相携相益，使汉字产生了强大的孳乳能力。汉字的字音不仅仅传达着字义，而且以其优美的音质、音调与音象，传递着字义的深层意象和丰富的联想。

第一节　汉字声母的象征功能

汉字的音节由声母和韵母组成。声母的发音特点依据气流在口腔中所受阻碍的部位及发音方法的不同而形成了相异的音质，在听觉上产生或清脆尖利，或沉郁浑厚，或高亢洪亮，或爆破阻塞的质感，其所代表的音响形象也就有了凄清、激越、缠绵、含浑、昂扬、急切等等的不同。

汉语的塞音声母往往用来模拟和象征碰撞、爆破的声音，如“啪”、“砰”、“爆”、“破”、“碰”、“拍”、“顶”、“打”、“撞”、“澎湃”、“磅礴”、“滴答”、“叮咚”、“丁当”、“劈啪”。

汉语的擦音、塞擦音声母往往用来模拟和象征摩擦、细碎的声音，如“唑”、“沙”、“嗖”、“嘶”、“撕”、“洒”、“散”、“碎”、“筛”、

"刷"、"数"、"擦"、"冲"、"舂"、"切"、"磋"。

后鼻音韵尾音节多用来模拟共鸣之声，如"轰"、"嗡"、"隆"、"哐"、"通"、"咚"。

一、音象与意象

章炳麟在《国语论衡·语言缘起说》中谈到："语言者不冯（凭）虚起，呼马而马，呼牛而牛，此必非恣意妄称也。"刘师培在《字义起于字音说下》中则云："古人制字，字义即寄于所从之声。就声求义，而隐谊毕呈。"也就是说，一个汉字叫什么名、读什么音，并非空穴来风，而是有其理据性的。这种理据性可以概括为"以声象意"。

汉字最初的"以声象意"，常常表现在模拟事物声响的字音或词音上。例如，"鸡""牛""羊"的字音就来自于鸡、牛、羊的鸣叫声。关于"鹊"、"雀"、"雅"、"雁"等的字音，章太炎曾经专门分析过其名的来源理据："何以言'鹊'？谓其音'即足'也；何以言'雀'？谓其音'错错'也；何以言'雅'（鸦）？谓其音'亚亚'也；何以言'雁'？谓其音'岸岸'也；……此皆以音为表者也。"（《语言缘起说》）而人们熟知的"布谷"鸟名，不仅在汉语里是以声象意的典型，在其他语言如英语、法语、德语、西班牙语、意大利语、匈牙利语、日语中，其发音都以此鸟的鸣叫声为命名依据。可见，自然界的音响作为一种声音刺激，在人的心理中产生振动，从而激发成观念的物质形式，这是早期人类给物质命名的最原始、最普遍的方式。字音或词音是人类心智的符号，人类按照事物呈现在听觉中的形式来创制概念的符号，使得字音或词音的形式本身就包含着所指的形象，这在各种原始语言中是一种普遍现象。

伴随着各种语言的发展，人类渐渐远离了"以声象意"的命名方式。唯有汉字，因其形体的特殊性，因其不同于拼音文字的表意性，而具有了更高层次的塑造声音形象的功能。用字词的声音来表现思想感情、营造意境美和音乐美，是汉语文学作品中十分普遍，而且必不可少的艺术手法。早在汉魏时代，就有许多著名的赋家，利用汉语声母的象征功能在文学作品中塑造不同的意象。例如，司马相如《上林赋》写八条水道混流而下的壮丽景象：

汩乎混流，顺阿而下，赴隘狭之口，触穹石，激堆埼，沸乎暴怒，汹涌彭湃，滭弗宓汩，偪侧泌瀄，横流逆折，转腾潎洌，滂濞沆溉，穹隆云桡……

文中连续运用双唇爆破音，以气息受阻爆破象征江水受阻之激沸，摄人心魄。

唐代白居易则在著名的乐府诗《琵琶行》中用形象声音的模拟把音乐诉诸纸面上：

大弦嘈嘈如急雨，小弦切切如私语。嘈嘈切切错杂弹，大珠小珠落玉盘。

大弦小弦高低交错，随着节拍旋律，如同大大小小的珍珠，一颗接一颗地迸落在玉石盘上，清脆圆润如珠玉之声不绝于耳。这其中的拟声词都用舌齿摩擦音，模拟变化多端的琵琶声响，惟妙惟肖，出神入化。尤其是第三句连用六个擦音和塞擦音，让我们骤然发现，原来“嘈嘈切切”的声响和“错杂”的样态甚至和“弹”的动作，在音响感觉上是相通的，它们在以声象意上和谐共鸣，形成琴音潺潺的音律形象。在诗歌的结尾，曲调突然高亢了起来：

银瓶乍破水浆迸，铁骑突出刀枪鸣。

“瓶”、“破”、“迸”三个字在发音上都是“爆破音”，双唇先紧闭后急张，听觉上是急促而响亮的，“铁”、“突”、“刀”的声母都是舌尖与齿龈间的塞音，音象响亮而急促，令人仿佛听见一只银瓶破碎、水浆迸射，如同千军万马瞬间出动、刀枪齐鸣一般。此情此景历历在目，诗卷上的每一个字如音符一般跳动，令人惊叹。

再看杜甫的古体诗《醉时歌》中的一句：“但觉高歌感鬼神，焉知饿死填沟壑。”句中的“感”字又作“有”，但诗论家认为从音律形象上看，“感”更合适，因为“觉”（古音声母是g）、“高”、“歌”、“感”、“鬼”都是舌根音，用了“有”字就不响亮，与整个诗歌悲慨而豪放的风格不相称。

宋代李清照著名的词作《声声慢》中开头三句：

寻寻觅觅，冷冷清清，凄凄惨惨戚戚。

一连十四个迭字，其声母除去“觅觅”、“冷冷”外，其余都是擦音或塞擦音，齿牙敲击出来的声音，短促而细碎。一读之下，唇齿间仿佛顿生一股凄冷的寒意，令人深切地感受到了女词人在丈夫去世后孤独、空虚、凄凉、悲苦，欲有所求，而又寻觅不得的心境，传神地表现出了词的意境。

类似的语音象征在欧洲语言中也不乏其例。德语中st开头的词音给人牢固、稳定的印象。例如stehen（站立）、stätig（持久、稳定）、starr（僵硬、固定的）；德语中以w开头的词音给人不确定、摇摆、混乱的印象，例如wehen（吹）、wind（风）、wolke（云）、wirren（混乱）、wunsch（希望）。

英国语言学家弗斯曾搜集大量语音象征现象，提出了“phonaestheme”（美学音素，又译“联觉音组”）的概念，即英语中相同语音特征的词往往有相同的语义特征。[1]例如：

fl表示突然发生的动作：flap（拍动）、flare（闪耀）、flush（冲洗）、flick（轻弹）；

-ash表示猛烈撞击：bash（猛击）、crash（撞毁）、smash（猛撞）、thrash（击溃）；

u发[ʌ]音的词表示模糊不清：dull（模糊）、thud（发沉闷的声响）、thunder（雷）、dusk（黄昏、幽暗）、mud（泥浆）；

m表示说不清：mumble（咕哝）、murmur（小声说话）、mutter（轻声细语）；

sl表示否定：slander（诽谤）、slob（衣冠不整、举止粗鲁的人）、sly（狡猾的）；

美国语言学家布龙菲尔德在《语言论》中举出具有语音象征作用的

[1] Firth, G.R. 1930. The Tongues of Men and Speech (1964).O.U.P. 第181～194页。转引自贺川生：《音义学：研究音义关系的一门学科》，《外语教学与研究》2002年第1期。

词首音有：

/fl-/（闪动的光，如flash意为发闪光，flare意为火焰闪闪发光）；

/fl-/（在空中的动作，如fly意为飞，flap意为振翅）；

/gl-/（不动的光，如glow意为发白热光，glare意为发眩光）；

/sl-/（平滑潮湿的，如slime意为粘泥、粘滑，slush意为烂泥、油滑）；

/kr-/（嘈杂的撞击，如crash意为撞坏，crack意为砸碎）；

/skr-/（令人烦躁的撞击或声音，如scratch抓伤、搔声）；

/sn-/（鼻子出气声，如sniff意为用鼻子吸，snore意为打鼾）；

/sn-/（迅速的分开或动作，如snap意为突然折断，snip意为剪断）；

/sn-/（爬行，如snake是蛇，snail是蜗牛）；

/dʒ-/（上下的动作，如jump意为跳，jounce意为振动）；

/b-/（沉闷的撞击，如bang意为碰击、bash意为猛击）等等。[1]

正如黑格尔所说：“（音乐）是在艺术中最不便于造成空间印象的，在感性存在中是随生随灭的，所以音乐凭声音的运动直接渗透到一切心灵运动的内在发源地。”[2]诗歌的情感越充沛、寓意越深远，其乐意也越浓郁，音律形象也越动人。中国古代文学批评家沈德潜对诗歌以声寄意有着深刻的认识：“诗以声为用者也。其微妙在抑扬抗坠之间。读者静气按节，密咏恬吟，觉前人声中难写，响外别传之妙，一齐俱出。”（《说诗晬语》）

二、音象与头韵

刘师培在《论文杂记》中云：“上古之时，未有诗歌，先有谣谚。然谣谚之音，多循天籁之自然。其所以能协音律者，一由句各叶韵，二由语句之间多用叠韵双声之字。凡有两字同母，是为双声；两字同韵，

[1] 布龙菲尔德：《语言论》，商务印书馆1980年版，第304～309页。

[2] 黑格尔：《美学》第三卷上，商务印书馆1979年版，第349页。

谓之叠韵。上古歌谣，已有此体。……双声叠韵，大抵皆口中状物之词，及用之于诗，则口舌相调，声律有不期然而然音。”这说明，双声叠韵的安排是为了在诗歌音律之间谱写一种词与词之间的应和美。

汉语是一种单音节语言，一个汉字就是一个音节，汉语的词也是以单音节为主的。要在汉语的音节之间协调成韵，最自然的方法就是将音节的部分或整体进行重叠。从声母方面来说，汉语中许多双声词就是用声母重叠来和谐音律的。

双声词由声母相同的两个音节组成，这两个音节往往不能各自独立表意，它们在意义上的融合性使得它们在声音上也表现出一种相似性，形同双胞胎，双声就是这种相似性的一种表现。例如，淋漓、匍匐、踌躇、犹豫、慷慨、吩咐、崎岖、惆怅、含糊、仿佛、澎湃、玲珑、流连、恍惚、忐忑、尴尬、褴褛、参差、坎坷、伶俐、倜傥、扭捏、陆离、拮据、辗转、斟酌、蹊跷。

汉语中的一些事物、植物、动物名词也是由双声词组成的。例如，蒹葭、枇杷、琵琶、琉璃、蜘蛛、蟾蜍、饕餮、鸳鸯、喽啰。

在汉语的复合词中，更有大量双声词，如，积极、休息、宝贝、穿插、实施、亲戚、将军、捣蛋、改革、麻木、恼怒、劳累、自在、因缘、究竟、招展、执着、转折、种植、装置、肿胀、挣扎、卓著等。

汉语声母的这种类似头韵（两个或多个单词首字母相同）的音律美学，在古代汉语中早有表现，例如《诗经》中就有“倒之颠之”、“优哉游哉”、“如切如磋”这样间用双声的诗句。在汉语的文学语言尤其是诗歌语言的音律形象的塑造中，双声这种自然的音节和谐律起着重要的作用。它使得语言声情交融，音象和意象互为映衬。

白居易：“田园寥落干戈后，骨肉流离道路中。”（《望月有感》）上句“寥落”双声，下句相同位置的“流离”也是双声，上下应和，渲染对比。杜甫《秋兴》云：“信宿渔人还泛泛，清秋燕子故飞飞。”“信宿”和“清秋”，“泛泛”和“飞飞”，都是双声对双声。

为了塑造音律形象，诗人还会在词与词的句法安排和选择中突出韵律的应和。例如，李商隐《无题》中的“隔座送钩春酒暖，分曹射覆蜡灯红”。上句“隔”与“钩”双声，下句相同位置的“分”与“覆”也是双声，音步首尾错综，互为应和，深化了印象。刘禹锡“梦渚草长迷楚望，夷陵土黑有秦灰”（《松滋渡望峡中》），上句的“梦”与“迷”是双声，下句相同位置的“夷”与“有”也是双声，上下应和，突出重点。

再如现代诗人戴望舒的《雨巷》：

撑着油纸伞，独自
彷徨在悠长、悠长
又寂寥的雨巷，
我希望逢着
一个丁香一样的
结着愁怨的姑娘。

她是有
丁香一样的颜色，
丁香一样的芬芳，
丁香一样的忧愁，
在雨中哀怨，
哀怨又彷徨；

她彷徨在这寂寥的雨巷，
撑着油纸伞
像我一样，
像我一样地
默默彳亍着
冷漠、凄清，又惆怅。

她静默地走近，
走近，又投出

太息一般的眼光
她飘过
像梦一般的，
像梦一般的凄婉迷茫。

像梦中飘过
一枝丁香的，
我身旁飘过这女郎；
她静默地远了，远了，
到了颓圮的篱墙，
走尽这雨巷。

在雨的哀曲里，
消了她的颜色，
散了她的芬芳，
消散了，甚至她的
太息般的眼光，
丁香般的惆怅。

撑着油纸伞，独自
彷徨在悠长，悠长
又寂寥的雨巷，
我希望飘过
一个丁香一样的
结着愁怨的姑娘。

诗中反复运用“芬芳”、“惆怅”、“迷茫”、“彳亍”这些双声词，配合“彷徨”、“忧愁”这些叠韵词，加上词句乃至段落的复沓，使得全诗的旋律回环流畅，把梅雨季节江南小镇的迷离和诗人心绪的迷惘，渲染得朦胧而幽深。

由于汉字的音节特点和字音的丰富的认知理据，汉语文学作品，尤其是古典诗词在经营意象的同时，也为意象刻画出了动人的音律形象。这种声情（意）并茂的现象充分说明了中国语言文字独具的艺术气质，也体现了中国文学深厚的语言底蕴。

英语的语音修辞也有头韵的方法，常见的如first and foremost（首先）、（with）might and main （竭尽全力地）、saints and sinners（圣人与罪人）、（in）weal and （or） woe（无论是福是祸）、friend and foe（朋友和敌人），显然，头韵既优美又好记。因此，在英语文学作品中也屡见不鲜。例如，苏格兰诗人罗伯特·彭斯（Robert Burns）的一首爱情名诗，题目叫“My Love is Like a Red Red Rose”（《我的爱人像一朵红红的玫瑰》），后三个词用头韵的方法重复三个r字母，音韵十分动人。英国小说家简·奥斯汀的两部著名的小说Pride and Prejudice（《傲慢与偏见》）和Sense and Sensibility（《理智与情感》），都用了头韵的方法。日常生活中，人们亦用torn between sense and sensibility来描写坠入爱河的人在理智与情感之间遭受磨难。

英国湖畔派诗人柯勒律治（S. T. Coleridge）在其传世名篇《古舟子咏》（The Rime of the Ancient Mariner）中对头韵的运用更是颇具匠心：

The fair breeze blew, the white foam flew;

The furrow followed free.

We were the first that ever burst

Into the silent sea.

诗中描写船儿驶入太平洋时的情景，反复运用了[b]音、[f]音和[s]音作为头韵，分别象征流水声、微风轻拂之感和静谧安详的意境，不同的头韵交替混合，犹如一曲荡漾起伏的乐曲，与诗中描绘的微波荡漾、轻风拂面、万籁俱寂的画面融为一体，既营造出动人的音乐美，又勾勒出船儿静静驶入大海、驶往远方的优美景象。

第二节　汉字韵母的象征功能

汉字音节中，韵母是能够任意延长的部分。吟诵古代诗词及歌唱的时候，每一个汉字的韵母音调往往构成旋律和曲调的基础，而诗词、歌曲等艺术作品的韵律优美与否，也都要借助于韵母的音乐化来发挥、显现。一般来说，韵母中的舌面前音、舌尖单元音发音响亮清越，其所代表的意义多是欢愉、轻快、悠闲之情；舌面后音发音重浊阴沉，其所代表的意义带有沉痛、暗淡、抑郁之感；鼻化元音发音浑重，体现的常是模糊之意。中国古代文学作品也常常利用汉语韵母的这一特点来实现不同的象征功能。

一、韵母的情感基调

汉语的韵母在象征意义上可以大致分为洪亮、柔曼和细微三类。因而一首诗歌的情感基调往往由其中的韵母所代表的音响形象来决定。这一特点常常表现在诗歌的押韵上。

例如，唐代崔颢抒发思乡怀古之愁情的《黄鹤楼》：

昔人已乘黄鹤去，此地空余黄鹤楼。黄鹤一去不复返，白云千载空悠悠。晴川历历汉阳树，芳草萋萋鹦鹉洲。日暮乡关何处是，烟波江上使人愁。

“楼”、“洲”、“愁”三字的韵母相同，既悠长又柔缓，昔人黄鹤，杳然已去，给人以飘渺茫然的感觉；晴川草树，萋萋无边的景象，对比之下，更加衬托出登楼远眺者的惆怅之绪，诗中韵律也因此而有波澜起伏之势。

杜甫以欣喜若狂的心情写下《闻官军收河南河北》，所用的韵语就洪亮而奔放：

剑外忽传收蓟北，初闻涕泪满衣裳。却看妻子愁何在，漫卷诗书喜欲狂。白日放歌须纵酒，青春作伴好还乡。即从巴峡穿巫峡，便下襄阳向洛阳。

“裳”、“狂”、“乡”、“阳”的韵母都是开口呼，发音时口张大，加上鼻韵母，其音更加洪大响亮，给人感觉更加精神昂扬、奋发，十分贴合杜甫当时的心情。

而随着一首诗中感情的跌宕起伏，韵脚也可以相应地发生转换。例如，韩愈的《听颖师弹琴歌》，前两句形容琴音袅袅升起，用的是圆润之韵：

昵昵儿女语，恩怨相尔汝。

“语”、“汝”二字的韵母分别是撮口呼、合口呼，感情基调是温柔含情的；接着琴音急转激昂，韵脚也换以阳刚之韵：

划然变轩昂，猛士赴敌场。

将士器宇轩昂地奔赴沙场，其势必然充满阳刚之气，于是转用“昂”、“场”二字押韵，感情基调也自然变得威武雄壮、勇猛无惧。

一般而言，声音较洪亮的“江阳”、“中东”、“言前”、“人辰”、“发花”等韵适于表现明朗、热烈、雄壮、激昂、高亢的情绪；“一七”、“姑苏”、“油求”等韵则适于表现柔和、深沉的情感。但这并非绝对，要视具体情境而定。[1]有的诗歌用中东韵、人辰韵、江阳韵表达高昂雄壮的感情，有的诗歌用中东韵传达感伤、哀婉的感情。但这都充分说明汉字韵母与感情色彩的象征关系。

英语的元音也有一定的语音象征功能，但它不是联系特定的情感基调，而是联系特定的词义。例如：

-ee表示小，出现-ee的词往往有“小”义：wee（小）、teeny（小小的）、peep（吱吱叫）、seed（种子）、peek（一瞥）。

-le表示小、微，出现-le的词往往有微小的意思：bubble（泡）、needle（针）、nibble（小口咬）、pebble（小圆石）、feeble（微弱的）、pimple（丘疹）、wiggle（扭动）、tingle（刺痛）、little（小）、beetle（甲虫）。

短元音＋k结尾往往表示突然发出的动作或声音。例如，click（卡哒声）、cluck（咯咯声）、crack（劈啪声）、flick（轻击声）、tick（滴

[1] 余铨：《歌词创作简论》，上海文艺出版社1980年版，第118页。

答声）、whack（重击声）、hack（劈）、kick（踢）、peck（啄）、prick（一戳）、nick（擦伤）。

丹麦语言学家奥托·叶斯帕森曾指出在许多欧洲语言中带元音i的词往往有小、微、弱的意思。例如英语的little、petit、piccolo、wee、tiny，但英语中也有反例，如big表示大而small却表示小，thick表示厚、而粗thin却表示薄、细。[1]但这只能说明语言中以声象意作用不能绝对化，具有相对性，并不能否定特定语音的象征作用。

美国语言学家布龙菲尔德认为英语词中的/-awns/往往表示迅速的动作，/-im/往往表示小的光或声音，/-amp/形容拙笨的，/-et/表示细碎的动作。布龙菲尔德还发现在"不同词根的成分中间"，有"显而易见的语音语义相似处"。[2]他还指出："在日尔曼诸语言中，词根的变化，不管有没有词缀似的规定成分，都出现在带有形象色彩的词里，例如flap（平打，拍击），flip（轻打，用指头弹），flop（重摇，重跌）。假设我们把flap作为这个词根的基础形式，我们就会把flip、flop当作派生词来描写，派生词是利用/i/（较小，较轻巧）的代替和/o/（较大，较呆笨）的代替所构成的。""就英语中的形象性的词来说，词根的复杂形态结构更加明显；……强烈的、形象性的含义是和这种结构有联系的。"[3]

从上面的论述可以看出，汉语韵母的音象往往与特定的情感类型相联系，英语某些元音的音象与特定的语义相联系。相对来说，英语元音的语音象征是局部的、有限的，含义较为确定；而汉语韵母的语音象征是成系统的，含义的界定较为灵活。

二、韵母的节奏应和

1. 句中的韵母应和

在中国古典诗歌中，叠韵同双声一样，不仅是一种词法现象，而且

[1] Otto Jesperson: Language: Its Nature, Development and Origin, George Allen & Unwin Ltd, 1922-1954, pp. 396～397. 转引自石安石《语言符号的任意性和可论证性》，《语文研究》1989年第4期。

[2] 布龙菲尔德：《语言论》，商务印书馆1980年版，第304～309页。

[3] 布龙菲尔德：《语言论》，商务印书馆1980年版，第304～309页。

是一种句法现象。为了塑造音律形象，古代诗人常常有意在词与词的句法关系中突出韵律的应和。于是，韵母的重复便成为句子首尾照应的一种方式。例如，“疏松影落空坛静，细草香闲小洞幽”（韩翃《同题仙游观》）。上句“松”和“空”，一为音步尾，一为音步首，成叠韵之对；下句“草”和“小”，一为音步尾，一为音步首，也为叠韵，上下应和。唐代刘长卿《别严士元》的“细雨湿衣看不见，闲话落地听无声”两句，上句的“看”和“见”与下句的“听”和“声”，也属句际音步的韵母应和。再如唐代刘禹锡的《松滋渡望峡中》有这样两句：“梦渚草长迷楚望，夷陵土黑有秦灰。”其中上句音步尾字“渚”、“楚”与下句音步尾字“陵”、“秦”叠韵应和；上句音步尾字“长”、“望”与下句音步尾字“黑”、“灰”也是叠韵应和。

句际的非音步应和也很常见。白居易的《故衫》中有：“袖中吴郡新诗本，襟上杭州旧酒痕。”上下句的“袖”对“旧”，“新”对“襟”。柳宗元《登柳州城楼》的“惊风乱飐芙蓉水，密雨斜侵薜荔墙”中，上句“风”、“蓉”与下句“密”、“薜”也是叠韵相和。

还有一种韵母的应和方式很特别，是在每一诗句之中字字叠韵。例如，唐代陆龟蒙有一首《叠韵吴宫词二首》：

肤愉吴都姝，眷恋便殿宴。
逡巡新春人，转面见战箭。
红栊通东风，翠珥醉易坠。
平明兵盈城，弃置遂至地。

宋代黄春伯也曾做过一首《戏联叠韵体》：

两桨往莽苍，弓蓬穷空濛。
伛偻苦怒雨，穷窿通雄风。
美茝迤丽紫，丛枫朦胧红。
彼美绮里子，终同隆中翁。

这种叠韵体诗中，每一句的每一个字都押相同的韵，每一句的韵母都有改变。这种押韵方式当然不合常规，所以黄春伯的诗题中有“戏”字明示。然而即使是这样一篇戏作，于诗歌的意蕴、情调而言，却并没有受到丝毫影响。这既可见诗人的高超技巧，更可见汉语字音在文学作品中组建音韵美与意韵美的张力。类似的叠韵体在元曲中也有，这种元曲叠韵体，每一句中除了韵脚，其余各字均用叠韵字。例如，黑老五散套《集中州韵》【粉蝶儿】："从东陇风动松呼，听叮咛定睛睁觑，望苍茫圹广黄芦。却樵夫，遇渔父，递知机携物。便盘旋千转前湖，看寒山晚关滩渡。"曲中也几乎是每一句中的每一个字都押同一韵，读来却并不因韵母的重复而觉紧张、单调，反而平添了一种苍茫、寥廓的意境。

英语中也有谐元韵（Assonance）的现象。例如，一则广告词"Never late on Father's Day"，其中late和day中的两个元韵/ei/就表现出一种和谐的音乐美。雪莱（Shelley）的经典诗歌《无常》（Mutability）中出现了众多谐元韵，如：

Whilst skies are blue and bright,
Whilst flowers are gay,
Whilst eyes that change ere night,
Make glad the day;
Whilst yet the calm hours creep,
Dream thou and from thy sleep,
Then wake up to weep.

bright和night押谐元韵/ai/，gay和day押谐元韵/ei/，creep, sleep和weep押谐元韵/i：/。再如丁尼生的《Crossing the bar》（过沙洲）：

Sunset and evening star,
And one clear call for me!
And may there be no moaning of the bar,
When I put out to sea.

But such a tide. As moving seems asleep,
Too full for sound and foam,
When that which drew from out the boundless deep,
Turn again home.

……

star和bar、me，sea，asleep和deep、foam和home分别押谐元韵/aː/、/iː/、/əu/。不同的谐元音交替使用，产生了强烈的音韵美。

2. 叠韵词

同用声母重叠的方法来构造韵律和谐的双声词一样，汉语用重叠韵母的方法形成了独具音韵美的叠韵词。例如，烂漫、傀儡、腼腆、从容、葱茏、葫芦、糊涂、灿烂、蜿蜒、苍茫、朦胧、苍莽、邋遢、罗嗦、怂恿、崔嵬、峥嵘、徘徊、荡漾、汹涌、咆哮、彷徨、憧憬、缥缈、孤独、骆驼、婆娑、馄饨、徜徉、伶仃、妖娆、蹒跚等。

叠韵词和谐悦耳、琅琅上口，令人心情愉悦，在汉语诗歌中使语意内涵丰富多彩，声韵对应齐整，并平添几分绚丽与神秘。早在《诗经》中，古人就已创造大量的叠韵词，如窈窕、绸缪、蜉蝣、皋陶、夭绍、逍遥、扶苏、仓庚、差池、婆娑、蜾蠃、婉娈、螟蛉、栖迟、崔嵬、匍匐、菡萏等等，来表达汉字音韵的动人之美，产生了如“窈窕淑女，君子好逑”、“如切如磋，如琢如磨”、“绸缪束薪，三星在天”、“舒夭绍兮，劳心惨兮”、“不绩其麻，市也婆娑”、“燕燕于飞，差池其羽”、“山有扶苏，隰有荷华”、“螟蛉有子，蜾蠃负之”、“衡门之下，可以栖迟”、“陟彼崔嵬，我马虺隤”、“凡民有丧，匍匐救之”这样流传千古的词句。

到了楚辞中，这种叠韵词的运用就更加多样了。“溯高风以低徊兮，览周流于朔方。”（《楚辞·九叹》）“聊仿佯而逍遥兮，永历年而无成。”（《楚辞·远游》）

唐代诗人杜甫很擅长在诗中运用叠韵增强诗句的音节谐和。例如：“穿花蛱蝶深深见，点水蜻蜓款款飞。”（《曲江》）又如：“怅望千秋一洒泪，萧条异代不同时。”（《咏怀古迹》）李白的诗句“西峰峥嵘喷流泉，横石蹙水波潺湲；东崖合沓蔽轻雾，深林杂树空芊绵”（《当涂赵炎少府粉图山水歌》），也在句际运用叠韵来增强音律效果，而且其所对位置进一步复杂化了。

汉语叠韵词节奏感强的音乐美和它言浅意深、表现力强的特点，增强了诗歌的情感与意蕴的表达。无独有偶，英语中也有叠韵词（reduplications），借助元音部分发音的一致或近似，它们也可用以强化语调节奏的和谐。英语叠韵词可以分为两类。一类是元音相叠，像汉语叠韵词那样变化起首辅音，重复元音的。如：

hodge-podge 五花八门　hob-nob 关系密切　mumbo-jumbo 神秘的力量

lovey-dovey 卿卿我我　razzle-dazzle 闹哄哄　helter-skelter仓促忙乱的

wheeler-dealer 长袖善舞的人　pell-mell 乱七八糟　hurly-burly 吵吵闹闹

shilly-shally 犹豫不决的　handy-dandy 猜猜看游戏　rag-tag 下层社会

hurry-scurry 慌张的　higgledy-piggledy 混乱的　namby-pamby 矫饰的

hurdy-gurdy 手摇风琴　boogie-woogie 布吉伍吉舞

另一类是元音相和，即首尾辅音不变，元音i和a相和。如：

zig-zag 曲折的　flim-flam 扯谎　tittle-tattle 闲聊　zip-zap 有活力

knick-knack 小玩意儿　ficto-facto 事实上　drizzle-dazzle 毛毛雨

dilly-dally 吊儿郎当　click-clack 用算盘计算　riff-raff 乌合之众

jingle-jangle 发丁当声　fiddle-faddle 琐碎无聊的　chit-chat 聊天

还有元音i和o相和的，如：

tip-top 一流的　flip-flop 颠三倒四

criss-cross 纵横交错的　niddle-noddle 不断点头

三、韵母的衍声象意

汉语的韵母还有“衍声象意”的功能，即同一语源派生出来的词，意义相近，韵母相通。这一功能是人类应对纷繁的世象和丰富的情感而趋向于同构对应的思维理据方式所致。同源字（词）是最具代表性的一种以语音的细微差别表示相近、相关的几个概念的造字现象。今天的人仍然可以“因声探源”，从读音相近或相似的同源字中寻找到一些字义之间的联系。

沈括的《梦溪笔谈》卷十四提到：“王圣美治字学，演其义以为右文。古之字书皆从左文。凡字，其类在左，其义在右。如木类，其左皆从木。所谓右文者，如戋，小也。水之小者曰浅，金之小者曰钱，歹之小者曰残，贝之小者曰贱。如此之类，皆以戋为义也。”同时代的张世南、王观国、王安石等人受其影响，也提出了类似的见解。

例如，“缺”指器皿有缺口，“决”指水有了缺口，“玦”是有缺口的圆形佩玉，“阙”是古代皇宫大门前两边供瞭望的楼。这四个词共同的深层含义“缺口”就是由共同的韵母/ue/来传达的。在汉语单字词中，韵母往往含有语源的信息。我们再来看一些例子：

“包”、“胞”、“保”、“抱”、“褓”，声韵母都相同，含有共同的包裹、裹束的意思。

“登”、“凳”、“升”、“蒸”、“腾”、“乘”，韵母相同，含有共同的升高的意思。

“倚”、“椅”、“衣”、“依”、“披”，韵母相同，含有共同的附着的意思。

“轮”、“沦”、“论”、“伦”，声韵母相同，声旁都是“仑”，“仑”的含义是将某物按一定规则和顺序排列，于是这些字也都具备了有条理、有伦次之意。

“二”由数目引申为成双成对之物，产生了“耳”、“而”（颊毛），继而产生你我相对时的称呼“尔”。与此相关，耳朵上的配饰之玉也叫“珥”。古时候，牛只、马匹都是重要的财产和工具。于是，古人日常生活中最常用的数字便依据牛只、马匹的年龄、数量等，而产生了衍声象意的作用。如，两岁之牛称“牛贰”，三岁之牛称“牛参”，四岁之牛称“牛四”，驾驶三匹马叫做“骖”，驾驶四匹马叫“驷”，八岁之马叫“马八”。

最有趣的是以色泽之同衍声象意的类推方式。例如：

黑色写做“卢”，也写做“黸”。于是，黑土叫“垆”，黑狗叫“獹”，黑橘子叫“栌”，黑水叫“泸”，黑鱼叫“鲈”，黑鸟叫“鸬”，黑色的玉叫“瓐”，眼珠因为是黑色也叫“矑”。

以红色为例。红色也写做“赮”，红色的云叫“霞”，红色的玉叫“瑕”，红色的马写做“騢”，红色的水中小虫写做“鰕”，也作“虾”。

再以白色为例。白色的鸟写做“白隺”，白色的牛写做“牛隺”，白色的禽写做“鹤”，额头为白色的马叫做“马隺”。

应该指出的是，“因声探源”的方式也不是绝对的，任何一种类推，都有可能出现例外。据《宋史·王安石传》载：“初，安石训释《诗》、《书》、《周礼》，既成，颁之学官，天下号曰‘新义’。晚居金陵，又作《字说》，多穿凿附会，其流入于佛、老。一时学者无敢不传习，主司纯以取士，士莫得自名一说，先儒传注，一切废而不用。”王安石的《字说》共二十卷，几乎都是用“右文”说字，这就使得“右文说”难免走到牵强附会的极端上去了。但是，右文说在训诂学上仍然具有很高的价值，从宋以后到清代乃至今天，仍有很多学者在利用类似方法以简驭繁，“因声求义”，走出了一条“字族”或“词族”的研究道路。[1]这足以说明，同源字（词）确实是人类各种语言中的普遍现象。例如，英语的shirt（衬衫）和skirt（裙子）元音相同，它们都是从原始印欧语的词汇*sker-衍生而来的。我们在英语词汇中也能看到特定“声象”和特定的“意象”联结的现象，即衍声象意。例如以下几组：

（1）tumble（跌倒）、stumble（绊倒）、fumble（摸索）、jumble（杂乱的一堆、混乱）

（2）fiddle（胡乱摆弄）、twiddle（旋弄、摆弄）、diddle（瞎摆弄）

（3）bustle（忙乱）、hustle（奔忙、催促）、rustle（急忙行动）、tussle（争斗、争辩）、wrestle（搏斗）、hassle（争论、扭打，19世纪出现的新词，仿上述词而造）

（4）jungle（丛林）、tangle（乱糟糟的一堆、混乱）

（5）chump（木块、大块肉片）、hump（隆起、驼背）、rump（尾部）、mump（咕哝）、lump（肿块）、dump（垃圾堆）、stump（残株、树桩）、thump（重击）、bump（碰撞、颠簸）

（6）strap（捆扎）、wrap（包，捆）、lap（包，捆）、frap（用绳扎紧）

（7）babble（唠叨）、gabble（唠叨，急促不清）

[1] 参见陈会兵《汉语的音义关系与造词、用词和解词》，《汉字文化》2004年第2期。

（8）whack（使劲打）、attack（攻击）、smack（掴，拍）、hack（劈，砍）

（9）smash（粉碎）、pash（打碎）、bash（猛击，打坏）、mash（捣碎）

（10）ben（内室）、den（兽穴）、pen（畜栏）、ken（狗窝）

……

由一源而派生众流，同构类推，字（词）音的理据环环相因，或奔腾不息，或迂回曲折，几乎没有穷尽。这就是衍声象意的思维方式为字、词的孳乳繁育创造的充满原始想象力的条件。

第三节　汉字一字多音的文化整合功能

汉字的一字多音现象，既有历时的原因，又存在共时的因素。汉字存在了三千多年，其间不只是形体历经了多次的演变、整合，其音读也因历史的变迁、地域的阻隔而发生了种种变异。形体的改变尚有迹可循，而语音这种稍纵即逝、靠空气传播的声响，在录音仪器尚未问世的古代，没有留存的可能性。那么，作为非拼音文字的汉字，如何依靠音读来展现其演变的历史、文化的内蕴呢？

一、汉字对历史音读的包容性

语音是随着社会的发展而缓慢变化着的。西方语言是拼音文字，可以用字母记录语音；语音改变了，词语的拼写方式也会相应发生变化。因为不以字母记音，汉字无法准确记录语音在历史上的种种细微变化。但汉字与拼音文字最大的不同是，汉字的形体变化极小，意义相对稳定。莎士比亚四百年前创作的诗文，在今天的英国人眼中已成古文。而两千多年前先秦诸子的论著，中国人至今也多能大致读懂。因此，从这一层面上看，汉字的读音无论是正读，还是误读，都不会遮蔽其基本意义。汉字对于各个时期的历史音读有着巨大的包容性和时间穿透性。它的“音变形不变”实际上成为了一种得天独厚的优越性，对于民族的凝聚、国家的统一、文化的承继起着至关重要的作用。

1. 汉字对古今语音的包容

作为世界上最古老的文字之一，汉字在历史上的读音演变堪称巨大。现在的标准汉语——普通话的语音，与周秦两汉时期的上古语音有巨大的差异；与隋唐时期的中古语音相比，几乎一半以上的汉字读音都发生了改变；再与元明时期的近代语音对照，差异仍然巨大。这从现代日语中一些同形同义汉字词的读音可见一斑。而古诗的韵律更可以说明这个问题。以唐代杜牧的《山行》为例：

远上寒山石径斜（xie），
白云深处有人家（jia）。
停车坐爱枫林晚，
霜叶红于二月花（hua）。

用现代语音读这首诗，xie和jia、hua并不押韵。这是因为“斜”在唐代读做sia（s为浊音），在当时自然是押韵的。再以杜甫的《禹庙》为例：

禹庙空山里，秋风落日斜。
荒庭垂桔柚，古屋画龙蛇。
云气嘘青壁，江声走白沙。
早知乘四载，疏凿控三巴。

诗中的韵脚字“斜”、“蛇”、“沙”、“巴”，按现代普通话发音同样不押韵，但它们在唐代却属于同一个韵部，韵母都是a。我们既可以按照古音去诵读这些佳作，也可以用现代读音去领略诗中意境，绝不会因为语音的改变而阻碍我们对诗歌意韵的欣赏。这是汉字在时间上的强大恒定性和包容性。

当然，汉字这种历时的包容性难免会产生误读的现象。清代文人梁绍壬的《两般秋雨盦随笔》中有一篇名为“寻常音误”的短文，提到了汉字误读的现象[1]：

寻常之字，本有专音，古昔之文，或多假借，而习焉不察，信口讹传，未免伏猎金根，贻讥大雅，连蜷雌霓，见笑文人。

梁绍壬在文中列举了大量误读的字词，其中相当一部分在今天已经成为正确的读音了。比如："潢汙，积水也。潢，音横，误作黄"；"峥嵘，山峻也。音橙宏，误作争荣"；"滑稽，诙谐也。滑音骨，误作猾"；"隽永，言有味而长也。隽，前上声，误作俊"；"神荼郁垒，门神也。音伸舒郁律，误作本音"；"暴露，显露也。暴，音卜，误作抱"；"粮饷，军食也。饷，商去声，误作响"；"土著，土人也。著，音酌，误作注"；"口吃，口不便言也。吃，音格，误作喫"；"睚眦，目相忤也。音爱蔡，误作涯疵"；"斡旋，转圜也。斡，音握，误作幹（今读做握）"；"孤鹜，鸟孤飞也。鹜音木，误作务"……在这些误读的字词中还有大量地名和人名，比如阌乡（陕州县名）、鄜州（地名）、朱提（古邑名）、曲逆（古邑名）；郦食其（汉代人名）、宓子贱（春秋人名）、今日磾（汉代人名）、万俟卨（宋代人名）、李阳冰（秦代人名）、樊於期（燕国人名）、谷蠡（匈奴王名）、吐谷浑（异族人名）、嫪毐（秦代人名）等等。能够准确读出这些名称的人直到今天也不多。

上述现象应该从两方面来看：一方面，语言是为交际需要而创造出来的，其形成、发展都有一个约定俗成的过程。构成语言的各个要素如文字形体、文字语音等，自然会随着社会的发展而不断变化。上文中梁绍壬所举各例说明，某些字、词的读音即使在约定俗成之后，也有可能因字形或偏旁读音而转向错误的方向，继而以讹传讹，谬误成了真理。而本来正确的读音，却被历史地遗忘了。就如"峥嵘"、"滑稽"、"土著"、"口吃"、"睚眦"、"孤鹜"、"斡旋"等词的读音，如今已成大多数人的共识，倘若读做梁绍壬指正的读音，恐怕难免造成新的混乱。类似的例子还有："身无长物"的"长"，原读zhǎng，现在多读cháng；"叶公好龙"的"叶"原读shè，而现在普遍读为yè；"切中肯綮"中的

[1] 参见詹克明《石影水声访汉字》，《解放日报》2003年3月31日。

“肯”原读kǎi，现读kěn等等。只要汉字的形体不变，无论语音如何讹变，始终不会改变字词的语义在历史中的传承。这是汉字独特的包容力所致，很难简单地以真理或谬误加以评判。但另一方面，古代诗文中表示人名、称呼、地名或国名的词语，多是根据当时各民族语音或各地方言语音进行音译而保留至今，所以仍应以古音为标准，才不致使具有特殊历史意义的专有名词失去原本的面貌。例如，上文中的人名“郦食其”应读做lì yì jī，“万俟卨”应读做mò qí xiè，“樊於期”应读做fán wū qī，“吐谷浑”应读做tǔ yù hūn；地名“阌乡”应读做wén xiāng、“鄜州”应读做fú zhōu、“朱提”应读做shū shí。

2. 汉字对异族语音的包容

中国是个多民族的国家。不同民族间的友好交往、战乱纷争所造成的民族迁徙的历史，在语言中往往会留下蛛丝马迹。比如，西晋被灭、唐代安史之乱、北宋灭亡等几个历史时期，中国的土地上都曾经发生过大规模的人口迁徙。北方人口大量南迁，游牧民族则大举入主中原，不同民族在杂居、融合的过程中，语言也在发生着种种的杂交与混合。这种现象突出地表现在人名、地名及物质文化词语方面。

尽管历史上北方游牧民族多次凭借强悍的武力征服过华夏中原的广大地区，但其文化上却并不占优势。因此，在与汉民族的语言文化接触过程中，少数民族与汉族都有互相改用对方名字的倾向，但其中以少数民族改用汉族姓名者居多，即少数民族的多音节姓氏往往被单音节的汉族姓氏同化。“秦始皇统一中国也统一了华夏、东夷、荆蛮、百越、三苗五个族系，促成了各民族之间的大融合。汉武帝赐匈奴休屠王姓金，匈奴人纷纷弃原姓改汉姓。刘、卜、乔、康等姓都有一些分支源于少数民族。北魏孝文帝本为鲜卑族，下令将144个鲜卑姓改为汉姓。唐朝盛世有外邦异族前来朝供，国姓李氏被冠于异帮首领原名之前以示尊荣，族属士民争相效仿，以李为姓。五代十国时的少数民族国君皆为少数民族，后唐李存勖、后晋石敬瑭、后汉刘知远从其姓名上已难见祖先血脉。金代完颜氏主动改成王姓，朝野闻风而动，至金末有31姓换成汉家招牌。元代末，大批蒙古族人定居内地而汉化，也有少数汉人追随皇室返回漠北草原而蒙化。明朝朱元璋先是大赐外族人以汉姓，继而下诏命外族人改用汉姓，赐本无姓氏的傣族贵族为刀姓，维吾尔族的哈巴十平定湘西土司叛乱后被赐为翦姓，促使回族人依经名译音取汉姓。满族深受汉文化影响，清初就有不少人改成汉姓，或多音节改为单音节、或在原名中取谐音或意译，如满族八大姓在关内的基本上改为金、王、佟、关、马、李、舒、齐、富、那、费、郎、溥等姓。汉傣通婚出现固、刘姓，汉瑶通婚出现冯姓，汉族男子做瑶家招郎婿的后代为谢、韦、谭等。"[1]

东北在历史上曾经是满族的原居地，许多地名都源于满语，如"吉林"就是满语音译，意为"沿江的地方"；黑龙江的"依兰"是满语"三"的音译，因为此地曾生活过三个部落。一些河流的名字如"松花江"也源于满语，松花江在满语中的发音为"松加乌拉"，"松加"意为"天"，"乌拉"意为"河"，因为松花江发源于高耸入云的长白山。所以，"松花江"是"松加乌拉"的音节缩略后加上汉语通用词的结果。

元、明、清三代，北京均为首都，多民族杂居交往，在地名中留下了颇多民族间交往的痕迹。京、津一带常见的通名"胡同"一词即来源于蒙古族语的音译。蒙语中的"胡同"意为水井，北京街市中许多有水井的地方就以胡同作为地名通称，比如，沙拉胡同、牛录胡同等，而"沙拉"、"牛录"则是满语音译，意思分别为制珊瑚和官职名，因为这两个地方曾经分别是珠宝市和清军驻地。这类混合地名还有北京的哈德门、什刹海、中南海等，"哈德"是指元代蒙族人哈达大王，他所住的地方就叫"哈德门"；"海"则是蒙语中湖泊、水潭的意思，并非汉语中"海"的概念。

借助汉字的形体，我们今天已经很难察觉上述人名、地名、物名的来源了，这也是汉字包容力巨大的明证。

二、汉字对区域读音的包容性

秦始皇统一中国以前，中国的疆域内还是诸侯割据、分封而治的局

[1] 郭志康：《简明中国姓氏考》，作家出版社2007年版。

面。诸侯国之间的隔阂不仅仅限于风俗、文化的差别，更在于语言文字的差异。各族、各地之间的语音如同“外语”，连汉字的书写方式也存在较大差异。这种现象到了战国时期尤其明显，同一个字在不同国家、地区有不同的写法，各国在相对封闭的地域内流行着本地区的俗体字。秦始皇统一天下之后，消灭了与秦文字不同的东方文字，使小篆成为全国统一的标准字体，其后又发展为书写更加方便的隶书。从此，文字不再是地域之间沟通的障碍，反而成为地域语音差异的最大包容体。这种现象一直延续到今天仍然没有改变。甚至在汉字圈的国家之间，尽管语音的差别远远超越国内方言间的差异，但借助汉字，不同国家的人们也有相互交流的可能。这正是汉字巨大的空间涵盖性。

1. 汉字对文白异读的包容

汉语是世界上方言分歧最大的语言之一。方言分歧最突出的表现是语音差异，但汉字是只表意、不表语音的，既不受历史音变的影响，也不受地域、方言的影响，是超时代也是跨地域的。而汉字在各方言中的文读音，是维系汉语内部一致性的重要因素。

“文白异读”是汉语方言的普遍现象。以闽语和吴语中的文白异读居多，其他方言如北方方言、客家话、赣语、粤语中也有一定比例。徐通锵先生指出：“大体说来，白读代表本方言的土语，文读则是以本方言的音系所许可的范围吸收某一标准语（现代的或古代的）的成分，从而在语音上向这一标准语靠拢。”[1]也就是说，方言中的白读字，是保留原本读音的字；而文读字则是随着唐代以后科举制度的确立而形成的类似当时官话读音的字。由于中国历朝历代的政治文化中心大都位于北方，许多文化产品如典章制度、官方韵书、文学作品等均以北方方言创作，并广为流传，这就使得官话，即官方读音广受重视，加上历代读书人求功名心切，读书、作文都以官话读音为标准，这样就在不同方言区渐渐形成了文白两种读音。一般而言，方言地区固有词汇、物质词汇、日常行为词等多用白读，正式场合所用词语、术语、成语、专有名词、

[1] 徐通锵：《历史语言学》，商务印书馆1996年版，第349页。

姓名等则多用文读。以上海话为例：

汉字	文读	白读
人	[zəŋ] 人民	[ɲiŋ] 老人
大	[da] 大衣	[du] 大人
生	[səŋ] 生物	[sʌŋ] 生熟
物	[vəʔ] 事物	[məʔ] 物事
家	[tɕia] 家庭	[ka] 家生
日	[zə]日本	[niə]日子

刘勋宁于2003年指出："汉语之所以会形成这样一个字形有多种读音与之匹配的情况，这与它的文字性质有关。汉字是表义文字，以义统音，所以可以超方言，超古今，甚至超语言。举例来说，'学'可以念xue，可以念xiao（北京土话），可以念[úo/]（苏州），可以念[hk]（广州），也可以念gaku（日语音读）和manabu（日语训读）。……"[1]他在1991年还指出："汉语方言中普遍存在着所谓的'文''白'异读，在我们看来，这不仅是书面语和口语形式的差别问题，也不止是方言互相影响和渗透的结果。它应当说是由汉语特殊的语言文字关系以及特殊的中国式的标准语与方言间的关系造成的。"[2]以北方话为基础的文读音通过历朝历代的选官制度、科举制度以及官方或民间教育制度的发展、渗透，在各地方言里越来越发达，以致与白读音一起在方言中共同担负了不同的语言功能与文化功能，成为同一个汉字外壳包容下的两套读音体系，无法相互替换，也不必相互取代。因为文白异读的语音现象中，积淀了许多历史层次的读音，对于研究和考证汉语语音的历史演变具有十分重要的价值。

2. 汉字对方言词语的包容

中国地域辽阔，时空上的巨大跨越造成了语言的复杂多样。当然，

[1] 刘勋宁：《文白异读与语音层次》，《语言教学与研究》2003年第4期。

[2] 刘勋宁：《文白异读与语音层次》，《语言教学与研究》2003年第4期。

这种多样性主要表现在语音上的差异。各地方言所依据的语言符号——文字及语法、词汇构成法是基本上一致的。从这个角度上讲，方言之间，方言与共同语之间仍然可以互相沟通，甚至相互影响。

普通话为了丰富自己的词汇，往往会从其他方言中吸收一些具有丰富表现力的词语。比如粤语中的各类时髦的词语：够（够威、够力）、劲（劲歌、劲舞）、云吞（馄饨）、派对（舞会）、芝士（奶酪）、拍拖（谈恋爱）、爹地、妈咪、靓妹、煲汤、发廊、的士、巴士、买单、爆棚（爆满）等；北京话中的“太棒了”、“盖帽儿”、“绝活儿”、“哥们儿”、“姐们儿”、“娘儿们”、“大腕儿”、“款爷”、“拉倒”、“装蒜”、“砸锅”、“念叨”、“屁颠屁颠儿”等；上海话中的“作”（念zhuo音）、“阿拉”、“瘪三”、“蹩脚”、“噱头”、“龌龊”、“拆烂污”、“搭界”、“尴尬”、“掏浆糊”、“十三点”等。

普通话中很多地名通用词是从方言中吸收的。如表示河流的“溪”、“浦”、“港”等词，过去只在福建、浙江、苏南、上海等地通用，北方很少见。表示路名的“里”、“弄”、“巷”、“胡同”等词的词义基本接近，但“里”、“胡同”为北方城市多用；“巷”为南方城市多用；“弄”（里弄、弄堂）则为江南及上海一带专用；“坊”、“口”、“条”也多在北京一带使用。通名的这种区域性特征的形成，很大程度上是跟各地方言的发音有关，如福建闽南地区多厉石，常以石筑屋。这一带方言称石为“厝”，故常以“厝”为通名，如陈厝、王厝、朱厝、魏厝；广东方言称小河为“圳”，以“圳”为通名的地名也很常见，如深圳、三圳、梅圳；“甲”是台湾测量土地面积的单位，故当地乡村中以“甲”为通名也很常见，如一甲、二甲……五甲、六甲……。此外还有“寮”（小屋之意）、“凼”（田地里沤肥的小坑）等通用地名，都是广东西部一带的方言用语。

以方音为基础的方言进入普通话后，语音会发生讹变，如人们非常熟悉的老公老婆的“老”字就来自广州方言。清代徐珂《清稗类钞·广州方言》中提到，“老”字在广州话中读做“鲁”，意为正式夫妻。进入普通话之后就讹变成“lǎo”音了，并且成为全民通用的口头语。当今人们十分熟知的“二奶”其实也是广州话“阿奶”一词的套用。广州方言称妾为阿奶，如果有多名小妾，那就可以依次称为“二奶”、“三奶”、“四奶”……很多被吸收进普通话的方言词，往往因此产生了多音异读的现象。例如，“拆”字在吴方言里读做cā，普通话在吸收“拆烂污”一词时，便吸收了近似吴语发音的cā，这样“拆”就有了两个读音，普通话读chāi，方言音则为cā，这就造成了多音字。类似现象还有“弄”，普通话读做nòng，方言读做lòng，用于小巷名；“拽”，普通话读做zhuài，方言读做zhuāi，指胳膊有毛病，不灵活或扔、抛之意；“赚”，普通话读做zhuàn，方言读做zuàn，骗人的意思；“嗑”，普通话读做kè，方言读做kē，出自口头语“唠嗑”，聊闲话的意思。这样一来，同一个汉字实际上包含了普通话标准音与方音两种读音。[1]

传统的中国社会地域间差异巨大，地理气候、经济形式、文化生活、风俗习惯等迥然相异，语言在这样的环境中独立发展。如果是拼音文字的话，也许几百年之后，方言之间的关系就变成了真正的外语。正是汉字这样一个独特的文字系统，帮助中国在政治上维持了长久统一的局面。当年，马可波罗在游记中曾经描绘过南蛮之地的南宋，与北方各族说着不同的“语言”，却使用同一种文字的奇特现象。这正说明了汉字的凝聚力和稳定性。没有汉字，也就难有统一的中国。因此，汉字对于中国政治、经济、文化的统一，功不可没。

第四节　汉字的谐音妙用

古代汉语以单音节为主，一个汉字就是一个词或词素，承担着形、音、义三项功能。即使在双音节词语占多数的现代汉语中，承担表义功能的字和词素仍然是以单音节为主体的。这就为各种修辞方式提供了极为有利的条件。通过最大限度地调动语音因素，汉字的同音相谐、多音

[1] 参见刘春丽：《汉语多音字成因简析》，《黑龙江教育学院学报》2008年第6期。

妙用，在诗歌、词赋、联语、歇后语、广告用语、网络用语等创作领域中，表现出极大的艺术魅力。

一、一音多字引发的修辞趣味

汉字的字音由声、韵、调三个部分结合而成。21个声母与39个韵母形成了400多个音节，每个音节有四个声调。这样一来，汉字的音节总数就达到了1600多个，但其中真正使用的音节只有1300多个。用这有限的1300多个音节去表达全部的汉字语素的发音，意味着大量音同、音近的字、词的存在。汉民族从中发现并充分利用了“一音多字”的修辞趣味。有一则流传于民间的故事可以说明这一点：

有个地主良心很坏，他对自己雇的长工说：“一个月工钱给你一两九。”长工辛辛苦苦地干了一个月，准备向地主要工钱时，地主却递给他一杯酒。长工不要喝酒，只想要工钱。地主却说：“咱们说定的是一月工钱一两酒，这杯酒足足一两啊！”长工一听，明白自己遭了暗算，决定给地主颜色看看。一个月后，种麦时节到了，长工对地主说：“我去地里撒一两麦种吧。”地主说：“几十亩地，撒一两怎么够？”长工说：“那么就撒三百九十九斤九吧。”地主点头同意了。两个月后的一天，地主经过自家的麦地，见地里半根麦苗也没长出，气得发了疯。他火冒三丈地去找长工算账。长工捧出空酒坛说：“咱俩说定的，要撒三百九十九斤酒啊，这酒窖里的酒正好撒完啊！”[1]

地主利用“九”、“酒”同音，暗算了长工，赖掉了工钱，想不到长工也以其人之道还治其人之身，同样利用“九”、“酒”谐音报复了地主。地主的酒撒光了，麦田也颗粒无收，可谓搬起石头砸了自己的脚。

1. 谐音双关在文学中的妙用

汉字字音的谐音现象与汉民族在《诗经》中确立的比附思维有着密切关系。同音现象出现在具体语境中，以此物比彼物，以具体形象比喻抽象事物或难以直接言表的事物，可以起到独特的表达效果，是汉民族

［1］用例参见耿宪江：《说谐音双关》，《烟台大学学报》1992年第2期。

传统文化中极为典型的诗歌表现方法之一。比如：

摽有梅，其实七兮。求我庶士，迨其吉兮。

摽有梅，其实三兮。求我庶士，迨其今兮。

摽有梅，顷筐塈之。求我庶士，迨其谓之。

这首《召南·摽有梅》中的女子感叹年华易逝，青春美丽不再，急切盼望有人早点托媒求婚。这里的“梅”与“媒”谐音，同时也以树上所结梅子数的多少比喻青春的流逝。[1]《诗经》中谐音双关的手法很少独立存在，通常是与其他表现手法融合在一起的，如比、兴。《召南·摽有梅》即是如此。

到了汉魏六朝时期，谐音双关变得更为普遍，也更为独立，在南朝民歌中比比皆是。比如：“雾露隐芙蓉，见莲不分明”(《子夜歌》)；“杀荷不断藕，莲心已复生”(《读曲歌》)；“春蚕不应老，昼夜常怀丝，何惜微躯尽，缠绵自有时”(《作蚕丝》)；“青荷盖渌水，芙蓉葩红鲜。郎见欲采我，我心欲怀莲”(《子夜四时歌·夏歌》)；“伏龟话石板，方作千岁碑”(《夜曲歌》)；“婉娈不终夕，一别周年期，桑蚕不作茧，昼夜长悬丝”(《七日夜女歌》)等等。其中“芙蓉”谐“夫容”、“莲”谐“怜”、“藕”谐“偶”、“丝”谐“思”、“碑”谐“悲”；蚕丝之“缠绵”谐情感之“缠绵”……

利用谐音表达双关之语义，往往是南朝民歌中的重点，甚至是诗中的灵魂所在。诗中男女主人公，不是“非礼”的关系，便是私自相爱，或萍水相逢。不论感情的表露如何热烈大胆，仍然难以无所顾忌。谐音双关的运用，很好地隐喻了男女之间的种种情意，婉转含蓄而又不晦涩，避免了过分的简单直露，可以说是非常巧妙的修辞方式。

唐代文人承袭了南朝民歌的谐音手法，创作了不少谐音双关的佳作。如：

“操丝忆君头绪多，拨谷飞鸣奈妾何！”(李白《荆州乐》)

“东方日出西边雨，道是无晴却有晴。”(刘禹锡《竹枝词》)

---

[1] 参见郭焰坤：《谐音双关的演变》，《修辞学习》1999年第6期。

“春蚕到死丝方尽，腊炬成灰泪始干。”（李商隐《无题》）

曹雪芹的《红楼梦》可谓一个充满隐喻的世界，无数的人名、地名、物名都暗含谐音双关的妙趣。如词曲《终身误》的“空对着，山中高士晶莹雪；终不忘，世外仙姝寂寞林”。在《红楼梦》的特殊语境中，读者可以品味出其中所隐含的深意：“雪”并非表面的“冰雪”，而是谐薛宝钗的“薛”，“林”也非表面的林子，而是谐林黛玉的“林”。他如“甄士隐”谐“真事隐”；“贾雨村”谐“假语村言”；“秦钟”谐“情种”；“贾敬”谐音“假敬”；“贾政”谐音“假正经”；“贾琏”谐音“价廉”；“王熙凤”谐音“稀凤”；“元春”、“迎春”、“探春”、“惜春”四姐妹谐音“原应叹息”；“英莲”谐“应怜”；“霍启”谐“祸起”；“娇杏”谐“侥幸”；“王仁”、“傅试”、“詹光”、“单聘仁”、“卜固修”、“卜世仁”，分别谐“忘仁”、“附势”、“沾光”、“善骗人”、“不顾羞”、“不是人”；“青埂峰”谐音“情根峰”；“千红一窟”谐“千红一哭”；“万艳同杯”的酒名谐“万艳同悲”；“十里街”谐“势利街”；“仁清巷”谐“人情巷”；“葫芦庙”谐“糊涂庙”……

曹雪芹充分利用同音同形或同音异形之便，将真意隐藏在表面词义之下，须仔细品味，方能领略其中深意，体味其空灵含蓄之美感。也正因如此，《红楼梦》成了说不完、道不尽的“红楼遗梦”。

谐音双关的修辞手法在今天仍被广泛运用。毛泽东著名的《蝶恋花·答李淑一》中这样两句：“我失骄杨君失柳，杨柳轻飏直上重霄九。”“杨”、“柳”在这里分别隐指杨开慧、柳直荀两位烈士，含蓄的表达中隐含了“痛失革命佳侣”的强烈情感。

谐音在对联中的运用，可谓别具一格，也颇具匠心。如这样一幅谐音对联：

因荷而得藕

有杏不须梅

字面上讲的都是植物，却利用谐音表达了另一层意思：“因何而得偶，有幸不须媒”，着实写出了一对佳偶的美满姻缘。

再看以下一幅对联：

两舰并行，橹速不如帆快

八音齐奏，笛清焉比箫和

这幅对联中隐含着历史上的著名人物“鲁肃”、“樊哙”、“狄青”、“萧何”，表面上在评论“橹”与“帆”、“笛”与“箫”的优劣，其实隐含着对历史人物的褒贬。再如以下两幅异字同音联也颇有妙趣：

其一：

无山得似巫山好

何水能如河水清

其二：

闲人免进贤人进

盗者莫来道者来

大学士苏东坡也曾经作过一句同音异字的上联：“提锡壶逛西湖，锡壶落西湖，惜乎惜乎。”据说那是苏东坡跟朋友到西湖游玩，一同饮酒赋诗，不小心把锡制的酒壶掉进了西湖里，于是兴起，吟出了这么一句上联。可惜当时竟无人能够对出下联，以致此联从此成为千古绝对，至今无人能够对出一句绝妙的下联。

2. 谐音双关的民间智慧

谐音双关不仅仅出现在文人的诗歌、词赋中，在世俗生活的千锤百炼中，充满智慧的民间想象力也把谐音手法运用到了通俗文化的方方面面。其中，民间歇后语就是很有代表性的一类。如：

老虎拉车——谁赶（敢）

外甥打灯笼——照舅（旧）

梁山上的军师——吴（无）用

孔夫子搬家——净是书（输）

半两棉花——免弹（谈）

狗头上插角——装羊（样）

山顶滚石头——石（实）打石（实）

和尚打伞——无发（法）无天

小葱拌豆腐——一青（清）二白

龙王爷搬家——离海（厉害）

电线杆上绑鸡毛——好大的掸子（胆子）

高山打鼓——扑通、扑通（不懂）

何家姑娘嫁给郑家——郑何氏（正合适）

炒咸菜不放酱油——有盐（言）在先

此类歇后语仅借助听觉，便知其意，毫无隐晦之感，却充满诙谐幽默之趣，实在是生动活泼的民间文化代表。

俗语绕口联是民间广泛流传的联语之一。其中不少皆谐趣巧妙，音韵婉转，十分耐人寻味。如：

童子打桐子桐子落童子乐，
丫头啃鸭头鸭头咸丫头嫌。

书童磨墨墨抹书童一抹墨，
梅香添煤煤爆梅香两眉煤。

妈妈骑马，马慢，妈妈骂马；
妞妞哄牛，牛拧，妞妞拧牛。

漏桶漏船，桶漏桶干船漏满；
吹灯吹灶，灯吹灯熄灶吹燃。

饥鸡盗稻童筒打，
暑鼠凉梁客咳惊。

哑丫呀鸭轧，
麻妈骂马抹。

谐音还与民间的语言崇拜或语言禁忌有关。我国大部分地区过新年时家家户户都要在门上倒贴一个大“福”字，客人来串门，说上一句“你家的福倒了”，就会令主人心里美滋滋的，因为“倒”与“到”谐

音；除夕的年夜饭菜中，必不能缺鱼，以寓“年年有余（鱼）”之意；婚床上也要撒些红枣、花生、桂圆、瓜子之类的果实，意为“早生贵子（枣生桂子）”。不仅如此，有些数字也常被视做吉祥的象征。广州方言“八”与“发”谐音，故而凡带“八”字者都大受欢迎。受其影响，中国大部分地区都以“八”为吉数，公司、企业特意选择带有八的月数或日数正式开张；带有多个“八”的电话号码或车牌号常常被人以高价买走。其他数字如“00”（灵灵）、“六六”（六六大顺），也都因其谐音而仅次于“八”成为吉利的口彩。

语言能掌握幸运、吉祥，也能带来灾难、祸患。因此，人们常常在日常用语中表现出种种忌讳，即忌说一些谐“凶语之音”的语词，怕的是“说凶得凶，说祸得祸”。进京赶考的考生，见筷子落地而不敢直说“筷子落地”，因为“落地”与“落第”谐音，于是挖空心思地用“筷子及地”来替代。掌舵的梢公最忌讳“帆”、“盛”，因其谐音“翻”、“沉”，于是改称“帆”为“蓬”，改“盛饭”为“添饭”。家人一起吃水果，绝不可以分享同一只梨，因分梨谐音“分离”；给人送礼一定不能送钟，因其谐音“送终”；恋人与夫妻之间送礼物也不能送伞，以免有朝一日两人真的“散”伙了……

如今，谐音双关还被广泛使用于商业用途中。最常见的就是电视或平面媒体广告词的创新。一家烤鸡店的广告牌上写着“鸡不可失”，这绝不是笔误，而是成语“机不可失”的谐音。“中意牌”空调集团公司的广告是“用中意空调，不怕冷潮（嘲）热风（讽）”。原成语“冷嘲热讽”中的“嘲”、“讽”被代表空气的“潮”、“风”所代替，完全超越了原成语的语义空间，来到了冷、热、风所构筑的空气世界，空调的功能立时凸现。[1] 巧妙利用谐音双关的广告词能给人留下无穷的回味：“默默无‘蚊’的选择”（蚊香广告）；“人类失去‘联想’，世界将会怎样？”（联想电脑）；“随心所‘浴’”（热水器）；“‘骑’乐无穷”（自行车）；“望眼欲‘穿’”（服装）；“e往情深”（网站）；“有口皆‘杯’”

[1] 用例参见黄少芳：《谐音双关五彩纷呈》，《修辞学习》1995年第4期。

（酒类）；“一步到‘胃’”（胃药广告）；“乐在‘骑’中”（摩托车广告）；“百‘衣’百顺”（电熨斗广告）；“‘闲’妻良母”（洗衣机广告）；“大‘石’化小，小‘石’化了”（治结石病广告）；“不‘打’不相识”（打印机广告）等等，不一而足。

网络在当代社会中是最为盛行的通讯工具。出于经济原则和游戏目的，谐音在网络用语中的作用也日渐壮大：“小时候我人见人爱，到现在我也人贱人爱”；“白骨精”谐“白领”、“骨干”、“精英”三个词的首字合体，代表当今奋斗在高级写字楼的白领们奋斗的目标。“海龟”，谐音“海归”，指那些海外学成归来的人。随着国内市场的变化，部分“海龟”们在激烈的竞争中也逐渐丧失了优势，成为了“海带”，即海外归来的暂时待业者。此外，网络用语还利用数字谐音组成词句，使交流变得既快捷，又充满机智和诙谐：

5201314：我爱你一生一世。

223358：偶尔想想我吧。

55555：哭的意思。

7456：气死我了。

8137：不要生气。

9494：就是就是。

56：无聊。

88：再见。

数字谐音其实并非新鲜事物。小学数学课上老师传授帮助记忆圆周率“π”的方法，一大串枯燥的数字被谐音成了一首朗朗上口的打油诗：“山巅一寺一壶酒（3.14159），尔乐苦煞吾（26535），把酒吃（897），酒杀尔（932），杀不死（384），乐尔乐（626）。前30位数似乎描写了一个酒徒在山寺狂饮，醉死山沟的情景。有人还嫌不够，接着往下“谐”道：“吾疼儿（502），白白死已够凄矣（8841971），留给山沟沟（69399）。山拐我腰痛（37510），我怕你冻久（58209），凄事久思思（74944）。吾救儿（592），山洞拐（307），不宜留（816）。四邻乐（406），儿不乐（286），儿疼爸久久（20899）。爸乐儿不懂

（86280）。三思吧（348）！儿悟（25）。三思而依依（34211），妻等了其久（70679）。”这又描绘了父亲在山沟里找到儿子，救活他，儿子亦知错悔过的情景。如此，一个冗长而无生命力的数字，立刻成为了生动有趣的画面和情景。网民群体的相对年轻化，使此类网络用语充满了活力，且为网络阅读营造出了轻松幽默的氛围。

3. 谐音在人名中的妙用

汉字谐音现象在汉民族命名的领域内也有独特的体现。汉语同音字与近音字之多，为谐音命名提供了广泛的空间，从古至今，以谐音命名的手法比比皆是，稍加联想，其中一语双关的妙趣与含蓄的意蕴立刻了然于胸，无不令人称奇。

人名谐音，在古代多用于取字谐音。如元代文人干文传，字寿道，取字于韩愈的《师说》“师，所以传道、授业、解惑也”之意，其中“寿”谐音“授”。明末清初十分盛行人名谐音，但也多用于字、号。因为“名以正体，字以表德”，谐音之趣不宜用于严肃的名中。例如，清代著名棋手周嘉锡，字懒予，谐“览”、“余”之音，其典出自《离骚》中“皇览揆余初度兮，肇锡余以嘉名”之句。其名、字均出典于《离骚》，但只为字取了谐音。[1]

谐音命名可以以新代旧，具有寄托新志向的功用。如革命家董必武，原名董贤琮，后改名董必武，实为原号“壁伍”之谐音；徐向前元帅原名徐象谦，“向前”与“象谦”谐音，但寄托了为革命向前之意。

谐音命名还可以达到雅化和艺术化的目的。如将名字中的“阿”、“小”、“一”等家用乳名改为谐音字“亚”（广东地区“阿”与“亚”同音）、“晓”、“弋”等，均有美化名字字面的作用。当代作家贾平凹，原名贾平娃，将“娃”改为同音字“凹”，其名不仅改俗为雅，更在字义上产生了独特的文化意蕴，可谓谐音改名的成功典范。[2]

谐音取名往往还能掩护身份或表达隐含之意。鲁迅先生不同时期

[1] 用例参见谭桂声：《人名语音修辞举隅》，《汉字文化》2009年第4期。

[2] 用例参见谭桂声：《人名语音修辞举隅》，《汉字文化》2009年第4期。

的不同笔名可以很好地说明这一点。他认为一个战斗作者不值得“以真名去招致无聊的麻烦”，应当利用笔名来钻过“文网”。“鲁迅”这个笔名，首见于1918年的小说《狂人日记》，是影响最大、最为固定的笔名。其谐音衍生的笔名“旅隼”，指旅行中的隼，比喻士卒神速勇猛，能够深入攻击敌人。“巴人”，是小说《阿Q正传》发表所使用的专用笔名，暗示了主人公“阿Q”的身份。1930年，国民党浙江省党部呈请国民党中央通缉“堕落文人鲁迅”，鲁迅遂取笔名“隋洛文”针锋相对，幽默而犀利。此笔名后又谐音衍生出了“洛文”、“乐贲”、“乐雯”、“乐文”等新笔名。此外，“杜斐”谐音“土匪”，“封余”、“丰瑜”、“丰之余”皆谐“封建余孽”，均为鲁迅先生对反动政府攻击之词的回敬。

当代社会，谐音命名法仍屡见不鲜，将姓与名一同谐音并相连成文的取名方式特别受欢迎。如革命家彭湃、《裸体艺术论》作者陈醉、历史学家胡如雷、电影导演吴子牛、歌唱家佟铁鑫等都是如此。普通人中，这种连姓与名一同谐音的名字也并不鲜见，如刘云（流云）、王梓（王子）、韩笑（含笑）、李念（理念）、霍达（豁达）、于得水（鱼得水）等。这足以看出谐音命名的巧妙之趣在汉民族中具有广泛的文化认同。

二、一字多音的巧用

汉语字音中既存在多字共一音的现象，又存在一字多音即多音字的现象。有一则笑话很好地说明了多音字的存在所带来的趣味。有一位私塾先生，外号叫“活字典”。有一次，他拿起学生的点名册，惊奇地看见了“乐乐乐”这样一个名字，便高声念道：“yue yue yue!”无人应答，于是改念“yue le le!”仍然无人应答，私塾先生奇怪了。这时候，才有一个学生怯生生地站起来说道：“老师，我叫yue yao le！”“乐”有三个读音，一为“yue”，音乐之意；二为“le”，快乐之意；三为“yao”，爱好之意。即便如“活字典”一般的教书先生，也没有掌握“乐”这个字的多种读音，被一名小学生的名字给难倒了。

无独有偶，还有一则与多音字有关的小故事是关于明代才子徐渭的。相传徐渭在绍兴城里住的时候，有一位富家子弟向他请教如何治学。徐渭稍一思索，便写出了一幅对联来回答他。对联这样写道："好读书，不好读书；好读书，不好读书。"这幅上下一样的联语让富家子弟摸不着头脑。其实，仔细琢磨就会发现，上下联中的四个"好"字读音不同，意思也就大不一样。上联的两个"好"，分别读作"hǎo"、"hào"；下联的两个"好"，分别读作"hào""hǎo"。意谓有条件、有能力好好读书的时候，却不爱好读书；等到爱读书、想读书了，却已无法好好读书了，因为年纪已经大了，精力也已经不够了。徐渭以此联语奉劝富家子弟珍惜眼前有利条件，努力学习，好好读书。

由上面两个小故事，我们可以看出汉语多音字的繁复程度。不过，如果能够巧加利用，多音字也可以产生很好的修辞效果。比如有这样一幅绝妙的趣味对联：上联是"长长长长长长长"，下联还是"长长长长长长长"，门楣上的横批仍然是"长长长长"，一共是十八个"长"。该怎么念这幅对联呢？哪里念"cháng"，哪里念"zhǎng"，实在不好判断。人们请教了对联的主人后才知道，这幅对联应该念做：

上联：

zhǎng cháng zhǎng cháng zhǎng zhǎng cháng

下联：

cháng zhǎng cháng zhǎng cháng cháng zhǎng

横批：

zhǎng cháng cháng zhǎng

什么意思呢？原来主人家是卖豆芽的，自然希望豆芽长得好、长得长，一直不断地生长。

还有一幅有趣的对联是这样的：

海水朝朝朝朝朝朝朝落

浮云长长长长长长长消

这幅对联的上联与下联中分别有七个相同的字："朝"和"长"，都是多音字。"朝"可以读做"zhāo"和"cháo"；"长"可以读做

“zhǎng”和“cháng”。如何准确地读出对联，并且在意义上顺理成章，难倒了不少人。多数的读法是：

海水cháo（潮），zhāozhāocháo（朝朝潮），zhāocháozhāo（朝潮朝）落；

浮云zhǎng（长），chángchángzhǎng（常常长），chángzhǎngcháng（常长常）消。

第二种读法是：

海水潮，朝潮朝潮，朝朝落；

浮云长，常长常长，常常消。

不为人知的是，除了这惯常的两种读法外，还有另外八种读法，如：

海水，朝朝潮，朝潮，朝朝落；

浮云，常常长，常长，常常消。

海水潮，朝朝潮，朝朝潮落；

浮云长，常常长，常常长消。

海水潮，朝潮，朝朝潮，朝落；

浮云长，常长，常常长，常消。

海水潮，潮！潮！潮！朝潮朝落；

浮云长，长！长！长！常长常消。

海水朝潮，朝朝潮，朝朝落；

浮云常长，常常长，常常消。

海水朝潮，朝潮，朝朝潮落；

浮云常长，常长，常常长消。

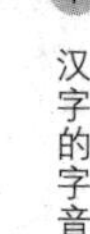

海水朝潮，潮！潮！潮！朝朝落；

浮云常长，长！长！长！常常消。

海水朝朝潮，朝潮朝朝落；

浮云常常长，常长常常消。

多音字的巧用在这则对联中实在达到了登峰造极的地步，不能不令人惊奇，也无法不让人为汉语多音字如此之强的艺术创造力而赞叹！

第五章　汉字的叙事思维

第一节　汉字与古代社会的建构

汉字集形音义于一身，它的结构是对社会生活的一种叙事方式。由于汉字独特的文化形态和深厚的文化内涵，它成为中国历史的真实而又丰繁的镜象。几乎每一个古汉字都可以解读一部分文化史，这包括字形的解读和字义的解读。反过来，了解了古代社会又能深化对汉字的理解。拿甲骨文来说，它虽然只是上古时期的占卜之辞，但从占卜这一个窗口，大至祭祀、征伐，小至牙痛、耳鸣，都可以观察到。论天文卜辞中有最早的日蚀记载，论农事卜辞中有各种农作物资料，论田猎卜辞中有当时中原地区种种野生动物的形象，论社会史卜辞中有殷商时复杂的身份性称谓。从甲骨文到钟鼎文，社会前进了数百年，汉字也作了全面的映射。与衣有关的字，甲骨文只有一个衣字，金文中已有衣、裹、裔、襄、亵、裕、卒等12字（据《金文编》，下同）；与食有关的字，甲骨文只有一个食字，金文中已有食、饴、养、馑、飨等10字；与住有关的字，甲骨文只有家、宅、室、宣、安、宝、宿、寝、客、寓、宗等12字，金文中已有宏、定、宴、富、实、宦、宰、守、宠、宥、宜、宵、寡、寒、害、宕、宋、宗等36个字；与住有关的广部字，甲骨文只有一个庞字，金文中已有庐、府、库、廐、广、庶、庙等13个字。从金文到小篆，社会又有了飞速的发展。《说文解字》中衣部之字已达116个，食部之字已达62个，宀部之字已达70个，广部之字已达49个。汉字的孳乳，正是社会生活发展极其真实而宝贵的记录。至于汉字记载的史实内容，就更不用说具有极大的历史价值了。使用汉字和用汉字书写的典籍是文化承载的核心，历朝历代的朝廷文件、文献典籍、佛经道藏、诗歌小说、碑刻楹联……，无一不是用的汉字。例如，金文中所记载的祭典、训诰、征伐功勋、宠锡策令、授土授民、盟誓约剂，乃至执驹之礼、兵权之重、赏赐之多、公田之大……构成一幅幅生动的历史画面，成为研究西周文化和社会制度的珍贵资料。

一、汉字与社会形态

中国古代社会形态由母系社会向父系社会的过渡，大约在甲骨文时代已经完成。在甲骨文中，“姓”字从女从生，说明作为家族符号的姓，源于母系社会。在以母系为中心的社会里，人们只知有母，不知有父。《说文·女部》云：“姓，人所生也。古之神圣人，母感天而生子，故称天子。……从女、生，生亦声。”在彝铭中“生”为“姓”之初文，两字实为一字。《左传·隐公八年》亦云：“天子建国，因生以赐姓。”杜预注曰：“因其所由生以赐姓。”可见，在远古时代赐姓由母。据古书记载，神农母居姜水，黄帝母居姬水，舜母居姚虚，因以为姓。神农母居姜水，因赐姓姜。黄帝母居姬水，因赐姓姬。他的12个儿子或姓姬，或姓姞，或姓嬛，字都从女。舜母居姚墟，因赐姓姚。他的[illegible]则姓妫。据古书记载：“昔舜为庶人时，尧妻之二女，居于妫汭，其后因为氏姓、姓妫氏。”（《史记·陈杞世家》）可见，舜本人因母居地而姓姚，其子也同样因母居地而姓妫。又据古书记载：“禹母吞薏苡故而生禹，故夏姓曰‘姒’。”（《论衡·奇怪篇》）“苡”和“姒”均从以得声，两字可通。这表明不仅母居地可因以为姓，就是母感物也可因以为姓。所以《论衡》中还有“卨（契）母吞燕卵而生卨，故殷姓曰‘子’；后稷母履大人迹而后生稷，故周姓‘姬’”的说法。这都是以母为本位的母系社会形态的写照。传说太昊、伏羲有感于族内婚之生育不蕃，族外婚掠夺女子之生杀不已，令女娲正姓氏，制嫁娶之法，以姓表血统，而示女系；以氏表宗族，而示男系。这样看来，姓是部族系统的公名，氏是这个系统各支系的公名。刘恕《通鉴外纪》“姓者，统

歧视，女性的社会地位低下甚至从日常生活直到军事领域都有体现。如，“女墙”,《释名》释名卷第五：“城上垣，曰睥睨，言於其孔中睥睨，非常也。亦曰陴。陴，裨也，言裨助城之高也。亦曰女墻，言其卑小，比之於城，若女子之於丈夫也。”《释名疏证》卷五：“城上垣，曰睥睨，當作俾倪，言於其孔中睥睨，非常也，一切經音義引作城上小垣，曰睥睨，言於孔中睥睨，非常事也。亦曰陴。說文云：陴，城上女牆，俾倪也。从𨸏卑聲，籒文作䶠，从𩫏。昭十八年左傳曰子產授兵登陴。陴，裨也，言裨助城之高也。亦曰女牆，言其卑小，比之於城，若女子之於丈夫也。或名堞。說文作𡐦，云城上女垣也，从土葉聲，今則省去艸矣，取其重疊之義也，今本脫。或名堞。”再来看“女”字的形态特征，《说文解字》：“[illegible]，妇人也。象形。王育说。凡女之属皆从女。”对于形态特征，各家有争论，但是都承认，“女”作为象形字，在甲骨文中，像一个屈膝跪着的人形。同样由“卑”组成的组合字字形，“卑”，象形，像人头低下，陴：《说文解字》卷十四𨸏部：[illegible]，城上女牆俾倪也。从𨸏卑聲。[illegible]，籒文陴从。至此，我们找到了其与“女”字形象特征的一致，即“形态弯曲”，或跪或低头，而这与“窥视”是联系在一起的。

从语音的角度来看，“女”与“奴”古音相通。《三体石经》“怒”字的古文从女，可知“女”、“奴”音同。《说文》对“奴”的解释是：“奴、婢，皆古之罪人也。周礼曰：其奴，男子入于罪隶，女子入于舂稿。从女，从又。”可见女子是受剥削、供人役使的人也。如此看来，“女”字与“奴”字同源。《白虎通义》和《释名》又以“如”训“女”字。“如”有从事和服从的意思。《说文》以“妇人”训“女”，又以“服”训“妇”，亦含服役、服从之义。“妇”字又作“负”。《列女传》：“魏曲沃负者，魏大夫如耳之母也。”“负”即“妇”字。《史记·高帝纪》：“常从王媪、武负贳酒。”如淳注：“欲谓老大母为阿负。”“负”亦“妇”字。从“妇”与“服”、“负”的语音关系，也可以看出训妇之“女”的卑下地位。

二、汉字与社会制度

古汉字的构形，十分形象地反映了上古时期的社会制度。

从分封制度来看，甲骨文的“封”字，像封土植树之形。《说文》曰：“封。爵诸侯之土也。”古代的封地以边界植树为标志，象征一种不可逾越的领属关系。甲骨文的“邦”字，也像田上植树之形。在领地封界上植树为界，是分封制度的形象刻画。分封是土地领属关系的一种转移。甲骨文中的“易”字，作水从盆中倒出之形，“易”有“益（溢）”义。由溢出义又引申为给予，给“易”加上土旁就有了疆界的意义。疆界的“给予”，语源意义也折射着上古的分封制度。甲骨文中的“朕”字，像双手捧火送人，其本义有给予的意义。小篆中的“朕”字在甲骨文字形旁又加“舟”，“舟”也有走、送的意义。《说文》中的“造”字又作“艁”，可知“舟”旁通“辵”旁。由“朕”组成的字也有“送”义，如“媵”、“賸”等。郭沫若甚至认为“朕”就是“赠”字。正是这种“给予”义使“朕”又有了分野、缝隙的意思。这也折射着上古的分封制度。

从与分封制相联系的土地私有制度来看，“社”字的构形包含着丰富的信息。根据《说文》的解释，“社”字从示，土声。在古汉字中，声旁往往提示语源的消息。“社”字土声，亦即“社”字古音与“土”字同。在古籍语言中，“社”往往与“土”音字相谐，如，“用命赏于祖，不用命戮于社。予则孥戮汝。”（《尚书·甘誓》）“间于两社，为公室辅。”（《左传·闵公二年》）“布历燕齐，叔亦相鲁。民思其政，或金或社。”（《汉书·叙传》）“社”的本义正是一种土地神，引申为祭土地神的行为和场所。然祭祀土地神不是一种个人的行为，而是一种社会制度，它象征着土地的占有。据《礼记·祭法》云：“王为群姓立社曰大社；王自为立社曰王社；诸侯为百姓立社曰国社；诸侯自为立社曰侯社。大夫以下成群立社曰置社。”可见，“立社”是一种政治行为；祭社神是象征土地所有权的一种仪式。社的本质是用神权的威信来维护奴隶主和地主的土地私有制的一种社会制度。所以，《荀子·礼论》说：

“社止乎诸侯。”说明土地的所有权是集中在王和诸侯的手中的。

从奴隶制度来看，甲骨文的字形勾勒出鲜明的阶级压迫。

例如，“众”字呈现在日光下耕作的奴隶形象。这些奴隶从事农耕、征伐、戍卫之事，并且经常逃亡。所以，卜辞中每每出现“丧众”、“丧众人”的记载。

“臣”字呈竖立的“目”形，它是奴隶俯身垂首的象征。

“宰”，像受过刑刀之罪人在屋下劳作之形，代表罪人为家奴之意。《说文》：“宰，罪人在屋下执事者。”

“民”字呈刃物刺于目中之形，金文中屡见“民”字，其字作左眼被锥刺瞎状，说明奴隶常被刺割一目以为标识。《六书略》：“民，象俯首力作之形。”郭沫若《甲骨文字研究》认为“民”与“盲”每通训，从字形看可能同出一源。他认为，臣与民在上古都是奴隶，但有区别。臣是柔顺驯服的奴隶，民是暴戾难以驾驭的奴隶。所以“盲其一目以服苦役，因而命之曰民”。[1]

“仆”字呈手捧簸箕倒垃圾之形，它代表从事卑贱的家务劳动的奴隶。《诗经·正月》：“民之无辜，并其臣仆。”《说文》：“僕，给事者。”“古文从臣”，替别人做事的称为“仆”。

“童”呈眼睛上有刑刀之形，代表有罪受刑的奴隶在土地上劳作，本义是年轻的奴隶或奴仆。《石钟山记》：“寺僧使小童持斧，于乱石间择其一二扣之。”《说文》“䇂”：“男有辠曰奴，奴曰童，女曰妾。从“䇂”，重省聲。”

“妾”，从“䇂”从女，甲骨文字形上面是“䇂”字，即古代刑刀，表示有罪，受刑；下面是“女”字，合而表示有罪的女子，指女奴。《说文》：“有辠女子，給事之得接於君者。从‘䇂’从女。”《春秋》云：“女爲人妾。”无论“童”还是“妾”，古文字形都有“䇂”（古代刑刀），反映了当时以罪囚为奴的习俗，而且这些奴隶往往受到肉刑的处置。

---

[1] 郭沫若：《释臣宰》，《甲骨文字研究》，人民出版社1952年版，第31、36页。另参考刘禾：《古汉语入门》，吉林人民出版社1984年版，第30页。

"奚"字呈手抓奴隶发辫形，从手从幺从大（人）。有人说这可能是来自以编发辫为特征的民族的奴隶，从手表示是捕获的。据《周礼》记载："酒浆醯醢之事用奚。"郑玄注曰："古者从坐男女没入为奴，其少智者，以为奚。今以侍史官婢。或曰奚，宦女。"

"臧"字呈以弋盲其一目之形，本义也是奴隶。扬雄《方言》认为："骂奴曰臧。凡民男而婿婢谓之臧，亡奴谓之臧。"

"隶"字在金文中，呈以手拉禽畜尾巴之形。《说文》曰："隶，及也，从又尾省。又，持尾者从后及之也。"古代奴隶多穿有尾饰的衣服，手拉尾即追捕之意。此字由逮获引申为隶属、奴隶。

"羌"字在甲骨文中呈绳索勒颈之形。其人形头上有羊角，指示其为从事畜牧业的羌族。在上古商羌争战中，大量被俘的羌人沦为奴隶。男性称羌，女性则称为姜。商代奴隶大多由战俘转化而来，其中尤以羌人为多。卜辞中常常可以看到"伐羌"、"刖羌"的记载。

除了奴隶的名称外，其他一些古汉字的结构也折射出奴隶制度的残忍。如"役"字的甲骨文构形，像手执棍棒殴打奴隶的背部。"执"字构形，像执囚或俘奴而铐其双手。"努"字从力从奴，说明是奴隶所付出的劳动力。而所谓的"贤"字，古文作"臤"，从又从臣，臣由身字而变形，呈人身屈服之态。加又旁，则是以手牵引屈服的人，此之谓"贤"。

古汉字中所映现的奴隶主与奴隶的阶级对立是惊人的。统治者的形象总是手执权杖，如，"严"、"君"；被统治者的形象则经受着种种折磨和屈辱。甲骨文中最大的奴隶主称为"王"，王是国家的化身，他手下的人所做的工作都是"监王事"，而王则自称"余一人"，以示至高至尊。王的兄弟支庶都是"王族"，堪称二号奴隶主。王的子侄都是"子族"，堪称三号奴隶主。奴隶们则依所从事的工种分门别类：事农者曰"众"、"众人"；事牧者曰"刍"、"羌刍"；事工者曰"工"；事家务者曰"臣"、'小臣"、"仆"、"奚"、"妾"等。

到了周代，两大阶级又各分等级。据《左传·昭公五年》记载："天有十日，人有十等。……故王臣公，公臣大夫，大夫臣士，士臣皂，皂臣舆，舆臣隶，隶臣僚，僚臣仆，仆臣台。”其中“皂”以下都是奴隶。这些奴隶的名称各有所据：“皂，造也，造成事也。舆，众也。……隶，隶属于吏也。僚，劳也，共劳事也。仆，仆竖。”（洪亮吉《春秋左传诂》）又：“皂者《赵策》所云‘补黑衣之队’。……隶，罪人，《周官》所谓‘入于罪隶’。僚，劳也，入罪隶而任劳者，若今充当苦差。仆则三代奴戮，今罪人为奴矣。台，罪人为奴，又逃亡，复获之则为陪台。”（俞正燮《癸已类稿·仆臣台议》）

从与奴隶制度相联系的刑罪制度来看，甲骨文字形勾勒出种种残忍的刑罚方式。《说文》：“刑，罚罪也。”“罚，罪之小者。”段玉裁说：“罚为犯法之小者，刑为罚罪之重者。”可知二字区别只在于刑指较重的惩罚，而罚指较轻的惩罚。《尚书·吕刑》：“刑罚世轻世重。”《后汉书·虞诩传》：“刑罚者，人之衔辔。”古代的刑罚方式，动辄断手、断足、膑足，十分残忍，令人恐惧，是为奴隶主统治服务的。

反映古代酷刑的字有劓、黥、膑、刖等。“黥”，刻其面以墨窒之，亦作“剠”，是古代的一种肉刑，即墨刑。《尚书·吕刑》：“爰始淫为劓、刵、椓、黥。”孔颖达疏：“黥面即墨刑也。”《史记·商君列传》：“太子犯法。卫鞅曰：‘法之不行，自上犯之。’将法太子。太子，君嗣也，不可施刑。刑其傅公子虔，黥其师公孙贾。”甲骨文的“恐”像一把斧子正砍向人的双手之形，“刖”字像锯去人脚之形；“劓”字像割去人鼻之形；“伐”像以戈杀头之形；“辛”是一种凿类工具，常作凌迟之刑，如“辟”；也作黥首之刑，如“妾”；“刲”像以刀割阳具之刑；“戮”像以斧砍人臂之形；“圉”像奴隶上了手拷，投在笼中之形。“烄”像火烧奴隶祭天之刑。“斩”在金文中像车裂、腰斩之刑所用的工具。《说文》的解释是：“斩，从车斤，斩法车裂也。”段玉裁注：“此说从车之意。盖古用车裂，后人乃法车裂之意而用铁钺，故字亦从车。斤者，铁钺之类也。”甲骨文还有一个字，其结构像一人跪葬在地穴中，穴上有双手执杵，填土打夯。这是一种活埋奴隶的形象。甲骨文的“桎”字，从止从幸，像足戴木枷。《说文》：“桎，足械也。”在手则曰梏。甲骨文的“梏”字，整个字就是缚紧的木枷状。甲骨文的“校”

字，从木从交，“交”即枷形。《说文》曰：“校，木囚也。”甲骨文的“亢”字，像一人双腿戴枷或械，以防逃跑，也是犯人的形象。

古汉字的结构所保存的古代刑具和刑罚制度的面貌，在殷墟墓葬出土的殉葬人、囚俑的形象中得到了印证，也在古文献中有详细的记载。《尚书·周书·吕刑》云：“王曰：吁！来！有邦有土，告尔祥刑。……墨辟疑赦，其罪百锾；……劓辟疑赦，其罚惟倍；……剕（刖）辟疑赦，其罚倍差；……宫辟疑赦，其罚六百锾；大辟疑赦，其罚干锾。”这就是周初通用的五刑。《国语·鲁语上》记载了五刑的刑具：“大刑用甲兵，其次用斧钺；中刑用刀锯，其次用钻镬；薄刑用鞭扑，以威民也。故大者陈之原野，小者致之市朝。”其中“甲兵”为征伐之具，“斧钺”为斩首之具，刀锯为割劓、断足之具，“钻镬”为膑刑、黥刑之具，“鞭扑”为官刑、教刑之具。

甲骨文的“蠱”像一个器皿中养着“蟲”的形状，用于害人毒蛊术的“蛊”，从“蟲”从“皿”，这种构造描绘记录了古人取毒害人之法。《说文》：“蛊，腹中蟲也。《春秋传》曰：‘皿蟲爲蠱。’‘晦淫之所生也。’臬桀死之鬼亦爲蠱。从蟲从皿。皿，物之用也。”《周礼·秋官·庶氏》：“掌除毒蛊。”毒蛊是怎么造出来的呢?《通志·六书略》：“造蠱之法，以百蟲置皿中，俾相啖食，其存者爲蠱。”传说把许多毒虫放在器皿里使互相吞食，最后剩下不死的毒虫叫蛊，用来放在食物里害人。《隋志》：“江南之地多蛊。以五月五日取百种虫，大者至蛇，小者至虱，合置器中，令自相啖。余一种存之。欲以杀人，因入人腹中。”《唐律·贼盗律》“造畜蛊毒”条《疏仪》记载：“蛊有多种，罕能究悉，事关左道，不可备知，或集合诸蛊，置于一器之内，久而相食，诸蛊皆尽，若蛇在，即蛇蛊之类。”《舆地志》：“江南数郡有畜蛊者，主人行之以杀人，行食饮中，人不觉也。”可见，当时的毒蛊术为社会所允许的害人之术。

三、汉字与社会生产方式

古汉字的结构积淀着华夏民族远古时代经历的种种生产方式。在旧石器时代，主要的生产方式是猎获禽兽。甲骨文中保留着大量飞禽走兽的字形，诸如虎、免、熊、犀牛、鼠、鹿、象、鸟、乌、萑（大眼鸟）、燕、凤等等，其构形都惟妙惟肖、栩栩如生。不少汉字还反映出先人对猎物的细致观察。例如，一个字画双虎怒视相斗，《说文》曰："虎怒也。从二虎。"一字画二鸟相对，意为配偶、匹敌。一字画三鹿叠加，呈群鹿奔驰态，段玉裁注《说文》曰："三鹿开跳，有超远之意。"一字画三鸟叠加，呈群鸟集聚态。甲骨文中"隹"呈鸟形。"隹"从"户"中飞出即为"雇"（一种候鸟）；"隹"落树上即为"集"；"隹"从包裹中飞出即为"奞"，《说文》释曰："鸟张毛羽自奋奞也。"

对飞禽走兽的捕猎方式，也体现在汉字字形中。

例如，"離"字像用捕鸟的工具捕捉林中鸟之形。"率"字据《说文》的解释是"捕鸟毕也。像丝网，上下其竿柄也"。甲骨文中的"毕"字，像捕鸟兽之网的字，有长柄。后来金文中加"田"，表示是田猎时所用之网，成了"畢"字。《说文》"畢，田网也"，是古代用以捕捉禽兽的长柄网。《诗·小雅·鸳鸯》："鸳鸯于飞，毕之罗之。"

甲骨文中的"罗"字像网中有隹形，表示以网捕鸟，小篆增加了"糸"，表示结网所用的材料。《说文》："罗，以丝罟鸟也。"

金文中的"禽"字则是上有罩形，下有网形，合成天罗地网，意为捕鸟兽。

甲骨文中的"隻"字呈手拿一鸟形，也是捕获义。"渔"在金文里上面从羊从人，下面两只手的形体，形象地表明人在水中"摸鱼捞虾"。《周易·系辞》："作结绳而为网罟，以佃以渔。"做网罟既打猎又捕鱼。《醉翁亭记》："临溪面渔，溪深而鱼肥。"渔，捕鱼。成语有"竭泽而渔"。

"为"字呈手牵大象之形。"狩"字在甲骨文中像用"单"猎取野兽之形，"单"是顶系石鎚之流星索的形象。后加"犬"表狩猎用的狗，组合起来表示狩猎行为。"兽"与"狩"是古今字，在古籍中相通。《诗经·小雅》："搏兽于敖。"郑玄笺注："兽，田猎，捕兽也。"《水经注》引《诗经》作"薄狩于敖"。何休《公羊传注》曰："狩犹兽也。”然而在《说文解字》中，“兽”与“狩”被解释为两种不同的猎兽方法。“兽，守备者也。”“狩，火田也。”前者是猎人在所设陷阱网罟的四周埋伏，防备猎物入网罟后破网逃脱的猎兽方法；后者是猎人纵火烧山林，迫使野兽逃窜，在围攻逃兽中击毙野兽的猎兽方法。《诗经》中有“叔在薮，火烈具举。襢裼暴虎，献于公所”；“叔在薮，火烈具扬”；“叔在薮，火烈具阜”的记载，就是这种“火田”的场面。

渔猎的生产方式还在其他内容的汉字构形中透露出消息。例如，甲骨文“裘”字像一张兽皮做的裘衣，“皮”字则呈手剥兽皮形，说明渔猎生产方式对人的生活方式的影响。又如金文“战”字从“单”从“戈”，与“兽（狩）”字的形符“单”相通，说明上古时代田猎阵势与战争阵势相关。很可能战争列阵是以田猎的方式演练的。再如“舞”字，古文的形体是从羽从亡（亡亦声），说明古代的舞蹈以羽毛为装饰，而羽饰正是与狩猎生产方式相联系的。从我国出土的最古老的舞蹈纹陶盆来看，舞蹈者的头上都有斜着下垂的发辫或饰物，身后则拖着一个小尾巴。[1]这就是原始舞蹈模仿百兽的形象。我国出土的战国时期的兽衔环狩猎画像坟壶，上半部分刻画狩猎生活，下部刻画人扮做鸟形的舞蹈。舞蹈者头上装饰如长瓴，手臂如鸟羽，身后有尾饰。这种模仿鸟兽的舞蹈，显然是以狩猎动物为表现对象，我国古代的文献对此多有记载。如《诗经·宛丘》云：“坎其击鼓，宛丘之下，无冬无夏，值其鹭羽。坎其击缶，宛丘之道，无冬无夏，值其鹭翿。”诗中表现的也是一种原始兽舞。舞者手持一种舞具，其柄首缀满羽毛，下垂如盖。《尚书·益稷》亦云：“下管鼗鼓，合止柷敔，笙镛以间。鸟兽跄跄，《萧韶》九成，凤皇来仪。夔曰：‘於！予击石拊石，百兽率舞，庶尹允谐。’”诗中表现的是庙堂乐舞的盛况：鼓乐齐鸣，笙钟交替。随着乐曲的变化，先是扮演飞禽走兽的舞队踏着节奏舞蹈，后来又是扮演凤凰的舞队成双成对出场舞蹈，乐官指挥扮演百兽的舞队都跳起舞来，并要观舞的众官也一起跳。毫无疑问，“舞”字古文的构形正是这种原始

[1] 参见王克芬：《中国古代舞蹈史话》，人民音乐出版社1980年版，第2页。

狩猎文化的真实写照。

与狩猎生产方式相联系的，还有我国上古时期流行的“神判法”。神判法是原始民族借助神的暗示来判案的方法。其方法是在巫师或部落头人的主持下，将被判人置于某种生理或身体的威胁之下（如捞油锅，抓烧红的石头，饮毒剂，游过有毒蛇和鳄鱼的池塘，扔进大海，闷水等），看他们能否因无辜而受到神的保护，不受伤害，以此判定他们的善恶邪直或权利的归属。汉字中的“法”字，在金文中从“廌”。廌是一种牛羊类动物，它用在“法”字的构形中，说明上古的判案与动物有关系。《说文》曰：“解廌，兽也。似牛一角。古者决讼令触不直者。象形，从豸省。”《后汉书·舆服志》则曰：“獬豸，神羊，能别曲直。”可见，“廌”是古代用于判别是非曲直、决断讼狱的一种凭借。由动物充当这种“神判”工具，正是狩猎文化的一种反映。在判案时让“廌”以角触理亏者，所以“法”字从廌。《说文》对“法”字古形的解释，也是“平之如水，从水；廌所以触不直者去之，从廌、去”。古代文献中也有这种由狩猎时代遗留下来的“神判”的记载：“昔者齐庄君之臣有所谓王里国、中里徼者。此二子有，讼三年而狱不断。齐君由谦杀之恐不辜。犹谦释之，恐失有罪。乃使二人共一羊，盟齐之神社。二子许诺，于是泏洫，摇羊而漉其血，读王里国之辞，既已终矣；读中里徼之辞，未半也，羊起而触之，折其脚，祧神之而槁之，殪之盟所。”（《墨子·明鬼下》）动物的行为被视为神的意旨，神的显灵。

张世禄对古汉字结构中传达的我国上古时代渔猎生产方式的消息曾有精辟的论述。他说：

吾国西北多山，宜于猎牧，故特有尚武精神。西戎之戎，从十，从戈，十即甲也。狄者，身旁携一犬也。貊，亦在北方，身衣毛裘，如猛兽形，故从豸。今以社会进化之程序推之，吾知吾先祖必为狩猎之野人也。自西北山地降于平原，地宜栽植，故变易其猎牧之习而从事耕稼。于文，东即农郊，《尧典》所谓“平秩东作”也，盖自西徂东而为农也。此吾民族西来之一证。歺，残骨之残形也。《淮南子》曰：“西方有形残之尸。”山谷之民好杀，此亦吾族西来之一证。地施古今字，尾也。《遁甲开山图》曰："地皇氏兴于熊耳龙门山。"是居东南最下之地尾者，曰地皇。《庄子·秋水》注亦以东海为尾闾。故熊耳龙门一带，不过为彼时舆图之东南尾闾而已。此吾民族西来之又一证。卤，西方盐地也，西北山地多盐，此又其一证也。然既西来，即改猎牧民族为农业社会……

虽然，渔猎畜牧之风，固未泯也。凡禽兽字义，多借以言人事。如笃，本训马行顿迟，而以为人之笃实。特，本为牛文，而以为人之奇特。群，本为羊群，而以为人群。哭，本为犬嗥，而以为人哭。此外如狱，从二犬。……它即蛇，今作他，以彼称。习，从羽，盖《礼记·月令》曰："鹰学习也。"隶，取鸟兽之倒毛，追逐及之也。瞿为注视。雠为俦偶。乌为呼叹。羊者，祥也。求，即裘，兽皮也，而含求得之义。異，本为冀，而作异同之异。朋，鸟也，而名人之同游。能，兽也，而以名才能之能。为，猴属也，而以名作为之为。凡此者，皆一切行动作事之名，取诸禽兽也。必以猎牧民族，处大鸟大兽之世，日与为伍，故喜假之以为名。而分别智慧，又得自兽蹄鸟迹。则采之一字，所以为人禽间之纪念字也欤。或者，本人类始由鸟兽进化，犹闽蛮字之从虫，以其身图龙蛇，近于虫也。贝者，海介虫也，以之为币，故贷贯等字从贝，贵贱也称人，则人物混矣。数物曰员，从贝，今作吏员之员矣。毋串一字，聚两贝而贯以一也。禮，即豊，即蠡，其时礼器盖用蛤利，犹丽之用为俪皮也。……凡此皮革贝蛤之所以如此通行者，非渔猎社会之现状而何？是以以佃以渔之风，于今犹存遗迹也。[1]

从张世禄的论述可以看出，汉民族的祖先由渔猎生产方式进入农耕生产方式，很重要的一个条件是东移后地理环境的改变。这一时期产生的汉字，其构形充分反映了当时的生产面貌。

拿土地开发来说，"农"字的甲骨文字形，从林，从辰，从手。古代森林遍野，先民如要进行农耕，必先除草伐木开荒，故从"林"；古

[1] 张世禄：《文字上之古代社会观》，《张世禄语言学论文集》，学林出版社1984年版，第1~2页。

代以原始而又简陋笨拙的蜃蛤之壳为农具进行耕耨，故从“辰”。《淮南子·泛论》说：“古者剡耜而耕，摩蜃而耨。”说的是古时候人们拿着削尖锋利的农具耜进行耕种，磨好蜃蛤作为农具。《齐民要术·耕田》也说：“为来耜钮耨，以垦草莽。”意思就是拿着农具耒耜铲除丛生的草木，开垦荒地。“蜃”最初就是用“辰”表示，也就是蚌蛤。《国语·晋语》：“小曰蛤，大曰蜃。皆介物，蚌类也。”后来甲骨文省去“手”，从林，从辰，表示以蜃蛤伐去草木然后耕种，是古代刀耕火种式的土地开垦之俗。

甲骨文中的“田”字有多种构形，但都是在一个方块内，由纵横线条分割出方方正正的整块。这些线条显然是阡陌，可知那时耕地已有沟洫疆界。由阡陌分隔的土地，一方面便于按等级分给奴隶主，另一方面便于为奴隶劳动计量。甲骨文还有一个“畺”字，以田与田相连构形，说明当时田地已连接成大片，奴隶劳动已有很大的规模。甲骨文的“畴”像田埂和牛踩出的蹄印之形。疇，已耕作的田地，《苍颉篇》：“畴，耕地也。”《说文》：“畴，耕治之田也。像耕屈之形。”

拿土地疆界分割来说，“樊”在古文字里，“棥”的意思是篱笆，在字中也具有表意作用。上面是两个“木”中间有两个“×”，形象地表示了篱笆的形状，下面是两只手，现代汉字为“大”，应是讹变的结果。从字形看，它反映的是人用双手在编篱笆，《诗经·齐风·东方未明》：“折柳樊圃，狂夫瞿瞿。”说的是奴隶折柳条编藤笆作边界遮挡物圈住园圃，而监工则瞪大眼睛监视着他们。《广韵》：“樊，笼也。”《庄子·养生主》：“澤雉十步一啄，百步一飲，不期畜于樊中。又通棥。”可见，“樊”还可以用来圈隔鸟兽。《说文》：“作棥。”《孙炎曰》：“樊圃之樊也。谓樊篱。”清代顾炎武的《天下郡国利病书》载：“自沿湖居民或侵填以为居室，或樊植以为园林。”从古代社会存在编篱笆的习俗，到今天流传的我国广大农村和山区，用柳条等枝条编篱笆、圈栏、园圃和樊篱的习俗，“樊”的构形生动形象地反映了一种生产方式存在。

“栅”，像竹木竖立，篾片和绳索缠绕固定之形，《说文》：“编树木也”，用于围住园圃。《通俗文》：“木桓曰栅。”《后汉书·段熲传》：

“结木为栅。”

“篱”，用竹、苇或树枝等编成的蔽障物，以保护场地。也说“笆篱”。《释名》：“篱，离也。以柴竹作之。疏离，离也。”《晋书·庾衮传》：“与弟子树篱，跪而授条，曰：幽显易操，非君子意。”明代归有光《项脊轩志》：“庭中始为篱。”

拿农作物来说，甲骨文的“禾”字像干、根、叶与成熟下垂之谷穗形。“来”字像麦子的干、叶、根形。《诗经·周颂·思文》：“贻我来牟，帝命率育。”“粟”字像禾等草木果实下垂成熟的样子。“稻”像以杵在臼内捣米，舂去稻壳，以手杼臼之形。“黍”像散穗须水浇之形。“丰”字像上有茂叶、下有粗根的植物，“圃”像田中有禾蔬形。

拿耕作方式来说，甲骨文的“周”字像在田中密密播种的形象。字形中田字格内的点，似剜坑下种。由于种子分布有序，“周”又有密、遍、匀的意思，由于剜穴下种，“周”又有挖刻的意思（孳乳出“雕”、“琱”、“凋”等字）。金文中“周”与“田”通用，周人因善于农作而以“周”名族。

甲骨文中的“农”字，像以耜耕田之形（也有人说像手捉地蚕类害虫或手持除草农具大蚌壳）。“艺”字像人下蹲栽苗。“年”字像人背禾。“秋”字像火烧天牛类害虫。“勿”（犁）像刀插入土中翻起土块。“耤”像双手持耒耕作。“播”字像种子散播田间。“树”像以手植树。“刍”像以手刈草。“叔”像采豆。“癸”（揆）像以水测平了的水沟体系。“屎”像为田间农作物施肥。“圂”（厕）像猪在圈中，说明当时已有猪厕同所的积肥方式。甲骨文的“犁”像牛耕之形，左面像牛，右面像犁翻起泥土之状。《说文》：“犂，耕也。”反映了当时的牛耕方式。

拿农具来说，甲骨文中的“利”（犁）字，像以耜耘田之形。“耜”字像掘土的农具。“耒”字像有柄可持，下有耒头可入土的农具。“耒”字的构形经过一番演变，最初是一条直线，像“点种棒”，后在直线下部加一短横，像为便于足脚助力而加的横木，后又将直线的直尖改为斜尖，显然是为减小掘土的弯腰角度。这就是“力”的初文。最后将斜尖分叉歧出，成为“耒”字，这显然是为了提高劳动效率。“耒”

字字形的演变，形象地反映了上古时代农具的改进。甲骨文中的“岁”字，像有柄的半月形切割工具。

拿粮食加工来说，甲骨文的“搓”字像手在工具上搓麦之形，甲骨文“舂”的字首像双手捧杵状，字身像舂米时的石制盛具。臼中有所舂的谷物。“午”（杵）的下端有带起的碎屑。《诗·大雅·生民》：“或舂或揄、或簸或蹂。”这是一幅食物加工图：捣米于臼曰舂，自臼取出曰揄；扬米去糠曰簸，揉擦去皮曰蹂。

“舂”，《说文解字》：“捣粟也。从廾持杵临臼上。午，杵省也。”金文中“杵”的形状就省作了“午”，意思是用手捣臼，把东西放在石臼或钵里捣去皮壳或捣碎。《易·系辞》：“断木为杵，掘地为臼。杵臼之利，萬民以濟。”最初的“臼”是掘地而成的舂米土坑，即使不能移动，也已经极大地方便了万民。“臼”的小篆字形，像舂米器具形，中间的四点表示有米，是中部下凹的舂米器具。《说文解字》：“舂也。古者掘地为臼，其后穿木石。”后来才出现用石头或木头制成中部凹下的石臼或木臼。“杵”后来发展为“碓”，由“舂米”发展为“碓米”，《新论》：“因延力借身重以践碓，而利十倍。”

与农耕生产方式相辅而行的是畜牧生产方式。畜牧生产与渔猎生产的关系，从“畜”的语源也可以看出来。“畜”与“兽”同音（《唐韵》皆为“许救切”）。“畜”是从“兽”孳乳产生的。狩猎所获的动物，如果不是立即杀食，而是豢养起来，并使之繁殖，“兽”就成了“畜”。

由野性的兽到家畜，必然经过一个驯养的过程。驯养之义，古汉字有一个“擾”（扰）字。《周礼·服不氏》云：“掌养猛兽而教擾之。”郑玄注：“擾，驯也。”古代所谓“六畜”，又称“六擾”，即马、牛、羊、豖、犬、鸡。在古书中，“擾”字又从牛，写做“犪”。甲骨文“家”字像屋内有猪，表明从事畜牧的人才真正定居下来。“牢”和“牧”等字反映了牧牛、圈牛等畜牧生活。“牢”字甲骨文字形为外面像养牛的圈，里面是个牛之形，后泛指一般养牲畜的栏圈。《说文》：“牢，闲养牛马圈也。”“按，牛羊豖之闲曰牢。”《诗·大雅·公刘》：

“执豕于牢。”《战国策·楚策》:“亡羊而补牢，未为迟也。”“牧”字甲骨文像手拿鞭子赶牛之形，后泛指放牧牲畜。《周礼·牧人》:“掌牧六牲。”

畜牧生产方式使人类积累了丰富的对牲畜的认识，古汉字中有大量因观察入微而产生的区分牲畜种类的字:

以年龄而言，牛类字有“特”(牛父),“犊”(牛子，小牛),“犻”(二岁牛),“犙”(三岁牛),“牭”(四岁牛);

羊类字有“羔”(羊子),“羍”(小羊),“羜”(五月生羔),“羚”(六月生羔),“挑”(羊未卒岁)。《诗·召南·羔羊》:“羔羊其皮。”毛传:“小曰羔，大曰羊。”羍:“小羊也”。羜:“五月生羔也。”段玉裁注:“薛综答韦昭云:羊子初名達，小名羔，未成羊曰羜，大曰羊，长幼之异名也。”

猪类字有“豚”(小猪),“縠”(小猪),“豯”(三月小猪),“豵”(一岁猪),“豜”(三岁猪，泛指大猪,《小尔雅·广兽》:“豕之大者谓之豜”)。

以性别而言，牛类字有“犅”(公牛)，也名为“犺”(公牛);“牯”(母牛)， 也名为“牸”(母牛);

羊类字有“羝”(公羊),“羭”、“羒”、“牂”(母羊),“羖、羯、羠”(都是阉割了的羊);

猪类字有“豭”(公猪),“豝”(母猪),“豶”(阉割过的猪);

马类字有“骘”(公马),“騍”(母马),“騬”和“骟”(被阉割过的马);

鹿类字有“麚”(公鹿),“麀”(母鹿)。

以毛色而言，牛类字有“犤”(黑白杂色牛),“犉”(黄毛黑唇牛),“犥”(黄白色牛),“犡”(白脊牛),“犨”(白脊牛),“牷”(纯色牛),“荦”(黄白杂色驳牛);

羊类字有“羒”(白色公羊),“羖”(黑色公羊),“羳”(黄腹羊);

马类字有“驖”(赤黑色马),“騂”(马头有发赤色者),“駁”(赤鬣缟身马，红鬃、白身、黄眼的马），“驄”（青白杂毛马），“駽”（青黑色的马），“驔”（黄色脊毛的黑马），“騏”（青骊纹如博棋之马，青黑色有如棋盘格子纹的马），“騧”（黑嘴的黄马），“驠”（臀部白色的马），“驳”（毛色不纯马），“駓”（黄白杂毛马），“骃”（浅黑夹白杂毛马），“骆”（马白色黑鬣尾也，尾和鬣毛黑色的白马），“骊”（深黑色的马），“騩”（浅黑色的马），“駹”（暗色毛而面额白色的马），“騧”（黑嘴黄马），“骍”（赤色的马），“馰”（额头白色的马），“騱”（前脚全白色的马），“驤”（后右足白色马），“騨”（后左脚白色的马），“驈”（白股、胯白色的黑马），“騴”（尾根白色的马），“騡” （尾巴全白的马），“骐”（青黑色格子纹马），“骓”（苍白杂毛马），“驒”（鳞状黑斑纹马），“騢”（赤白杂毛马），“騽”（赤色的黑毛尾马）“騵 ”（赤毛白腹马），“骠”（黄栗毛白鬃尾马）。

《诗经·鲁颂·駉》讲鲁国的马场“駉” 的盛况，各色的马儿应有尽有：有驈有皇，有骊有黄，有骓有駓，有骍有骐，有驔有骆，有骝有雒，有骃有騢，有驔有鱼。

駉駉牡马，在坰之野。
薄言駉者：有驈有皇，
有骊有黄，以车彭彭。
思无疆，思马斯臧。

駉駉牡马，在坰之野。
薄言駉者：有骓有駓，
有骍有骐，以车伾伾。
思无期，思马斯才。

駉駉牡马，在坰之野。
薄言駉者：有驒有骆，
有骝有雒，以车绎绎。
思无斁，思马斯作。

駉駉牡马，在坰之野。

薄言駉者：有骃有騢，

有驔有鱼，以车祛祛。

思无邪，思马斯徂。(《诗经·鲁颂·駉》)

以动作而言，牛类字有“犨”（网壁耕，一田中两牛耕），“犄”（牛徐行），“犪”（牛柔谨），“犨”（牛息声），“牟”（牛鸣），“牴”（冲撞、抵触），“牵”等；马类字有“驮”、“駇”（疾行），“驰”，“骋”，“驱”，“驶”，“驻”，“骕”（奔驰），“騺”（马难起步），“骇”，“骋”，“駾”（受惊奔窜），“骛”（马狂走），“騳”（马快跑），“骤”（马奔驰），“骧”（马昂首），“驫”（骉，众马奔腾的样子），“騣”（马疾行），“飍”（马疾步奔驰），“駃”（马疾走），“駉”（马快跑），“鸄”（马疾行也），“騖”（马乱跑奔驰）等；羊类字有“芈”（羊鸣），“羠”（羊相積），“羍”（羊相逐），“積”（群羊相䩆），“羴”（群羊杂居）等；猪类字有“豷”（猪喘气），“豧”（猪喘息），“豨”（猪走路和奔跑），“豤”（豕齧贪吃），“豩”（豕乱群，群猪追逐、嬉戏、交配等行为）；犬类字有“猝”（突然从草里冲出来咬人），“吠”（犬鸣），“狧”（犬食），“狟”（犬行），“獳”（狗发怒），“獧”（犬疾跳）。

以形态而言，牛类字有“犤”（矮小的牛），“犐”（无角牛），“犝”（无角小牛），“犣”（无尾牛），“犛”（长毛牛），“犤”（短足或体躯卑小的牛），“牰”（黑眼眶的牛），“犚”（黑耳朵的牛），“犈”（黑蹄子或黑耳朵的牛），“犦”（颈背部隆起、有肉堆的牛，古代仪仗所用的兵器上常常刻有“犦牛”的形状以示威武，站在第一排，即“犦槊”，也作“犦矟”。唐诗中就有以“五侯恩泽不同年，叔侄朱门犦矟连”的语句），“�”（长脊牛）。马类字有“驧”（马曲脊），“騽”（“马豪骭也”，徐灏注笺“豪骭，马膝胫长毛”），“騜”（马小貌），“驱”（马肥壮力强貌），“骄”（马壮健貌），“駊”（马强健），“駫”（马肥壮的样子），“駜”（马肥壮强健），“騯”（马盛貌），“駪”（马众多貌），“駠”（马怒貌），“駗”（马载重难行貌），“驙”（马负重

难行),“騺”(马重貌,难起步的样子),“騫”(马腹病貌),六尺高的马叫“骄”,七尺高的马叫“騋”,八尺高的马叫“駥”,“駻”(马凶悍貌);羊类字有“羦”(细角山羊),羴(羊臭,即羊羶味)等等。关于犬类字有,多毛的叫“龙”,长嘴的叫“猃”,短嘴的叫“猲”,大嘴的叫“狡”,短腿的叫“猈”,“犻”(犬怒貌),“猌”(狗发怒而龇牙裂嘴的样子),“狊”(犬视貌),“犮”(走犬貌),“猋”(犬奔跑貌,后作飚,则“猋—飚”古今字),“默”(黑暗中之犬,沉静无声状),“狋”(犬怒貌),“狃”(犬性骄);猪类字有“燹”(火烧,豕乱奔于地状)。

以畜养和使用而言,牛类字有“牧”,“牿”,“牢”(牛圈舍),“犓”(用铡碎的料草喂牛),“犈 ”(养),“犗”(阉割过的牛)或为“犍”(阉割过的牛);马类字有“驐”(给马阉割);羊类字有“羠”(阉割过的羊)等,猪类字有“獖”(阉割了的猪),犬类字有“獒”(好而通人性的犬),“狩、猎、获”(犬帮忙、助猎);马类字有“骟”(阉割的马),“驾”(一匹马拉的车),“骈”(两匹马拉的车),“騑”或“骖”(三匹马拉的车),“驷”(四匹马拉的车),“騑”(骖旁马),“駙”(驾在辕外起辅助作用的副马),“驛”(用于驿传之马),“馹”(驿马),“馽”(绊马),“駘”(马嚼子脱落),“駉” (牧马苑);猪类字有“豕”(猪总类名),“豨”(野豕名),“豬”(家豕名),“豛”〔上谷名豬豭,中国汉代上谷郡(在今河北省)对猪的称呼〕,“豢”(以谷圈养豕也),“圂”(猪圈),“豖”(绊豕足),“豩”(二豕)。

对牲畜种类按照年龄大小、性别、毛色、动作、形态、畜养和使用等加以分类并立专名区分,是出于祭祀、献礼、食用、使用等的不同需要,也可从汉字中见古人对畜类饲养、使用之精细。有些字如“豠”,《说文解字》释为“豕属”,前人留下的猪类专名,到许慎已经不知其具体所指了,古人养猪种类区分之细可见一斑。

从以上这些牲畜类字来看,古代汉民族的畜牧生产方式已是相当成熟了。在汉字的创制过程中,为什么在有多种选择的情况下选择了某一义符?如“牧”的意符为什么选择“牛”,而不是羊、马等;“突”的意符为什么选择“犬”,而不是鼠、猫等。选此而舍彼,是与造字时的社会时代、经济发展、文化观念、生活习俗、心理状态等因素相关的。如“牧”、“牢”等字选择“牛”作意符，同当时人们处于农牧时代，以牛这种大牲畜作为主要畜力并大量繁殖有关。汉字中有很多以牛字代表畜类的字。如以牛为偏旁的字来代表畜类的雌雄：牡（畜父），牝（畜母）。郭沫若《甲骨文研究》认为：“卜辞牡牝字无定形，牛羊犬豕马鹿均随类赋形，而不尽从牛作。”[1]但传统上因以牛为大物，以牛为畜类代表，所以牡、牝字从牛旁。《诗·邶风·匏有苦叶》：“雉鸣求其牡。”《毛传》：“飞曰雌雄，走曰牝牡。”“犗”，“牛羊无子也”，犗牛无子，用“犗”代表牛羊无子。“犗”，“騬牛也”。段玉裁注：“豮，羠豕也；羠，騬羊也；騬，犗马也；犗，騬牛也，皆去势之谓也。”都是阉割，而以阉牛的“犗”最通用。玄应《一切经音义》卷十三“犗，以刀去阴也”，就以用于牛的“犗”为家畜阉割的通称。

四、汉字与社会生活方式

远古社会汉民族是怎样生活的？汉字的构形为我们描绘了一幅中原人类的生息图。

从吃的方面来看，金文和小篆的“燹”，上面是两只猪下面是火，是火烧猪的意思，把猪肉烧着吃。甲骨文的“庶”字是上从石下从火、石亦声的会意兼形声字，也即“煮”的本字。于省吾《甲骨文字释林》：“‘庶’之本义，乃以火燃石而煮，是根据古人实际生活而象意依声而造字的。”“用火烧热石头以烙烤食物，或以烧热的石头投于盛水之器而煮熟食物，则是原始人类普遍采用的一种熟食方法。”[2]“庶”字的本义为“煮”，“煮”还有“鬻”的写法，由此可以看到煮熟食物方式的演变。

古汉字的“炙”，像把肉放在火上烤。“焦”像把鸟放在火上烤。“晨”字从臼从辰。臼是掬的古文，辰是虫蜄的假借字，意为双手捧

[1] 郭沫若：《释祖妣》，《甲骨文字研究》，人民出版社1952年版，第16 b页。

[2] 于省吾：《甲骨文字释林》，中华书局1979年版，第432页。

着蚌蛤而食。古文献中也有这样的记载："上古之世，民食果蓏蚌蛤。"（《韩非子·五蠹》）"古者民食蠃蚌之肉。"（《淮南子·修务训》）"厌"字从犬从肉从甘，说明古人以食物为美味，以此而饱食、满足。"毅"字从殳从亥。殳像手持器械之形，亥为荄、核的假借字，意为用木棒打击根茎果核。"敤"字从攴从果，攴是击打的意思，意为击打果子。"采"字从木从爪，也是摘果子的意思。

古人之饮食还可以从多种多样的食具反映出来。"爨"字像烧火煮饭的炉灶，小篆的"爨"字，上面是双手抬甑子之形，中间是竈口，竈口下有林（即柴），有火和两只手。《说文解字》："齐謂之炊爨。像持甑，冂爲竈口，廾推林内火"。《说文系传》："取其进火谓之爨，取其气上谓之炊。"《孟子·滕文公上》："许子以釜甑爨，以铁耕乎？"是用"甑子"在锅里蒸饭的炊食习俗记录。爨上面代表甑，放在灶上，双手把柴火加进灶内，下面有火燃烧。爨，就是烧火煮饭，由此而来分爨、各爨就是分火分锅而食之，就是分家。

"镬"字甲骨文和金文都像鸟类放在锅中煮。"灶"字则像置锅于灶上，添薪助炊。"鼎"字像两耳深腹三足或四足的炊具。"鬲"字像圆口三个空心足的炊具。"曾"（甑）字像底有箅子的蒸食炊具。"甗"字像中间置有箅子、上似甑下似鬲的蒸煮炊具。"豆"字像高足盘形食具，"𣪘"字像手持匕挹饭于圆口圆足之饭器。"去"（笶）字像有盖的饭器。"缶"字像口大颈小的酒器。"壶"字像有盖有口、腹、底的酒器。"尊"字像双手捧侈口的酒器。"爵"字像有流、柱、鋬和三足的酒器。"卣"字像有盖、椭圆口、深腹、有提梁的酒器。"匕"字像盛饭的器具。"斗"字像挹酒的器具，"俎"字像长方形、两边有足的切肉献肉之器。饮食之"饮"取低头伸舌向酒坛饮酒之人形；表示已经之"既"，取一饱餐之人把头转开之形。

古文"醢"字，像加盐后置瓯中肉酱之形。《说文》："肉也。"《诗·大雅》："醓醢以薦。"疏："醢，肉汁也。"《礼记·曲礼》："毋歠醢。"疏："醢，肉醬也。醬宜鹹，客若歠之，則是醬淡也。"郑玄《周礼·天官·醢人》："醢人掌四豆之實，醓醢、蠃醢、麋醢、蜃蚳醢、兔醢、魚醢、鴈醢。”注：“凡作醢者，必先膊干其肉，乃后莝之，杂以粱曲及盐，渍以美酒，涂置瓶中，百日则成。郑司农曰：无骨曰醢。” 这是制醢之法的记载，各种肉类、鱼类皆可制醢。

古文“酱”字，从肉，从酉。酒以和酱也，用盐醋等调料腌制而成的肉酱。《论语》：“不得其酱。”孔子有“不得酱不食”之语。后人称其为“八珍主人”。《周礼·膳夫》：“酱用百有二十瓮。”《礼记·内则》：“濡鸡醢酱，濡鱼卵酱。”明代张自烈《正字通》：“酱，麦面米豆，皆可罨黄加盐，曝之成酱。”除调味之酱外，古人还制做诸多荤素佐餐酱。《齐民要术》就介绍了制作肉酱、鱼酱、虾酱、芥子酱、榆子酱的方法。《齐民要术·作酱法》：“牛羊麞鹿兔肉生鱼皆得作。”“酱”与“醢”不同，无骨曰醢，有骨曰酱，《尔雅·释器》：“肉谓之醢，有骨谓之酱。”

从穿的方面看，最原始的衣服显然来自兽皮。甲骨文的“皮”字呈手执铲剥兽皮状。“裘”字像有毛部分在外的皮衣。甲骨文的“衣”字绘出了上古时期衣服的图样：方领直襟，左右复掩。“巾”字像佩巾之形。“黹”字像衣服边缘刺绣的花纹。“免”（冕）字像人头上戴冠冕。“冃”（帽）像帽形，上有羊角形的帽饰。《说文》曰：“小儿及蛮夷头衣也。”可知这是古时蛮夷所戴的帽形。现在一些地方小孩的帽上，仍有绣各种兽类的头作为装饰的。帽上伸出的兽耳据说可以避邪。这也是上古遗风。

金文的“冑”字像古代武士的战帽。“巿”字像一条围裙，《说文》的解释是：“上古衣蔽前而已，巿以像之。天子朱巿，诸侯赤巿，卿大夫葱衡。从巾，象连带之形。”这说明“巿”在上古是一种遮盖布，比“巾”多一条腰带。后来成为贵族表示职位身分的标志。篆文“巿”字作“韍”，可知最早的“巿”是用熟皮革（韋）做的。后来字又作“绂”，可知已是丝织品了。甲骨文“黹”（敝）字像手持棍子把衣服打得破破烂烂。《说文》曰：“败衣也。从巾，像衣败之形。”

从住的方面来看，甲骨文“宀”（宅）字像有四壁与屋顶的房屋。“广”字像整体建筑中的依附建筑。《说文》曰：“厂，山石之厓岩，人可居。”“广，因厂为屋也。”古文“席”字作“𠩄”，意为人在岩穴中铺上席子。古文“度”字从广从△从又，意为以手度量岩穴口的宽度。古文“庶”字从广从△从火，意为在岩穴内举火。“舍”字像掘地为坎，上覆屋顶，中间有立柱的住所。“宫”字像有套间的房屋。“穴”字像覆盖之下有孔洞形。“京”字像高大的屋宇。

甲骨文中“门”字像上有门框，下有两扇门形。金文“闭”字像门上插栓。“闢”字像双手推门。“關”字像用绳子拴上两扇门。甲骨文“窗”字像一扇窗。“向”字像北向开的窗户。最有意思的是古文“归”字，从𠂤从止从束。𠂤是山堆，束是木芒，即树梢，意为归家的人或住在山堆里，或住在树梢上。这正印合了古文献的记载：“上古穴居而野处。”（《周易·系辞》）“昔者先王未有宫室，冬则居营窟，夏则居橧巢。”（《礼记·礼运》）古文字中还有一个“明”字，从月照窗会意。从它的构形可知上古的住房有圆窗，有方窗，有曲棂，有直棂。古文“家”字从宀从豕。甲骨文字形，上面是“宀”（mián），表示与室家有关，下面是“豕”，即猪。古代生产力低下，人们多在屋子里养猪，所以房子里有猪就成了家的标志。几乎有人的地方就有猪，人畜同屋的情况也很多。从“家”的构形可以推测上古的“家”大概是上层住人下层养猪。今云南乡村的房子还有上古的遗风。

从行的方面来看，甲骨文、金文中的“车”字虽有多种写法但多像双轮车之形。《说文解字》：“车，舆论之总名。夏后时奚仲所造。”“辇”，古字为两“夫”（男子）并行，拉车前进之形，是古时用人拉或推的车。《说文解字》：“辇，挽车也。从车，从㚘在车前引之。”清代段玉裁注：“谓人挽以行之车也。”《诗经·小雅·黍苗》：“我任我辇，我车我牛。”据宋代朱熹集注，“任”就是“负任”，即牵挽。秦汉以来特指皇帝、皇后和嫔妃乘坐的车子，如帝辇、凤辇等。《通典·典礼》：“夏氏末代制辇，秦以为人君之乘，汉因之。”唐慧琳《一切经音义》卷二十七：“古者卿大夫亦乘辇，自汉以来天子乘之。”“輂”，《说文》“大車駕馬也。”《周禮·地官·鄉師》：“正治其徒役與其輂輦。”注：“輂，駕馬。輦，人輓行，所以載任器也。”

“驭”字的甲骨文是上下构形，上面是一匹奔跑的马，下面是以手持鞭赶马的形状。金文是左右构形，左面是一匹马形，右面是一只手执马鞭。到了小篆演变为左为马右为手，以手驭马的意思，从“驭”字及其演变可以看出，古代就已有驭马之俗。马用以驾车、驼物，作为重要的交通工具和通讯往来的工具。古代通讯联络设有“驿站”。“驿”，《说文解字》：“置騎也。从馬睪聲。”是古代供传递公文或传送消息用的马。《左传·文公十六年》：“馹为传车，驿为马骑。”“楚子乘驿。”《张衡传》：“后数日驿至，果地震陇西。”

水上交通如“航”取摆渡舟中之形。《广韵》：“航，船也。”《集韵》：“方舟也。”《淮南子·主术训》：“賢主之用人也，猶巧工之制木也，大者以爲舟航柱梁。”注曰：“方兩小船，與共濟爲航也。”

从日常起居梳洗来看，甲骨文和金文的“監”，左面是一个盛水的器皿，右面是一个人在用水照视。甲骨文字形为左边是一个人睁大眼睛在往下看（臣，竖目），右边是个器皿。金文又在器皿上加一小横，表示器中有水。古人以水为镜，“监”的字形描画了一个人弯着腰，睁大眼睛从器皿的水中照看自己的面影。“監”的字义就是能照映出人和物形象的器具，镜子。贾谊《新书·胎教》：“明監，所以照形也。”《庄子·德充符》：“人莫監于流水而監于止水。”“以水为镜，照视人形”在鉴、鑒、鑑、鍳等字中都有体现。鑑是古代用来盛水或冰的青铜大盆。《说文》：“鑑，大盆也，一曰鑑诸，可以取明水于月。”徐灝曰：“鑑，古祇作堅，从皿以盛水也。其后范铜为之，而用以照形者，亦谓之鑑，声转为镜。”《广雅》：“鑑谓之镜。”这些古代盛水或冰的器皿，形体一般很大，像盆，大口，深腹，无足或有圆足，多有二耳或四耳，盛行于春秋战国。古代在没有普遍使用铜镜以前，常在鉴内盛水用来照影，因而后来把铜镜也称为鉴。《新唐书·魏徵传》：“以铜为鑑，可以正衣冠。”

甲骨文的“浴”，像下面是一个盛水的盆有一个人站在其中洗浴。《说文》：“洒身也。”《周礼·天官》：“宫人共王之沐浴。”注：“浴用汤。”“洗，濯，涤。”“濯”字的意义最广，可以指洗衣服，洗器物，洗手足；“洗”只指洗脚。“涤”一般指洗器物。甲骨文的洗，上为足形，下为水形。本义就是用水洗脚。《说文》：“洗，洒足也。”《论衡·讥日》：“洗去足垢。”《汉书·黥布传》：“王方踞床洗。”注曰：“濯足也。”“洗”如果作名词用时，则是指古代一种洗具，汉代盥洗用的青铜器皿，类似后世的脸盆。圆形，宽口沿，平底或圜底，腹外常有穿环的二兽耳，器内底常饰双鱼纹。《仪礼·士冠礼》：“设洗直于东荣。”《礼记·内则》“適父母舅姑之所，少者奉槃，長者奉水，請沃盥。”槃，《说文》：“槃，承槃也。从木，般声。古文从金，籒文从皿，字亦作槃、作磐。”特指承水盘。《仪礼·士虞礼》：“执槃洗面。”洗和槃，均为古代盥洗用的器皿，一般用青铜铸造，也有陶质的。

“沐”，《说文》“沐，濯发也”，本义是洗头发。《论衡·讥日》：“且沐者，去首垢也，洗去足垢，盥去手垢，浴去身垢，皆去一形之垢，其实等也。”甲骨文的“盥”，下面是盛水的器皿，上面是手形，手下有水滴，表示手盛水冲洗而下流于皿。《说文》：“盥，澡手也。从臼水临皿盥。”《左传·僖公二十三年》：“奉匜沃盥。”“匜”，本是古代盥洗时舀水用的器具，形状像瓢，古代洗手时盛水用的器具。古人用匜盛水浇在手上洗水，下面用盘子（器皿）盛接。古文字的“沬”像以水洗面。《说文》：“灑面也。通頮。”《尚书·顾命》：“王乃洮頮水”，《释文》：“頮音悔。”马融云：“頮面也。”《礼·内则》：“面垢燂潘請靧，足垢燂湯請洗。”“靧”，《玉篇》：“洗面也。與頮同。”《集韵》：“本作沬。洒面也。”明代袁宏道《满井游记》：“倩女之靧面。”

从交易的方面来看，古汉字与交易有关的字形大多从贝。贝的甲骨文和金文字形，像海贝形。古时以贝壳为货币，又用做装饰，故从“贝”的字多与钱财宝物、装饰品或贸易商品有关。贝是我国最早的一种货币。《尚书·盘庚》：“兹予有乱政，同位具乃贝玉。”疏：“贝者，水虫，古人取其甲以为货，如今之用钱然。”商周时期的墓葬里，常见贝币。贝作为货币这一点，从汉字的结构上也可以得义，说明构字之时贝壳已是价值尺度。例如：

“买”字，甲骨文像把贝装在网里，显然贝是一种货币。与买卖有关的“购”、“贸”、“贩”等都从贝。从贝的还有：

与借贷有关的“贷”、“贳”、“贡”、“赊”、“责”等；

与纳税有关的“贡”、“赋”、“赍”等；

与赏赐有关的“赉”、“赐”、“赏”、“赣”等；

与抵押有关的“质”、“赘”等；

与赎罪有关的“赀”、“赇”等；

与送礼有关的“赞”、“赠”、“贺”、“赂”、“赆”等。

贝渗透在日常生活的各方面。甲骨文中“贮”字像贮贝于器中，说明贝还有储蓄的功能。“宝”字像室内贮有玉和贝。“得”字像在街上以手拾贝。“宾”字则像人在屋下携贝而进。这是宾客持贽见之物的意思。小篆中“贫”字则以“分贝”会意。人之“贤”与“贪”也都与“贝”有关。

贝原是“介虫之生于海者”。最初用为先民的装饰之物。因而《说文》释“賏”为“颈饰也”；《篇海》：“连貝饰颈曰賏，女子饰也。”释“婴”为“頸飾也。从女、賏。賏，其連也”。无论“賏”还是“婴”，都以贝串联起来，戴在颈项上作为装饰。然而在夏代已以贝作为货币。这显然是因为贝的珍贵和便于流通、便于串联而带。古代文献记载“夏后以玄贝，周人以紫石，后世或金钱刀布。”（《盐铁论·错币》）《说文》释“贝”亦云：“古者货贝而宝龟，周而有泉，至秦废贝行钱。”最早的货币是海生的贝壳，后来真贝的数量不够，人们就用仿制品，如用蚌壳仿制。随着商品交换的日益扩大和贝的需用量大，到了商代晚期就出现了用铜铸造的铜贝。这种铜币是人类最早使用的金属货币。

“朋”字金文字形像两串贝形，将贝系连在一起，方便计算和交易。铜贝币的计算单位是“朋”。贝以朋计，五贝为一串，两串为一朋。或说五贝为一系，两系为一朋。甲骨文和青铜器铭文中都有商、周的王和贵族赐给臣属贝的记载。《诗经·小雅·菁菁者莪》：“既见君子，锡（赐）我百朋。”郑玄笺：“古者货贝，五贝为朋。”商代甲骨文和金文中常见的“贝朋”、“贝若干朋”，或若干“朋”的“贝”，是贝的计算单位。多少枚贝为一朋，古人的说法很不一致，有说2贝的，5贝的，也有说10贝的。王国维考证应以10贝为一朋。[1]

显然，汉字为远古人类的社会生活勾勒出真实的镜象。在人类文字体系中，汉字的结构具有独特的文化解读和叙事功能。

第二节　汉字与古代社会的运作

一、汉字与原始手工业

在汉字构形的文化历史解读中，最引人入胜的大概要算原始手工业的符号化呈现了。我国古代有着灿烂的器物文明。汉字的形象勾勒与大量的出土文物，在对这一文明的重现上交相辉映。例如，甲骨文和金文的“豆”字，都像一种高脚盘一样的器物。古代食器，起初用来盛黍稷，后用来盛肉酱、肉羹一类食物。器浅如盘，下有把，圈足，大多数有盖。铜豆在商代少见。西周的豆浅腹，束腰，多无盖，无耳。春秋以后，豆增多，侧有两环，下具高足。到战国时期，器腹变深，有前豆把特别细长，如铸客豆。有盖的豆，盖上有捉手，可以仰置。豆于新石器时代晚期开始出现，盛行于商周时，多陶制，也有青铜制或木制涂漆的，后世也作礼器。《礼器》：“天子之豆二十有六，诸公十有六，诸侯十有二，上大夫八，下大夫六。”豆腹中加一横表示盛着食物；豆腹上加一横表示有盖；豆腹下的H形直线表示可供把持的“校”（俗称柄）。而出土的铜豆，正是有像盘一样的“腹”，可供把持的“校”和作为底部的“镫”。《说文》：“豆，古食肉器也。”《诗·大雅·生民》：“卬盛于豆”。根据文献记载，古时饮酒所享用的食物就是盛在豆中。《乡饮酒义》：“六十者三豆，七十者四豆，八十者五豆，九十者六豆，所以明养老也。”饮酒者年龄越大，拥有的豆数就越多，所谓年龄六十岁者三豆，七十岁者四豆，八十岁者五豆，九十岁者六豆。《考工记》中还

[1] 王国维：《说珏朋》，《观堂集林》卷上，河北教育出版社2001年版，第96页。

有“食一豆肉，饮一豆酒”的记载。《鱼我所欲也》：“一箪食，一豆羹，得之则生，弗得则死。”古汉字中在豆形上画象征食物或玉器（祭祀用）之形，就是“豐”（丰）字或“豊”（礼）字。古汉字中画双手捧豆进献，就是“登”字。豆本是古代盛放肉食之器，因能容谷实，后引申为谷类植物。

从甲骨文“興”可以看到我国古代的青铜模造技术。“興”的甲骨文的字首（手同手）是双手同用状，字身（手手）是双手捧之状，表示众手共同举抬，开始也，振起也。《尔雅·释言》：“兴，起也。”《周礼·夏官·大司马》：“进贤兴功，以作邦国。”注曰：“兴，犹举也。”《说文》：“，起也。从舁从同。同力也。”甲骨文字形是四手并举，把器皿中的铜液注入范内。在铸造铜器之初，劳动粗重，工具简陋，高温危险，大家共同举抬完成，故以四手举器。众手共同举抬，所以“兴”有“开始、振起、兴起”的意义。浇铸铜鼎，铭记功德，铸成记功之时，“高兴”、“喜悦’之情也就油然而生。

甲骨文的“铸”字, 上面是双手拿“鬲”（古炊具），把器皿盛装的金属溶液倒入范里，下面是“皿”, 就是范子；鬲、皿表熔化、模铸金属的锅炉。中间像被熔铸的金属。常见的青铜器为鼐、鼎、钟等。鼐，大鼎。《诗经·周颂·丝衣》：“鼐鼎及鼒。”鼎，古代炊器。相当于现在的锅，用于煮肉盛肉。形状大多是圆腹、两耳、三足，也有四足的方鼎。铜鼎是在新石器时代陶鼎的基础上发展而成的。现已出土的铜鼎，最大的高三尺多，如商代后期的司母戊方鼎；小的高不过四寸，如西周的嬴霝德鼎。鼎的形制因时代而异。大体说，商代前期多为圆腹尖足，也有柱足方鼎和扁足鼎。商代后期尖足鼎逐渐消失。圆腹柱足鼎占多数，同时，分裆鼎增多。到西周后期，扁足鼎和方鼎基本消失，鼎足呈蹄形。战国至汉代的多为敛口（口沿向内收缩），大多有很短的蹄足，有盖，盖上多有钮或三小兽。鼎的用法，是在鼎足之间烧火，有几种肉食就分用几个鼎来煮。煮熟后就在鼎内取食，所以古籍中有“列鼎而食”的说法。“钟鸣鼎食”是贵族生活的一个标志，钟鼎之家是宴享时列鼎、击钟奏乐的古代贵族家庭。钟，是古代青铜制的打击乐器。《说文》:“钟，乐钟也。”《国语·周语》:“细钧有乐，钟兑音也。”在商周奴隶制社会里，钟、鼎曾被奴隶主贵族用来“别上下，明贵贱”，作为标志统治权力和等级的一种器物。

战国陶文和石刻中都有“臼”字，像臼形。臼中的齿形，或以为是表示臼的里面粗糙不平，或以为是臼中之米的形状。根据《说文》的解释:“舂，臼也。古者掘地为臼，其后穿木石。”可知最初的臼还不是一种器具，而是掘地为臼，后来才有了石臼。《易·系辞》亦云:“断木为杵，掘地为臼。”甲骨文中画一人双手持杵临臼捣粟，即为“舂”。金文中画一人陷于“臼”中，即为“臽”（陷）。

又从甲骨文的“爯”字可知，殷代所用的秤，只是用两个冓篓，在冓间系之以绳，一篓装欲秤之物，一篓置定重的石头。称者手提系绳，平则等重。而“再”字与“冓”之不同只是用杠横举而非用手提系绳。这已接近后来的秤了。

甲骨文中“槽”字作“㯥”形。“東”即“棟”。二“東”表示槽两侧之大木，槽既是牛马的吃草饮水之器，又可作为榨床。所以“㯥”字后来演变为“𣍘”字，即“曹”字。下添的“日”字，像接在榨床边的缸口。今乡间的土法榨床，就是有木制边框，并在出油口或出酒口有大缸接着，操作时用楔盘锤槽中的芝麻等榨油物榨出油，油顺槽的坡度流入下口的缸中。曹由榨床形状，衍生为如槽般的水路的“漕”。由于“槽”含压榨义，所以从曹的字多有压榨义。如压榨作践的“蹧蹋”，民力被压榨为“傮”，锤榨后之残余物为“糟”。“糟”与“粕”同为酒渣。古时“粕”指已经漉出的粗渣，未漉者则为“糟”。我国自古就有以糟渍物之俗。宋代吴自牧《梦粱录》中就载有糟羊蹄、糟蟹、糟鹅、糟脆筋等。不但荤食可糟，素食亦然，如《中馈录》记有糟茄子、糟萝卜、糟姜等。明代顾元庆《云林遗事》载元末倪瓒家有糟馒头法。由压榨后的糟粕义，又衍生出“憎”、“糟糕”、“蛴螬”等。

古汉字的结构还形象地反映了原始手工业的操作过程。甲骨文“金”字从土，表示金的出处；加点，表示冶炼后的铜锭。甲骨文“丹”字像采丹砂的井，井中之点或短横表示矿石。《说文》释“丹”

云："巴越之赤石也。像采丹井。"丹是一种做颜料的矿石，即朱砂，呈赤色。金文中在"丹"旁加表示文采的三撇，即为"彤"，意为赤色的装饰。与"丹"相似的还有一个"青"字。金文之"青"，上画草木形，下画矿井，意为从矿石中提取草木色的颜料。

甲骨文的"巩"（筑）字像双手执夯夯筑之形。"凿"字则上部像岩之山，下部像山洞，洞中有人双手持器械凿石采玉，并有盛玉石之筐具。这是一个完整的采石过程。甲骨文的"铸"字，像双手倒执冶铜用的坩锅浇铸之形。而"冶"字则以治具、铜锭和人会意。甲骨文的"匋"（陶）字像人制陶之形。《说文》释之为"瓦器"。由匋制成的器物多从缶，如"罂"、"岳"、"鋗"、"饔"、"罄"、"缸"等。

甲骨文的"皮"字呈手执铲剥兽皮状，以铲皮的工具和状态来指称"皮"。《周礼·大宗伯》："孤执皮帛。"注："虎豹皮。"《仪礼·士昏礼》："俪皮。"注："鹿皮。"《左传·僖公十四年》："皮之不存，毛将安傅。"还有一说是金文字形上面是个口，表示兽的头；一竖表示身体；右边半圆表示已被揭起的皮，右下表手，本义是用手剥兽皮。先民以兽皮为衣，需要剥取兽皮。《韩非子·五蠹》："禽兽之皮足衣也。"物体的表面多从皮：波、坡、被、骳、皻。

金文"革"的字形，为铲刀放在兽皮之上整治之形，即用铲皮刀整治皮子，加工皮子；一说像被剖剥下来的兽皮，中间的圆形物，是被剥下的兽身皮，余下的部分是兽的头、身和尾。"革"本义是去毛的兽皮，是汉字部首之一，从"革"的字多与革有关，如鞤、鞶、鞏、鞪等。

金文的"陶"像人拿杵捣土之形，从阜，匋声。从"阜"，说明其与土有关，反映了以杵捣粘土制陶的过程，是捣泥、制坯、装饰和烧制工序的第一步。我国陶器源远流长，古时陶、瓷混称。按照泥质细分，陶有泥质、夹砂（粘土中掺以砂粒或蚌壳末）、红（含铁）、黑（可能锰土）和印文陶（拍有凸印或刻划图案）、彩陶（颜色彩绘者）之分。制陶法，小的手捏，大的经搓泥作条、盘叠而成。后用陶轮修圆，半干时印文绘彩，入窑而烧。《吕氏春秋·仲冬纪》："陶器必良火齐必得。"按照烧制火候和色泽分，早期多用氧化焰，陶多红、黄；后用还原焰，陶多青黑或灰色。其后的彩陶更有发展，商代已有白陶。东周后，陶大量用为陶俑和明器。临潼兵马俑，气势雄壮，神态栩栩，为世所罕有。后世紫砂陶，与瓷器相颉颃。紫砂陶壶有“泡茶不走味，贮茶不变色，盛暑不易馊”之功用。

有些汉字的字形演变，还形象地反映了原始手工业的发展。如甲骨文的“监”字，画一人弯腰在水盆中照影之形，可知当时的手工业还未能制造镜子。人们要看自己的面貌，需用木盆盛水，观自己在水中的影象。后来“监”字演变为“鑑”字，说明铜制的镜子已经产生。这反映出春秋时代青铜冶炼技术和制造水平的发达。

中国很早就有了纺织业，它在古汉字中也有生动的映象。原始纺织的主要成品一为丝，一为麻。甲骨文“系”（丝）字呈丝线缠绕状。《说文》释曰：“细丝也。像束丝之形。”甲骨文的“巠”（经）字像织机上的经线。《说文》：“经，织也。”《玉篇》：“经，经纬以成缯帛也。”“织”，从糸埴声。从“糸”，与丝织品有关，本义是织布。“緒”，形声，从糸者声。本义是丝的头。者，会意，金文里字形像烧煮之物。“煮”，形声，从火，者声。从图形文字的结构来看，是把东西放在有水的锅里加热使熟。《天工开物》：“凡茧滚沸时,以竹签拨动水面丝绪。”“绪”字所从的“者”字当为治丝时蒸煮之行为，而“绪”则反映古代缫丝之俗，治丝当为它的初始之义。

由“垂”和“系”会意的古文“素”字，是一种白色丝织品。《说文》释曰：“白致缯也。从丝垂，取其泽也。”甲骨文的“绝”字取以刀断丝之形。“素”字取人在室内搓绳或绞丝之形，“系”字取手抓几束丝之形，这都说明了纺织业在当时的影响。甲骨文的“䜌”（𤔔）字，王国维释为以手治丝，引申为“治”、“理”。“乱”，甲骨文和金文字形，像下两手在整理架子上散乱的丝，是理丝的意思。《尔雅·释诂》：“亂，治也。”杨树达《积微居小学述林》：“人以一手持丝，又一手持互以收之，丝易乱，以互收之，则有条不紊，故字训治训理也。”如是则纺织的操作与政治的操作产生了同构联想。

“麻”字《说文》的解释是：“枲也。从林从广，林，人所治也，在屋下。”麻是已经劈好的麻，所以藏在室内（从广），而在这之前分剥麻的茎皮叫做“木”。《说文》释曰：“分枲茎皮也。从中，八象枲皮。”分枲之后，整治好、收藏好的麻才叫“麻”，也叫“林”。《说文》认为：“林之言微也，微纤为功，象形。”这就是说整治好的麻是极细小而零碎的纤维。织麻的过程从“欳”字开始。欳字从次，取次第之义，说明制麻的人先拿短而粹的麻皮按次第接续起来。然后是“缉”，即在接续处上下撮连，使不散开。最后一个个接续成可以纺织的长线，这就是“绩”。然而绩还仅仅是织麻的开始。毛亨《诗经传》释“八月载绩”云：“丝事毕而麻事起矣。”“専”，甲骨文像手转纺锤纺织之形。右边象形，即“叀”，左边是手（寸），合起来为用手纺织，代表纺锤。《诗・小雅・斯干》：“载弄之瓦。”《传》曰：“瓦，纺塼也。”即原始的陶制纺锤。

中国古代的造纸业，也可以从汉字构形中窥见其原始形态。从“纸”字从系可知纸来源于丝。《说文》的解释是“絮一箔也。从糸氏聲”。“箔”字据《说文》解释是“潎絮箦”。《广韵》释为“漂絮箦”。“箦”字据《说文》解释是“床栈也”。如此则“絮一箔”意为将乱絮在水中经沤、击打而成为纸浆，然后用箔滤去纸浆的水分，成为平匀的薄片，晒干了即为纸。“絮”最初是治丝麻时剩下的絮渣。《说文》：“絮，敝绵也。”好者为绵，恶者为絮。后来用捣布而成纸浆，又另造了“帋”字，从巾。汉字构形所反映的造纸历史，从文书上也可得到印证：“（蔡）伦乃造意，用树肤、麻头及敝布、鱼网以为纸，元兴元年奏上之……自是莫不从用焉，故天下咸称‘蔡侯纸’。”（《后汉书・蔡伦传》）其实从《说文》“纸”字看，在蔡伦之前汉民族就已经用丝絮造纸了。

中国古代很早就有了扇子，《世本》：“武王始作箑。”《古今注》：“舜廣開視聽，求賢人自輔，作五明扇，此箑之始也。”“箑”，《说文》：“扇也。”《广韵》：“扇之别名。”扬雄《方言》记：“扇，自关而东谓之箑，自关而西谓之扇。”《说文解字》：“箑或从妾。” 甲骨文的“妾”字，上面是古代刑刀，表示有罪，受刑；下面是“女”字，合起来表示有罪的女子，本义是女奴。也有学者考证“婢”字的甲骨文字形，“左面像一女性之形，右面像手拿扇子之形，表示女奴手执扇子替主人障尘蔽日或搧凉”。[1] 扇子分为人障尘蔽日的仪仗扇和搧凉的日用扇两种。古代仪仗中障尘蔽日的用具，也叫“障扇”或“掌扇”；搧凉则有“扇暍”的传说（传说周武王曾替中暑人扇风取凉，《淮南子·人间训》：“武王荫暍人于樾下，左拥而右扇之。而天下怀其德。”）。

二、汉字与古代科技

中国古代医学的产生和发展，可以从古汉字“医”字的构形上看出不少消息。“医”字从殹从酉。“殹”据段玉裁的解释，表示一种“疲极之声”。许慎也称其为“病声”。显然它代表着病。而“酉”，《说文》的解释是“医之性然得酒而使，故从酉”，“酒所以治百病也”。这说明早期的医术离不开酒，酒可以治病。段玉裁的注也说：“医者多爱酒。”《史记》中也有扁鹊用酒醪治肠胃病的记载。“医”又有一个异体字作“毉”，它说明早期的医术和巫术也有联系。许慎认为；“古者巫彭初作医。”最早的医生是巫师。在古代文献中“医”和“巫”两字也常连用。《论语·子路》：“人而无恒，不可以作巫医。”扬雄《太玄经·四常》：“疾其疾，巫医不失。测曰：‘疾其疾，能自医也。’”

除了以酒治病外，汉字中还记载着以针灸治病的史实。甲骨文“殷”字像手执针器刺一袒腹病人，这是以针（砭石）治病的符号化表现，“殷”有“中”、“正”义，当与刺患除病有关；“殷”有“赤黑色”义，又似与破脓出血有关；“殷”有“痛”义，也与针刺带来的痛感有关；“殷”还有“深切”义，与针刺之深不无联系。甲骨文还有一个“叙”字也像手执砭针治病形。“砭”是一种石针。这个字在马王堆出土的《脉经》中从石从氾，在《内经》中从石从巳，都表明是一种石器。《左传·成公十年》有这样的记载：“公疾病，求医于秦。秦伯

[1] 李万春：《汉字与民俗》，云南教育出版社1992年版，第223页。

使医缓为之。……医至，曰：'疾不可为也。在肓之上，膏之下。攻之不可，达之不及，药不至焉。不可为也。'"“攻之不可”之“攻”，即以五毒攻之的方法。所谓“达之不及”，杜预注曰：“达，针。”即指针灸的方法。《说文》：“砭，以石刺病也。”《素问·异法方宜论》：“其病皆为痈疡，其治宜砭石。”《新唐书·则天武皇后传》：“风上逆，砭头血可愈。”

一些古汉字的构形还反映出古人对人体生理和病理的认识。生理方面的如：

“吕”字画上下两个圆圈以短竖线相连，是两节脊椎骨的形象。

“胃”字以胃的形象中加一个“米”字象形，再从肉。《说文》释之曰：“谷府也。”

“骨”字像肩胛骨形，后加肉旁。《说文》释之曰：“从冎，有肉。”段玉裁注：“去肉为冎，在肉中为骨。”

“胞”字像胎胞之形，内包孩子。《说文》释之曰：“儿生裹也。从肉包。”段玉裁注：“包谓母腹，胞谓胎衣。”“胞”即“包子之肉也”。其实“胞”的古字就是“包”。《说文》释“包”云：“像人裹妊。”所包之物“像子未成形也”。

“脊”字像肋骨外露之形。“肘”字像胳膊肘形。

“肱”字像肩下肘上的部位，后又从手明之，复从肉明之。

“肬”字画一点于手指部，表示多余的第六指。

“腋”字画两点于人形两腋，后也从肉。

“血”字像血在盛血的器皿之中。

就病理方面来说，“蛊”字的结构从虫从皿。《说文》释曰：“腹中虫也。春秋传曰，皿虫为蛊，晦淫之所生也。”段玉裁认为：“腹中虫者，谓腹内中虫食之毒也。自外而入故曰中，自内而蚀故曰虫。”从字形可以看出，古人认为蛊病是食物中毒所致。《左传·昭公元年》也认为：“于文皿虫为蛊。谷之飞亦为蛊。”皿是食具，皿中盛谷饭，谷饭腐败而为蛊，由腐败而滋生的飞蛾也叫蛊。

中国古代的数学知识，在汉字构形中也有积淀。例如，小篆的

"寸"字画一个侧视手形，用符号标示拇指。《说文》释之曰："十分也。……从又一。"段玉裁注："十发为程。一程为分，十分为寸。"度量之寸用拇指来表示，说明古代数学以拇指一扁指为一寸。由度量之寸又引申寸口之寸。《说文》曰："人手却一寸动脉谓之寸口。"段玉裁注云："却犹退也。距手十分动脉之处谓之寸口。"由"寸"字又衍生出一些表示度量的词。如"寻"，《说文》释曰："度人之两臂为寻，八尺也。"《史记·张仪传》有"蹄间三寻"之说，意为马蹄一跃就三寻。《韩非子·五蠹》有"布帛寻常，庸人不释"的说法，寻为八尺，常为六尺。又如"尃"字，《说文》释曰："六寸簿（薄）也。"此外如"専"（敷）、"导"都有度量之义，皆从寸。度量引申为法度，于是又有了"寺"（《说文》："有法度者也。从寸。"），"将"（段注："必有法度而后可以主之先之，故从寸。"）。

《说文解字》中有一个"所"字，许慎解释为"二斤也"。段玉裁说："言形而意入其中。"然而"二斤"究竟是什么意思呢？"斤"字，《说文》的解释是"斫木斧"。它像一把斧形。段玉裁认为它的结构"横者像斧头，直者像柄，其下像所斫木"。如此则"二斤"为两把斧形之意。"质"字从"所"，《说文》的解释也是"以物相赘"。《九章算术》刘徽注云："张衡谓立方为质、立圆为浑。"章炳麟对此作了精辟的解说：

立方为质，则所字也。斤为砍木斧，今浙东砍柴所用，是其遗法。背厚刃薄，作五面形。依《九章算术》"邪解立方，得两堑堵。两堑堵颠倒相补，即成立方"，今斫柴斤成五面者，正中堑堵。立体难象，故只以邪解平方象之，取其侧形。……实邪解立方也。两斤颠倒相补，即为立方矣。故二斤为所，即立方之义。（《小学答问》）

章炳麟所说的"堑堵"，是指挖沟渠时，将所挖土方堆在沟渠的两沿上，由此形成的土岗是一个三角形的剖面。如果把两边的堑堵颠倒相补，即为一个立方体。这样来看，两堑堵和两斤，都可以视为斜解立方的结果。古汉字以"所"表示立方，正形象地包含着"邪解立方"的数学原理。

三、汉字与古代风俗

汉字是传统文化的载体，汉字在其产生、发展、成熟和运用的过程中，也透露出相当多的民俗文化现象。可以说自汉字诞生之日起，诸如祈福禳灾、禁忌避讳、崇祀宗祖等民俗便在汉字的身上留下了深深的印记。

例如，甲骨文的“戴”字，它的结构像顶物于头、双手扶持之形，描绘了古代汉民族的顶物习惯。甲骨文的“庆”字作鹿皮形，又附心形以表祝愿，这可以看出上古时代以鹿皮作为吉礼以表庆祝的风俗。

“棄”，甲骨文像双手捧着一只簸箕端走一个新生的、带有羊水的婴儿的形状，表示准备将孩子丢弃。“弃”的创制与中国古代神话中的“弃子”之习俗的传说非常相似。李孝定《甲骨文字集释》曰：“（弃）字像纳子于箕中弃之之形，古代传说中常有弃婴之记载，故制弃字象之。”“弃”字所蕴含的弃子故事在《诗经》和《史记》中关于周人的始祖后稷（原名叫“弃”）的记载也可以得到验证。《诗·大雅·生民》记载后稷有生而被弃，弃而不死的灵异。可以看出上古有将婴儿（特别是那些异常的婴儿）生而弃之以验祥瑞、灵异的风俗。

“俘”字古文作手牵子形，可知上古时代有捕获异族部落的孩子以补充己方战争伤亡的风俗。“庶”字古文从石从火，即古“煮”字，从字形可以想见古人煮食之法是投炽石于水，使水沸腾起来。

甲骨文和金文“保”字之形，都像用手搂住背上孩子之形，金文写做从“人”从“子”。（后来为了结构的对称，小篆变成“保”，从“人”从“呆”，让人不能因形见义了）这可以看出古代背孩子的习俗，但是《说文》认为：“保，养也。”唐兰认为：“负子于背谓之保，引申之，则负之者为保；更引申之，则有保养之义。然则保本像负子于背之义，许君误以为形声，遂取养之义当之耳。”[1]

甲骨文的“妻”字，字身像用手梳髪插笄状，是已婚者之髪式；字首是一个女性形体，这个字反映我国古代女子“十有五年而笄”的

[1] 唐兰：《殷墟文字记》，中华书局1981年版，第59页。

风俗。男子举行成人加冠礼或女子举行及笄礼，是古代社会之习俗。“笄”，“女十五而笄”。《说文》：“笄，簪也。”女子可以插笄的年龄，即成年。我国古代，女孩子到了15岁就要举行“及笄”隆重仪式，邀集亲朋好友光临，由家长为女孩子盘发插笄表示该女已经成年，可以嫁为人妻了。对此古文多有记载，《礼记内则》和《仪礼·士冠礼》：“皮弁笄。爵弁笄。”“栉设笄”，“女子……十有五年而笄”。“女子许嫁，笄而礼之，称字。”《公羊传·僖公九年》：“字而笄之。”白居易有诗《对酒示行简》：“复有双幼妹，笄年未结缡（古称女子出嫁）”。《国语·郑语》：“既笄而孕。”

甲骨文的“夫”，像站着的人形（大），上面的“一”，就是头发上插一根簪（zān）之形，插簪就意味着是成年男子，是个丈夫了。古时男子成年束发加冠才算丈夫，故加“一”做标志，用于对成年男子的通称。《说文》：“丈夫也。从大，一以像簪也。周制以八寸为尺，十尺为丈。人长八尺，故曰丈夫。”汉代贾谊《论积贮疏》：“一夫不耕，或受之饥。”

甲骨文的“冠”，像手拿布帛之类的制品加在人的头上之形，从“冖”，用布帛蒙覆。从“元”（人头），从“寸”（手）。《说文》：“冠，絭也，所以絭发，弁冕之总名也。”《释名·释首饰》：“冠，贯也，所以贯韬发也。”古时的冠，是加在发髻上的一个小罩子。男子二十岁行加冠礼，表示已经成年。《礼记·曲礼上》：“男子二十冠而字。”《论语·先进》：“冠者五六人，童子六七人，浴乎沂，风乎舞雩，咏而归。”举行过成年礼节的少男少女正式参加氏族里的劳动和社交活动，所以“族”的意义就是同一图腾徽号旗帜下的全族成年人。但是《说文》：“族，矢锋也，束之族也。从㫃从矢。”矢锋即箭头。后来“民族”之族写作“族”，而为“矢锋”义另造新字“簇”。

甲骨文中有关婚姻的字，其构形很能反映上古社会的婚俗。“好”的甲骨文是“女”和“子”的会意。“女”指成年女性，子指幼儿。可见，“好”字初文字形是指成年女性具有生育能力，这是一种植根于先民思维深处的生育崇拜与审美意识，并流传成习。古代的“不孝有三，无后为大”是其极端的体现。至今西南地区等一些少数民族仍保留着成年男女婚前同居，待验证女方确实具有生育能力之后方才谈婚论嫁的婚俗。“字”从宀从子，指在屋内生孩子。汉语的“待字”即反映以生育能力等待谈婚论嫁的民俗。

古代的婚俗有父母之命和媒妁之言的“明媒正娶”，也有逾墙相从、钻隙而从的“私定终身”，还有更为古老的抢婚制在汉字中记录下来。《易·屯卦》：“匪寇，昏媾。”梁启超说：“夫寇与婚媾截然二事，何至相混？得无古代婚媾所取之手段，与寇无大异也。”如“娶”字是男子接妻之义，字形从取。“取”的结构是画一只手抓住耳朵。《说文》曰：“取，捕取也。从又耳，周礼获者取左耳。”可知“取”有外力强暴的意思，“娶”就是抢女子为妻。《说文》曰：“娶，取妇也。”“娶”与“取”在文献中还可通用。《诗经·豳风》：“取妻如何，匪媒不克。”可见抢婚的风俗在“娶”字上也有表现。“婚”字古文作“昏”，说明结婚与黄昏时分有关。《左传·昭公三年》：“既成昏，晏子受礼。”“成昏”即“成婚”。《说文》认为：“礼。娶妇以昏时。”为什么要在黄昏时娶妻呢？刘申叔《古政原始论》认为：“其行礼必以昏时者，则以上古时代用火之术尚未发明，劫妇必以昏时，所以乘妇家之不备，且使之不复辨其为谁何耳。”男方乘黄昏时分光线暗淡去抢亲，这又是古代抢婚风俗之证。汉字构形所记录的史实证明了恩格斯的论断，“自从对偶婚发生时起，便开始有抢劫和购买女性的现象出现而成为普遍征兆”；“抢劫女性往往并且在许多地方是通例”。[1]

从一个地方的汉字书写风格，还可以看出当地的风俗民情。例如，春秋战国时期南方诸国书写的楚系文字，结体奇诡，好用羡画饰笔。这种纤丽秀美的汉字形态，反映出楚地民风的奇幻色彩和浪漫精神。楚人信鬼崇神，淫祀好祭。《楚辞·九歌》中充满了天神地祇人鬼。古文献曾有这样的记载：

昔楚灵王骄逸轻下，简贤务鬼，信巫祝之道，斋戒洁鲜，以祀上

[1] 恩格斯：《家庭、私有制和国家的起源》，人民出版社1972年版，第42页。

帝，躬执羽绂，起舞坛前。吴人夹攻，其国人告急，而灵王鼓舞自若，顾应之曰："寡人方祭上帝，乐明神，当蒙福佑焉，不敢赴救。"而吴兵遂至，俘获其太子及后姬以下，甚可伤。（《新论·言体篇》）

文献的记载正印合了楚系文字尚奇尚新，诡异不拘的风格。征之楚地出土的木卮和木豆，也可以发现其用红、金等色彩绘特殊云纹的标新立异的装饰风格。

古汉字是古代社会风俗的一面镜子。以当时人的面貌来说，我们从"髯"（两颊上的长须）、"髵"（颊毛）、"髭"（嘴上须）等字可见当时蓄胡子的风尚。国外的汉学研究者还从汉字结构观照中国古人的态势习俗。[1] 例如，"耻"字，据《说文》的解释是"辱也。从小，耳声"。然而"耳"旁不仅象声，而且象意。在古代，"耻"不仅联系一种耻辱心理，而且联系一种表示羞耻的手势——擦耳。这种习俗与古代的刵刑（割掉犯人耳朵）有关。在刵刑流行的年代，指着耳朵这个手势成为警戒人们不要做羞耻之事的符号，意即"小心你的耳朵"。以后这个手势的含义逐渐淡化，保留在儿童的嬉戏动作中，即用擦耳朵的动作去嘲弄别的孩子"没羞"。今天广东粤语地区还有一边用食指在耳垂后面向前拨两三次，一边说"羞、羞、羞，羞掉耳朵送烧酒（做下酒菜）"的。"耻"字以"耳"为偏旁，显然反映了这种习俗之源。后来人们更多的是用手指擦脸颊表示"没羞"，这种手的前移，遵循人类手势位置"往前向对方视域中心转移"的规律。无独有偶，中国上海、山东一些地区的习俗，又以手指刮鼻子表示"没羞"。在这些地区的中心城市，刮鼻子的意思又演变为惩罚对方。这种手势民俗又可与古代的劓刑联系起来，看出其渊源关系。这也可以证明"耻"字作"耳"旁的手势民俗意义。《说文》中还有一个"聑"字，解释为"安也"。双耳俱在，表示没有做耻辱之事，平平安安。这又是对"耻"字的民俗释义的一个旁证。

从丧葬习俗中的"弔"（吊）字来看，这个字的篆文由"人"和

[1] 参见游顺钊：《原"恥"——历史态势学与古文字研究》，《中国语文》1991年第6期。

"弓"组成。《说文》曰:"古之葬者,厚衣之以薪,从人持弓会欧禽兽。"《急救篇》颜师古注:"吊,谓问终也。于字,人持弓为吊。上古葬者衣之以薪,无有棺椁,常苦禽兽为害,故吊问者持弓会之,以助弹射也。"当时实行天葬,人死后尸体置于荒野之中,多禽兽侵扰,故吊丧之人手拿弓箭前来帮助守尸。反映古代丧葬习俗的还有"葬"字,金文中左面是爿,像侧置之床形,右面是残骨之形。《说文》:"骨之殘也。从半冎。凡歺之屬皆从歺。讀若櫱岸之櫱。" 徐锴曰:"冎,剔肉置骨也。歺,殘骨也。故从半冎。""歺"的甲骨文字形,像有裂缝的残骨,后隶变作"歹"。"葬"的小篆字形,从"死",在"茻"中,其中的"一"指草席覆盖,即人死后盖上草席埋藏在丛草中。后用棺木埋入土中。《说文》;"葬,臧也。"《礼记·檀弓》;"葬也者,藏也。"《易》:"古之葬者,厚衣之以薪。"《荀子·礼论》:"故葬埋敬藏其形也。"

四、汉字与古代战争

战争是古代社会生活一个重要的方面,这一点从古汉字也可以看出来。据统计,在甲骨文中,与战争有关的字,如兵器的戈矛、方国的夷羌、战时的射卫、俘虏的囚杀等,占总字数的8%,大大超过有关衣(1.7%)、住(6%)、行(3.6%)方面的字数。

甲骨文中不少字形描写了当时所用的兵器。例如,"兵"字像两手持斤,"戊"字像一柄有月牙刃的大斧,"钺"字也像大斧。"殳"字像一种长柄武器。"戈"字像侧视的戈形,有援有胡有柄有鐏。"弓"字像弓形。"矢"字像箭形,锋镝、杆、尾、羽俱全。"函"字像一只箭袋,里面插着箭。"箙"字像盛矢之器,在一个架子上插满了矢。"侯"字像射箭对准的靶子。"甲"字像士兵穿护身衣时的俯视图,框形表示前护胸和后护背,框中十形表示所开套头处。"胄"字以头盔的图形和"目"会意,表示头上所戴之胄。"介"字在人形两旁画标记表示人披甲,中间是人,两边的四点像连在一起的铠甲片。《诗·郑风·清人》:"驷介旁旁。"《诗·大雅·瞻卬》:"舍尔介狄。"《史记·老庄申韩列传》:“急则用介胄之士。”“盾”字是一面盾牌的形状，中间画有把手。

甲骨文中还有一些字形描写了当时使用武器的方式。例如,“武”字以脚（止）表示战士，字形像战士持戈。“成”字像战士肩扛武器。“戒”字呈双手执戈形。“伐”字像一把戈砍断人头。“烎”字也像一把斧砍断人头。“射”字像一只手张弓引箭。“取”字像一只手取耳朵。《说文》释之曰:“周礼，获者取左耳。”

“馘”字,《尔雅》解释为“获”。它的原义是战俘的首级，衍指割战俘之首级。《诗经·大雅·皇矣》:“攸馘安安。”毛传的解释是割下所杀敌人的左耳（毛传:“馘,获也，不服者杀而献其左耳。”)。《左传·宣公十二年》:“折馘执俘而还。”《诗·鲁颂·泮水》:“矫矫虎臣,在泮献馘。”《三国志·武帝纪》:“献馘万计。”可见古代战争中有割取被杀者的头颅或耳朵来记功的习俗，这在古书中常用“馘”或“聝”来表示。“馘”与“聝”是异体字。《康熙字典》:“《唐韻》《集韻》‘古獲切，音幗。軍戰斷耳也。’”《左传·成公三年》:“以爲俘聝”通作馘。《字林》:“截耳則作耳傍，獻首則作首傍。”甲骨文中还有一些未释出的字，其结构或像士兵持刀肃立；或像士兵手持斧钺，一手提战俘，凯旋而归；或像士兵一手持戈一手持盾，都生动地展现了古代战争的风貌。

其他如“戎”字以“甲”和“戈”会意，前者是防守武器，后者是进攻武器，合起来表示与战争有关之事。“卫”字画几只脚在城的四周，表示巡逻守卫。

一些汉字的演变还反映出战争装备的演变。例如,“礮”字从石从马从交，可以想见这是一种安置在战车上的抛石机械，即古代的炮。据文献记载，这种武器“飞石重十二斤为机发行二百步”,“以机发石为攻城具”。《后汉书·袁绍传》云:“曹操发石车击袁绍军中，呼霹雳车。”这种车就是“抛车”,即礮车。“礮”这个字反映出“驾车以机发石”的古战争攻城方式。“礮”字后来演变为“砲”。这个字从石包声。这一字形演变反映出“以机发石”已不再在战车上进行，所以象征战车的

“马”和“交”（连接之义）被省去了。炮从车上移到了地上。“砲”字后来又用“炮”来表示了。“炮”，原是古代的一种烹饪方法。《说文》曰：“炮，毛炙肉也。从火包声。”段玉裁注：“炙肉者，贯之加于火。毛炙肉，谓肉不去毛炙之也。……《周礼·封人》：毛炮之豚。郑注：毛炮豚者，焰去其毛而炮之。内则注曰：炮者，以涂烧之为名也。《礼运》注曰：炮，裹烧之也。按裹烧之即内则之涂烧。郑意诗礼言毛炮者，毛谓燎毛，炮谓裹烧。毛公则谓连毛烧之曰炮。……毛与炮二事，郑说为长矣。”“炮”字兼表“砲”的意思，显然是由于炮的内涵发生了变化。炮由从石变为从火，说明它不再是发石机，而是真正的火炮了。

第三节　汉字与古代社会的观念形态

一、汉字与原始艺术

古汉字所反映的原始艺术形态，最引人注目的就是舞蹈了。古“舞”字像人执牛尾而舞，生动地反映了古代舞蹈的习俗。舞蹈深深植根于劳动的土壤之中。没有劳动就没有舞蹈艺术。《礼记·乐记》：“舞，动其容也。”蔡邕《月令章句》：“乐容曰舞。”甲骨文和金文中的“扎”字，像一个人跽坐着以双手和手臂来表演各种动作。甲骨文的“齐”字，也像一个人飞扬高蹈地劲舞。“舛”字更突出了舞蹈者的脚腿动作。

从古汉字的形象看，原始舞蹈有两个特点。一是舞者多戴动物面具或头饰。如“黑”字的金文字形像一个舞蹈者头戴怪兽面具，身披饰物，面具上眼目甚多。甲骨文有一个“奠”形字，像舞蹈者头戴鱼形假面。“冀”字的金文字形像舞蹈者头戴饰物模仿一头野兽。金文中还有一个“畀”字，画一个舞人戴着有两只蒲扇般大的耳朵的面具，手舞足蹈，甚为怪诞。这种舞蹈风格充满了渔猎时代的生活气息。在那个时代，动物是狩猎的对象。舞蹈者装扮动物，其目的往往是对猎物施加巫术影响，迫使它们出现，从而捕获它们。人类学家曾对北美的一种野牛舞做过生动的描述：

跳这种舞的目的是要迫使“野牛出观”……大约5个或15个曼丹人一下子就参加跳舞。他们中的每个人头上戴着从野牛头上剥下来的带角的牛头皮（或者画成牛头的面具），手里拿着自己的弓或矛，这是在猎捕野牛时通常使用的武器……这种舞蹈有时要不停地连续跳两三个星期，直到野牛出观的那个快乐的时刻为止。

当一个印第安人跳累了，他就把身子往前倾，作出要倒下去的样子，以表示他累了。这时候，另一个人就用弓向他射出一枝钝头的箭，他像野牛一样倒下去了。在场的人抓住他的脚后跟把他拖出圈外去，同时在他身子上空挥舞着刀子，用手势描绘剥野牛皮和取出内脏的动作，接着就放了他。他在圈内的位置马上就由另一个人代替，这个人也是戴着面具参加跳舞……用这种代替办法，容易把舞蹈场面日夜保持下去，直到所希望的效果达到，即野牛出现为止。[1]

显然，模仿猎物的舞蹈，是狩猎生产方式的需要。汉字的构形真实地记录了这一具有原始功利性的艺术形式。如果我们把这种功利性作一些淡化，那么这种狩猎舞蹈一方面衍化出一系列的舞蹈语汇。如后代传承的“打鸳鸯场”、“雁翘了”、“龟背儿”、“双飞燕”、“大鹏展翅”、“虎跳”、“扑虎”、“乌龙搅柱”、“商羊腿”等；一方面衍化出一系列的舞蹈品种，如后人所见的狮舞、龙舞、鱼龙舞等；一方面还衍化出种种古代游戏。例如，角抵类游戏中的摔跤。据古书记载：“秦汉间冀州有乐，名‘蚩尤戏’，其民三三两两，头戴牛角而相抵。”（任昉《述异记》）这种摔跤又进一步演变为带一点戏剧性的竞技表演。汉代著名的表演《东海黄公》表现人与虎斗，虎由人戴假头具装扮而成。这种带有故事性的角抵，开了后来戏曲武打之先河。

[1] Catlin，The North American Indians. i，PP.127～8，Edinburgh，1903. 另参见列维·布留尔：《原始思维》，商务印书馆1981年版，第221～222页。

除了面具和头饰，汉字构形中还可以看出原始舞蹈的尾饰。“尾”字，《说文》的解释是：“微也。从到（倒）毛在尸后。古人或饰系尾，西南夷皆然。”段玉裁认为，“微”与“尾”叠韵为训，意为“细也”，两字可以互借。从甲骨文的字形看，“尾”字像一个屈曲的人体身后拖着一条尾巴。这条尾巴显然是装饰性的，所以许慎认为“古人或饰系尾”。段玉裁引郑玄的话指出：“古者佃渔而食之。衣其皮，先知蔽前，后知蔽后。后王易之以布帛，而独存其蔽前者，不忘本也。”《后汉书·西南夷列传》亦云：“槃瓠之后，好五色衣服，制裁皆有尾形。（哀牢夷）皆刻画其身，象龙纹，衣著尾。”汉字的字形为我们保存了这种原始舞饰的生动形象。

由古汉字所反映的原始舞蹈的另一个特征，是舞蹈多与巫术活动有关。从“巫”字看，甲骨文和金文的“巫”字像人双手持物而舞，小篆像女巫两袖舞形，是古代称能以舞降神的人。《说文》释之曰：“女能事无形，以舞降神者也。像人两褎舞形，与工同意。”可见，巫者即“以舞降神”的舞者。董仲舒《春秋繁露》卷十六记载：“以舞降神者”，既有小童、又有壯者、丈夫、鳏者、老者，他们有的服青衣，有的服赤衣、黄衣、白衣，或衣黑衣而舞。《楚语》：“古者民之精爽不携二者，而又能齐肃中正，其知能上下比义，其圣能光远宣朗，其明能光照之，其聪能听彻之，如是则神明降之。在男曰觋，在女曰巫。”《周礼·春官·神仕疏》：“男子阳有两称，曰巫，曰觋。女子阴不变，直名巫，无觋称。”

《说文》释“巫”所说的“与工同意”，“工”字古文作“𢒄”，其中的三撇是“饰画文”之义，因而“工”字的释义是“巧饰也”，引申为“凡善其事曰工”。“巫”字的结构既有舞形又有饰画义，它与原始艺术之缘是无可置疑的。从音韵上说，“巫”与“舞”叠韵，上古均属明母鱼部，两者有同源关系。

以舞降神的巫事，其目的何在呢？段玉裁云：“周礼女巫无数，旱暵则舞雩。”舞雩，古代求雨祭天，设坛命女巫为舞，故称舞雩。《论语·先进》：“风乎舞雩。”这一点从“雩”字也可以看出来。“雩”字，

《说文》释曰：“夏祭乐于赤帝以祈甘雨也。从雨，亏声。”可知“雩”是一种旱祭，因其祈雨而从雨。据《礼记·月令》记载：“仲夏之月，大雩帝，用盛乐，乃命百县。雩祀百辟卿士有益于民者，以祈谷实。”郑玄注云：“雩，吁磋求雨之祭也。雩帝，谓为坛南郊之旁，雩五精之帝，配以先帝也。自鞀鞞至柷敔皆作曰盛乐。凡他雩用歌舞而已。”如是，则“雩”字亏声因其吁嗟求雨。从《礼记》和郑玄注可知，古代旱祭必然采用歌舞的形式。查《周礼·女巫》有“旱暵则舞雩”，《周礼·司巫》有“则帅巫而舞雩”，《周礼·鼓师》有“帅而舞旱暵之事”，可见以舞降神是一种因于旱而祈雨的祭奠仪式。《公羊传·桓公五年》：“大雩者何，旱祭也。”注：“使童男女各八人舞而呼雨，故谓之雩。”这一点从“雩”的异体字的结构也可明了。“雩”字或作“䨦”，从羽。许慎认为这是由于雩祭总要“舞羽”之故。《周礼·乐师》有“有羽舞，有皇舞”的记载。郑玄认为：“羽舞者，析羽。皇舞者，以羽覆冒头上衣饰翡翠之羽。”“皇”舞的“皇”，又作“翌”。《说文》释“翌”曰：“从羽王声，读若皇。”郑玄注《周礼·舞师》云：“翌舞，蒙羽舞，书或为皇。”可见皇舞也是一种羽舞。“雩”字又作“霖”（据郭沫若《粹编考释》），而“無”正是“舞”的初文。旱祭之名而字从“無”，形象地刻划了原始舞蹈的巫术性质。

甲骨文记述的祭祀活动中有不少禴祭。所谓禴祭，即在祭祀的舞蹈中吹龠为乐。甲骨文中的“龠”字像编管之形，显然是一种乐器，是后来“籥”和“禴”的初文。在古文献中“龠”又作“勺”（礿）。朱骏声《说文通训定声》“礿”字下说：“字亦作禴。”所以《礼记·燕礼记》有“若舞则勺”的说法。“勺舞”即“礿舞”，即以禴伴奏之舞，而这种舞蹈又是为祭祀服务的。《周易》中就有“东邻杀牛，不如西邻之禴祭，实受其福”的记载。这又证明了原始舞蹈（舞乐）的巫术性质。《礼记·王制》：“天子四时之祭，春曰礿，夏曰禘，秋曰尝，冬曰烝。”

《诗经》中的三颂（《周颂》、《鲁颂》、《商颂》）多与祀神祭祖有关，属庙堂祭祀音乐。“颂”字的籀文形式左偏旁为“容”。“颂”与

"容"的关系如段玉裁所言：

古作颂貌，今作容貌。古今字之异也。容者，盛也，与颂义别。六诗一曰领。周礼注云：颂之言诵也，容也。诵今之德广以美之。诗譜曰：颂之言容。天子之德，光被四表，格于上下；无不覆焘，无不持载，此之谓容。于是和乐兴焉，颂声乃作。此皆以容受释颂，似颂为容之假借字矣。而毛诗序曰，颂者，美盛德之形容，以其成功告于神明者也。此与郑义无异而相成。郑谓德能包容故作颂；序谓颂以形容其德，但以形容释颂而不作形颂，则知假容为颂其来已久。以颂字专系之六诗，而颂之本义废矣。汉书曰：徐生善为颂，曰颂礼甚严，其本义也；曰有罪当盗械者皆颂系，以假借为宽容字也。

由此可见，"颂"字古文从容得声是因为"颂"的本义为"形容"。如是则《周颂》即"周之形容"，《鲁颂》即"鲁之形容"，《商颂》即"商之形容"。而形容之主要方式，便是通过舞蹈的"赋形"，将"美盛德"表现出来。如《乐记》所言："诗言其志，歌咏其声也，舞动其容也。"所以阮元在《释颂》中明确指出："三颂各章皆是舞容，故称为颂，若元以后戏曲，歌者舞者与乐器全动作也"。这种"舞容"的功能自然是祭祀的，即"美盛德之形容，以其成功告于神明者也"(《诗大序》)。"颂"字古文结构之从容声，正反映了原始舞蹈的巫术性质。

二、汉字与原始意识

汉字的构形是一种观念的运作，它不仅记录先人对客体的认识和理解，而且透露出先人在认识世界的过程中所形成的种种心态与意识。

古汉字中凡指称少数民族的字，大都有一个兽类偏旁。例如，西方羌人名字从"羊"，北方狄人名字从"犬"，南方蛮人名字从"虫"，东南闽越之人名字也从"虫"，北方貉人名字则从"豸"。这些兽类偏旁，直观地反映出古代中原民族对夷域民族的蔑视与恶感。《说文》择"貉"云："北方貉。豸种也。从豸，各声。孔子曰：'貉之言貉貉，恶也'。""貉"与"恶"叠韵，"貉貉"是一种恶貌。称古代东北部一个民族为"貉"，其种族歧视意识呼之欲出。《说文》释"狄"云："北狄也。本犬种。狄之为言淫辟也。从犬亦省声。”段玉裁注曰：“狄与貉皆在北，而貉在东北，狄在正北。释地曰：九夷、八狄、七戎、六蛮，谓之四海。八蛮在南方，六戎在西方，五狄在北方。李巡云：五狄者，一曰月支，二曰秽貊，三曰匈奴，四曰箪于，五曰白屋。王制，明堂位皆言东夷、南蛮、西戎、北狄。”明堂是古代天子宣明政教的地方。凡朝会及祭祀、庆赏、选士、养老、教学等大典均在其中举行。在这样一个神圣的所在将四方少数民族作低贱的定位，充分表现出当时的华夏中心意识。如同“貉”与“恶”同源一样，“狄”也与“辟”（僻）同源。“辟”是邪僻的意思。据《风俗通》云：“狄父子嫂（嫂）叔同穴，无别。”因而其行邪僻。

“羌”字指称西域民族。其结构从羊从儿，羊又表声。据段玉裁的说解：“羊儿者，羊种而人胻也。”《风俗通》又有一说：“羌本西戎卑贱者也，主牧羊，故羌字从羊人。”这两种说解，都反映出古代汉民族的蔑视夷族的意识。“蛮”和“闽”也是如此。这两个字《说文》的解释都是“它种，从虫”。“它种”即蛇种，这与说狄为犬种，说貉为豸种是一样的，都是视异族为野蛮人。然而也有一些民族的名称其字形不从兽类的，如西南的僰、焦侥，东方的夷。许慎指出：西南的僰人和焦侥人“颇有顺理之性”，所以字从人。东夷人“俗仁”，所以字不仅从人，而且从大。大正像人形，象征“天大地大人亦大”，所谓“俗仁”。据《后汉书·东夷传》云：“仁而好生，天性柔顺，易以道御，有君子不死之国焉。”《论语·公治长》记孔子言曰：“道不行，欲之九夷，乘桴浮子海。”孔子哀叹道之不行于世，此时他想居住的地方是九夷。这也说明古人认为东夷天性柔顺，“异于三方之外”，与其他野蛮民族不同。古代汉民族对周围少数民族的强烈的华夏中心意识，在这些字形中鲜明地表现出来。

如果我们再看一下这些少数民族族名在甲骨文中的字形，更可以感受到先民睥睨万方的心态。甲骨卜辞中“方”字常常指称四方少数民族，其字形像人颈上戴着一个束缚性的笨拙的饰物。“鬼”字也常常指称异族，其字形像一个头部异常大的人形。“允”（狁）指称匈奴族人，其字形也像一个头耳巨大的人形。所有这些，都意在强调异族之“非我族类”，野蛮人也。

古汉字反映的原始意识是多方面的。例如：

甲骨文“好”字以妇女携孩子构形，可以看出古代社会对多子多育的肯定。

甲骨文的“毓”字构形也像妇女生孩子，其形旁“每”据段玉裁的解释是“草盛也，养之则盛矣”。可见繁衍后代多生多育是当时一种普遍的社会意识。所以“毓”字后来又有了“好”的意思。

甲骨文的“粦”（燐）字画出了先民对磷火的观念：它是一种浑身放光，能疾步如飞的幽灵。字形的上半部是发光体、下半部则是双足。

甲骨文的“雷”字以一组车轮造型，反映出古人对雷的观念：它是天神驾车驶过所发出的隆隆声。

有些抽象意义的字形蕴含着古人独特的思考，例如：

“化”字在甲骨文中以一正一反的人形表现，在古人的意识中人的由生到死是一个演化的过程。

“福”字之“畐”，是“腹”字的初文，上像人首，“田”像腹部之形，腹中的“十”符，表示充满之义，像人饱饮腹满之形，有腹满义。“福”、“富”互训，以明家富则有福。富，从宀，表示与房屋宫室有关。从畐合“宀”为之，以示富人安居宫室，丰于饮馔之义。我们从中可以看到原始“福”和“富”的观念从安居丰馔而来。

“學”，金文像教子学习织网之形，甲骨文中像双手结网之形。在古人意识中，织网是一种复杂的技术，需经传授而习得，我们从中可以看到原始的传道授业意识。

汉字中与人的思维活动有关的字往往从“心”，反映了心主神，是主管控制人的思想及精神活动的器官的原始意识。《孟子·告子上》：“心之官则思。”明代王廷相亦云：“心者，栖神之舍；神者，知识之本；思者，神识之妙用也。”（《雅述》上篇）

三、汉字与原始宗教

原始宗教是原始人类精神生活的一个重要方面。殷周时代依然弥漫着敬事鬼神、占卜祭祀的气氛。在古汉字中“祠”是春祭，“礿”是夏祭，“禅”是祭天，“社”是祭地，反映了先民祭献神灵、祈求安宁的心愿。我们从古汉字的结构中可以窥见先民宗教生活之一斑。

先民崇拜他们所面对的难以解释的自然现象，视之为自然神。甲骨文的“神”，像闪电之形。后来的“神”，从示、申。

甲骨文的“示”像在竖立的木石前祭天之形，字首为“二”即古之上字，指上天。字身为三竖，代表日月星，左日，右月，中为星，甲骨文像天光下垂形，垂像告知吉凶，人则祭祀之；或云像祭坛之形。《周礼·春官》：“大宗伯掌天神人鬼地示之礼。”《说文》：“天垂象，见吉凶，所以示人也。从二，三垂，日月星也。观乎天文，以察时变。示神事也。”“示”作部首的汉字，其义多与祭祀、礼仪有关。

“申”是天空中的闪电形，古人以为闪电变化莫测，威力无穷，故称之为神。《说文》：“神，天神引出万物者也。”《周礼·大司乐》：“以祀天神。”注：“谓五帝及日月星辰也。”后泛指神灵，常用来指微妙的变化。《易·系辞上》：“阴阳不测之谓神。”韩康伯注：“神也者，变化之极妙。”

甲骨文的“虹”字像天上的彩虹，但在虹的两端都画有像龙头一样张开大口的首形。这是先民对虹的理解和解释——虹是一种天神。从自然现象本身看，古人认为虹是一种“天气”，“凡日旁气色白而纯者名为虹”（《后汉书·郎顗传》）。进一步从哲理上加以认识，则虹的功能是“攻也”，即虹为“阳气之动”，虹的出现是“纯阳攻阴气”（《释名·释天》）。这种功能同虹的态势联系起来，则如《说文》所说：“（虹）状似虫，从虫工声。”像雨后天空呈现弧形如虫的彩晕。段玉裁注：“虫者，它（蛇）也。虹似它，故字从虫。”这就赋予虹一种灵性，从而神化了虹。籀文的“虹”字从虫又从申，申是龟的古形。段玉裁说：“虫者，阴阳激耀也。虹似之，取以会意。”这就将先人对虹的自然性和灵性的认识结合了起来，熔铸在一个字形里。虹在古时的另一个名称是“螮蝀”，字形从虫，也反映了古人赋予虹的灵性化。征诸古文献，甲骨文有“亦有出虹自北饮于河”之说；《汉书·燕王旦传》有“是时天雨，虹下属宫中，饮井水，水泉竭”之述；《梦溪笔谈·异事》则有“世传虹能入溪涧饮水，信然”之议。饮水之虹自然有首有口，这正合于甲骨文的结构意义。“虹”字两端的双头正是伸向大地汲饮的。

除了天象崇拜之外，还有地物崇拜。

一种是土地崇拜。古汉字“社”从土，既表示土地之神，又表示祭祀土地神，还表示祭祀土地神的地方。“社”的本字正是“土”。古人认为“土者五行最贵者也”（《春秋繁露》）。“土，五行之主也，能吐生百谷者也。”（《礼记》王肃注）《白虎通·社稷》：“不谓之‘土’何？封土为社。故变名谓之‘社’，利于众土也。”所以土地最早成为先民神化和崇拜的对象。《诗·小雅》：“以社以方。”“疏”曰：“社，五土之神，能生万物者，以古之有大功者配之。共工氏有子句龙为后土，能平九州，故祀以为社。后土，土官之名，故世人谓社为后土。杜预曰：在家则主中溜，在野则为社。”《白虎通》：“人非土不立，封土立社，示有土也。”又《礼记·郊特牲》：“社祭土，而主阴气也。天子大社，必受霜露风雨，以达天地之气也。”由于“土为群物主”，所以土又称为“后土”，与“皇天”相应。“后土”也指称土地神和祭祀土地神的社坛。《礼记》中就有“其神后土”“君举而哭于后土”之说。

一种是灵石崇拜。甲骨文的“祏”字左为石形，右为T形神主。它是宗庙中的神主。所以，《说文》云：“祏，宗庙主也。”

一种是火崇拜。由于火对原始人类生存发展的巨大意义，对火的崇敬在古汉字构形中也生动地反映出来。如“王”字在金文中作火形，本义为火光。后来引申为君王之王。“皇”字在金文中也像灯缸中点着火，有光明和美、大之义。后来引申为君王之称。这些显然都与先民的火崇拜有关。

由于动物和原始人类生活的密切关系，我们从汉字结构中还可以看到先民的灵兽（禽）崇拜。

春秋战国时期流行于吴、越、楚、蔡、宋等国的鸟虫书，其字形像虫鸟之形，大多刻在兵器和钟鎛上。宋是商的后代，《诗经·商颂》中有“天命玄鸟，降而生商”之说，商是以玄鸟作为族名的。鸟作为一种民族图腾，是商人崇拜的对象。这一点从甲骨文中殷人先祖王亥的“亥”字也可以看出来。甲骨文“亥”字之上，往往加“鸟”或“隹”作为偏旁。“鸟”和“隹”都指鸟。它们与“亥”在音韵上并无相通之处，因而只能是“亥”字的意符。这就表明殷商族起源的传说与鸟有关。据《诗经·商颂》的郑玄笺云：“禹敷下土之时。有娀氏之国始广大，有女简狄吞鳦卵而生契，尧封之于商后，汤王因以为天下号。”又据《史记·殷本纪》云：“殷契母曰简狄，有娀氏之女，为帝喾次妃。三人行浴，见亥鸟堕其卵，简狄取吞之，因孕生契。”拿“玄”的甲骨文字形与这些古文献相印证，可知鸟崇拜确实在商族的历史上自有渊源。这可以说是后来的鸟虫书的一个来源。另外，就楚人而言，其祖先是祝融。一方面，古文献记载：“楚之先出自帝颛顼高阳。高阳生称，称生卷章，卷章生重黎，黎为高辛氏火正，帝喾命曰祝融。帝诛重黎，而以其弟吴回居火正，为祝融，吴回生陆终，陆终生季连，季连芈姓。楚其后也。”（《史记·楚世家》）另一方面，古文献又记载：“南方之神名曰祝融，其精曰鸟，离为鸾。”（《白虎通·五行篇》）由此可知，作为楚人始祖的祝融又是鸾鸟的化身。鸾鸟即凤鸟。鸟崇拜在楚地表现为凤崇拜。从楚墓出土的衣饰、鼓架上每见凤纹，而在文献记载中楚人又每每以凤自喻或喻人。如屈原《九章·怀沙》中的“凤凰在笯兮，鸡鹜翔舞”即以凤自喻。《史记·孔子世家》记楚狂接舆“歌而过孔子曰：‘凤兮！凤兮！’”即以凤喻人，表示一种赞美。这些记载与楚系文字的鸟虫书形式相映照，充分证明了楚人对鸟的崇拜。而这种崇拜，本质上是图腾崇拜、祖先崇拜。鸟虫书所刻之器或为祭祀之重器如钟、鼎，或为王侯之用物，如楚王之戈、越王之剑，都说明了这一点。

甲骨文和金文的“文”，像袒胸之人胸膛上饰有花纹之形，呈纹理纵横交错形。在肌肤上刺画花纹或图案，叫“文身”。《庄子·逍遥遊》：“越人断发文身。”古代荆楚、南越一带的习俗，人们身刺花纹，截短头发，以为这样可以避水中蛟龙的伤害。《礼记·王制》：“东方曰夷，被发文身。”注：“谓其肌，以丹青涅之。”《礼记·月令》：“文绣有恒。”古人常常认为自己的氏族与某种植物、动物或其他物体有密切关系，因而对某物呈敬畏崇拜之心，以之为氏族的守护神或象征，并把它绘饰在身体或武器、旗帜等之上，长久以往也就成为他们的图腾。

一个民族由于各种不同的原因，会有多种图腾、多种灵兽（禽）崇拜。上文引《史记·楚世家》：云：“季连芈姓，楚其后也。”“芈”姓据《说文》的解释是：“羊鸣也。从羊，象声气上出。”又楚人的始祖祝融的“融”字从“鬲”。“鬲”字下部在金文中写作“𠔁”，这个结构讹变即为“芈”。显然，楚人姓“芈”，而“芈”即“羊”的古字，这一线索表明楚姓与神羊有关，楚人在鸟图腾的崇拜后又有了羊图腾的崇拜。从出土文物来看，楚国曾侯乙墓棺上绘画了持戈的羊形人，也显然是把羊当做亡者的保护神。商代的羊尊十分精美，多出于楚地，也可证楚人的羊崇拜。从文献来看，《汉书》记载有零陵蛮羊氏，可知湖南南部在汉代犹有羊图腾的民族。

另据宋代郑樵《通志·氏族略》：“楚以鬻熊之故，世称熊氏，女子则称鬻焉”，“三代之前，姓氏分而为二，男子称氏，妇人称姓。氏所以别贵贱，贵者有氏，贱者有名无氏。”母系社会知母而不知有父，于是子从母姓，夫从妻姓，这种习惯保存下来，以“熊”命名的楚王族便是以母系的“芈”为姓。《广韵》亦云：“妳，母也。楚人呼母曰妳。”“妳”与“芈”声韵相通，或云“妳”是“芈”的本字。这也可证楚人母系之名源出羊崇拜。

据调查，今四川西北的羌人自称“尔芈”、“尔玛”、“尔绵”。楚人的芈姓很可能来自其先人羌族。而羌人正是以牧羊为业，“羌”字也从羊。姜亮夫认为：“空载楚姓芈，此以羊为图腾也，即是‘西羌牧羊人’之姜姓，是西方一大族。”[1]证之于楚文化，其中确有许多西北文化影响或者说“遗传”。如《离骚》中神话言及的山川地名多在西北，

[1] 姜亮夫：《楚辞学论文集·三楚所传古史与齐鲁三晋异同辨》，上海古籍出版社1984年版，第91页。

如昆仑、不周、崦嵫、赤水、西海等。姜亮夫精辟地指出：

楚族起自姜水，在西极流沙之间。此屈子《离骚》所以以“西海”为最后神游之所。而屯车弭节，高弛邈邈，奏《九歌》而舞《韶》，其乐无极，而斗然结以临睨“旧乡”。旧乡者，先人发祥之地，虽仆马，亦蜷顾不行，其寄意之深远恺切，岂复有可疑者乎？[1]

由此可见，从楚人的族源来看，其羊崇拜也是渊源有自。

除了自然神崇拜之外，古代汉民族的生殖崇拜也渗透于汉字的结构中。例如，“且”字是“祖”的初文，其甲骨文字形像男性生殖器，以此作为人之初的象征。这反映了先民对生育图腾的崇拜，对宗族的崇拜。“且”字作为先祖的象征，当产生于父系氏族社会，它深刻地体现了当时的父权观念。1983年，在海南保亭县毛道乡毛道村征集到一尊出土的石制男性生殖器偶像，也证明了“且”为受祭先祖的象征。甲骨文中“民”与“祖”已可通用。“祖”字表现了这样的祭祀场景：字首〔示〕：祭祀，天垂像儿吉凶，告知也。字身〔且〕：像阳具之形，以示生命之源也，“祖”即在神案上祭奠男性的生殖器。由此可知，人们对祖先的崇拜其实是生殖崇拜。“诅”，即是通过诅咒其生殖能力不蕃，《释名》释名卷第四：“诅，阻也，使人行事阻限于言也。”《论衡》：“一人祝之，一国诅之，一祝不胜万诅，国亡，不亦宜乎？”其生不蕃，则必然灭亡。现代汉语的北方方言中称男性生殖器为“鸡巴”、“鸡子”，这个“鸡”正是为避讳而代替“且”的。后来为强调祭祀的意义，为“且”加了“示”旁。与“祖”对文之“宗”也是从示。而“宗”与“祖”又在音韵上双声相关，无论在字源还是语源上，两者都同源。

与对男根的崇拜相似，对女阴也一样存在生殖崇拜，因为女子对人类的繁衍也具有重要意义。“也”字，《说文解字》释为：“也，女阴也，象形。”以“也”字为构建的汉字，也有生殖繁衍的含义，比如：地，怀养万物之处，土也，是生殖之土。《管子·形势解》：“地生养万物。”

---

[1] 姜亮夫：《楚辞通故》，齐鲁书社1985年版。

池，水停积之处。《说文》："治也。孔安国曰：停水曰池。"池为孕育、包容水之处。

"女"字甲骨文字形，像一个敛手跪地的人形。而与之字形接近的"母"字，甲骨文像母亲有乳之形。《说文》："母，牧也。从女。像怀子形，一曰，像乳子也。"《苍颉篇》："母其中有两点，像人乳形。""母"字在"女"的字形基础上加两点，突出胸部的乳房，来表明为人之母。"母"像"女"有身孕之形，为事物之出也，有孳生繁衍以及事物根源的含义。

甲骨文中，"身"像有孕之形。"孕"字外像妇女大腹之形，内像腹中怀子之形。《说文》："孕裹子也。""育"像妇女生孩子之形。上为"母"及头上的装饰，下为倒着的"子"。"孕""育"相连，《易·渐卦》："夫征不复，妇孕不育，凶。""包"字字首"勹"像人弯曲可包之形。字身"巳"像未成形之子，即胎儿被包裹在子宫或者胎衣之中。

生殖崇拜是和祖先崇拜联系在一起的。人类社会的发展中，由于父权制的确立，人们对血统世系有了明确的认识。父系氏族或家族之长便作为本族的代表和保护者而受到宗族成员的普遍敬畏。在他们死后又被视为宗族得以幸福和繁衍的体现者和庇护者，受到崇拜和祭祀。这种对祖先的敬畏和崇拜，同样体现在古汉字的结构中。古汉字"商"是"嫡"的初文。"帝"是"禘祀"之"禘"的初文。"帝"与"商"相通。"帝"在金文又作"啻"，"啻"也与"商"相通（《类篇》中"藡"又作"蹢"）。"禘"为古代帝王、诸侯举行各种大祭的总称。《说文》："禘，祭也。"《尔雅·释天》："禘，大祭也。汉儒说，禘有三。"如此看来，上古时代举行帝祀的人必须是上帝嫡传的后代，他们是宗族血统世系的象征。"帝（禘）"与"商（嫡）"通是祖先崇拜的逻辑结果。

上古社会的宗教生活具体地表现在各种宗教仪式上。这些仪式或多或少地积淀在古汉字的构形中。例如，"産"字，古人的解释是"生其种曰产"（《周礼·大崇伯注》）。《说文》曰："产，生也，从生彦，省声。""产"字从生从彦，可以看出它记录了上古出生仪式的一些消息。

“彦”字小篆字形从彣。彣，有文采，意为“美士有彣”。《说文》：“产，美士有彣也。”《尔雅》：“美士为彦。”而“彣”字又从彡从文。段玉裁注曰：“以毛饰画而成彣。”可见“彣”是文饰的意思。表示“生其种”的“产”而有文饰义，可知原始时代的出生仪式是在新生儿身上施以文饰。据格罗塞《艺术的起源》一书记载，澳洲的原始部族“既用红色涂身来表示进入生命，他们也用这颜色来表示退出生命”。这也为“产”字的从彦提供了一个人类学的注解。

古时的宗教仪式不仅有文饰，而且有舞蹈。例如，甲骨文的“雩”字，据《说文》解释是：“夏祭乐于赤帝以祈甘雨也。从雨，亏声。雩，舞羽也。”可见“雩”是一种祈雨的宗教仪式。“雩”字有两个异文。一个是“翌”，表明这种祈雨形式以“羽”为舞饰。一个是“雭”。“無”是“舞”的初文，也可证这种祈雨形式伴以巫术舞蹈。“無”有个异体字是“无”。从文献用字来看，如清人所言：“《诗》、《书》、《春秋》、《礼记》、《论语》本用‘无’字，变隶者变为‘無’，唯《易》、《周礼》尽用‘无’。”（王玉树《说文拈字》）古本《老子》和《尚书》用“无”字。在甲骨文字形中，“無”是一个人双手持毛尾舞蹈形。在金文字形中，“无”则像一个人长袖善舞。这种舞姿同河南南阳出土的汉画像石舞蹈图和河南郑州出土的汉砖画像上的舞蹈姿态相印合。据《周礼·春官·乐师》的记载：“凡舞，有帗舞，有羽舞，有皇舞，有旄舞，有干舞，有人舞。”这些都是宗教舞蹈的类型。其中“羽舞”、“皇舞”、“旄舞”那是以羽为舞具的舞蹈。因此“皇舞”又作“帗舞”。《说文·羽部》释“翌”为“从羽，王声，读若皇”。郑玄注《周礼·舞师》亦云：“翌舞，蒙羽舞，书或为皇。”而“帗舞”、“干舞”则分别是手持彩缯或干戚的舞蹈。“人舞”无疑是徒手舞，即古汉字“无（旡）”的形象。无者，舞也，又巫也。“无”与“巫”同在古音鱼部明母。舞蹈时，众舞人（女巫）正是由司巫率领翩翩起舞的。所以《周礼·春官·司巫》记载着这样的祭祀仪式：“掌群巫之政令，若国大旱，则帅巫而舞雩。”

古汉字“侯”字的构形又记录了另外一种宗教仪式。“侯”字甲骨文像射侯张布著矢之形，是箭靶之义。根据《说文》的解释，“侯”字“从人，从厂，象张布，矢在其下”。意为“春飨所射侯也”。段玉裁注曰：“春飨所射侯，谓天子诸侯养老先行大射礼之侯也。天子诸侯养老皆如乡饮酒之礼，故亦谓之飨。”可见，射侯是上古时代盟主召集诸侯盟会时所举行的一种仪式。“侯”是射的对象，从字形看，从人表明它取象于人。段玉裁说：“为人父子君臣者，各以为父子君臣之鹄，故其字从人。”这说明“侯”是具有某种身份、职位的人的象征物。郑玄进一步认为，“侯制上广下狭，盖取象于人。张臂八尺，张足六尺，是取象率也”。至于字形从厂，象张布，矢在其下，段玉裁认为：“侯凡用布三十六丈。侯之张布如厓岩之状，故从厂。……象矢集之也。”如此看来，射侯带有象征性的惩罚意义。“能射者封也，不能射者罚也。”在惩罚之时，还须念诅咒之辞。《说文》概括地引了《周礼·考工记》记载的诅咒之辞，其原文是：“维若宁侯，毋若不宁侯。不属于王所，故抗而射女。强饮强食，诒女曾孙诸侯百福。”“宁侯”是忠诚于盟主的人。“不宁侯”是背叛盟主的人，因而盟会上要受到大家的诅咒。所谓背叛，指的是“不属于王所”，即不尊从于盟主和盟会。这就是“射侯”的原因。射侯的人，则受到“诒女曾孙诸侯百福”的祝福。由于地位的不同，射侯所用之“皮侯”也不同。《说文》云：“天子射熊虎豹，服猛也。诸侯射熊虎。大夫射麋。麋，惑也。士射鹿豕，为田除害也。”段玉裁解释道：

> 王大射则共虎侯熊侯豹侯，设其鹄。诸侯则共熊侯豹侯，卿大夫则共麋侯。皆设其鹄。郑曰：以虎熊豹麋之皮饰其侧，又方制之以为质，谓之鹄，著于侯中，所谓皮侯。王之大射，虎侯，王所自射也。熊侯，诸侯所射。豹侯，卿大夫以下所射。诸侯之大射，熊侯，诸侯所自射。豹侯，群臣所射。卿大夫之大射，麋侯，君臣共射焉。

由以上所论可知，射侯作为一种原始的诅咒仪式，在周代的诸侯盟会中已形成一套规范。甚至“诸侯”之“侯”的得名，也由此而来。章炳麟在谈到“丁侯不朝，太公画丁候，射之”（《六韬》）、“苌弘设射貍首”（《史记》：貍即不来之合音。貍盖指诸侯之不来者）时也指出：

“盖上古神怪之事讫周未息。……盖本言群后，因射群后不朝者而作侯。由是诸侯为后，且以为五等之名焉。”（《文始》）

从古汉字的结构来看，上古时代的祭祀有多种类型。

一为肉祭。“祭”字的甲骨文结构就像手持肉献于神前。肉形甚至滴着肉汁（或云血水）。神形则由代表神主的“示”表示。“示”字本身也是一个象形或象意的字。从甲骨文的字形来看，“示”字呈“T”形或“亍”形，像神主牌位。后来又有了“示”形。许慎对“示”作了象意的解释：“天垂象，见凶吉，所以示人也。从二（上），三垂，日月星也。观乎天文以察时变，示神事也。”如果联系甲骨文的字形，则天的下面原为一竖，应非指日、月、星，而是指一切预示人事的自然现象。“示”成为神的旨意的象征。在行祭之时，殷人相信先王先妣的灵魂会从天而降，附于神主之上，并对所祭之肉加以享用，从而对子孙的事奉感到愉悦。这样他们就会保佑后代子孙。

肉祭所用之肉，或由杀俘杀奴而来，或由杀牲而来。殷商时期曾和西北方的牧羊民族羌族互相征战不已。甲骨文中的“羌”字为受桎梏的牧羊人形，金文中的“羌”字则为受系缧之牧羊人形，可以想见当时的殷人祭祖必以羌人之俘为牺牲。甲骨文的“享”字，其形像以羊献祭于庙堂。甲骨文的“羞”，以手持羊进献之形。《说文》：“羞，进献也。从羊，羊所进也。”《周礼·宰夫》：“以式法掌祭祀之戒具，与其荐羞。”《左传》：“可荐于鬼神，可羞于王公。”

其实，“祭”字本身就有“杀”的意思。“祭”的甲骨文字形，左边是牲肉，右边是“又”（手），中间像祭桌，表示以手持肉祭祀神灵。古人杀牲，一是为自己吃，再就是常把牲肉放在祭台上，“祭”字就是有酒肉的祭祀，即牲祭。据杜预《春秋经传集解》所言：“无牲而祭曰荐，荐而加牲曰祭。”从字形上来看，从祭的字如“蔡”就有“杀”义。《左传·昭公元年》云：“周公杀管叔而蔡蔡叔。”《襄公二十一年》又云：“管蔡为戮。”可见“蔡”即杀戮义，“蔡”的古文构形即“杀”字，从语音上看，“祭”与表示残杀义的“残”声韵相通。从文献语言来看，《礼记·月令》中有“孟春之月，鱼上冰，獭祭鱼。……孟秋之月，鹰乃祭鸟，用始行戮。……仲秋之月，豺乃祭兽、戮禽”。文中的“祭”即杀戮义。可见，杀人或杀牲是上古祭神的重要内容，所以祭祀又称“血食”。“祭”的构形也像手持血淋淋的肉块，甲骨文的“祭”是手执带血滴的鲜肉献祭之形。

二为酒祭。商代多酒器，其品种数量之多，可以看出当时饮酒的时尚。据大盂鼎铭文的记载，商代亡国的重要原因之一就是贵族的酗酒。后来周代接受了商酗酒亡国的教训，制订了法令，对群饮酗酒者处以死刑。由此也可见商代饮酒时尚之一斑。这种时尚自然反映在祭神祭祖的仪式中。

金文中的“凶”字，字形像一个酒器，器中空无一物。为什么酒器空则“凶”呢？原来古人曾用黑黍和香草酿制成一种香酒。由于这种酒香气弥漫，便用在祭祀中以馨香远播来享神。这种酒名为“鬯”，其甲骨文字形像一个盛满酿酒的米的酒器。器中充实则神享而保佑，因而“吉”；器中空空则神不保佑，因而“凶”。献酒之祭又称“祼祭”。从“祼”的甲骨文字形看，就像双手执酒尊献于神主之前。

“爝”，《说文》：“苣火祓也。从火，爵声。”段玉裁注：“苣，束苇烧也；祓，除恶祭也。”甲骨文和金文，都为酒器之形。小篆增加了祭祀用的酒“鬯”和执握之手。《吕氏春秋》：“汤得伊尹，祓之于庙，爝以爟火。衅以牺豭。”其中的“爵”字，甲骨文像古代青铜制饮酒器。《诗·小雅》：“发彼有的，以祈尔爵，又酌彼康爵。”“爵”作为盛酒的礼器，盛行于殷代和西周初期，祭祀时用于盛放献供之“鬯”酒。《礼记·礼器》：“宗庙之祭，贵者献以爵。”祭时唯尊长爵酒也。古代祭祀之时，献酒以祭，祈福消灾。常常“以酒荐祖庙”。罗振玉《殷虚文字类编》：“卜辞所载之酒字为祭名。考古者酒熟而荐祖庙，然后天子与群臣饮之于朝。”

“莤”，古代用酒灌注茅束以祭神。《说文》：“禮祭，束茅，加于祼圭，而灌鬯酒，是爲莤。像神歆之也。”把茅草捆束起来，酒祭时，把酒洒在茅草之上，让酒慢慢渗下去就犹如神饮一样。

三为火祭。甲骨文中有一个记录某种祭祀形式的字，其形从示从又从木。董作宾在《殷历谱》中认为这个字“从又持木焚于‘示’前，燎祭之义乃益显”。燎祭是一种祭天仪式，这种仪式又称为“帝”。在甲骨文中，“帝”字构形像束柴形，正是燔柴祭天的意思。《说文》对“帝”的解释是：“帝，谛也，王天下之号。”这种审谛天下，君临一切的意义正是由祭天之礼而来的。“帝”的本义实为“禘”，即祭天仪式。而主持这种仪式的人也就称为“帝”，他们无疑是当时的部落联盟首领。《说文》：“禘，祭也。”《尔雅·释天》：“禘，大祭也。汉儒说，禘有三。”据段玉裁《说文解字注》云，禘祭有三种，曰“时禘”、“殷禘”、“大禘”。

时禘者，王制春曰礿，夏曰禘，秋曰尝，冬曰蒸是也。夏商之礼也。殷禘者，周春祠，夏禴，秋尝，冬蒸。以禘为殷祭，殷者，盛也。禘与祫皆合群庙之主祭于大祖庙也。大禘者，大传、小记皆曰王者禘其祖之所自出，以其祖配之。谓王者之先祖皆感大微五帝之精以生，皆用正岁之正月郊祭之。……云大禘者，盖谓其事大于宗庙之禘。

“禘”，天垂象见吉凶，告知“帝”也。禘祭由祭天而敬祖，在上古时代具有至高无上的政治意义。“帝”的字义的演变正说明了这一点。当天神和祖先相“配”之时主祭人就享有了世袭的权利，这就是宗法制度的开端。

甲骨文“帝”字的束柴形，使“帝”又有了集束的意思。燔柴祭天，必先束柴。如郑玄所云：“大者可析谓之薪，小者合束谓之柴。”（《礼记·月令注》）这种集束的操作，使祭天仪式具有了又一种象征意义，即团结一致。这种语源意义保留在“缔”字中。“缔”字从糸，《说文解字注》释为“结而不可解者”。贾谊《过秦论》：“合从缔交。”注：“连接也。”这正是衍伸了“帝”的集束义。

记载了火祭事实的甲骨文字还有“尞”字，用柴祭天也。“尞”（燎）字在结构上呈火烧束薪形，这也是一种焚木祭天的仪式。甲骨卜辞的“贞，尞于东”，“贞，若尞，五月”等都是焚柴火祀的记载。《诗·大雅·旱麓》：“民所燎矣。”释文：“柴祭天也。”《吕氏春秋·季冬》：“及百祀之新燎。”注：“燎者，积聚柴薪，置璧与牲于上而燎之。

升其烟气。”《白虎通·封禅》：“燎祭天，报之义也。”甲骨文中还有一个“蔑”（焚）字，其形像焚烧一个突胸仰向、腹部膨大的畸零人。焚人祭天往往是为了消灾弭患。《左传·僖公二十一年》就有“夏，大旱，公欲焚巫尪”的记载。杜预注曰：“巫尪，女巫也，主祈祷请雨者。或以为尪非巫也，瘠病之人，其面上向，俗谓天哀其病，恐雨入其鼻，故为之旱，是以公欲焚之。”就“主祈祷请雨者”而言，焚女巫显然是为了让她的灵魂升天，在天庭直接向上帝祈雨。这种焚祭方式虽然残酷，却是对祭祀功能的最直接的肯定。就“瘠病（骨胳弯曲不正）之人”的“尪”而言，焚烧他也是为了让他解脱，灵魂升天，不再需要天的怜悯，从而结束旱情。唐兰在解释“蔑”（焚）字时说：“黄字古文，像人仰面向天，腹部膨大，是《礼记·檀弓下》‘吾欲暴尪而奚若’的‘尪’的本字。”[1]如此看来，“焚”字的古形古义都与火祭有关，是这种原始祭祀文化的一个真实的镜象。中华民族对火的崇拜由来已久。早在远古时期，古人对火十分崇敬，故而火崇祭盛行于古时各族各部落之间。五行学说，称火乃五方天地的赤帝，掌南方，司火，其位次于天帝。火的崇拜，也为以后历代历朝所承继。早在夏、商、周时期，诸侯设立管火的官，名为“司爟”。《周禮》曰：“司爟，掌行火之政令。”至汉代，朝廷专设火官，时兴“火祭”。班固《汉书》卷二十七上载：“古之火正，谓火官也，堂祭火星，行火政。”

四为水祭。如果说祈祷天神要用焚烧人体使灵魂升天的方法，那么祈祷河神、土神就可以采用更为直接的方法，即将贡品投入河中，因为河神、土神居住在河里或地里。甲骨文中的“沈”字其形像在河流中投入人和牛羊形，物在水中慢慢没入状。它记录的就是这种水祭的情景。作为贡品的牛羊是用于悦神的。后世的文献对水祭也有记载：

当其时，巫行视小家女好者，云是当为河伯妇，即聘取。洗沐之，

[1] 参见唐兰《毛公鼎“朱韨、蒠衡、玉环、玉瑹”新解》，《光明日报》1961年5月9日。转引自裘锡圭《说卜辞的焚巫尪与作土龙》，《甲骨文与殷商史》，上海古籍出版社1983年版。

为治新缯绮縠衣，闲居斋戒，为治斋宫河上，张缇绛帷，女居其中。为具牛酒饭食，（行）十余日。共粉饰之，如嫁女床席，令女居其上，浮之河中。始浮，行数十里乃没。（《史记·滑稽列传》）

主事者的理由是当地的“民人俗语”，“即不为河伯娶妇，水来漂没，溺其人民”。这显然是远古水祭文化的遗迹。所不同的是主事者借此赋敛百姓，压榨人民。还有民俗中在端午节投物于水，祭祀屈原：

按县北有汨水，及屈原庙续齐谐记云：屈原以五月五日投汨罗而死，楚人哀之，每于此日，以竹筒贮米投水祭之。（司马迁《史记》卷八十四）

五为杀牲祭。上古时代的祭祀，或诉诸肉身，或诉诸灵魂，其目的都是为了让神悦纳。诉诸灵魂的祭祀，一般都要在现场杀（或烧）戮肉身以便灵魂升天，进入神灵的世界，执行祭祀的使命。被作为祭品的不仅可以是活人，也可以是活牲。

甲骨文中的“岁”字，是一种祭记先公先王的祭名，而其字形像一把斧钺，显然是用以割杀牺牲的。殷人在神灵面前当场宰杀活牲，使它们灵魂出窍，投向先王的灵魂，从而达到愉悦先王的目的。还有一种杀牲祭的方式是将牲畜埋于土坑之中，称为“薶”祭。埋下的牲畜可以被地下的神灵所享用。

甲骨文的“薶”字结构就像牛、羊、犬、鹿等置于坑中之形。

甲骨文的“盟”，下面像个盘盂，中间放着牛耳，在神前发誓结盟。古代盟会要割牲歃血，主盟人手执牛耳，掘穴埋牲。《释名》：“明也。告其事于神明也。”《说文》：“割牛耳盛朱盘，取其血歃于玉敦。”《周礼·司盟》：“掌盟载之法。凡邦国有疑会同，则掌其盟约之载，及其礼仪，北面谓明神。”《周礼·春官·盟祝》注：“盟詛，主於要誓。大事曰盟，小事曰詛。”“疏”曰：“盟者，盟將來。詛者，詛往過。”《春秋·正义》：“凡盟禮，殺牲歃血，告誓神明，若有背違，欲令神加殃咎，使如此牲也。”《礼记·曲禮》：“约信曰誓，涖牲曰盟。”“疏”曰：“割牲左耳，盛以珠盤。又取血，盛以玉敦，用血为盟书。书成，乃歃血读书。”向山川日月之类的神灵发誓结盟，反映了古人对自然的崇拜。这种因盟誓而有的祭祀方式无论是在古籍中，还是近现代帮会、少数民族中仍有流传。

与杀生祭相关的就是血祭。血的小篆字形，像器皿中盛血之形，是用于供祭祀用的牲血。《说文》：“血，祭所荐牲血也。”《周礼·大宗伯》：“以血祭祭社稷、五祀五岳。”甲骨卜辞多有记载，如“庚寅血一牛”，“辛丑血三羊”，血即血祭。“社”的甲骨文字形就像以血祭祀地神之形。《礼记·郊特牲》：“血祭盛气也。”用血祭社稷称为“衈社”。《谷梁传·僖十九年》：“用之者，叩其鼻以衈社也。”范甯注：“取鼻血以衅祭社器。”

除了上述祭祀方式外，甲骨文字形中还有以手持贝贡献于神主之前的构形，记录着一种“贝”祭。有关乐祭和舞祭的字形更多。字形多描写鼓乐舞姿的生动图像。例如，有一种“彭”祭，其方式是对着先王神主伐鼓。“彭”的甲骨文字形即以三至五撇象之，如闻彭彭之声。直至今天，火祭、水祭以及虫祭在一些少数民族以及某些地方汉族传统祭祀仪式中仍然存在。

古汉字中描绘的上古时代社会形态、社会制度、社会生产方式、社会生活方式、原始手工业、科学技术、民俗、原始艺术、原始意识、原始宗教，是汉民族历史文化的生动镜像和宝贵的遗迹。它最直接地表现了汉字浓郁的人文精神，即作为一种抽象的文字形式，它与创制和使用这种文字的民族的社会生活的亲合力。以汉字为代表的表意文字，以意象结构直接体现着民族文化的全部蕴涵。如刘勰所说：“立文之道，唯字与义。”(《文心雕龙·指瑕》)

汉字充分实现了原始文字最基本的“录实”功能。在录实的同时，又满足了原始民族交际的需要。不仅如此，古汉字形态的发达本身还反映了汉民族历史的发生和发展。正如古文字学家唐兰所说：“我们相信夏代一定有过很丰富的文化，可惜，我们所能看见的材料太少了。但是，只要能考出有一两个文字，我们也能够证明在那时候已有了文字。”而“从历史来说，历史是文字很发展以后才能产生的。……夏代已经是有史时期。同样，我们可以说夏时代文字一定已很发展”。[1]古汉字蕴涵着丰富而深厚的历史文化信息。

古汉字的文化历史解读，不仅是了解和继承中国古代文化传统的重要手段，而且是建设中国新文化的必要途径。

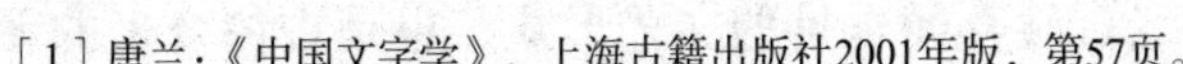

[1] 唐兰：《中国文字学》，上海古籍出版社2001年版，第57页。

第六章　汉字的文学思维

文学是语言的艺术。在汉语言中扮演重要角色的汉字，从来也都是各大文学家进行创作的特殊原料和灵感来源。无论是古人在作诗填词中对于“炼字”的讲究，还是现当代作家们灵活运用汉字特性进行的文学创作，无不考虑了每个汉字及汉字系统的特点所能带来的陌生化效用。甚至在一些商业创意行业，如外贸翻译以及楼盘命名中，也利用了汉字形音义所能提供的各种便利，来抓住消费者的眼球、耳膜和心理。

本章主要是通过分析古往今来的各种文学样式中利用汉字特点来达到文学效果的例子，来展现汉字思维对汉文学创作的影响。

第一节　汉字的特色成就汉语文学奇葩

任何一门语言的特点，对其民族文学的影响都是巨大的。而其中文字，尤其是像汉字这样的表意字的特点，往往能成就独特的文学奇葩。汉文学中的对联和回文诗等就是几个明显的例子。下面我们就来探讨一下汉字特色在这几类特殊文学样式中的作用。

一、汉字偏旁在对联中的功能

对联俗称对子，雅称楹联。口头的对联叫对句，书面的对联叫联语。对联既是中国老百姓喜闻乐见的文艺形式，也是古往今来的无数文人雅士用来抒情表意、展现才华的文学小品。对联因其规则的特殊性，可以说是最能表现中国语文的多方面特性的汉语言文字作品。

对联的规则，可以解析为一般、附加和特殊规则[1]。其要求一步步提高，也是对联能够雅俗共赏的条件之一。但是无论是哪一层次的规则，都与汉字的特性密切相关。也难怪对联被称之为中华文化的结晶，是国粹之一。

一般规则6条：（上下联）字数相等；结构相同；意义相关；词语对应；平仄对仗；（尾字）上仄下平。尽管只是基本规则，但就字数相等一项，印欧系语言就已望尘莫及。此外平仄谐和也是典型的汉语特色。

附加规则5条：上下联不能重复用字；各字要平仄相间；七字以上对联有若干短联组成；长句还应讲究当句自对；“立起来”的对联要直书不要标点。这一层次的规则更见对联对汉字的语音系统及书写特征的依赖性。

特殊规则4条：对字形的特别要求（叠字、拆合、笔画、隐字等）；对偏旁部首的特别要求（偏旁、部首、字底、偏旁部首本身所具有的意思或呈现出的某种自然次序）；对字音的特别要求（双声、叠韵、多音字、谐音等）；对字序的特别要求。由此可见，特殊规则是充分利用汉字字形、字音以及多义性方面的特点形成的。

对联在日常生活中的运用很多，除了春节，人们也习惯将对联用在生活的各个方面。“运用一般规则，就可以创作对联了，再遵循附加规则就可以创作较好的对联了”[2]。特殊规则并不提倡，但是往往由于特殊规则的讲究，许多绝妙的作品得以流传。

下面重点谈谈汉字的偏旁在对联创作中的运用。

从字形结构上说，汉字主要分为独体字和合体字。构成合体字的组成部分就是汉字的偏旁。其中表义的部分称为部首，也叫形旁；表音的部分通常是一个独体字，虽然跟合体字的意义关系不大，但因为它自身

---

[1] 罗维扬：《非常语文》，广西师范大学出版社2006年版，第200～219页。

[2] 罗维扬：《非常语文》，广西师范大学出版社2006年版，第219页。

意义的存在，也时常可以作为文学创作的原料之一。

1. 铺陈偏旁展现意象群

汉字对联中有一种铺陈相同偏旁的对联，它的上下联分别或者同时采用了某一个偏旁。例如：

（1）迎送远近通达道

进退迟速游逍遥

（2）宠宰宿寒家，穷窗寂寞

客官寓宫宦，富室宽容

第一例连用14个“走之底”，不仅形象地道尽了在路上所能发生的事情和状况，也恰当地传递出作者对“在路上”的那些同胞的祝福。

第二例是一个宰相到状元家作客时的对联。该联上下都用了同一个表义偏旁“宝盖头”，不仅字形上统一工整，从意义上看，也可以解说为：同在一个“宝盖头”下，既可以“穷窗寂寞”，亦可以“富室宽容”。这种“求同存异”的美感虽然比较特殊，但汉字义类偏旁提供的创作空间可见一斑。

（3）浩海汪洋波涛涌溪河注满

雷霆霹雳霭雲雾霖雨雩霏

（4）泪滴江汉流满海

嗟叹嚎啕哽咽喉

与前两例不同，这两例的上下联用的不是同一个偏旁，但单联仍是同一偏旁汉字的组合。如例（3）上联11个字都带“三点水”，下联11个字同着“雨字头”。不用去细究每个汉字的意义，这些可观的字型已直观地营造出一种天地之间水漫雨淋，到处汹涌淋漓的壮观景象，使人“得意忘音”，即使联中有不太认识的非常用字，其确切读音甚至意义也显得不那么重要了。

例（4）为一则挽联，与例（1）和例（3）都有相似的地方。同类偏旁汉字罗列相对，在表达哀思的同时，又传达出涕泗横流的气氛，使人如闻其声，如见其人。

烟锁池塘柳

炮镇海城楼

此联较为特殊，是上下联对应字的偏旁分别相同，而且偏旁对应的意义又恰好是五行中的“金木水火土”。相传此联是某朝殿试的题目，下联虽然意境差了点儿，但是无论是平仄与词性，还是偏旁义类的对应，都比较工整。后来有些人放宽偏旁次序，只坚持下联偏旁有五行，对出了不少下联。如，“灯垂锦栏波”、“灯深林寺钟”、“钟沉台[1]榭灯”等，也都各有千秋。

以上五联的共同特点，都是在上下联铺陈了某一类形旁的汉字，其艺术的观赏性和表意的实用性俱佳。汉字有如此之多可供选择的同偏旁汉字，这类对联的出现也就在情理之中了。中国的字书，最初都是按同一偏旁部首编排的，例如《说文解字》。现代的字典中虽然大多采用了拼音索引，但是部首索引仍然是不可缺少的一项，足见相比西语对读音的依赖性，汉语书面语更依赖对字形的辨认。

另外，汉语语法的灵活性让这些汉字的组合铺排变得合情合理，这也是这类对联能够存在的一个必要条件。

因为这些特殊性的存在，这类的对联还有很多，有的不是“全副武装”为某一偏旁的汉字军，而是部分汉字的偏旁相对，仍有不少流传甚广的实例。例如：

（1）荷花茎藕莲蓬苔

芙蓉芍药蕊芬芳

（2）琼浆满泛玻璃盏

玉液浓沾琥珀杯

由此可见，汉字的偏旁不仅可以作为辨识和认知汉字的手段，也可作为文学创作建构意象的特殊材料。

2. 解说偏旁创造陌生感

汉字的偏旁不仅能够表意和表音，而且它们在一个汉字中还处于某种结构位置。汉字的表意性，也表现在对偏旁结构位置的解释，让人过

[1] “台”的繁体字为“臺”。

目难忘。例如：

（1）琴瑟琵琶，八大王，王王在上

魑魅魍魉，四小鬼，鬼鬼犯边

（2）冻雨洒窗，东两点，西三点

切瓜分客，横七刀，竖八刀

（3）氷冷酒，一点两点三点

丁香花，百头千头萬头[1]

例（1）据说是八国联军进京后，某爱国人士所作的对联。上联中的“八大王”指的是八国联军，同时又可指“琴瑟琵琶”中上半部分的“王王”。“王王”原为象形部分，表示乐器的琴弦和琴柱[2]，此处则解为高高在上的“八大王”，暗指八国联军；下联中的“鬼鬼犯边”，也是借助对偏旁在汉字结构中位置的解说，来揭露八国联军侵犯中国的事实。

例（2）妙处也在于利用了对汉字偏旁的解说。上联的意思是说，冰凉的雨点打在窗户上，东边窗户有“两点”，西边窗户有“三点”；同时，这个“东两点”、“西三点”又正好是对前面一句中“冻”和“洒”两字结构的解说。下联的意思简单，切西瓜分给客人，横着切了“七刀”，竖着切了“八刀”；同时，“七刀”横着组合为“切”字，“八刀”竖着组合为“分”字。此联据说是明代文学家蒋焘小时候参与创作的对联，上联为客人所出，下联为蒋焘所对。几个简单的汉字中，找出与事实如此对应的巧合，着实令人印象深刻。

例（3）相传是李清照所作的对联。上联中的“一点两点三点”既可以形容实物的“氷冷酒”的多少，又可以说是“氷冷酒”这三个字的偏旁部首；下联中的“百头千头万头”可以说是“丁香花”数量，而同时又可以说是“丁香花”这三个字的字头分别是跟“百千萬”一样的“一字头”、“千字头”和“草字头”。

[1] 罗维扬：《非常语文》，广西师范大学出版社2006年版，第215页，其中加点的字分别是“冰”和“万”的繁体字。

[2] 顾建平：《汉字图解字典》，东方出版中心2008年版，第1004页。

由以上三例可以看出，汉字的偏旁，常常除了表义或表声的功能外，它们作为一个独体字的含义（大部分汉字偏旁本身都是独体字，如“偏”中的“扁”）、所在合体字中的位置、状貌，也都可以作为对联创作的新意支撑点。“成字声旁”的大量存在，就给解说汉字提供了大量的演绎空间。

以下对联，与上面的例子略有区别，但也是利用了解说某个汉字的组成结构达到一语双关的效果。

（1）四口同圖，内口皆归外口管

五人共傘，小人全仗大人遮[1]

（2）大丈夫半截人身

朱先生三个牛头

例（1）据说是明代进士杨溥所对。因为县官要抓他父亲服役，因父亲有病在身，年幼的杨溥到县衙求情，县官出上联，意在说明在他统治的范围内，所有百姓都归他管。小杨溥利用对方喜欢人奉承的特点，将“傘”字拆开，一句“小人全仗大人遮”，既表达了自己的请求，又恭维了县官，而且对仗工整，表达适切，县官不得不点头称赞，最终免除了他父亲的劳役。

例（2）也巧用“大丈夫”和“朱先生”各自在字形上的特点，上联取“大丈夫”三字下一半均是“人”字状的特点，下联则对之以“朱先生”三字均是“牛”字头的意思。相传是有三个秀才要挑战江南四大才子之一的祝枝山，其中一个姓朱，不仅未能讨得便宜，而且自取其辱，被骂为“牛头”三个。

3. 变换偏旁增强说服力

除了铺陈同类偏旁字组展现意象群，解说偏旁部首的意思和位置表达新意，给人以画面感和新鲜感上的享受外，利用几个形旁相同、声旁不同的汉字之间的联系，巧妙替换其声旁，转换字义来作对联，也有不少令人击节称好的对联作品。在表达效果上，则可使作者的观点更加具

[1] 带点字分别为“图”和“伞”的繁体字。

有说服力。例如：

（1）或入園中逐出老袁还我國[1]

余行道上不堪回首瞻前途

（2）天下口，天上口，志在吞吴

人中王，人边王，意图全任

（3）日在东，月在西，天生成“明”字

女在左，子在右，世定配“好”人

例（1）是宋庆龄和孙中山于1928年4月所作的对联，上联为宋庆龄所出，联面是用“或”替换“袁”，使得“園”字变成“國”字，其实意在“逐出老袁”即讨伐袁世凯。下联为孙中山所对，联面上也是用“余”替换“首”，使得“道”字变成“途”字，看似文字游戏，实则表达了孙中山要吸取往日教训，重振旗鼓战斗的意愿。其中，“逐出老袁”、“不堪回首”，既点出了被替换的偏旁，又指明了当下的现实。如此妙联，既是孙中山夫妇的敏捷才思所铸，又是汉字寓意丰富、结构独特等优点所赐。

例（2）是朱元璋攻打姑苏时在行军中所作，上联为朱元璋所题，以“天口”二字为中心，“天上口”、“天下口”，分别变成“吞吴”二字；下联为谋臣刘基所对，对的是“人王”二字，“人中王”、“人边王”，则为“全任”二字。但是像此联，平仄相关的规则就没有特别讲究，音律上的美感有所损失。

以上两例除了都拿偏旁做文章，还有一个共同点似乎是都跟政治有关。通过汉高祖斩白蛇、朱元璋黄袍加身等传说可知，中国传统文化中，有一种皇权须得天赐、行事必顺天意等被普遍接受的潜规则。通过解说汉字来表意，通常也被认为是“奉天承运”的一种手段。

汉武帝年间，皇帝年幼，太后当权，欲伐邻国，问东方朔的意见，结果得到“止戈为武”四字评论。尽管“武”字的“止”在造字之初并非“停止”的意思，而是指士兵的脚趾，并用以代指扛“戈”备战的士

[1] 带点字分别为“园”和“国”的繁体字。

兵。但是东方朔的这一解说，仍然深得人心，尤其在当今崇尚和平的年代，相比最初的本义，解说义反而更加为人所接受。

再看例（3）所表达的意思，也无非是说“明”字天生“日东月西”;“好”人世定“女左子右”。上下联意其实都是在描述汉字本身的字形，但这里所用的“天生”、“世定”等字眼，则让汉字的字型神圣化了，似乎有一种“造字之初”就是这样的了，大有“天意不可违”的意思隐含其中。如果刚巧这种解说与本身的表意一致，则真的可谓是“天助我也”。再看一例：

人曾为僧，弗能为佛

女卑称婢，又可称奴

此联据说是苏东坡的妹妹苏小妹与佛印法师共同参与的作品。因苏小妹不喜欢佛印，故出此上联，“人”与“曾”可组合为“僧”字，与“弗”组合即为“佛”字；同时，作为“成字声旁”的“曾”和“弗”又有各自的意义，这意义被利用起来，表达了“曾经是和尚就不能成佛”的意思。佛印的下联也不甘示弱，“女”与“卑”结合成“婢”字，与“又”结合成“奴”字，回敬苏小妹以“女性地位卑贱可称做婢女也称做奴隶”的意思。此联虽然没有遵守平仄规则，但不失其可欣赏性，从中既可以窥见中国文化里对“说解文字”的爱好，也可以由下联反省到，“造字之初”的意思绝非天意，至少是有性别偏见的，不能全信。

三、 汉字谐音在对联中的功能

据笔者统计，汉语普通话中共有1431个音节（包括轻声和多音字的读音）[1]，而常用汉字有8000多个[2]。这意味着许多音节不止对应一个汉字，这就产生了大批的同音异形字。尽管许多汉字的读音随着时间的推移也在慢慢发生改变，但是总体而言，形多音少一直是汉字的一大

[1] 数据来源：《现代汉语词典》，商务印书馆1994年版，音节表7～12，“嗯”的4个读音算做4个音节。

[2]《新华字典》1965年修订重排本，收字（包括异体字在内）共计8500字左右。

特点，再加上各地方言不一，同音和谐音的汉字更是大量存在，在古往今来的许多对联中也常常用来达到特殊效果。

1. 字字谐音，琅琅上口

在谐音对联中，最常见的一种是联句之内，字与字之间的谐音。例如：

（1）鸡饥盗稻童桐打

鼠暑凉梁客咳惊

（2）庭前种竹先生笋/损/询

庙后栽花长老枝/支/知

（3）二猿伐木深山中，小猴子也敢对锯（句）

一马落足污泥里，老畜生怎能出蹄（题）

例（1）在音律上有一种特殊的美感，尽管全联14个字就有6对同/谐音字，但是内容形象有趣，全然不像绕口令那样反复饶舌。初次如果仅听这14个字，十有八九不知所以然，但是看到这14个字，一幅童逐门前鸡，客惊梁上鼠的生活画卷就跃然纸上了。

例（2）的重点在最后一个字上，据说是明朝大臣解缙与曹尚书的文斗之联。上联为曹尚书所出，第一次说最后一个字是“竹笋”的“笋”，意为庭院前面种竹子，先长出了竹笋；解缙对之以“枝”字联，意为庙宇后头栽的花，长出了老枝。第二次曹尚书又说最后一字为“损坏”的“损”，意为庭院种的竹子，因为长得不好，教书先生把它给砍了；解缙对之以“支”字联，意为庙后栽的花，因为被风吹歪了，庙里的长老用木棍把它支起来了。第三次曹尚书又把最后一字改为了“询”，意为庭前种竹子，先生询问别人这是什么意思；解缙则对之以“知道”的“知”，意为庙后栽花，小和尚跑去告诉长老，长老说他早就知道了。

此联上下联的尾字都是一音三字，而且都能够自圆其说，“先生sǔn”和“长老zhī”中，根据“sǔn”对应的汉字的不同，“先生”既可以是教书先生，又可以是“先长出来”；同样根据“zhī”对应汉字的不同，“长老”可以是庙里长老，又可以是“长出老的”。汉字能够依据语境而自动调整意义，而不需任何形式上的变化，这也是汉语重语境轻语法的特征体现。

例（3）的重点也在最后一个字，是解缙还是一个神童时跟曹尚书之间的对联。同样利用了同音异形字，既可以说是在描写动物，也可以是在骂人，一语双关，妙哉快哉。

有一些谐音的对联需要借助当时的方言才能理解。如：

檐下蜘蛛一腔丝意

庭前蚯蚓满腹泥心

上联中的“丝”谐音为“私”，“泥”根据江浙一带的方言，谐音为“疑”。

2. 词名谐音，寓意隽永

由于对联的实用性，在对联中出现人名进行褒贬比较也是常见的事情。直接的评述往往显得过于直白且不太适宜，借助与其他事物名称的谐音，则常有令人会心一笑的效果。

（1）两舟同行，橹速（鲁肃）不如帆快（樊哙）

八音齐奏，笛清（狄青）怎比箫和（萧何）

（2）塔里点灯，层层孔明诸阁亮（诸葛亮）

池中采藕，节节太白理长根（李长庚）

相传这两联的下联都是清代进士李调元的作品，例（1）上联看似说两舟相竞，橹摇得再快不如风吹帆来得快，其实利用谐音，是说鲁肃（三国的文官）不如樊哙（三国时的武官）；李调元同样利用谐音，表面上说长笛不如洞箫，其实是说狄青（宋朝的武官）比不上萧何（汉朝的文官）。

例（2）中的上联，除了“诸阁亮”与诸葛亮的名字谐音外，“孔明”也是诸葛亮的字，是一复指，又在上联的语境中有塔孔被灯照亮的意思；下联同理，既用“理长根”与李长庚谐音，又用“太白”复指李长庚，同时又可承接上文表示池中藕节的颜色。

类似的例子还有很多，其中三国的人名经常被人拿来与其他事物谐音作对。如：

身居宝塔，眼望孔明（诸葛），怨江围（姜维）实难旅步（吕布）

鸟处笼中，心思槽巢（曹操），恨关羽（关羽）不得张飞（张飞）

再如：

贾岛醉来非假倒（贾岛）

刘伶饮尽不留零（刘伶）

此联据说是明代唐伯虎与张灵所作。他们整日饮酒，俱醉，遂对此联。联中贾岛、刘伶，俱为善饮者。

这类对联需要对所涉及的人名有一定的了解。然而，因为汉字系统中同音异形及谐音字很多，人名与一些特殊事物的名称或词组谐音的情况也常常存在，所以即使在现代，很多人名谐音的对联也层出不穷，用来针砭时弊或娱乐大众，都不失为一种可以雅俗共赏的文学样式。

而如今，通过手机短信依据人名设计谐音个性对联或藏头诗的服务也很多，这背后无论是业务本身的运作，还是目标市场的存在，都跟汉字本身的特性以及中国人的文化心理是分不开的。

三、词性词义在对联中的功能

还有一类综合运用汉字特点的对联，因其读音和字形独特性而成为经典，被称为绝对，并且千百年来被人不断尝试和挑战，被记住，并不断被试图超越，这也是汉语文学的魅力之一。这类对联的存在，除了与汉字个体存在时的特点有关，与其进入句子后所具有的语法属性也是密不可分的。

1. 词性灵活，无需变形

经典的对联常常被放在某个有血有肉的故事里，作为一个有挑战但无答案的结尾，让读者跃跃欲试。例如以下一联，是古代某女子为了拒绝一纨绔子弟的纠缠而出的难题，故事中没有给出答案，但是读者给出的答案有很多种。

（1）烟沿艳檐烟燕眼

① 犁立篱里犁砾粒

② 雾舞鹜坞雾吾屋

③ 影映英楹影鹦缨

④ 树输数署树书塾

⑤ 霖临邻林霖麟鳞

⑥ 霉昧媚楣霉妹眉

⑦ 酒就九韭酒舅旧

⑧ 笑消宵晓笑枭啸

⑨ 贩范番藩贩犯幡

⑩ 雾捂乌屋雾物无

⑪ 垢够篝沟垢狗勾

⑫ 余遇玉鱼余欲渔

⑬ 雨淤渝屿雨渔鱼

⑭ 雨浴玉宇雨渔鱼

⑮ 鱼遇余雨鱼欲愚

⑯ 渔遇雨欲与鱼语

⑰ 媛怨鸳园源远缘

此例上联的独特或曰挑战规则主要有四处：（1）七个字除了声调以外读音都相同；（2）其中第一个字和第五个字是同一个字；（3）但词性不同，前者为名词，后者为动词；（4）从结构上看，该句各字之间的关系层次如下图：

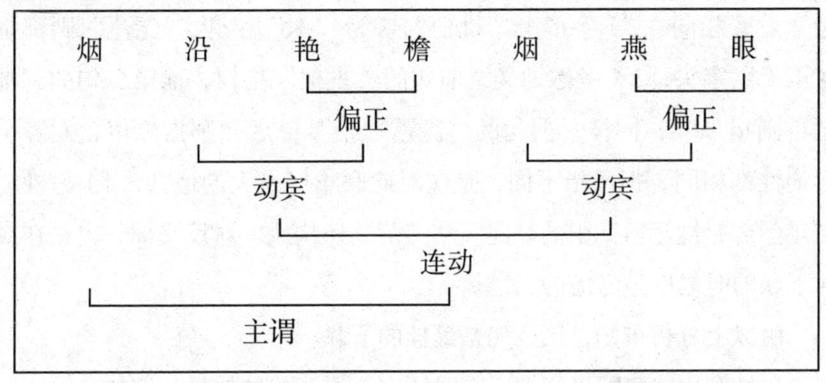

以上17句下联中，全部都满足了第一条；但是最后两个未能满足第二条，第12到15句则不满足第三条，第一个字和第五个字都是名词；第

11个虽然词性不同，但第一个“垢”是名词，第二个“垢”是形容词；第8至第10句，虽然满足一至三条，但最后的两字未能构成偏正词组，故而在结构关系上相对说来未能对得十分工整。第1至6句下联满足全部的对应的规则，只是在意境上稍有差别。

这个七字谐音联的下联当然不会只有笔者所列的17句。由以上分析可以看出，汉字本身词性的灵活性决定了它进入句子时可以“单刀赴会”，身兼数职，这样就给这类谐音联的出现和应对创造了诸多的可能性，也是多年来广大读者应战不止的原因。然而，灵活性并不意味着没有章法，可以乱来，以上17句中只有6句可以完全满足对应条件，这就说明汉字特点在提供了创作可能性的同时，也提供了一定难度的挑战性。

2. 词义丰富，变化多样

读音和字形同时考虑的对联，如果加上对词义的考虑，则更具挑战性。如：

（1）枇杷树下弹琵琶，琵琶声起枇杷落

① 漉泸湖边卷辘轳

② 琅琊山上看莨芽

③ 薜荔藤前闻霹雳，霹雳雷鸣薜荔喑

仅看前一句，①至③则都可以对，若考虑第二句，则只有第③句可以对上了。上联的特别之处在于：1）读音方面，联内“枇杷”与“琵琶”发音相同；2）字形上“枇杷”皆为“木”字旁，“琵琶”则都是“王王”字头；3）考虑词义，前句的“枇杷”指树，而第二句的“枇杷”则指果实；同样，前句的“琵琶”指琴，后句则指琴声，发音字形词性都相同，但所指不同，是应对此联难度最大的地方；4）另外，“琵琶声起枇杷落”中的“起”和“落”还构成一对反义词，也是在应对下联的时候应该考虑的问题。

由以上分析可知，第③句是最佳的下联。

单纯利用汉字的多义性，有时还有一语双关的效果。例如：

（2）眼前一族园林，谁家庄子？

壁上几行文字，哪个汉书？

此联妙在末尾："庄子"，一指庄园，二指战国时哲学家庄周；"汉书"一是说汉字写成，二指东汉史学家班固著的《汉书》。如此一来，原本普通寻常的写景联就因嵌入了文学历史的元素而变得妙趣横生。

日本汉学家实藤惠秀曾指出：日语、英语，都有对句，可是和中国的对句来比较，在文字的整齐上，音调的清秀谐调上是比不上的，在中国文学上，最优美的东西是属于对句。由本节的一、二、三部分的分析可以看出，对联的这种民族性，是由汉字的特殊性赐就的。

四、汉字词序与回文诗创作

回文，也写做"回纹"、"回环"。它是汉语特有的一种使用词序回环往复的修辞方法，文体上称之为"回文体"。回文的修辞手法，在散文中常常可以见到，而且出现得比较早。在《老子》一书中，也有不少例子[1]。例如：

知者不言，言者不知。（五十六章）

信言不美，美言不信。（八十一章）

善者不辩，辩者不善。（同上）

知者不博，博者不知。（同上）

同样四个字，调换顺序排列表达，不仅句意通顺，而且还有一种辩证的智慧之美。回文的形式在从晋代开始盛行，而且在多种文体中被采用。人们用这种手法造句、写诗、填词、度曲，便分别称为回文诗、回文词和回文曲。

回文诗是汉语古典诗歌中一种较为独特的体裁。它按照一定的法则将字词排列成文，回环往复都能诵读。这一点独特的形式实属汉语独有，为世界上其他语言文字所不能（英语中也有回文短语，但跟汉语的回文诗不一样）。虽然不乏游戏之作，却也颇见遣词造句的功力，而且有不少回文诗的作品因其构思巧妙，回环叠咏，给人留下回味无穷的美感。刘坡公就曾在《学诗百法》中说道："回文诗反复成章，钩心斗

[1] 陈望道：《修辞学发凡》，复旦大学出版社2008年版，第157页。

角，不得以小道而轻之。”游不游戏，关键看其应用何处。

回文诗的发源，据清代学者朱存孝考证，是几个太太因思念丈夫创造出来的。如《盘中诗》和《璇玑图》，其中前者只能从中央以周四角，含婉转循环之意，不能倒读，后者则以841个汉字排成纵横29字方阵，回环反复读之，可得诗3752首。[1]此后，回环反复成为做诗的常用方法之一。

1. 正读是诗，倒读亦诗

如宋朝末年陈朝老的六言诗《暮春》：

纤纤乱草平滩，冉冉云归远山。帘卷深空日永，鸟啼花落春残。

倒读则为：

残春落花啼鸟，永日空深卷帘。山远归云冉冉，滩平草乱纤纤。

同样的四句24个字，正读是一副描写暮春时节景色的诗，反读仍能读出这其中的味道。其中的奥妙之处在于，正读时“乱草”、“平滩”、“远山”和“深空”，都是偏正结构的词组，在倒读时则成为主谓结构的词组。这一过程中，汉字的字形和读音不变，但是词性依据词序的变化发生了相应的改变，但是语句依然通顺，而且表达的意境跟正读的时候差不多。当然，还应归功于汉语诗画面感强的特点，多个实词组成的意象叠加成诗，而不需要其他的说明和虚词的辅助，也是回文诗能回环反复地诵读的重要原因。

再如宋代诗人李禺所作的《夫妻互忆》：

正读是“夫忆妻”：

枯眼望遥山隔水，往来曾见几心知。

壶空怕酌一杯酒，笔下难成合韵诗。

途路阻人离别久，讯音无雁寄回迟。

孤灯夜守长寥寂，夫忆妻兮父忆儿。

倒读则是“妻忆夫”：

儿忆父兮妻忆夫，寂寥长守夜灯孤。

[1] 罗维扬：《非常语文》，广西师范大学出版社2006年版，第330页。

迟回寄雁无音讯，久别离人阻路途。

诗韵合成难下笔，酒杯一酌怕空壶。

知心几见曾来往，水隔山遥望眼枯。

同上一例相比，共同之处在于，“枯眼”、“孤灯”等偏正词组被倒读后成为主谓结构词组，表意依然通顺如旧。

诗中几个被“孤立”出来的动词，则因为词性灵活或搭配对象广泛，所以正读倒读都不影响语意通顺。如“望”字，在正读首句中是动词，充当谓语，在倒读末句中则是形容词，充当定语。再如“合”字，在正读颔联中与“韵”构成动宾词组并充当定语修饰后面的“诗”，在倒读颈联中则与“成”字构成动补结构充当谓语。

另外，最简单的“一”字具有多种含义，词序变化后，不仅词性发生变化，词义也迥然不同，如正读“一杯酒”中是数词，表示数量一，在倒读“一酌”则表示“酌”的动作在先，是副词。

由此可见，相同的汉字，不同的词序，可以读出不同的身份、语气，也可以分析出不同的词组结构或句法关系等。但是整体而言，诗中的相思之情是相同的。

2. 正读是诗，倒读是词

回文诗除了正读倒读都是诗，有时候还可以因断句的不同，而倒序成词。

如清代才女张芬曾写过一首七言律诗，正读如下：

明窗半掩小庭幽，夜静灯残未得留。

风冷结阴寒落叶，别离长倚望高楼。

迟迟月影移斜竹，叠叠诗余赋旅愁。

将欲断肠随断梦，雁飞连阵几声秋。

倒读则是《虞美人》一首：

秋声几阵连飞雁，梦断随肠断。欲将愁旅赋余诗，叠叠竹斜，移影月迟迟。楼高望倚长离别，叶落寒阴结。冷风留得未残灯，静夜幽庭，小掩半窗明。

从诗到词，除了前面分析过的词组结构和句法关系相应地发生了变化，诗词的韵脚也发生了变化。正读为诗的时候，韵脚是“留”、“楼”、“愁”和“秋”；倒读为词的时候，韵脚有三组：“诗”和“迟”，“斜”、“别”和“结”，“庭”和“明”。虽然七律诗在对仗上不算工整，但要倒读为词，且还做到通顺又押韵，也是非常难得的。然而好在汉字词性的灵活和词义的丰富提供了正读反读都通顺的可能性。另外，利用句读来断文识意也是汉语的一大特色。因此，一篇诗，只要特定位置的汉字设置得巧妙，则有可能在句读改变的情况下，变身为一首词。

例如清代朱杏孙有一首七言律诗：

孤楼倚梦寒灯隔，细雨梧窗逼冷风。
珠露扑钗虫络索，玉环圆鬓凤玲珑。
肤凝薄粉残妆悄，影对疏栏小院空。
芜绿引香浓冉冉，近黄昏月映帘红。

改变句读的位置，则成为一首《虞美人》：

孤楼倚梦寒灯隔，细雨梧窗逼。冷风珠露扑钗虫，络索玉环，圆鬓凤玲珑。肤凝薄粉残妆悄，影对疏栏小。院空芜绿引香浓，冉冉近黄昏，月映帘红。

奇妙的是，这首词倒着读，仍然是一首《虞美人》，只是句读和韵脚变了：

红帘映月昏黄近，冉冉浓香引。绿芜空院小栏疏，对影悄妆，残粉薄凝肤。珑玲凤鬓圆环玉，索络虫钗扑。露珠风冷逼窗梧，雨细隔灯，寒梦倚楼孤。

同样，调整倒读后的句读，《虞美人》又可恢复成一首七言律诗：

红帘映月昏黄近，冉冉浓香引绿芜。
空院小栏疏对影，悄妆残粉薄凝肤。
珑玲凤鬓圆环玉，索络虫钗扑露珠。
风冷逼窗梧雨细，隔灯寒梦倚楼孤。

这时已可以看出，这首七律，每句的开头和结尾的字都分别是押韵的。这就为倒读成诗成词提供了便利。其次，句读改变，而意义仍然通顺，这也是汉语独特的地方。于是，诗与词之间的转换因此而成为可能。

以上所举的例子，都是回文诗中的经典。在知晓回文诗的独特和奇妙之处之后，利用现有的汉字，也可进行相应的创作。当然，因为白话文的双音节词较多，比起古汉语中单音节词较多的特点，现当代创作回文诗比较困难。

回文诗的创作，看似是对句中汉字词序加以利用，但是这一利用的成功，还在于汉字本身词性的灵活性和词义的丰富性。方块汉字作为基本的编码字符，与字母文字不同之处还在于进入句子的时候，它们充当的句子成分是开放式而非封闭式的；其意义是可以独立根据语序、句读判定的，而不需要词形本身发生变化或借助其他虚词辅助说明。汉语中回文诗的存在，很好地说明了汉字的“性活义丰”为回文诗这株文学奇葩提供了得天独厚的养料。

第二节　汉字组合创造文学语汇

如果说汉字特色为对联和回文诗这样特殊的文学样式提供了广博的空间，那么汉字的运用则在一般的文学样式中创造了文学气息浓郁的表达样式。语汇是文学语言的基本单位。汉语文学中，语汇由汉字组成，受汉字属性的制约和汉字思维的影响，其相对特殊的组合形式和方式也是体现汉语文学特色的范例。

一、汉语文学中的叠字组合

德国语言学家洪堡特在讨论内在语言形式时曾表示：“语言的智力优点完全取决于一个民族在语言形成或改造时期所具有的秩序井然、稳固明晰的精神组织；语言的智力优点是这一精神组织的映像，甚至可以说是其直接的模印。”[1] 而叠字，是最能体现汉语特点及其精神组织

[1] 洪堡特：《论人类语言结构的差异及其对人类精神发展的影响》，商务印书馆2004年版，第102页。

的基本汉字组合形式之一。

《诗经》是我国最早的一部诗歌总集。它的语言样态可以反映汉语使用者在遣词造句时的一种原始而古朴的倾向。其中开篇的“关关雎鸠”中的“关关”，就是一种具有代表性的叠字倾向。

《诗经》是一部经由孔子整理而备受重视的一本书。历代文人奉之为经典，文化影响源远流长，训诂文献不计其数。作为语法学研究对象，《诗经》中的虚字也是备受关注的焦点，而叠字等则作为修辞现象来说明。但将汉语的语法和修辞对立起来是自《马氏文通》以来的语法观念。文化语言学学者认为“汉语语法的种种‘修辞’因素，说不定正是汉语语法的特征所在。它是语法，而不是修辞。或者说，它是汉语语法的修辞内涵”。[1]因此，本章节将从描述《诗经》中的叠字开始，简述叠字在历代文本中的运用，以及现当代汉语文学作品中的常用叠字，并从汉字角度解释这一文学现象的基础成因。

1.《诗经》中的叠字现象

叠字，又称叠词、双字、重言、重文、重语或叠音词，是指把形、音、义完全相同的两个字或词放在一起连用的语言现象，可使形式整齐、语音和谐并增强形象感。[2]关于叠字的产生及功能，南朝文艺理论家刘勰曾论述道：

是以诗人感物，联类不穷，流连万象之际，沉吟视听之区。写气图貌，既随物以逆转，属采附声，亦与心而徘徊。故“灼灼”状桃花之鲜，“依依”工杨柳之貌，“杲杲”为日出之容，“瀌瀌”拟雪雨之状，“喈喈”逐黄莺之声，“喓喓”学虫草之韵，皎日慧星，一言穷理。参差沃若，两字尽形。并以少总多，情貌无遗矣。虽复思尽千载，将何易夺！（刘勰《文心雕龙·物色篇》）

在这段论述中，我们不仅可以看到叠字的构词方式多为拟声、摹状，还可以看到叠字的特点是“参差沃若、两字尽形”，能“以少总

[1] 申小龙：《当代中国语法学》，广东教育出版社1995年版，第377～378页。

[2]《大辞海·语言学卷》，上海辞书出版社2003年版，第162页。

多，情貌无遗”。

《诗经》是最早大量使用叠字的专书文本。王筠曾把《诗经》中的叠字类集起来著了一本《毛诗重言》，足见诗中叠字现象的集中程度。据统计，《诗经》305篇，其中200篇都使用了叠字，共计363个，分三种格式：（1）AA 式，有340个；（2）AABB式有22个；（3）ABAB式有1个。[1]

每个叠字，少则用一次，多则三五次甚至更多。例如，开篇的《周南·关雎》，“关关”通篇只用了一次；而《周南·桃夭》中的“夭夭”则因《诗经》重章叠句的独特表现手法而使用了三次；还有一些高频叠字，如“皎皎”、“习习”、“肃肃”等，则在多个篇章中出现，但语义已随语境有所变更。例如，“肃肃鸨羽”（《唐风·鸨羽》）中的“肃肃”，是形容“鸟摇动翅膀的声音”；而在“肃肃在庙”（《大雅·思齐》）中，则是指“严肃恭敬的样子”。[2]由此再次证实，汉语是一种高语境的语言，汉字在文本中的意义，即使是在同一位置，不同的语境下其意义也是不一样的。

按照功能，《诗经》中的叠字大体上可以分为摹状和拟声两种。其中，摹状居多，两者比例近8∶1。前者如“桃之夭夭，灼灼其华”，后者如“关关雎鸠”。摹状中，有模自然之景，亦有容神情之貌。例如，“忧心忡忡”（《召南·草虫》），指“心神不安的样子”。据统计，整个《诗经》中对人心忧劳的容状描写有20处，而且叠字之间没有重叠。这在后来的诗词中也有了很大的发展。

2. 古典诗词中的叠字范例

《诗经》之后，历代文学作品，都有大量的叠字出现，有些脍炙人口的名篇，都少不了叠字的模声拟状。屈原的《楚辞》就有不少叠字。如《九歌》中的《山鬼》：

表独立兮山之上，云容容兮而在下，杳冥冥兮羌昼晦。

[1] 张其昀：《〈诗经〉叠字三题》，《盐城师专学报》1995年第1期。

[2] 程俊英：《诗经译注》，上海古籍出版社2004年版。

采三秀于山间，石累累兮葛蔓蔓。雷填填兮雨冥冥。

猿啾啾兮狖夜鸣，风飒飒兮木萧萧，思公子兮徒离忧。

其中，“容容”、“杲杲”、“累累”、“蔓蔓”、“填填”、“冥冥”、“飒飒”和“萧萧”都是摹状叠字，“啾啾”为拟声叠字。

再如《九章》中的《悲回风》：

纷容容之无经兮，罔芒芒之无纪。轧洋洋之无从兮，驰委移之焉止。漂翻翻其上下兮，翼遥遥其左右。氾潏潏其前後兮，伴张驰之信期。

被刘勰誉为“五言之冠冕”的《古诗十九首》中，十三篇也都使用了叠字，典型如《青青河畔草》中的：

青青河畔草，郁郁园中柳，

盈盈楼上女，皎皎当窗牖，

娥娥红粉妆，纤纤出素手。

可以说句句有叠字，读来琅琅上口，令人回味无穷。再如：

迢迢牵牛星，皎皎河汉女。

纤纤擢素手，札札弄机杼。

终日不成章，泣涕零如雨。

河汉清且浅，相去复几许。

盈盈一水间，脉脉不得语。

一首诗中连用六个叠字，让人如睹其状，如闻其声。难怪顾炎武会极力称赞，认为“诗用叠字最难”，甚至以为“下此即无人能继”（《日知录》二十一）。但事实上并非如此。后来的唐诗宋词元曲中也有许多脍炙人口的叠字范例，而且还悄悄发生了一些改变。如：

（1）离离原上草，一岁一枯荣。（白居易《赋得古原草送别》）

（2）黄鹤一去不复返，白云千载空悠悠。（崔颢《黄鹤楼》）

（3）寻寻觅觅，冷冷清清，凄凄惨惨戚戚。（李清照《声声慢》）

（4）娉娉袅袅，恰近十三余，春未透。（黄庭坚《蓦山溪》）

（5）莺莺燕燕春春，花花柳柳真真，事事风风韵韵，娇娇嫩嫩，停停当当人人。（乔梦符《天净沙·即事四曲》）

（6）见安排车儿马儿，不由不熬熬煎煎的气！甚心情花儿靥儿，打扮得叫娇滴滴的媚？眼看着衾儿枕儿，只索要昏昏沉沉的睡。谁管他衫儿袖儿，湿透了重重叠叠的泪！……谁思量书儿信儿，还望他栖栖惶惶的寄。（王实甫《西厢记·长亭送别》）

从词性上说，从李清照的《声声慢》开始，叠字不再仅限于形容词叠或象声词叠，而开始加入动词叠。《天净沙》中则出现了大量的名词叠，例（6）中更是出现了"娇滴滴"这样的叠字变体，使得叠字这一汉字组合形式的应用更为灵活。

以上所举的例子只是历代典型文本中的冰山一角，叠字的修辞功能，早已为人所识，而有关叠字的成因，则有各种各样的说法。刘勰的"写气图貌"、"属采附声"是一种，且是专门针对诗人而言。"决定于劳动人民对事物的细致观察和口语的自然"[1]也只看到了创造者的因素。试问，难道非诗人就不可以写气图貌，非汉语使用者对事物的观察就不够细致，口语就不够自然了吗？有关这两个问题，将在后面（三）（四）部分予以专门的研究和分析。

笔者认为，从叠字的创造者角度来说，叠字在大量文本中的广泛出现反映了汉语使用者一种"重具象"的思维方式。即在"观物取象"时，不仅仅只是用符号传达一个概念，还力求尽可能地生动形象，使之可以感受和把握，易于联想。例如，"莺莺燕燕春春"正是通过诉诸于人的视觉和想象来再现一副春天的图景。

而之所以会将这种"观物取象"的思维方式以"叠字"的形式表现出来，则与汉字的特点有关。《英汉叠音词的特点与翻译》[2]一文的作者将这种特性归结为原子性，并认为"原子性是指汉字能单独表意，许多汉字又能增、减、拆、拼，随意结构。这就便于字和词的重叠，从而使叠音形式成为一种重要的构词方法和常用的语法和修辞手段"。笔者认为很有道理。

---

［1］游国恩等：《中国文学史》，人民文学出版社2004年版。

［2］黎抱昌：《英汉叠音词的特点与翻译》，《台州师专学报》1998年第2期。

另外，这种具象认知和生动表达的倾向与汉字亦有着形异神合的关联。汉字的勾勾画画间暗藏了造字者对世界的认知和仿拟。这种具象认知和具象再现世界的思维方式进入句子，就会出现具象组合和具象定格的句子。例如，“枯藤老树昏鸦，小桥流水人家，古道西风瘦马，夕阳西下，断肠人在天涯”（马致远《天净沙·秋思》），就是直接表现这种具象思维的作品。[1]

为了证实汉字“原子性”适用的广泛性及汉字具象思维的延续性，下面将对现当代小说中的叠字变体进行搜罗列举和分析。

3. 现当代小说中的叠字变体

现当代汉语继承早已有之的叠字语汇，还在不断创造着新的叠字语汇。除了古典诗词中常见的AA式，还有ABB（BBA）、AABB、ABAB、AXAY等形式的叠字组合。与古典诗词中的叠字一样，汉字在这些字组语汇的创生过程中，不仅提供了具有“原子性”的质料，更在精神上引领了它们的构成方式和发展方向。

按照叠字重叠的方式，在现当代小说中所搜集的具有新异、优美特色的叠字语料可分成以下几类：

（1）AA（AABC\ BCAA）

这类叠字的新异之处多在使用方面，请看张爱玲的小说《多少恨》中的例子：

① 滟滟：滟滟的笑，不停地从眼睛里漫出来，必须狭窄了眼睛去含住它。

② 烘烘：姚妈只管烘烘地数落下去道：“现在时世也不对了，……”

③ 耿耿：只剩了耿耿的一只灯，守着无线电里的沉沉长夜。

④ 笑不嗤嗤：家茵委实怕看姚妈那笑不嗤嗤的脸色。

有些常见的叠字组合一望便知，但是这里叠字组合的解释，则要结合使用的汉字和语境进行。例①中的“滟滟”，无论是从字形还是平时

[1] 申小龙：《当代中国语法学》，广东教育出版社1995年版，第376页。

的使用情况来看，都是指水满或水波的浮动闪烁的样子[1]。这里用来形容笑容，是通过这个叠字组合悄悄地进行了一个比喻，把盈盈笑意比做闪烁浮动的水波，还要用眼睛去含住它。“烘烘”是“火”字旁，一来是姚妈抱怨的地方靠近厨房炉灶，二来姚妈心有不满，这“烘烘地数落”恰好凸显了她暗火中烧的感觉。“耿耿”则将观者的心态和情绪使用在了客观事物“灯”的身上。“嗤嗤”则是一个拟声词，“口”字旁也有表形的作用。

类似的词还有：

沉沉欲睡（王安忆《长恨歌》）

雨声潺潺、惘惘、呜呜、包包自危（张爱玲《十八春》）、澌澌（《心经》）、人影幢幢（《多少恨》）

落落难和、瑟瑟颤动、忽忽若失、蠕蠕欲活、跃跃欲前、惘惘不甘、息息不停、袅袅不绝、佯佯不睬、怏怏不信、喁喁情话、喋喋自语、双目炯炯、白眼睁睁（钱钟书《围城》）

白气袅袅、翩翩双飞、目光汹汹（莫言《食草家族》）

从功能上看，叠字组合的部分都属于描述状态的限定成分，在句子或短语中作定语或状语。在这限定修饰的过程中，多半采用了拟声或摹状的表现手法。

（2）ABB（BBA）

ABB式的形容词，几乎在每个作家的小说作品中都有大量的例子，而且其用字和组合往往也带给读者新奇和别致的体验。

① 实辣辣：包在一层层衣服里的她的白胖的身体，实辣辣地像个清水粽子。（张爱玲《留情》）

② 白漫漫：一片无话可说的空白时间，像白漫漫一片水，直向开足马达的汽车迎上来，望着发急又无处躲藏。（钱钟书《围城》）

③ 油浸浸：天将黑的时候，才见表哥七绕八拐地走来，手里提着一个油浸浸的纸包，想是猪头肉之类的。（王安忆《长恨歌》）

[1] 张拱贵、王聚元：《汉语叠音词词典》，南京大学出版社1997年版，第439页。

④ 黏腻腻：初生的蚂蚱又软又嫩，触之即破，四老爷脸上黏腻腻的。（莫言《食草家族》）

⑤ 寒飕飕、热烘烘、干呼呼：那冷风吹到发烧的身体上，却有一种异样的感觉，又是寒飕飕的，又是热烘烘干呼呼的，非常难受。（张爱玲《十八春》）

在ABB这类叠字组合中，重叠的字有的是很普通常见的，如“漫漫”、“腻腻”等，但它们在这里的组合打破了日常叠词的搭配习惯，如“白茫茫、水漫漫、黏糊糊、油腻腻”等，在表达贴切的同时更达到了陌生化的艺术效果。而有的则本来是没有任何具体意思的，例如“哚”字，重叠之后用在“实”字后面，具有加强语气的作用。“浸”字一般只作动词或副词，这里重叠并与“油”字搭配成为句中纸包的形容词，生动地再现了纸被猪油浸透并被观者所察觉的情形。例⑤在一个句子中接连使用三个ABB式的形容词来描绘被姐姐囚禁的曼桢在病中被冷风吹的感受，以“寒、热、干”为中心词，分别配以相应的叠字做后缀加强语气，真切地传递出了发烧病人时冷时热又无能为力的那种难受。

这类词在张爱玲的8篇小说[1]中，集有40多例，除以上所举，另如：

寒丝丝、毛毵毵（2次，《留情》、《十八春》）、湿哜哜、粉馥馥、肉奶奶、黑郁郁、痒梭梭（2次，《秧歌》、《十八春》）、白瞪瞪、乌沉沉、豁朗朗（多次）、黑隐隐、烟烘烘、唏溜溜（《创世纪》）、灰苍苍、滑塌塌、紫黝黝、灰鼠鼠、光致致、蓝阴阴、闷恹恹、暗昏昏、绒兜兜、木肤肤、雨丝丝、蓝旺旺、寒凛凛、呛啷啷、湿粘粘、圆兜兜、嗤溜溜（《十八春》）、气愤愤、虚飘飘

以上例词，无论是从用字还是搭配上讲，或是进入句子中的效果而言，都令小说中对人物状貌、事物情态的描写更加形象传神。

细观范例中的用字，如“灰鼠鼠”、“木肤肤”等，在成为叠字组合

[1]《留情》、《心经》、《多少恨》、《十八春》、《创世纪》、《秧歌》、《相见欢》、《封锁》。

以前，“鼠”和“肤”看似都不具备修饰颜色或味道的可能，但是通过重叠，并跟在特定形容词后面，不仅达到了修饰的效果，而且还有一种别样的新鲜感。

再如“紫黝黝”、“唏溜溜”、“嗤溜溜”则一改平时的惯用搭配，将“黝黝”从黑色专用后缀的日常搭配中解放出来，转而形容紫中带黑的红木家具（原句：铮亮的红木家具里照出来的一个脸庞，有一种秘密的，紫黝黝的艳光。《创世纪》）“溜溜”则从圆滑物体专用形容词中引申出来，用以形容路上乱转的车夫或忽然而至的卡车。

这类例子还有：

大刺刺、气哞哞（钱钟书《围城》）

嚓啦啦、克噜噜、蓝瓦瓦（莫言《食草家族》）[1]

按照《汉语叠音词词典》的分类，这里本来还应有BBA类的叠字组合，如梆梆硬、当当响等，但在带给人新奇感的筛选标准下，暂时还没找到此类的例子。

（3）AABB

同上一小节ABB式的叠字一样，AABB式的叠字在各作家的小说中也有很多。如：

① 披披挂挂：这些披披挂挂尽管来来去去，她并没有一点留念之情。（张爱玲《创世纪》）

② 琐琐屑屑：小园草地里的小虫琐琐屑屑地在夜谈。（钱钟书《围城》）

③ 弥弥漫漫：到了棚户的老弄，弥弥漫漫，五步开外就不见人的。（王安忆《长恨歌》）

④ 神神鬼鬼：车夫大声道，我看你神神鬼鬼的样子，一定是黄甸来的！（苏童《碧奴》）

⑤ 汩汩漓漓：春天冰雪消融，雪水汩汩漓漓流淌，草地滋润，兰

[1] 事实上莫言的小说中有大量的AAB式叠字组合，但是其新异效果不如张爱玲小说中明显，故举例很少。

花开放，玫瑰开放……（莫言《食草家族》）

⑥ 抛抛滚滚：原先抛抛滚滚的雪珠已经变成了撕絮裂帛的鹅毛大雪。（格非《人面桃花》）

以上四字的叠字组合，有的可以还原成两字的组合，如例①②③④，只是词义和词性都有所变化。例①中的“披披挂挂”通过对两个动词性质的汉字的重叠，得到了一个性质为名词的叠字，也就是“批的挂的（衣服首饰）”。“披挂”作为名词是表示盔甲的意思，这里前后分别重叠得到的名词，还有一种数目繁多却不入人眼的感觉，正好契合了句中所要表达的意思。例②中对“琐屑”的重叠和运用，不仅有拟人的生动，亦有拟声的意味。例③中的对“弥漫”的这类重叠，在《长恨歌》中有多出范例，如第一部前两章就出现“挤挤挨挨、琐琐细细、枝枝桠桠、昏昏黄黄、粒粒屑屑、嗡嗡营营、角角落落、朝朝夕夕、闪闪熠熠、丝丝拉拉”等这些词。这些词同样要么拟声，要么摹状，以一种还原的方式再现了自然之景或神情之貌。例④也是通过对名词的重叠，表示“像神又像鬼”或“神不神鬼不鬼”的状貌。

例⑤⑥跟前三例不同的是，“去重叠”后例词并非常用的汉字组合，这类四字叠字组合其实是由两个AA式叠字组合并列而成。如例⑤“汩汩”和“漓漓”都有形容液体流动的声音和样子，此处这两个词的并列，生动形象地描绘了春水欢淌之景。例⑥也是写自然之景，“抛抛滚滚”中的“抛抛”实为“抛洒”之意，是形容雪花像被抛洒下来的状貌，“滚滚”则是急速翻腾的样子，两者的并列使得对最初雪花的描述简洁而且传神，而且与后面的“撕絮裂帛”的片块状大雪形成了对比。

除以上所举例子，这类叠字组合还有：

敷敷衍衍（鲁迅《在酒楼上》）

摇摇撞撞、袅袅婷婷、歪歪斜斜、哼哼唧唧、零零落落、妥妥帖帖、粗粗细细、内内外外（钱钟书《围城》）

将将就就、红红白白、委委屈屈、息息率率、唑唑唆唆、鼓鼓揣揣、短短瘪瘪、唧唧哝哝、诚诚心心、抖抖呵呵、疑疑惑惑、跳跳纵

纵、张张望望、啾啾唧唧、歪歪咧咧、融融洽洽（张爱玲，八小说）

混混沌沌、踢踢沓沓、团团簇簇、抽抽搭搭、魔魔祟祟、惊惊乍乍、斑斑驳驳、噼噼啪啪、团团簇簇、莽莽苍苍、喳喳唧唧、呜呜噜噜、飘飘荡荡、铿铿锵锵、凹凹凸凸、疯疯傻傻、魔魔道道、点点颤颤、滑滑溜溜、拥拥挤挤、哈哈喇喇、飘飘袅袅、迤迤逦逦、巍巍峨峨、哼哼唧唧、吱吱哟哟、嚓嚓啦啦、哼哼哈哈、熠熠汩汩、呜呜咽咽、唏唏拉拉、鼓鼓涌涌、呜呜啦啦、闹闹哄哄、疤疤瘌瘌（莫言《食草家族》）

（4）ABAB

相比较前面三类而言，这类叠字组合整体数量比较少，多半为拟声词，也有少数摹状词。例如：

① 白亮白亮：鸽子出巢了，翅膀白亮白亮。（王安忆《长恨歌》）

再如张爱玲的《十八春》中的几个例子：

② 扑啦扑啦：它以为房间里没有人，竟飞进去了，扑啦扑啦地乱飞乱撞。

③ 咕噜咕噜：太阳晒在脚背上，很是温暖，像是一只黄猫咕噜咕噜伏在她脚上。

④ 沙啦沙啦：天井里正有一个女佣在那里刷马桶，沙啦沙啦刷着。

⑤ 嗤啦嗤啦：那芭蕉扇在粗糙的草席上刮着，嗤啦嗤啦地响。

例①是对鸽子翅膀色泽的描写，“白亮白亮”的效果类似于“很白很亮”。例②至⑤都是对声音的模拟。

（5）ABAC（BACA）

这类叠字组合也可算是一种固定格式的四字格，因四字之中有两字相同且位置固定，所以暂时分做四字格式叠字组合。

其中“无B无C”“有B有C”是两类常见的四字叠音格式。例如：

① 无情无绪：她又把她的鞋子拾起来，无情无绪地用抹布擦了两下。（张爱玲《秧歌》）

② 无休无歇：无休无歇的话，可是她并不嫌烦。（张爱玲《封锁》）

③ 有情有义、有情有节：敦凤是个有情有义、有情有节的女人。（张爱玲《留情》）

④ 有血有肉：这一次出场，是满台的堆纱叠绉，只有一个有血有肉的。

⑤ 有娇有羞：那就是王琦瑶。她有娇有羞，连出阁的一份怨也都有的。（王安忆《长恨歌》）

例①的“无情无绪”其实就是“没有情绪”的意思，利用“无”字重叠并镶入“情绪”二字来表达。同样“无休无歇”也是将“休歇”拆开嵌入“无”字叠音四字格中，整体形成一个紧凑的状语或定语成分。

例③中，如果说“有情有义”已是耳熟能详的日常语言，那么“有情有节”则是作家特意为敦凤这样一个“经过许多悲欢离合”有故事的女人而度身改造的词。同样“有娇有羞”对应例④的“有血有肉”，把“娇羞”拆开嵌入“有”字叠音四字格，接在“她”后面即是一个完整的句子。

其他例子还有：

① 越扶越醉：谭老大知道她那脾气是越扶越醉，拦不住她，也就由她去了。（张爱玲《秧歌》）

② 摊手摊脚：虞老先生倒摊手摊脚坐下来，又笑又叹道……（张爱玲《多少恨》）

③ 似怨似慕：汪处厚见了他，热情地双手握着他的手，好半天搓摩不放，仿佛捉搦了情妇的手，一壁似怨似慕的说。（钱钟书《围城》）

④ 随生随灭：这雨愈下愈老成，水点贯串作丝，河面上像出了痘，无数麻瘢似的水涡，随生随灭息息不停，到雨线更密，又仿佛光滑的水面上在长毛。（钱钟书《围城》）

⑤ 贴肤贴肉、可感可知：这些流言是贴肤贴肉的,不是故纸堆那样冷淡刻板的，虽然谬误百出，但谬误也是可感可知的谬误。（王安忆《长恨歌》）

其中，王安忆的《长恨歌》中这类叠字组合非常多，而且常成双扎堆地出现。如例⑤，由一个常见的衬托出一个陌生的。其他例子如下：

断行断句、几点几线、细工细排、细心细养、隔心隔肺、可视可见、悉心悉意、真心真意、钻心钻肺、知寒知暖、如雨如瀑……

在《长恨歌》中，作家似乎有意要描绘出一种密密麻麻都是相同的字的感觉。在对上海景物的描写中，不是行行句句、点点线线的，就是"细工细排"、"细心细养"的。而"悉心悉意"和"真心真意"的成对出现（原句：一朵两朵，三朵四朵，是真心真意，也是悉心悉意），则通过对两个相似的词语的一字之差，来引起读者对此间微妙差别的关注。

4. 叠字的汉字基础

汉语文学中，这种叠字现象从古到今的经久不衰，客观上有赖于汉字的特点，主观上亦与汉字思维有关。

（1）一音一形的原子性

汉字简短朴素的单音节，不仅便于模仿自然之音，而且汉字丰富的多音字可以令书面语中的叠音字具有字形上的可选和可辨性，同时也提供了意义上的提示线索。许多叠字语汇，都可以从声音和偏旁形态上找到与所说之物的联系。

（2）模声拟状的具象性

中国哲学崇尚"天人合一"，中国文化里认知和展现世界的方式倾向于模拟原貌，并将人置身其中。小说中大量的叠字模声拟状，在自己"观物取象"的同时，也给后来者留下了身临其境的线索和可能。汉字本身也是模声拟状的一个汉语单位，但经过多年变异和近代简化之后，许多原始的联系已经印迹阑珊，只能意会和考证。叠字背后的象形意识进入句子之后，就是一种"重具象"的表达偏好，也是对原始造字思维的一种"原型模仿"[1]。

其他非拟声摹状类的叠字变体，则是利用汉字的单音节性和汉字意义组合即语法上的灵活性，将叠音字在四字格中完成重叠，并表达更为丰富复杂的意思。以叠字衬托非叠字，在享受叠字组合带来的节律上美

[1] 申荷永：《中国文化心理学心要》，人民出版社2001年版，第26~56页。

感的同时，读者还能更加注意到镶嵌在叠字间不重叠的部分。

正因为汉字这两点特性，使得叠字不仅适用于古典诗词，更是在其他文学样式的创作中发挥着积极的作用。

这一结论可在与英语叠音词的比较中再次得到验证。英语中也有少量的叠音词，大体可分为词重叠或音素重叠两种。如clink-clink，fuddy-duddy，chit-chat，even-steven等，“一般表现为谐音或拟声，其中有很多词来源于儿语，常用于口语、俚语或非正式的文体中，其构词能力和使用范围均受到很大限制”。[1]

由此可见，英语的文字由于只记录声音，因而在模拟声音中不具字形上的可辨性，且由于其音节的不确定性，不能造就汉语叠字在字形或构词方面的整齐感。英语文字只能照顾到声音上的双声叠韵或对声音的模仿，而不能通过字形来摹状。zigzag是少数例子之一，整体说来，字形上的摹状性没有汉语的多。此外，英语的语法对形态限制严格，在不改变其形态，即照顾到声音不变的情况下对语素进行重叠，其意义只能属于靠约定俗成来定义的俚语或熟语，而在正式的文体中，不仅很少出现，而且也少变通。

“文”本位的汉语，利用汉字，从《诗经》开始，就将叠字作为审美创新的一个保留项目，使它一直活跃于各个朝代的文学语言创作之中。而“言”本位的英语则只能在声音上制造韵律效果，而因其在同音字形上的匮乏以及语法对文字有曲折变化的限制，不能在视觉或意义上进行更多的发挥。

二、现当代小说中的新优字组

在现当代小说中，有不少新异、优美的汉字组合。有的是作家根据汉字的特点创造出来的，有的则是根据已有字组语汇（词语）的特性巧妙地转变而来，或是因为独具匠心的运用而使得原本熟悉的词语焕发出陌生的光彩。根据所掌握的语料，现将这类字组语汇进行梳理和说明。

[1] 黎抱昌:《英汉叠音词的特点与翻译》，《台州师专学报》1998年第2期。

1. 新创类

这类词语书面语程度较高、给人新异感，且大部分在词典里查不到。[1]它们可以按照合成词的构成方式[2]分为以下五大类：

（1）并列式：由两个意义相近或相反的语素并列融合而成。

并列式汉字组合中，两个语素同义或意义相近的例子有：

停匀：停分匀称。原句：骨肉停匀，并不算瘦，就是脸上没有血色，也没擦胭脂，只傅了粉。（钱钟书《围城》）

矫羞：矫情羞涩。原句：相府千金是不作兴有那些小家气的矫羞的。（张爱玲《创世纪》）

腴白：丰腴白皙。原句：样样不如人，她对自己腴白的肉体还有几分自信。（张爱玲《相见欢》）

篡窃：篡夺窃取。原句：他知道高松年跟李梅亭有约在先，自己几近乘虚篡窃，可是当系主任和结婚一样，“先进门三日就是大”。（钱钟书《围城》）

红活：红润活泼。原句：孙小姐来了，脸色比路上红活得多。（钱钟书《围城》）

这类结构的词语，往往是将两个常见词语中的中心语素提炼出来，或者取其中一字，然后跟其他语素结合在一起。这样一来，不仅简洁凝练，而且因为陌生的搭配关系给予了读者一种阅读上的新鲜感。

例如，“停匀”，撇弃了常用的“匀称”，而采用了“停”字不常用的意义“平均的”，与同样表示“平均的”的“匀”字搭配在一起，一起强调所描述对象的肥瘦得当，“停”字的声符还给人以“亭亭玉立”的联想。略有不同的是，“腴白”和“红活”，把本不同类的感觉捏合在一起，身材和肤色，脸色和神情，同样言简意丰地勾勒出了对象的显著特征。

再如，“篡窃”的并列融合，把两种看似不同（一个常用于有权势

[1] 有的虽然也查得到，但是对于一般读者来说比较陌生。

[2] 所分类型参考胡裕树主编的《现代汉语（重订本）》，上海教育出版社1981年版，并作了些细化。

的阶层，一个则多用于鸡鸣狗盗之辈）其实差不多的行为联合在一起，巧妙地揭示出此举的主人行径之狡猾，品格之阴险。“矫羞”初看会让人觉得“矫”是否为“娇”字笔误，但是结合原句可以看出“矫情”之“矫”更能表达作者对于这类气质的态度。

此类新创词语在各作家的作品中都不乏其例。据观察统计，莫言作品中就有190多个[1]，而其他作家作品，虽无确切统计数据，但阅读中总有这般亮点闪现。由于所采用的字大多简单且易联想，再加上特定的语境，这些新创词汇理解起来也没有太大障碍。更多例词如：

走避、疲竭、惶骇、青黯、勤敏、逊顺、清凄、红瘪、温雅、幽冷、稀湿、忻羡、宽假、怨抑、傲兀、幽远、幸喜、匆遽、迟重、端凝、浮泛、惨厉、严冷、慰留、厌恨、轻腻、伏低、魅艳……

意义或色彩相反或相对的词语，有时候所表达的意义并非字面上本意的单纯叠加，而是合在一起表达一种抽象的概念。这类例子有：

华洋：中华西洋。原句：仿佛本国话力量不够，她订外交条约似的，来个华洋两份——“你再Bully她，我不答应的。”（钱钟书《围城》）

哀荣：哀伤荣耀。原句：去后的毁誉，正跟死后的哀荣一样关心而无法知道，深怕一走或一死，像洋蜡烛一灭，留下的只是臭味。（钱钟书《围城》）

云泥：白云泥土。原句：现在呢，她高高在上，跟自己的地位简直是云泥之别。（钱钟书《围城》）

跟现代汉语中的“死生、大小、反正”等语素意义恰好相反的词语不一样，这里的并列的语素只在感情色彩或自身属性上属于两种不同的类别。例如，哀伤与荣耀，一悲一喜；白云和泥土，一高一低。这类组合表意的方法，与造字法中的“会意”一样，用两种具有某些对应属性的事物放在一起，以此来暗示其义。

这类创造的突破主要体现在打破原有的固定搭配或认知习惯，通过语素上的组合创造新的视点和感知方式。它们能够如此凝练和简洁，也

[1] 数据引自殷树林：《莫言作品语言研究》，黑龙江大学出版社2003年版。

是由汉字的表意丰富且词性灵活所成就的。

（2）偏正式：用前面的语素来修饰、限制后面的语素。

常见的偏正式的词语根据对后面语素（中心语素）的限定方式又可分为定中和状中两类。定中是对名词性中心语素进行修饰、限制，状中则是对动词性中心语素进行修饰、限制。

定中结构的偏正式词语如：

乡心：思乡之心。原句：船走得这样慢，大家一片乡心，正愁无处寄托，不知哪里忽来了两副麻将牌。麻将当然是国技，又听说在美国风行。（钱钟书《围城》）

腻睡：油腻的睡眠。原句：肉上一条蛆虫从腻睡里惊醒，载蠕载袅，李梅亭眼快，见了恶心，向这条蛆远远地尖了嘴做个指示记号道："这要不得。"（钱钟书《围城》）

身血：身上的血。原句：这种预备并不费心血，身血倒赔了些，因为蚊子多。（钱钟书《围城》）

酒勇：酒后之勇。原句：赵辛楣道："斜川有了好太太不够，还在诗里招摇，我们这些光杆看了真眼红，"说时，仗着酒勇，涎着脸看苏小姐。（钱钟书《围城》）

老运：老来之运。原句：自己委屈了一辈子，居然还有这样一步老运。（张爱玲《十八春》）

珠灰：带珍珠色泽的灰色，或者带白色，或者带着点光泽。原句：客室里，因为是夏天，主要的色调是清冷的柠檬黄与珠灰。（张爱玲《心经》）

泥泪：泪状泥渍。原句：李梅亭像洗了个泥澡，其余三人裤子前后和背心上，纵横斑点，全是泥泪。（钱钟书《围城》）

雨力：因雨产生的破坏力，如寒冷等。原句：跑路所生的热度抵不过雨力。（钱钟书《围城》）

偏正式的词语，在整个词义的构成上，以后一个语素为主，但是这组词语中，最能表达作者意思的是前面的限定语素。

"乡心"之"乡"，其本意是名词"故乡"，在这里却因为与"心"的搭配而充当“思乡”的角色。“乡愁”是所有人都熟悉的，然而“乡心”却在组合上是有些陌生的，正因为“心”，所以可以与“一片”搭配，又避免了与后面的“愁”字重合，可谓匠心独运。如果说英语依靠词语的曲折变化来照应前后，那么汉字可依靠自身的灵活多变来适应需要。

“腻睡”之“腻”，一语双关。既可指以肉为床的油腻，又可指这只蛆虫睡得过久不免有些腻烦的感觉，被惊醒了正好爬出来玩玩。这个直接修饰脱离了“沉睡、安睡”等“以人为本”的模式，从蛆虫的角度出发，向读者传神地揭示了一种新奇的体验。

“身血”的创造是由虚而实。受前面的“心血”启发，“血”被“心”修饰时，并非指真实的血，而是以血比喻心思和精力；而被“身”限定时，“血”是实在之血。如此二血并列，造成一种幽默的效果。

“酒勇”以极其精练的方式说明了勇之来源。与“老运”一样，作者把“勇气”和“运气”从日常的限定空间和修饰方式中解放出来，在特定的语境中，予以新生。

“珠灰”与“柠檬黄”一样，都是以常见之物的特定属性来修饰具体的颜色。这是一种通过已知事物来认识新事物的方式，常见于颜色的描写。此类词语还有邮差绿、龙胆紫、帝王黄、樱桃红等，言物取色，非常直观。

“泥泪”结合语境可知，是指溅到裤腿上的泥巴，像泪滴的形状。这里不用“泪泥”而用“泥泪”，还多了拟人的修辞成分。“雨力”也有拟人的修辞在其中，而且“力”的意味比较模糊，只是跟雨有关，不提力度还是温度，只有在语境中，方才定在“温度”上。

这类结构的偏正式新创词语还有：

劫余、黝蓝、浅白、惨红、苍紫、肋颊、鼻洼、冰纹、泥金、风快、腥香、亚后……

状中结构的偏正式词语如：

东归：向东而归。原句：方老先生也写信问他是否已得博士学位，何日东归。他回信大发议论，痛骂博士头衔的毫无实际。（钱钟书《围城》）

坟起：像坟包一样鼓起。原句：下半天寡妇碰见他们五人，佯佯不睬，阿福不顾坟起的脸，对李梅亭挤眼撇嘴。（钱钟书《围城》）

企羡：踮着脚羡慕。原句：一个气概飞扬，鼻子直而高，侧望像脸上斜搁了一张梯，颈下打的领结饱满齐整得使方鸿渐绝望地企羡。（钱钟书《围城》）

怅恋：带着失意和不快地不舍。原句：虽然厌恶这地方，临走时偏有以后不能再来的怅恋，人心就是这样捉摸不定的。（钱钟书《围城》）

哑默：不说话保持沉默。原句："可是我和方先生走的不是一条路，"说时把手鸿渐一下，暗示他开口，不要这样无礼貌地哑默。（钱钟书《围城》）

闪活：闪烁地活跃着。原句：眼睛里也闪活着月亮。（钱钟书《围城》）

状中结构中，修饰语素从各个角度来限定中心动作的方向、方式或程度。这些角度是读者既熟悉又陌生的。每个字都是常见的、熟悉的，但组合在一起的意思却是独特且少见。

例如，"东归"很容易让人想起常用词"西归"，而后者已意会为"死亡"，"东归"则是回归各语素的本意，直接指向东而归。考虑到方鸿渐的尴尬处境，这"东归"也与"西归"一样多了一层别样的意思，大有"假博士要见父老"的味道。

"坟起"意义类似于"鼓起"或"凸起"，这是用既定的形容词来修饰限定"起"的方式。前者直接用"坟"之形象代替"凸出"的意思，而"坟"字跟死人相关的另一项意义，则使得这个字带有不那么吉庆的味道，用来形容一个人的脸，增强了戏谑的意味。

"企羡"更是把一种看不见的心理活动具象化，与前面夸张的修辞文本相照应，表示不仅仅是看，连羡慕别人也要心理上踮脚或设法抬高自己才可以。

"怅恋"贴切地描述了虽然厌恶但是仍有些留恋的复杂情绪。"怅"作为留恋的限定语素，巧妙地把离开前的不甘不满等失意都统统打包，通过"怅"字传递给读者。

这类结构的偏正式新创词语还有：

捷转、绰有、浑成、微觉、掺望、巢居、掳掇、堵搡、凄梗、海骂……

状中结构和定中结构的新创词语一样，都是通过第一个语素对中心语素进行修饰、限定来传递作者要表达的意思。新奇在于作者没有采用常用的词语来表达，而是通过重新裁剪和拼合，使得这件看不见的外衣更加贴身。而因为每个汉字的意义丰富，词性灵活，所以精通它们的作家能在需要时进行调兵遣将，搭配成表意精确的词语。

（3）动宾式：前一个语素支配或关涉第二个语素指代的事物。

动宾式的汉字组合通常又叫支配式，前一个语素常常是一个行动或动作，后一个语素一般是一个名词。这类支配关系下，也有一些具有新意的词语。例如：

带梦：带着梦境。原句：长睫毛上一双欲眠似醉、含笑、带梦的大眼睛，圆满的上嘴唇好像鼓着在跟爱人使性子。（钱钟书《围城》）

敬笑：敬上笑声。原句：上司如此幽默，大家奉公尽职，敬笑两声或一声不等。（钱钟书《围城》）

凑畔：可靠近的岸。原句：拥挤里的孤寂，热闹里的凄凉，使他像许多住在这孤岛上的人，心灵也仿佛一个无凑畔的孤岛。（钱钟书《围城》）

冲心：直冲心中。原句：他冲心的怒，不愿进去，脚仿佛钉住。（钱钟书《围城》）

贴凳：与凳子有接触。原句：不过也够不舒服了，左右两个男人各移大腿让出来一角空隙，只容许猴子没进化成人以前生尾巴那小块地方贴凳。（钱钟书《围城》）

这些词语，有的在句子中充当定语成分，有的充当状语成分，有的则充当谓语，相同的是，两个语素彼此的关系都是动宾关系。这些词语的新创性体现在，在这类组合常用的搭配中换了一个动词或者施动对象，本来可以一瞥而过的词语有了重新体会的空隙。

“带梦”一词的意思类似“朦胧”，常用来形容美丽的眼睛。但这里作家采用了和“含笑”一样的结构，用了简单直白的两个汉字，就把“朦胧”的意境表现了出来。

“敬笑”有“赔笑”之意，但是“赔笑”因为使用得较为频繁，其语义有些过于宽泛，“敬笑”则把上司与下级的关系用“敬”字揭示了出来。此处的“敬”本来也可以作形容词，如“敬意”的“敬”，但是由于它充当的句子成分决定了它是动宾结构，意为“有礼貌地送上”。如此一来，原本没有礼貌的笑声也形象化为了一种“贡品”。

“凑畔”一词引入了一个动词“凑”字，使得一座死气沉沉的孤寂之岛变成了一座欲近不得的绝望之岛。“凑”字作为动词，还有努力找机会靠近的意思，如“凑趣儿”、“凑热闹”、“凑到跟前”等。因此，比“靠”和“靠近”更为含蓄、凝练，这座孤岛也更显绝望。

“冲心”较之“冲天”，程度稍低，而且更为隐蔽，正好符合了“他”在门外偷听，敢怒不敢发作的情形。作者没有就已有的常用词语“怒气冲天”顺势夸张，而是替换了“冲”的宾语，把“他”的愤怒控制在了恰如其分的程度。

“贴凳”好比“凑畔”，作为同样是接触凳子的动词，“坐”与“贴”的区别在于一个是“人止息于土上”，可以放松地把力量压在上面。但是“贴”则仅仅有两物体接触或靠在一起而已。这样“坐着”，恐怕比不坐还要难受。

类似的动宾式新创词语还有：

标劲、流丽、避寿、吃墨、伺疾、借重、放刁、识羞……

（4）补充式：后一语素对前面的语素进行补充说明。

补充式的组合又分为动补和名量两种结构。前一种结构如下：

晒萎：晒得萎缩了。原句：毕竟是清晨，人的兴致还没给太阳晒萎，烘懒，说话做事都很起劲。（钱钟书《围城》）

红破：红得快破了。原句：她把脸都要红破了，忙蹲下身去捡豆子。（张爱玲《十八春》）

涸尽：干得没水了。原句：冬天的溪水涸尽，溪底堆满石子，仿佛这溪新生的大大小小的一窝卵。（钱钟书《围城》）

浸肿：只像清明时节的梦雨，浸肿了地面，添了些泥。（钱钟书《围城》）

在以上几个例子中，“红破”是最为特殊的动宾组合。“红”字一般做形容词或名词，而且极少会跟“破”字有任何联系。但是作家组建的这个句子让“红”担任了类似动词的功能，而“破”则理所当然地成为了这一动作的直接结果。其实这是最常见不过的一种感觉，但是如此简单的两个汉字的组合，颜色也看见了，温度也有了，那种欲盖弥彰的尴尬也传递出来了。

这类结构的补充式词语还有：

郁勃、搅糊、赁下……

（5）主谓式：后一语素陈述前一语素。

主谓式的新创汉字组合往往以身体器官为主语语素。例如：

面嫩：脸皮薄。原句：他和生人谈话简直像小孩子一样面嫩。（钱钟书《围城》）

眼错：眼睛看错。原句：鸿渐一跳，想也许自己眼错，又似乎她忽然呼吸短促。（钱钟书《围城》）

内怯：内心胆怯。原句：不肯去了四五回，渐渐内怯不敢去，怕看他们的嘴脸。（钱钟书《围城》）

另外，也有不是以身体器官为主语语素的组合，如：

钱紧：缺钱用。原句：因为在一个钱紧的人家，稍微到理发店去两趟（为染头发），大家就很觉得。（张爱玲《创世纪》）

总的说来，这类词语相对较少，但是结合语境，读者也能体会到其中的妙处。

2. 活用类

活用类词语，无论是组合还是用字，都是常见的，新鲜的是作家对它们在句子中位置的设置和语境的营造。活用类分为以下两种情况。

一是旧词新用。在作家语言的创作实践中，除了会利用汉字创造新的组合，有时还会活用已有的组合来表达与其常用义不同的意思。例如《围城》中其他三例：

琤琮：方才吃的粳米饭仿佛在胃里琤琮跳碰，有如赌场中碗里的骰子。

泪渍：柔嘉泪渍的脸温柔一笑道："那几个钱何必去省它，自己走累了犯不着。"

脆薄：最初睡得脆薄，饥饿像镊子要蹑破他的昏迷，他潜意识挡住它。

"琤琮"是象声词，原本是形容玉器相击发出的声音，后引申为金属撞击的声音。这里用做形容米粒在胃里相撞的声音，夸张但是很形象。

"泪渍"通常情况下是偏正结构的名词，在这里则是主谓结构的形容词。"渍"作为动词，其意思回归其本义"短时间的浸泡"，"泪渍的脸"则是经泪水浸泡过的脸。

"脆薄"往往是形容物体单薄易损，或断或碎，经不起碰撞。这里用来做睡的补语，是一种隐蔽的比喻，把抽象的感觉，用具体的形容词具象化了。睡眠仿佛是易碎的任何一种东西，稍有打扰，就破了。

这类的例子还有："夜黑得太周密了，真是伸手不见五指！""天气若无其事的晴朗"，"睡眠漆黑一团"，"辛楣俩假装和应酬的本领到此简直破产，竟没法表示感谢"，"我不爱她。我跟你同病，不是'同情'"，"汗毛孔的折叠里都给他温存到了"，"把那些活泼全收了"……

由以上的例子可以看出，由于汉字词性的灵活性，已经约定俗成的词语也可以根据需要，通过语境的控制改变其结构，产生其他的意义，以达到想要的效果。

二是字的活用。有的是通过一字多义来制造同句同字不同义的效果。如：

扣：假如订婚戒指是落入圈套的象征，那么纽扣也是扣留不放的征兆。(钱钟书《围城》)

廉：廉耻并不廉，许多人维持它不起。(钱钟书《围城》)

有的则是通过逆转词序来产生对比上的新奇感：

学讲和讲学：高松年自己在欧洲一个小国里读过书，知道往往自以

为讲学，听众以为他在学讲——讲不来外国话借此学学。（钱钟书《围城》）

坦白和白而不坦：掌柜写账的桌子边坐个胖女人坦白地摊开白而不坦的胸膛，喂孩子吃奶。（钱钟书《围城》）

在家养病：在家养病反把这病养家了。（钱钟书《围城》）

老科学家：将来国语文法完备，总有一天可以明白地分开“老的科学家”和“老科学的家”，或者说“科学老家”和“老科学家”。（钱钟书《围城》）

还有的则是通过联想到反义词来细分日常被视做一个整体的事物，或者利用反义词来表达特殊的意义。如：

新和陈：棺材店和殡仪馆只做新死人的生意，文人会向一年、几年、几十年、甚至几百年的陈死人身上生发。（钱钟书《围城》）

上和下：他的官还可以做下去——不，做上去。（钱钟书《围城》）

例句中用“新和陈”一对反义词，将“死人”这个范畴又做了一层划分，而且解说使得这一划分变得非常必要，可令读者的陈见为之发生变化。“下去”和“上去”都有上下的动作意义，也有表示继续做的补语功能。这一点上，前者比后者更加适用，只是“上去”因“上”字的本意寓意更好，作者巧妙地用反义词否定了原来的不吉利的继续法。

在音译的过程中，汉字的选择因其谐音字之多而可以格外讲究，不仅要照顾到声音，意义也能略有顾及，有时还能产生幽默的效果。例如：

（1）蜜斯（Miss）：正考虑着，效成带跳带跑，尖了嗓子一路叫上来道：“亲爱的蜜斯苏小姐，生的是不是相思病呀？”（钱钟书《围城》）

（2）酥（苏）糖（唐）小姐：他给女人迷错了头，全没良心，他不想靠我们周家的栽培，什么酥小姐、糖小姐会看中他。（钱钟书《围城》）

例句虽然是直录小孩子顽皮的话语，但是Miss的音译字选择了“甜蜜”的“蜜”而非“史密斯”的“密”，是把小孩子借机捣蛋的意图也表现出来了。例（2）也是直录“岳母大人”的话，但是作者在写出来的时候，选择了“酥糖”二字，而且故事风波的女主角的姓正好也是姓“苏”姓“唐”。在小说中，连作者都忍不住要跳出来感慨这一巧合。

3. 汉字特点在构词组合中所发挥的作用

在文学语言创作中的构词和用词方面，汉字从两个角度促成了陌生化效果的实现。

首先，在构词方面，汉字三位一体且词性灵活造就了新创合成词精练、灵活的特点。从以上小节的分析中，我们可以看到，每个汉字如同一个自由的义场，可以独当一面的同时，又可以根据需要出现语义的压缩和扩张。

其次，汉字的个数有限，而对世界的认识又是无限的。汉字的发展过程决定了它作为一种能指，与所指之间关系的不确定性和距离感。最初是独体字，如象形和指事文字，是对现实的某种模仿；继而是合体字，如会意字和形声字，则是在独体字的基础上进行的一种加工，仍然带有象形的成分；后来出现假借和转注，是在已有能指的基础进行的重新指派和运用，这就导致了每个汉字意义及功能的叠加。

由于每个汉字的多义性及功能的灵活性，使得汉字与汉字之间具有较高的组合自由。一字可以多用且几无语法限制。这是文学语言中新创合成词的基础，也是不少已有汉字组合可以随意拆说逆序的前提。

另外，汉字构造的理据性虽然日渐脱落，有些甚至已无迹可查，但是其造字的方法在我们认识和辨别汉字的过程中已经逐渐赋予了我们一种“字”化的思考方式。

独体的“文”相合构成一个新的汉字单位，就是“字”化。如“休”，该字分明包括“人”和“木”两个独立的“文”，将二者合成“休”的过程就是“字”化。[1]

孟华的文字符号学原理认为，汉字的“字”化，即从独体字的意指

[1] 孟华：《汉字：汉语和华夏文明的内在形式》，中国社会科学出版社2004年版，第130页。

方式向合体字的意会方向的转化，而这种“会意规则”，即“借助一个已知的字符B，来说明未知字符A”，可以解决有限的字形符号与无限增长的语言符号之间的矛盾。所以汉字表意主要依靠新的组合而非造字。

简单说来，独体字代表了一种意象化的造符途径，而合体字则是会意规则为主的造符途径。独体字和合体字的关系则呈现出汉字系统自我复制或繁殖的趋向，即利用已知的符号和意象及会意的规则来命名或指示新知的概念。

这在新创合成词的过程中出现了方向上的同一性。简单的两个汉字组合在一起产生新异、优美的意象或意义，这种创造性的过程中，汉字体系中的意象规则和会意规则起到了重要的作用。

例如，并列式中的“腴白”、“红活”等，采取的是意象规则中的“直接摆放式”，可说是对具体所指的一种象形描绘，且因这种描绘，摒弃了日常常用的组合而造成表意上的精确和感觉上的陌生，因而成为文学语言中的亮点。而“华洋”和“云泥”，采取的则是意象规则中的“另有所指式”，是对抽象所指的一种具象化，而读者在理解的时候，只要逆向思考即可获知作者的信息。

再如，偏正式中的“珠灰”、“泥沮”等，像形声字一样，采用的是一种褪了色的“象形”方式。[1]在已知的某个大范畴内，用另一个已知事物B的属性来定位要表达的确切意义A，这种定位的过程往往非常形象，是因为这种限定属性往往是用事物B自身来表达的，因而具有一种可想象性。如“坟起”，用事物“坟”平地隆起的这一形象来限定“脸（肿）起”的方式，较之日常语言中的“肿起”和“隆起”，这种象形方式的运用不仅新鲜陌生，而且便于理解。

而其他三式中的“敬笑”、“红破”和“面嫩”，则是一种类似于“会意”的方式，即两个汉字之间的关系，是通过自身的意义和相关的语境来决定的。如果说汉字的独立性、多义性和灵活性提供了它们自由组合的可能，那么汉字的“字”化，造就了意义产生及解读的方式。

[1]“形声字是褪了色的象形字”，详见孟华《汉字：汉语和华夏文明的内在形式》。

三、现当代小说中的四字格

汉字/汉语的特点在使用的过程中，并不会感觉这个模子怎样帮助或者限制了自己，而一旦翻译成外国语，这种模子的性质就显现出来了。

例如，在中译英的实践过程中，对汉语四字格的翻译也许能够译出其意，但是很难保留其在格式上的特殊性，这是由于各自基本符码的属性不同造成的：一个方正如砖，不需变化即可累积成文；一个则长短不定，形态多变才可相互勾连。而在英译中的实践中，为避免译文的生涩，在行文上进行四字格的构形也是常用的一种手段，读起来特别有中国味儿。这一点胡明杨在《汉语四字格词典》的序中说：

汉语和西方语言有不少不同之处，汉语有大量相对固定的语言单位说不清楚是“词”还是“语”，还有些中间可以掉换一两个字的半固定单位，如“半生不熟”、“半死不活”、“连说带笑”、“连哭带闹”等等。有人把这一类格式称为“四字格”。现有的词典对成语、惯用语等等已经很重视，收得不少，而且近年来专门的成语词典、谚语词典也已经出得很多。但是对四字格还不那么重视，一般的词典收得很少，而作为一种可以活用的“语型”采收的就更少了。

关于四字格的研究，多见于英汉互译方面的文献，甚至对外汉语教学方面（如《汉语四字格词典》[1]序言中提及的归纳整理四字格的意义之一）。《论英译汉中汉语四字格的使用》[2]、《英译汉中“四字格”美学价值试析》[3]，这类文献肯定了在英译汉的过程中对“四字格”的运用，并依据具体情况对汉字四字格的使用做了说明，更对四字格的美学价值进行了分析。

另外，《试谈四字格的语用差别》[4]一文，则在没有其他语言介入

[1] 姜德梧：《汉字四字格词典》前言，北京语言文化大学出版社2000年版。

[2] 吕宁：《论英译汉中汉语四字格的使用》，《陕西师范大学继续教育学院学报》2002年第4期。

[3] 李宁：《英译汉中“四字格”美学价值试析》，《新疆大学学报》2003年增刊。

[4] 徐国庆：《试谈四字格的语用差别》，《语文建设》1999年第2期。

的情况下，从语用的角度分析了汉语四字格的两大特征，即“描述性”和“引证性”，论述了它们的语用差别。

也就是说，从中英互译相互比较的过程中，已有研究发现汉字的独特性为书面语中的这一特殊形式提供了自我繁殖的便利以及丰富多样的可能。而这在我们掌握的语料中，也显示出类似的结果。下面将对现当代小说中具有陌生化效果的四字格词语和叠音词进行分析，并探讨其中的汉字基础和汉字精神。

有关四字格词语，这里搜集的是非成语类的且给人以新奇感的四字词语。依据语料显示，张爱玲、钱钟书、王安忆、格非等作家，在他们的作品中都有不少这类词语。

按照语义来讲，四字格更像是由两个双音节词组合而成的短语，但这两个双音节词的组合方式又具有一定的特殊性。分类如下：

1. 并列式四字格

两个双音节词从语义上来讲是在说同一类事物，但是拆开来则不能表达出整体的效果。在所搜集的语料中，这种形式的四字格占大部分。例如：

动宾+动宾：

（1）滴粉搓酥：她那没有下颏的下颏仰得高高的，滴粉搓酥的圆胖脸饱饱地往下坠着。（张爱玲《留情》）

（2）扶墙摸壁：她掩上了门，扶墙摸壁走到床前坐下，把鞋子换了。（张爱玲《多少恨》）

（3）搓油摘粉：那女子不过十六七岁，脸化妆得就像搓油摘粉调胭脂捏出来的假面具。（钱钟书《围城》）

与前面两个字的构词类似的是，这类四字格的组合方式是将两个动宾的双字组合呈并列结构组合在一起。“滴粉”和“搓酥”拆开来，单独都不能表达原句中对圆胖脸的修饰，但其本意“化妆粉和搽脸油涂得很厚，仿佛随时可以滴下或搓出粉团来”的解释用在句中则又太长，表达效果远不及“滴粉搓酥”四个字精练传神。在这一点上，汉字间彼此组合的意合性再次显露出来，因为两个动词两个名词，通过意合的效应，把其他“冗余”的字或语法成分如“厚”、“下”、“出”都精简掉了，只留下最核心的四个字组合成一个固定的格式，铿锵有力地表达了作者对那张脸的印象。而“扶墙摸壁”若要拆开来单用，则需变成“扶着墙”或“摸着壁”，且意思要么偏于主语之累，或者偏于环境之黑，不能完全表达原义。例（3）中的例词，在原句中和后面的“调胭脂”一起组成了一种动宾组合排比的七字格，造成一种煞有气势的夸张感。

这类词，在各类词典中都找不到，既非常用组合也非既定成语，而是临时利用各字的语义词性组装而成。这类词的书面化程度也相对较高，而字有时也采用非常用意。例如，“酥”在这里的意思是“搽脸的油脂”，不结合语境则难以理解，是汉语书面语中较为典型的特殊形式。

这类例子还有：

伫步回眸（王安忆《长恨歌》）

谈耕论桑、引车卖浆（苏童《碧奴》）

通神入玄、呵佛骂祖（莫言《食草家族》）

撕絮裂帛、杀暑消夏（格非《人面桃花》）

打牙磕嘴、兜头夹脸、淌眼抹泪（张爱玲《秧歌》《创世纪》《十八春》）

支颐扭颈、睁口张眼、胁肩谄笑、承欢养志、拿糖做醋、欲眠似醉（钱钟书《围城》）

值得一提的是，在“动宾+动宾”并列式四字格组合中，有时候并不是单纯由两个动宾合成词叠加而成。如“睁口张眼”和“淌眼抹泪”等，“睁口”或“淌眼”两个汉字组合，在离开四字格这种形式上的支撑后，不能合理表意，然而各自跟后面的“张眼”和“抹泪”组合之后，则变得合乎情理。

主谓+主谓：

花摇柳颤：便往外走，大衣披着当斗篷，斗篷底下显得很玲珑的两只小腿，一绞一绞，花摇柳颤地出去了。（张爱玲《留情》）

头垂气丧：下午两点多，两人回来，头垂气丧，筋疲力尽……（钱钟书《围城》）

花丽骨软：先生说，凤仙花丽骨软，艳若桃李，虽为美色，却能偏于一隅，自开自灭，不事张扬，不招蜂蝶，因而长有淑女之节。（格非《人面桃花》）

这里的“主谓+主谓”四字格组合，常在句中作描述性的表语或状语成分。与上面一类相似的是，这类四字格组合里，尤其在带有比喻或拟人等修辞时，也是精简了比喻词等冗余成分，直接用四字格形象地表达主语出去或凤仙花的花朵枝茎的状貌，而绝无“像”、“仿佛”之类画蛇添足的成分。这在汉语表达中似乎天经地义，但是一旦试图翻译成外语，比如英语，就需要添加“like”或“as”等词语，或把“花丽骨软”中的“骨”还原成植物的枝茎。而“头垂气丧”则直接将“头”和“气”主语化，较之常见的“垂头丧气”更有一层无奈之感。

这类例子还有：

眉皱眼挤（莫言《食草家族》）

萼绿华来、花敷叶腴（格非《人面桃花》）

粉光脂艳、眉花眼笑、家翻宅乱（张爱玲《心经》《多少恨》《十八春》）

心颤身热、蚕食虫蚀、皮焦齿黑、面粘心硬、嘴酸舌干、红消醉醒、手累心烦（钱钟书《围城》）

由以上例子可以看出，汉字在四字格中的功能与它本身的形态无关，而与它所处的位置有关。同一汉字，在四字格这类语型中，所处的位置不同，其担任的功能也不同。例如，“头垂气丧”和“眉皱眼挤”，如果词序变化为常见的“垂头丧气”和“皱眉挤眼”，则主语变为宾语，主谓结构变成动宾结构。这其中正体现了汉语词法里意会成分的重要性。

偏正+偏正：

（1）迟落早起：但是太阳依然不饶人地迟落早起，侵占去大部分的夜。（钱钟书《围城》）

（2）鹿伏鹤行：那宝琛鹿伏鹤行，猿臂轻舒，围着父亲走出了一连串漂亮的八卦步，就是近不了身。（格非《人面桃花》）

（3）拙口钝腮：方鸿渐平日爱唐小姐聪明，这时候只希望她拙口钝腮，不要这样咄咄逼人。（钱钟书《围城》）

例（1）由一对意义相反的状中结构合成词组合而成。这对合成词搭配在一起，简单传神地表达了夏天日长夜短的情形，将状中并列四字格作为太阳的谓语，则使得原本客观的事物带上了感情色彩。与“不应有恨，何事偏向别时圆”的月亮一样，在一年最热的时候里，太阳也非要不依人意地延长白昼的时间。

“鹿伏鹤行”则跟前面的“坟起”、“海骂”类似，也是通过一种常见事物的突出形象来修饰某种动作进行的方式。无需描述“伏”之敏捷或“行”之轻巧，只需想象前面的修饰成分“鹿”、“鹤”日常的形象，宝琛的动作方式就跃然纸上了。

跟前面两例不同的是，“拙口钝腮”属于定中结构的偏正并列组合。类似的例子还有：

短见浅识、微沉复起（钱钟书《围城》）

花影藤风、堆纱叠绉（王安忆《长恨歌》）

横拖直曳、轻嘴薄舌/规行矩步、鹅行鸭步（张爱玲《多少恨》《十八春》《相见欢》）

初夏老春、皓齿芳唇、高髻云鬟、酸文假醋、粗肠砺胃、穷肝贱肺、轻云浊土、凶声恶气、凸眼肥唇、神魂谵语、长眉细眼（莫言《食草家族》）

并列+并列：

细密绵软：因此，这流言是不能小视的，它有着细密绵软的形态，很是纠缠的。（王安忆《长恨歌》）

魑魅魍魉：流言难免是虚张声势，危言耸听，魑魅魍魉一起来，它们闻风而动，随风而去，摸不到头，抓不到尾。（同上）

肥腻辛辣：英国人看惯白皮肤，瞧见她暗而不黑的颜色、肥腻辛辣的引力，以为这是道地的东方美人。（钱钟书《围城》）

以上三例，并列在一起的两个双音节词，本身就是并列式的结构。如细密绵软、肥腻辛辣，是形容词的并列。魑魅魍魉则是名词的并列，词典义是山怪水神，引申为各式各样的坏人。这里根据上下文的解释，只是借了这四个字同属于鬼属的字形，来比喻后文所形容的来去随风、不见头尾的事物。

这类例子还有：

徘徊踯躅（莫言《食草家族》）

赤橙青蓝（王安忆《长恨歌》）

疲乏垂绝、混沌痴顽、嫩肥白软、幽明隔绝（钱钟书《围城》）

安详幽娴、郑重精致、括辣松脆（张爱玲《相见欢》《创世纪》《多少恨》）

并列式四字格的特点是：四个汉字都是有实际意义的语素，而没有表示连接转承的虚词，但是彼此间的关系仍然清晰可辨，形式简短，声调铿锵。虽然不是大家熟知的成语，但是在陌生惊奇的同时，其意义也是明白晓畅的。

按照上一章的分类，此小节应该还有“补充+补充”的并列式四字格组合，但是从既有语料出发，未能找到符合要求的材料，特此说明。另外，在并列式组合中，有的双音节词之间并非是完全并列的关系。例如“承欢养志”、“拿糖做醋”等，内部结构有先后承接的关系，区别在于其他的并列式组合前后的双音节词可以前后调换而意义不变，而这两个组合的先后顺序则是固定的。因为这类例子比较少，所以将细微差别忽略不计，同归入并列一类。

2. 陈述式四字格

在所搜集的语料中，对某一事物进行简要陈述的四字格是相对常见的另一种类型。格非的《人面桃花》中，有大量的这类四字格。例如：

人语喧响、步履杂沓、诗词酬唱、酒食征逐、满脸成灰、玉宇无尘、星河泻影、鬼气浩大、青苔滋生、葛藤疯长、月笼幽窗、月漏纱窗、梦雨飘瓦、绿萼相迭、池塘波绿、光阴闲静……

在这些词中，又有些细微的区别。有的只有主谓，如“人语喧响”、“步履杂沓”；有的则是主谓宾三者兼而有之，如“月笼幽窗”、“梦雨

飘瓦”等。它们共同的特点是在四个字的固定格式里，完成对一个事物或某种状态的描述。

因为汉字的灵活性和表意的丰富性，使得四字格内部存在调整变换的可能性。主语可以是一个字，如“月”，根据语义的需要，它可以指月色、月光或者月亮本身；也可以是个并列、偏正式的双音节词，如“步履”和“青苔”等，其重要的成分只有一个，“步”或“苔”，至于“履”或“青”除了起到并列平衡或修饰限定的作用外，还在四字格的生成过程中起到了“凑数”的作用。在这种陈述中，可以是对主语某种状态的描述，如“葛藤疯长”；也可以是对主语与宾语关系的陈述，如“梦雨飘瓦”，而不需要任何其他状态的说明，如交代“疯长”的时态或“飘”与“瓦”之间的关系。

这类四字格的例子还有：

光彩往来：一明一暗，光彩往来，夏太太平整的脸上也仿佛有了表情。（张爱玲《多少恨》）

弦歌交作、纤屑蜷伏：邻室虽然弦歌交作，睡眠漆黑一团，当头罩下来，他一忽睡到天明，觉得身体里纤屑蜷伏的疲倦，都给睡眠熨平了，像衣服上的皱纹折痕经过烙铁一样。（钱钟书《围城》）

灯光齐明：她领悟这一时刻的来临，心生畏惧，膝盖微微地打颤。灯光齐明，眼前的暗变成了溶溶的红色。（王安忆《长恨歌》）

在这些看似平常的四字格陈述过程中，蕴含着汉语特有的审美情趣。以上三例原句中除了所举的陈述式四字格，也都还有其他常见四字格，如“一明一暗”、“漆黑一团”等，在形式上有一种简洁齐整之美。在音韵上则有一种长短交错的朗朗节奏之美。而在内容上，通过一些略带古意的字词的选用，四字格整体则呈现出一种意象上的朦胧美。如《人面桃花》中的众多例子。

其他例子还有：

六内如焚、浓淡相遇（莫言《食草家族》）

天恩高厚、杀人有暇、肌理稠密（钱钟书《围城》）

眉睫乌浓、恨海难填（张爱玲《创世纪》《十八春》）

3. 改篡类四字格

在日常语言中，有很多为人所熟知的四字格，如古典诗词、成语、谚语甚至专业术语等。在现当代小说中，经过对熟知四字格中某几个字的拆合重组、拼装改篡，破坏原有的熟知的意义，可以达到文学语言所追求陌生化效果。如：

心猿脱索、意马开缰（莫言《食草家族》）

洋气扑鼻：因为一切其他科目像数学、物理、哲学、心理、经济、法律等等都是从外国灌输进来的，早已洋气扑鼻。（钱钟书《围城》）

湿意未干：早晨八点多钟，冲洗过的三等舱甲板湿意未干，但已坐立了人。（钱钟书《围城》）

后会无期：方鸿渐同舱的客人早收拾好东西，鸿渐还躺着，想跟鲍小姐后会无期，无论如何，要礼貌周到地送行。（钱钟书《围城》）

光芒五射：它们每五只为一组，都把宽阔笨拙的嘴巴凑在一起，身体呈放射状散开，构成光芒五射的图案。（莫言《食草家族》）

翻尸倒骨：现在，她和杨太太和米先生三个人坐在一间渐渐黑下去的房间里，她又翻尸倒骨把她那一点不成形的三角恋爱的回忆重温了一遍。（张爱玲《留情》）

自惭寡陋：方鸿渐正自惭寡陋，张太太张小姐出来了，张先生为鸿渐介绍。（钱钟书《围城》）

中心为忠：假使“中心为忠”那句唐宋相传的定义没有错，李妈忠得不忠，因为她偏心。（钱钟书《围城》）

例句中，将心猿意马这一成语拆开来，然后重新组合。原来的成语是说心思不专，如猿腾马奔一般。这里则把“心猿”和“意马”从陈述结构转换为了偏正结构，并与另外的动宾组合搭配，重新阐释了凡心无常、变化无定的这层意思。既可以从熟悉的字眼上获得既定的意义，又可从陌生的组合上获得阅读的乐趣。再如“洋气扑鼻”，通常“扑鼻”而来的是可以用鼻子感受到的具体的气味，如香气、臭气等，而这里洋气实际上并不可闻，却因与其他气味共享一“气”而变得亦可扑鼻。“湿意未干”则将本无感情的干湿状态，变成一种主观的“意味”，仿

佛甲板也可以有“意犹未尽”的感觉。

其他例子里，“后会无期”是对“后会有期”的颠覆；“光芒五射”则是对“光芒四射”的篡改；“翻尸倒骨”容易联想到“翻箱倒柜”；“自惭寡陋”则可由“自惭形秽”和“孤陋寡闻”拆分合并而成。类似的意思，通过对日常语态的故意扭曲，可以体会到一种免受拘束的自由感。

类似的还有：

夏暖冬凉：他们投宿的店……后间隔为两间暗不见日、漏风透雨、夏暖冬凉、顺天应时的客房。（钱钟书《围城》）

不得夫心：当然在一个女人是已经太晚了，不得夫心已成定局。（张爱玲《相见欢》）

例句中“中心为忠”类的词语则是通过拆解汉字表达作者的本意。这样，单独的一个汉字在四字格的形式中被重新认识，再加上作者的引导阐释，可以使之产生区别于寻常意义的认识。类似的还有“止戈为武”、“不正则歪”等。尽管在所搜集的语料中这类例子不多，但是汉字象形、会意的构造仍然提供了这方面的可能性。

4. 其他类四字格

有固定的一到两个语素，可以称做派生类四字格，在所搜集的语料中，还有无法归入以上三类的其他四字格，有时候很难创造新奇的感觉。例如，在前面提到的《汉语四字格词典》中，作者将固定语素按照字母顺序列出，并依次列出并解释了例词。语料中这类词目如：

“V来V去”：

谦来让去：那陈老板与宝琛谦来让去费了半天口舌，死活不肯收。（格非《人面桃花》）

悠来荡去：我的脖子像根晒蔫了的蒜苔一样软绵绵的，所以我的头颅挂在胸前悠来荡去。（莫言《食草家族》）

再如“A而不B”：

惠而不费：苏小姐早看见这糖惠而不费，就是船上早餐喝咖啡用的方糖。

通过去冗存精地缩略或添形加副地扩充而成的四字格，有的是为了着重强调，有的是为了节奏上的均衡，有的则是为了形成修辞上的对偶格局。例如：

真实不假：到媳妇养了个真实不假的男孩子，婆婆更加让步。（钱钟书《围城》）

微沉复起：跟了上桥，这滑滑的桥面随足微沉复起，数不清的藤缝里露出深深在下墨绿色的水。（钱钟书《围城》）

指无余力：咬得体无完肤，抓得指无余力。（钱钟书《围城》）

美女箱遁：她看着很稀奇，就像人家看那些稀奇的背胸相连的孪生子，“人面蟹”，“空中飞人”，“美女箱遁”，吃火，吞刀的表演。（张爱玲《创世纪》）

其中，“真实不假”是为了强调而将“真实”进行同义扩充。“微沉复起”省略了“下去又上来”这类补充语，只留下描述最能体现桥面状况的四个字，在节奏上形成了张弛相间的美感。其他两例则是通过对汉字的选用，完成了与上下文的对偶或并列。“美女箱遁”用了一个字“遁”来表达“逃跑”的意思，从而简略了解释上的繁复。

5. “四字格”词语所依托的汉字特点

从以上的举例分析可以看出，小说中的“四字格”大多由两个双音节的词组成，延续了构词上的新奇陌生。四字格在行文中，由于有了更多的发挥空间，四字格这一特殊形式还可以照顾到行文的繁简、节奏的急缓、语义的雅俗、意象的隐现、结构的对称等。“四字格”本身的存在与汉字的特点密不可分，而“四字格”在小说中的这些功能的实现也要依赖于对汉字的选用。

首先，汉字音型均等的特点成就了汉语“四字格”的特殊形式。

汉字作为一种文字，每个单位不仅在音节上都是一个音节，在体型上也有着均等的长短和大小，这样就便于砌成形式上长短固定，音节上简短易记的“四字格”形式。英语如果以最小的意义单位——词来比较汉语中的汉字，它们每个单位的音节数是不确定的，字母的多寡也就是词型的长短也是不确定的，所以在表达特定的意义时，不能保证它有

“四字格”的铿锵韵律和齐整形态。

其次，如上一章讨论的，汉字有着字音字型上的固定性，又有着意义和性质上的灵活性。在“四字格”的组合方面，汉字与汉字可以避虚就实，不用考虑时态，词性、格、数上的变化。同样一个汉字，可以是过去的现在的将来的，又可以兼任名词动词，充当主谓宾定状补语。所指的单复数既不会影响到自身形态的变化，也不会引起其他汉字形态上的变化。彼此的联结往往不需要关系词的介入。例如前三类例子，全部都是动词、名词、形容词等直接组合。它们彼此的关系通过语序和语境来表明，从而有更多的闲暇来照顾音韵节奏、繁简雅俗、对仗对偶等方面的修辞问题。

此外，每个汉字意义上的丰富和内在的隐喻性使得固定格式的“四字格”中，纵向聚合可相互替换的汉字非常之多。例如，改篡类的“四字格”中，借用“气”字的多意，完成“洋气”从感觉到嗅觉的通感。再如，“光芒四射”中的“四”，原指虚指，并非只有四个方向，但是通过“四”与其他数字的聚合关系，而在四字格中又省略了“方（向）”这类词，所以根据文章的上下文，改篡出“光芒五射”这一新异的“四字格”组合。这样一来，即使是派生类“四字格”依然有创造新奇感的可能。

汉字本身的信息编码方式是表意的，方法是声符形符的搭配或笔画的替换、叠加，这就要求一种略形取神、弃繁从简的表达精神。对于它的理解，还应有一种会意（或象意[1]）的方法。在“四字格”的组合方式上，也有类似的精神趋势。通过“中心词”或“中心汉字”的搭配或叠加，从而在另一种有限的固定形式内，通过忽略形态、时态、关系等细节，把最主要的信息在“四字格”这一形式呈现出来，再由读者根据语境来确定其意义或意图。

[1] 申荷永：《中国文化心理学心要》，人民出版社2001年版，第39页。

第三节　汉语文学人物命名的意境

汉语文学中，还有一种现象值得关注，即人物或事物的命名。这远非一个称谓符号这么简单。在文学创作中，名字的好坏对于作品的鉴赏性有着重要的影响。而在命名之时，同样少不了要考虑汉字的特性。善于利用汉字特点的命名，不仅在文学作品中可以制造令人回味的故事线索或美妙意境，而且在商业领域也能帮商家争取到更多的关注和认同。

一、小说人物命名的方式

汉语作家在小说中对人物和事物的命名，尤其是对人物的命名，都颇为讲究。有关汉语小说中人物命名的策略、方法等，都有相应的研究和论述。前者如《汉语文学的人物命名策略》[1]，后者如《汉语姓名与汉语小说人物命名》[2]。

《汉语文学的人物命名策略》一文认为汉语文学中人物的命名，是一种具有民族文化底蕴和汉语语言风格的重要叙事策略。从作者的角度出发，人物命名在小说中具有辨男女、表意图和与人物特征相呼应的三大功能，符合一般人对小说人物的认知方式。用作者原话来说，即鲜明的人物性别特征的标识功能；作家创作意图的显示功能；文本文化内涵的突现功能等。作者提到了民俗型命名九式，即即事、即时、即景、体重、讳名、补缺、指望、驱邪、辈字。作者除了归纳梳理从古至今各著名小说的作家利用人物命名来实现某种意图的例子外，还简要地在论文最后提出“汉语形、音、义合而为一、三位一体的独特性决定了任何翻译方式都将不可避免地漏失命名本身的意蕴”[3]。其实，这里的“汉语”换成“汉字”更加贴切，而这句一带而过的半结束语也将是这一部分要重点阐明的问题。

《汉语姓名与汉语小说人物命名》则对小说中人物名字与小说文本

[1] 郭昭第：《汉语文学的人物命名策略》，《天水师范学院学报》2003年第1期。
[2] 钟钦：《汉语姓名与汉语小说人物命名》，《闽江学院学报》2006年第3期。
[3] 郭昭第：《汉语文学的人物命名策略》，《天水师范学院学报》2003年第1期。

的关系作了解说，同时还将小说人物命名的方式分为七大类：1. 字音字义字形命名法；2. 真实人物姓名转化命名法；3. 诗文典籍命名法；4. 希望、纪念命名法；5. 行辈次序命名法；6. 相关人事命名法；7. 人物特征命名法。并简述了汉语小说中人物名称的作用是寓示人物性格命运和表明作者的褒贬憎恶之情。

虽然角度不同，一个偏重于人物名称之于汉语小说的功能；一个偏重于汉语小说中人物命名的方式，但是都强调汉字特点为这些功能、方式的实现所提供的可能性，不过也都在这一点上论述得不够充分。

有关姓名研究的分类，有的是从命名的意图或理据出发（即小说作者为什么给人物取某个名字。如果是现实人物之名，则与作者无关，与现实人物相关，也是作者意图的一种），有的则是从既有名字的解释或实现的功能出发。后者是从读者审美的角度出发。很多著名小说人物的名字在命名之初可能并没有意图，在之后被读者解释出新鲜而有趣的意思，这也是汉字一字多义、谐音谐义以及形可拆合的特点提供的“戏说”支点。

小说的重点是塑造人物，而人物的定姓命名，则是小说塑造人物最初的一步。小说中人物的命名跟现实生活中的命名方式有重叠之处，也有不同之处。基于搜集的语料，小说中人物命名的方式可以分为如下几种：

1. 典籍取意

小说内外，在给新生婴儿命名的时候，从传统的经史子集里寻找贴切的汉字是常用的一种方法。现代社会，家长也常会从字典里给子女寻找命名的依据。在小说里，人物的命名要为整体的小说文本服务，因此，作者的意图是最为关键的。

《围城》里的方遯翁是个取名爱好者，方家儿孙两代的名字，都出自他手。如方家三兄弟鸿渐、鹏图和凤仪，虽然没有作专门解释，但是根据父亲为儿子取名的小说语境推断。这三个名字都附带了命名者的美好寓意，这在字面上也是不言自明的。然而，在作者意图的语境下就变成其他的含义。

例如，小说主人翁方鸿渐的名字，《易·渐·九三爻辞》就有“鸿渐于干，鸿渐于磐，鸿渐于陆，鸿渐于木，鸿渐于陵，鸿渐于阿（又作陆，逵）”的卦文。鸿指鸿雁，渐是渐进之意。卦中的这只鸿雁由海上飞来，先后栖息于滩头、岩石、陆地、树木、山陵、山头，以次而进，渐至高位。由此成典，“鸿渐”成一专词，本义即鸿雁渐进于高位，引申义则含进取之义，特别是喻仕进，即进身为官或仕宦升迁。连唐代茶圣陆羽也曾用“鸿渐”作为自己的字，方遯翁给自己的儿子取这样一个名字，当然是再合理不过了。

但是，钱钟书小说中的这个鸿渐，从海外回国，因为求职的原因，辗转于上海和湖南之间，却始终也没有安身立命之感或进身为官的迹象。从某种程度上说，鸿渐这一人物的成功塑造，其名打破了“鸿渐”这一词的常规寓意。据钱钟书在《管锥编》中解释“鸿渐”之意为：“一只鸟飞来飞去没个着落”。

另外，还有方遯翁的俩孙子，一个叫阿丑，一个叫阿凶，都是字面意思不是很好，却也都自有一番解释。前者因为样貌确实丑陋，而遯翁查出古代名人多名贱而位高，符合民俗中贱名驱邪的命名习惯，又从侧面衬托出方遯翁好从典籍中取名的性格特征。阿凶则是有感于“兵凶战危”，而且根据《墨子·非攻篇》给他取学名为“非攻”。一方面应了民俗里“即时、即景”的习惯，另一方面阿凶在小说中里偶尔出现，不仅提醒了读者小说发生的时代背景，也推动了后面情节的发展。

其实方遯翁自己的名字，料想也是跟《周易》有关系的。第三十三卦即是“天下有山遯，君子以远小人，不恶而严”。遯翁的遯字很可能取自此意。

除了方家爷孙三代五人的名字，《围城》中其他人的名字可以说也是无一字无来历的。方鸿渐的妻子孙柔嘉，在诸多典籍中也有出现。最早出现“柔嘉”二字的文本《诗经》：“质尔人民，谨尔侯度，用戒不虞。慎尔出话，敬尔威仪，无不柔嘉。白圭之玷，尚可磨也；斯言之玷，不可为也！”“仲山甫之德，柔嘉维则。令仪令色。小心翼翼。古训是式。威仪是力。天子是若，明命使赋。”柔嘉本意是指柔和善美，

符合父母为女儿取名之意。而原文的文本多为驭人之术，也说明了柔嘉颇有心计的性格特征。

其他作家尽管没在小说中点破名字的含义，但是在读完作品的时候，小说中人物名字的意义也有了一定的解释。尽管小说人物名称繁多，但是结合小说所起到的功能只有那么多，利用汉字的相关特点更是离不开“形、音、义”这三个方面。

其中郭敬明的人物名字带有科幻性，而且紧扣情节和意境，虽表现为人物名称，却有推动情节、诗化意境的多种功能。有些名字在阅读中，很容易让人想起曹雪芹的“原应叹息”命名法，细琢“城”中其他类名字，同样显示了作者匠心独运地利用汉字特点陌化寻常（诗化意境）、关照情节和暗藏寓意的深厚功底。

2. 谐音释义

《围城》中人物“李梅亭”在解释自己的英文姓是Lea而不是Lee时说：“中国人姓名每字有本身的意义，把字母拼音出来，毫无道理，外国人看了，不容易记得。好比外国名字译成中文，‘乔治’没有‘佐治’好记，‘芝加哥’没有‘诗家谷’好记；就因为一个专切音，一个切音而有意义。”[1]作家笔下人物尚且如此坦白地说了，可见作者在给小说中每个人物取名字的时候对汉字的选择都是非常讲究的，而且常常兼顾汉字多方面的特点。

曹雪芹的“原应叹息”式命名之说，是通过谐音串联小说中几个人物的名字，对其命运进行暗示和评价。这一功能利用汉字谐音字多的办法，把真实用意的字藏起来，用较为常规（而且一般与原义相近或相反）的谐音汉字代替，待到故事落幕，秘密被揭穿，则往往有令人醍醐灌顶的畅快之感。例如，“原应叹息”四个字从感情色彩上讲或稀松平常或悲凉凄惨，而曹雪芹用在小说里的“元、迎、探、惜”，则字字或褒义正统或喜庆传神，与“春”字分别结合更是带有一番典雅庄重和俏皮知性的感觉。然而看过小说之后，这些名字有如燃尽的煤炭，从猩红

[1] 钱钟书：《钱钟书选集·小说诗歌卷》，南海出版社2001年版，第230页。

的繁华转入了灰白的苍凉，这种反差极大的对比，也是好的小说常常带给人的一种享受。

汉字里同音异形和谐音反义的字如此之多，所以作家创作中只要有此匠心，“原应叹息”式功能的实现是比较容易的。郭氏的小说里也有这样的例子。例如，《幻城》中的王叫“卡索”，其实是英文单词“castle”的谐音，一个魔幻王国的王。以“城堡”的英文为名，其实就是暗示了他的命运：一生为保卫城堡的职责所限[1]，不能与最爱但血统不正的人结婚，最爱的弟弟也卫城之义被他亲手杀死，长命却只能在孤独里等待亲人们的转世轮回，到最后才发现自己不过是城堡中的一个玩偶。

不过，正因为汉字的谐音或同音字非常之多，读者也许并不能理解作者的良苦用心。那么在命名中，即使抛开谐音释义这一层面的赏析，作者采用的几个汉字组合而成的名字，仍然是非常具有艺术欣赏性的。

3. 关联对应

小说的人物与人物之间，小说人物与现实人物之间往往会有一些关联。这种关联，可以通过汉字之间形、音、义的对应关系将作家的表达意图传递给读者。除却揭示这一关联性，有时还有特定的其他含义和特殊效果。

（1）与小说中人物相关

小说在给相关联的人物命名时，往往会运用对仗或拆整为零的办法，让读者仅从字面就可以看出这两人之间的联系。这就有如电影里母女常用一个演员来演两代人，在视觉上告诉你，这人是谁的后代，其身世背景，过去将来就都有了影子，有时候甚至演员不自知而观众却已经一目了然。

在《幻城》中，卡索一生中最在乎的人有三个，弟弟和两个女子，

[1] 小说中“我”多次表达为护城职责所累的感慨，如《幻城》沈阳春风文艺出版社2003年版的第142页“有时候我都在想这样的生活也许才是真正快乐的生活，而不是像我一样，是一个被无穷枷锁禁锢的一个王，灵力绝顶，却永远孤寂”。

分别是自己最爱的和最爱自己的人。他们都有来生，也就是说，这三个人都有今生和来生的两个名字。他们今生来世的名字也通过对仗存在着一定的关联。

卡索的弟弟今生叫做“樱空释”，在文本中经作者解释为“幻影”，来生名为“罹天烬”；今生为冰族王子，来生却是火族的传人。不过，无论是冰樱“空释”还是火罹“天烬”，都是殊途同归。卡索的弟弟只是莲姬用几根羽毛和樱花幻化出来的，任凭其再绚烂再暴烈，也都逃不过凄凉虚幻的一死。

而今生的梨落与来生的剪瞳；今生的岚裳与来生的离镜也是如此。有趣的是，来生的“剪瞳”和“离镜”被误做了彼此，她俩的名字也略呈对仗格式，都是动宾组合。“瞳”和“镜”，虽然在字形上并没暗示彼此的联系，但是它们从意义上讲同属于跟视觉相关的事物。而看过《幻城》的人都知道“眼见为实”在这里并不奏效，两位轮回转世的女子都分别生着对方上辈子的面孔，被卡索张冠李戴，所以尽管卡索此时已经有了自主权，俩女子仍然在某种程度上延续了上辈子的命运，使得她俩的转世仍然有了一种命定的意味。由此一来，原本不可能出现的动宾现象用在这名字里，也有了一种特殊的寓意。“剪”和“离”其实也都是对后面宾语的一种否定，也许是要通过名字来告诉卡索，不要相信你所看见的事物。

莫言的《食草家族》中，在第五梦《二姑随后就到》里，有一家兄弟四个，分别叫德高、德重、德健、德强，还有一对回来复仇的兄弟分别叫天和地。就是采用了相似或相对的命名办法，将有关联的人用名字拴在一起。

张爱玲的《心经》里，有一家余氏姐妹三个，分别叫余波兰、余芬兰和余米兰，都是著名的地名，又都因“兰”字而略显女性气质。有一男生与其中一位传有绯闻，被其他人戏谑为“爱尔兰”。张氏其他小说里也常有兄弟姐妹出现，常有一两字相同。例如，《十八春》里的顾曼璐和顾曼桢是一对姐妹，方一鹏和方一鸣是一对兄弟。《多少恨》中夏宗麟和夏宗豫也是一对兄弟。再如《围城》里的曹元朗和曹元真。

（2）与现实中人物相关

鲁迅的小说里，经常有暗指现实人物的名字。例如，《药》里的“夏瑜”对应的是辛亥革命烈士“秋瑾”。其中，“夏”与“秋”相对，“瑜”与“瑾”都表示的是美玉。这类关联对仗可称为同类对应。

《高老夫子》里的“高尔础”原名“高干亭”，原本是个文痞流氓，却因仰慕俄国文豪高尔基之为人，改字为“尔础”。这里的对应与上面其实类似，不同的是感情色彩。前者表达的是作者对烈士的纪念，而后者则是作者的一种反讽。

另外，除了对仗，还有谐音，也是与现实人物关联的一种方式。汉字之间相互谐音、意义对称或者同属于某类，都是彼此之间的联系。汉字强大的能指放大能力，不仅在于历史沿途经由历史典籍的濡染而造成的意义累积，还有彼此之间的相互联系所产生的意义备选群。这种纵横捭阖的意义生产能力，是印欧语“言本位”的言文关系里的文字所不能企及的。

4. 诗意联想

还有的名字，尤其是描写虚幻世界的小说里，与人物的命运并无特别的关系，但是由不常见的字组合在一起，或在名字里把不常见的意象通过文字来拼接，也有一种特别的陌生感。这样的例子在《幻城》中比较多见。例如“蝶澈、迟墨、潮涯、片风”等，令众多的“幻城粉丝”迷恋不已，甚至有意去模仿这种风格。网上有人专门请教其他网友，帮自己的小说取一些有点像《幻城》风格的名字。

作者的本意在这里已经并不重要，重要的是通过名字里的汉字，传递给读者的联想线索，在读者印象中营造出一种脱俗空灵的景象。就像“梨落”通过字义简单地解释为“梨花飘落”。如果是从日常的取名方式来说，也可解释为她出生的时候正好是梨花飘落的季节，因此叫梨落，可以算是民俗九式中“即景”这一命名方法。另外，通过“梨落”的谐音“篱落”又可以联想到“疏疏篱落涓涓月，寂寂轩窗淡淡风”这样的清雅诗句。单从声音联想开去，这位卡索王子深爱的女子，就宛如从这些富有诗意的画中走出来的一样。联系到她的命运，出场时是漫天飞雪，死去也如落花般的凄凉。能指意义根据所指行为的无限扩大，证明了这种能指符号，即汉字对信息的包容量之大。也正是这种包容性，使得《幻城》里的每一个人物的名字都有一种特殊的引力。读者一方面为文字营造出的意境以及人物的性格所吸引，另一方面又受惯性的影响要试图找出人物命名的理据性。于是每一个名字在小说结束后，都有许多相应的诗化的解释出现在网上。例如：

卡索：卡住的爱，索住的感情再怎么支持也是惘然。

蝶澈：如溪清澈的瞳仁中有对花开的眷恋，站在蝴蝶纷飞的街头，等上一万年。

迟墨：迟来的爱，宛如墨色，宛如梦魇，挥之不去。

星轨：黑夜的星星沿着他们的轨迹，转动，但我仿佛看见了它的尽头。

星旧：星星依旧有着无法改变的历史，在爱的尽头，变了不应变的画面。

月神：月亮上载满了我对你的思念，你可曾知道，你是我眼里的神。

渊祭：深渊的灵魂，只能听见隐莲绽放的声音，就让所有被操纵的命运来祭奠我的寂寞。

倾刃：倾国的笑，不免有些陌生，眉间的刀刃，是否锋利依旧。

片风：一片片樱花落在地上，微风轻轻吹起，吹起了我所有思念。

梨落：梨花散落，如同生命消逝时一般凄凉。

其中，这位网友对“卡索”的解释正好说明了汉字对语言的遮蔽性。即“卡索”本来是记音castle的[1]，却因为以“卡索”的文字形态呈现，而被理解为“卡住的爱，‘索’住的感情”，文字代替语言出场，令读者忽视了“言”的有声性，而专从字义上寻找“卡索”之所以为“卡索”而不是“绳索”的理据。

[1] 小说作者在开篇就借卡索之口说“我的名字在幻术法典上的意思是黑色之城”，可见原义跟“城堡”相关。

而从小说文本来看，这种解释仍有一种意象性在里面，即一部分像，则是象形，一部分不像，则属于意会部分。这种解读也正体现了"文本位"语言对应的意象性思维在阅读中的作用——不求完全精确，但求略似神合即可。

小说作者在为人物命名时，除了考虑所塑造的人物的性别、时代地域背景、命运轨迹以及作者的憎恶外，还会力求与文本的语言风格对应，尽量选用与语言风格一致的字或组合。《幻城》里所有的名字都跟它的故事一样，大气恢宏又充满神秘感。

名字	人物身份及命运简介	名字	人物命运简介
1. 樱空释	意为幻影，卡索弟，由樱花羽毛幻化成	2. 罹天烬	火族的王子，前生为樱空释，死前失忆
3. 卡索	意为"黑色之城"，幻城的王子、国王	4. 泫榻	皇宫里一个德高望重的巫师，被释杀了
5. 梨落	卡索的初恋，因血统不纯而无法入宫	6. 剪瞳	深海的人鱼，前生为梨落，但被当做岚裳
7. 岚裳	王室认可的又深爱着卡索的深海人鱼	8. 离镜	岚裳的来生，没有纯正血统，被当做梨落
9. 莲姬	释的母后，国王的侧室，实为幻雪神山人	10. 渊祭	莲姬在幻雪神山中的名字，法力无边
11. 笈筌	小女孩巫师，在保护卡索和释时死去	12. 克托	保护卡索和使出城时最后死去的巫师
13. 片风	风族精灵，善风系召唤术，卡索护卫之一	14. 月神	冰族，摒弃白魔法专攻黑魔法，善暗杀
15. 皇柝	巫医族的王，从小摒弃黑魔法，善疗伤	16. 潮涯	巫乐族的王，继承上古神器无音琴
17. 辽溅	冰族剑士，东方护法辽雀之子，善进攻	18. 封天	幻雪神山大祭司，其实是卡索的婆婆
19. 星旧	星宿族魔法师，星轨的哥哥，也是占星师	20. 星轨	体弱多病但是法力无边，但为莲姬利用
21. 倾刃	幻雪神山里的东方护法，住灭天白虎神殿	22. 傺棣	潮涯她娘，叹息墙上的乐师画像之一

名字	人物身份及命运简介	名字	人物命运简介
23. 蝶澈	幻雪神山里的南方护法，住破天朱雀神殿 叹息墙的守护神，因心底痛深而琴声奇绝	24. 迟墨	蝶澈的哥哥，因其母为火族女子，后被处以酷刑处死，蝶澈不忍，给了他一个痛快
25. 星昼	幻雪神山里的北方护法，住纵天玄武神殿	26. 熵裂	西方护法神界里的“太子”，被星轨利用
27. 凤凰	西方护法神界里第二厉害的杀手之	28. 乌鸦	西方护法神界里最强的杀手，伪装成小孩
29. 伢照	太子手下的一个年轻人，善用冰剑	30. 潼燮	太子手下的一个老人，地位最低
31. 铱棹	太子手下的一个妇人，后被凤凰暗杀	32. 鱼破	太子手下一个肌肉发达的人，善用三棘剑
33. 针	太子手下一个用毒的妇人，被凤凰杀死	34. 花效	实为凤凰，分饰弹琴女子、店小二、医生

以上所有名字，除了14、27、28、33是日常语言中相对熟悉的字词或组合，其他30个名字都在字形或组合搭配上给人以距离感。

在被问及作品中人物的名字有何寓意时，郭敬明曾说：“有些有，有些没有。其实只要那些文字可以给人视觉上的美感就可以了，并没有太多的注意。只是樱空释和罹天烬这两个名字想了很久。至于是什么意思，那就要由看书的人自己想了。”[1] 而在被问到是否希望出漫画版的《幻城》时，他说：“这要看具体的情况。如果画风不适合。最好不要，因为文字给人的想象力可以超越任何的画面。一百个人心中就有一百个樱空释，其实在书里加插图我都不是很放心。怕破坏想象的空间。”[2]

（1）字形联想

字形上的陌生感主要体现在偏旁部首上。例如：

“笈筌”，都是“竹字头”，让人联想到竹子；

“潮涯”，都是“三点水”的偏旁，给人以用水的幻觉，而事实上

[1] 郭敬明：《幻城》，春风文艺出版社2003年版，第247页。

[2] 郭敬明：《幻城》，春风文艺出版社2003年版，第248页。

她是个乐师。

再如名字中的生僻字：

“傺楝”，分别表示“逗留”和一种亚洲落叶乔木的学名；

“铱棹”的“铱”则是一个化学名词，用来表示银白色硬脆很重的铂族金属元素；

“熵裂”的“熵”则是一个物理名词，表示热能除以温度所得的商，标志热量转化为功的程度。引申用法有“生物体的存在必须依靠负熵来维持，否则熵达到一定程度其结果一定是混乱乃至毁灭，就好像宇宙里面的恒星一定会发光发热到某一天然后爆炸”。

这些字形陌生的字，或者在日常生活中不多见的词语，都给人一种“超凡脱俗”之感。

（2）字音联想

字音方面，“莲姬“的“姬”和“渊祭”的“祭”谐音，而事实上她们也是同一个人。

“傺楝”，音“赤恋”，谐音“痴恋”，虽然描写不多，但是从她的女儿潮涯的回忆中可以知道，身为顶级的御用乐师，却没有坚持去做一个被禁锢的神，而是在阳光明媚、草长莺飞的凡世间微笑着死在丈夫的身边。

“铱棹”，音“依照”，与太子的另一名“伢照”在字形上对应，可以算做同一类人。谐音“衣着”，容易让人联想起她刚出场时作者对她的描述，也是仅有的一次描述“右边是个绝美的妇人，衣着考究且表情高傲”。[1]

（3）意象联想

除字形字音方面的陌生感，还有字与字之间的搭配。例如，前面提到的“离镜”、“剪瞳”，每个字拆开来看都是寻常的动作或事物，但是组合在一起，却能构成一种奇幻的意象，彼此似乎有一种动宾关系，但绝不是寻常的景象，而是只能借助字义进行想象的情形。类似的动宾关

[1] 郭敬明：《幻城》，春风文艺出版社2003年版，第100～101页。

系组合名称还有：

“封天”，可以解释为幻术神力极大，可以封闭整个幻雪帝国的天幕；

“倾刃”，倾斜刀刃，时刻准备出击。从名字里，就可以看出一股杀气；

“傺楝”，除了谐音“痴恋”的解释，就两个字的本义组合，也可以是“逗留于苦楝树上”，后者是凡世常见的树木，亦可指代凡世的生活。

另外，还有一些常见但不常用在名字里的动词，与不太相关的名词或形容词组合在一起，意会起来也有一种别样的张力。例如：梨落、克托、辽溅、熵裂、伢照、鱼破，除了梨落和鱼破容易扩展联想到“梨花飘落”和“鱼死网破”，另外四个的组合所传递的，是一种难以解释的神秘感，但名字里的字，尤其是几个动词，却似乎与名字的主人又有些关系。例如，“托”——父皇在战争期间将卡索和樱空释“托付”给克托，保护他们暂离帝国去凡世避乱；“溅”——本是指水受到冲击向四处飞射，用在这里，既谐音“剑士”的“剑”，又表明了他善于进攻的动态感；“裂”——无论是在日常语境还是科学语境，这一动词都是具有破坏性的，前者如“破裂”，后者如“裂变”，跟“熵”组合，都传递出一种力量强大但随时可能自我毁灭的意味；“照”在“伢”后，如果彼此有联系，要么是偏正，要么是主谓，但是无论哪一种都解释无法捏合两者，但觉得“伢”字与名字主人的年轻英俊有关，在《幻城》中，小孩子一律都是美得无与伦比的。

5. 字形释义

形声字往往义取其意符，音则取自声符，而声符往往也是有单独字义的汉字。在命名的时候，既可以取其整体意，又可以将意符声符拆开来解释。这在郭敬明的《幻城》中也很常见，尤其是给事物的命名中。例如：

“霰雪鸟”在小说里，它的鸣叫可以令冰雪融化。“霰”字，有两个读音，念“散”时跟炮弹有关，音“献”时指雪子，高空水蒸气遇空气凝结成的小冰粒。两者似乎都跟这神鸟的功能没关系，而且读音也不确定。但是“霰”字的字形，可以结合意符和声符解释为冰雪消散。这样一来，即使念不出这只鸟的名字，它的特点也和它的名字对应起来了。

再如，“潋水咒”指用水将人隐藏起来的一种咒语。“潋”在这里意义更像是“用水收敛”，而非形容水波流动的本意（如潋滟）。而“炼泅石”是用来捆绑囚禁卡索前生（一个触犯了禁忌的巫师）的地方，“泅”原本只是指游泳，借“囚”音来记口语里的发音，用在这里，却触目惊心地让读者看到“囚犯”被锁在水边的石头上，配上火字旁的“炼”字，更令读者对被囚禁者有了一种感同深受的同情。

二、小说人物命名的汉字可能性

以上小说人物命名的方式种种，从作者的角度出发，可以归为以下四种：（1）标识功能：标识人物的性别、身份、与他人的关系等；（2）提示功能：提示作者的创作意图、情感倾向，人物命运的发展走向、最终结局等；（3）照应功能：照应小说人物的相貌、性格、特长、时代及地域背景等方面的特点，甚至是关照整个文本的语言风格；（4）留白功能：留下一定的空白给读者来诠释，让名字的意义因人物形迹的变化或读者理解的不同而呈现一种动态的意义，很多伟大的作品因此而常读常新。

用“是什么、为什么、怎么样”基本三问来认识这个问题，就是小说命名可以帮助作者交代这人是谁？为什么要塑造此人？此人在作者笔下和读者眼里是怎样的一个人？当然，具体而言还是要结合文本进行解释。但是在定姓命名之时，以上的几个问题皆是塑造此人物必需的提纲。

要实现这三方面的功能，需要命名的基础材料既具有多功能的标识性，又具有灵活拆合的可能。而每个汉字的自身的发音、部首、丰富的语义以及彼此之间若有若无的联系，恰好可以满足这些要求。

张志公说过：“汉字是语素音节文字，汉语构词非常灵活，词语非常丰富。”由这句话的提示，汉字在小说人物命名方面表现出的基础特性有以下几个方面：

1. 字形的视觉提示

汉字的“可视”性，体现在有些名字即使不知道它的读音，也能根

据汉字的意符猜出大致的意思或者类属。在这一过程中，汉字的偏旁部首具有极强的视觉提示性。例如，在郭敬明的小说中，有好几个人的名字（如笈筌、傺棟、铱棹等），尽管汉字的意符、声符都是常见的，但读者在初识这些字时并不确定其读音或意思，而凭偏旁部首，可以看出第一个跟竹子有关，第二个跟人和植物有关，第三个“铁衣木卓”也是跟金属或者植物相关。这样一来，这些幻城里的神仙们跟一些常见的元素联系在了一起，既熟悉，又陌生。一如他们的性格，既有人性的温情，又有凡间不常见的超能力。这大概就是郭敬明说“给人以视觉上的美感”的原因。

中国第一部系统分析字形和考究字源的字书《说文解字》，是按照文字的形体及偏旁构造把汉字分列为五百四十部的。古人对汉语书写文字的认识，主要是根据汉字可视之形，而非汉字对应之音来展开。现代文学作品中仍然不乏通过字形偏旁而非读音来实现作者意图的例子。

（1）形符补缺

汉字有大量的同音异形字。同一读音，或者同一声符，在形符发生变化的时候，汉字对应的意义所属的范畴都会发生变化。在民俗命名九式中，有一种命名方式是“补缺”。如果五行缺一，则在这一类属的汉字中挑选其一作为弥补。这一命名习惯不仅说明了汉字意符的可视性，还继承和保留了中国古人对于世界的一种认知方式。五行说，在公元前4世纪至3世纪就有真正可靠的记载，是阴阳家用来解释世界结构的一种方式，与“天文、历谱、蓍龟、杂占和刑法”并列为六大术数。五行“其法亦起五德始终，推其极则无不至”，甚至朝代的更替顺序，也是和五行的自然顺序保持一致的。[1]

鲁迅的小说《故乡》中，闰土的命名就是“闰月生的，五行缺土，所以他的父亲才叫他闰土”。尽管这一命名方式在现实生活中也很常见，但是闰土一名在小说中传递的信息，除了其出生时间和五行情况，还间接地表明了闰土的成长环境、观念等信息，而这些也是与闰土的转

[1] 冯友兰:《中国哲学简史》，北京大学出版社1996年版，第113～123页。

变有很大关系的。

（2）拆字释名

还有的命名通过汉字的拆分添合来表达对所塑造人物的观点。拆字这种方法原是一种游戏，是利用汉字构成的特点，增减笔划、分拆偏旁，使汉字变化成别的汉字，后为迷信、谜语等利用，效果神奇。例如，王熙凤的判词中“凡鸟偏从末世来”，而薛蟠的薛则课由“孽”字拆为“薛”和“子”得来。《幻城》中的“霰雪鸟”、“潋水咒”和“炼泅石”，虽然不是人名，但它们命名的理据也可以通过汉字的拆分来认识。

2. 字音的联想解释

统计表明，汉语共有基本音节（不含声调的音节）415个。这415个基本音节共拥有8684个汉字（多音字重复统计），平均每个基本音节拥有汉字20.9个。即使考虑音调，则标准音节（带声调的音节）有1309个，平均每个音节6.58个汉字，有些常用的带声调音节甚至对应50个以上的汉字。[1]

同音字如此之多，给作家在小说中的人物命名提供了两种审美的可能：一是在确定读音的时候可以选择表意最确切的那个字。最典型地表现在名字的音译上。钱钟书在《围城》中借李梅亭的英文名片，已经道出了中国人命名的偏好。“佐治”和“诗家谷”即是在确定读音的情况下，挑选出的更适合中国人记忆习惯的几个汉字的组合；另一可能是通过同音字或谐音字来提供语音联想意义群。例如，在诗意联想类的名字中，很多无从解释的名字可以从声音方面得到帮助，进而加固读者自己眼中的“哈姆雷特”。

3. 字义的纵横扩张

汉字在发展过程中，虽然字形字音上发生了此扬彼弃的变化，但是其意义却呈现出一种时间上的累积。经过用字阶段的假借和引申，每个汉字不仅对应的意义丰富，词性也是灵活多变。

[1] 引自谭书旺的博客（邮箱地址：swtan@qingdaonews.com）。

中国人取名除了讲究每个字有意义，还喜欢尽可能地有来历。汉字字义在时间上的纵向扩张，使得汉字的语义丰富多变。《围城》中多个人物的名字取自典籍，既标识了几个主要家庭读书人的背景，又通过典籍引申义表明了作者的态度，照应了文本内容。

横向来看，除了谐音字、形近字之间的相互指涉，意义上的类似或者对立也可以看做一种潜在的意义群。由下图可以看出，文学创作中，利用汉字的音形的特点，每个汉字可能具有的语义圈。

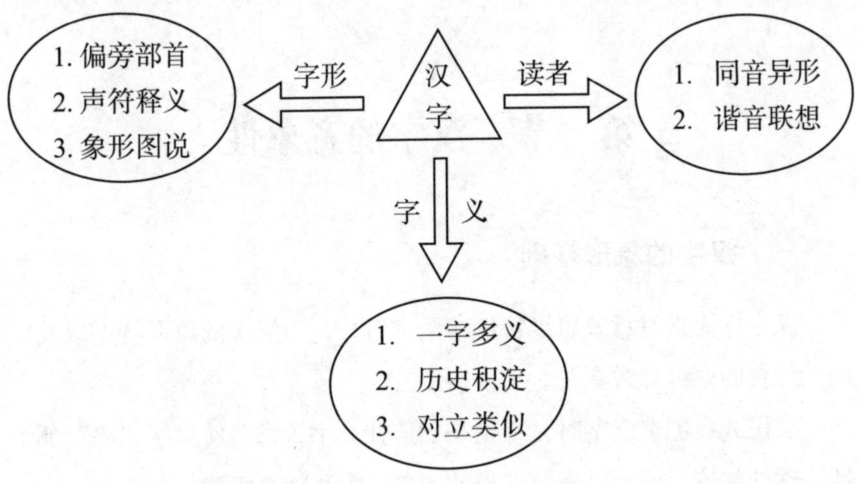

第七章　汉字的意象陈述功能

第一节　汉字的意象性

一、汉字的象形基础

汉字作为富有意象思维特性的语言符号，与汉字的象形特点以及中国人传统的思维方式有关。

汉民族在创造汉字时，不论是创造什么字，都要使文字“象”那个所表达的物体，或者以事物本身的“象”为基础来表达。

象形字是纯粹以事物的“象”来构成汉字的。如“鹿”就是一只从侧面看站立着的鹿；“羊”字则是夸张了的一只羊角；“凤”也是一只从侧面看站立着的凤，等等。

会意字也是借助于已成之字的“象”重新组合而成的。“祭”是表示用手拿着肉放到祭桌上的意思；“伐”字是表示人用手持戈攻击的意思。

指事字如“亦”字是一个人伸开双臂，用两点表明腋窝所在；“母”是先画一个女人，夸张地指出乳房的位置。

即使是一些实在无“象”表示的抽象概念的字，先人也本着“近取诸身，远取诸物”的原则来造字。如“天”字，在甲骨文和金文中都是像人的巅顶而把头画得大一些。

汉字产生的原因之一在于对祖先的崇拜，这在早期的族徽记号和图腾崇拜上便有体现。这些记号族徽和图腾就是“象”。沟通祖先的途径是占卜，占卜的过程就是对卜象的解读，也就是说通过“象”来完成。汉字的创生是通过对“象”的体验完成的[1]。对于这一点，早在汉代的许慎就已明白地阐述过。许慎说：“古者庖牺氏之王天下也，仰则观象于人，俯则观德于地，视鸟兽之文与地之宜，近取诸身，远取诸物，于是始作《易》八卦，以垂宪象。”（《说文解字序》）

象形造字法是最古老、最原始的造字方法。不少字如“笑”、“哭”、“飞”、“鸟”、“上”、“下”、“刀”、“木”、“鱼”、“虎”等，仍保存原初的那种象形和象事，栩栩如生。许慎《说文解字》说：“象形者，画成其物，随体诘诎，日、月是也。”意思是说：象形就是画出一个实物的形体，笔画随着物体的形状曲折变化，日、月二字即由此造出来的象形字。中国文学尤其是中国诗歌注重视觉性，除审美方式的原因外，与象形的中国文字也是密不可分的。如杜牧诗“越嶂远兮丁字水”，陆游诗“屋角成金字”，刘禹锡诗“之字上危峰”等等，其中的“丁”、“金”、“之”字既可看做比喻，又可看做对诗人眼中世界图景的直接显示。又如杜甫《日暮》中的“牛羊下来久，各已闭柴门。风月自清夜，江山非故园。”四句诗中，就有5个象形字。“牛”、“羊”二字虽然只是原物的局部，但毕竟是它们最有特征的部分，故而这里既有牛的形象，也有羊的形象；“门”像带门框的双扇门；“月”有月亮的样子；“山”有山的形状。

汉字构成的形声、指事、会意等，也含有这种意象法则。例如，“江”、“河”、“湖”、“海”，都与水字符有关，也与水的实体有关。一读到这些字，就好像见到水的波纹一样。汉字系统中的形声字，约占80%以上。这类字的形旁往往标志着该字符所表示的事物、事情的类别和境况，人们往往可以“睹形见义”。看到这类字，能很快引起观者对其所表之意产生形象生动的联想。汉语诗歌中也常常巧妙地运用形声字而创造诗歌画意，给人强烈的视觉效果。诚如鲁迅先生所言，“其在文章，则写山曰峻峥嵘峨，状水曰汪洋澎湃，蔽芾葱茏，恍逢丰木，鳟鲂

[1] 王功龙：《汉民族意象思维与汉字的创生》，《辽宁师范大学学报》1997年第3期。

鳗鲤，如见多鱼”[1]。

会意是在象形、指事的基础上发明的造字方法，即合并几个意义上有关联的象形字或指事字，显示出新的意义。这类字往往能引发形象的联想，进而给人领悟字意的快意。如“武”字的意思是会合“止”、“戈”两个字得出来的；“止”是“趾”的本字，即“脚”，表示行走的意思；“戈”是古代的武器，两字会合表示手持武器前去战斗。再如，“木”表示一棵树木在平野之上；“林”，双木为林，表示两棵树木在平野之上；“森”，三木为森，表示林林总总，树木很多，那就是森林了。本来不识字者一看便可领悟其意。

指事字同样具有形象性，是用一定的符号表示无形可象或较为抽象的事物，故有人称之为“象事”。屈原的“路漫漫其修远兮，吾将上下而求索”。“上”、“下”两个指事字的运用，将毕生追求真理、命运多舛、九死不悔的抒情形象具体生动地刻画了出来。

汉字不像表音文字那样只表示语音，汉字更趋向于表达一种意象，具有象征意义。索绪尔不接受语言符号有象征意义这个观点。他认为：像arbor这个符号，只代表“树”的概念，是没有任何象征意义的[2]。对于汉字，索绪尔的理论实际上是不可能适应的。汉字作为一种符号体系很独特，它是表达二重作用的语言符号。它不但记录了汉语，而且还是一种“程序化了的、简明化了的图画系统”[3]。

古文字学家唐兰在《中国文字学》中曾指出：“文字本于图画，最初的文字是可以读出来的图画，但图画却不一定能读。后来，文字跟图画渐渐分歧，差别逐渐显著，文字不再是图画的，而是书写的。书写的技术，不需要逼真的描绘，只要把特点写出来，大致不错，使人能够认识就够了。”汉字起源于图画，以图画文字为起点的初期汉字，形象地再现了语言所指称的事物的体态与特征，表达了事物的联系与关系。在反映造字规律的六书中，我们可以看出，以象形或取象为主，当然也有

[1] 鲁迅：《汉文学史纲要》，人民文学出版社1973年版，第3页。
[2] 索绪尔：《普通语言学教程》，商务印书馆1980年版，第102页。
[3] 帕默尔：《语言学概论》，商务印书馆1983年版，第99页。

象声，都是对客观自然现象的模仿。指事也以形象——符号显示自然关系，模拟自然关系。会意则是对事物复杂关系的显示，不是单纯的象形，这基本上决定了中国文字的形象性。转注、假借是语义的延伸，语义的延伸也代表了形象的延伸[1]。

宗白华在《中国书法艺术的性质》中说："中国的字是象形的。有象形的基础，这一点就有艺术性。原来是象形的，后来中国文字渐渐地越来越抽象。……但是，骨子里头，还保留这种精神。"[2]诗人闻一多在《诗的格律》中，深有感触地说："因为我们的文字是象形的，我们中国人鉴赏文艺的时候，至少有一半的印象是要靠眼睛来传达的。原来文学本是占空间的一种艺术。既然占了空间，却又不能在视觉上引起一种具体的印象——这是欧洲文字的一个缺憾。我们的文字有引起这种印象的可能，如果我们不去利用它那真是太可惜了。"[3]

二、汉字的传统思维方式

汉字反映的是创造主体的自我实现，是创造主体直接以审美意向将自己的心智天然和谐地注入自然、人生之图像中的产物。它体现了创造主体对世界的体验和再创造，具有一种"主体思维性"。因此，汉字世界既反映天地万物，又充满了汉字创造者的情感和智慧，是汉民族认识、看待世界的一种图式。

汉字创造中的这种主体思维特性，也使汉字的结构中凝聚着汉族先人对于自然和社会的认识，因而我们可以通过对古义字字形的分析来研究上古时代的文化。例如，天上雨后的彩虹，给人以绚丽奇异的美感，古人也曾把它视为彩链或拱桥。但为什么汉民族造字时把它写成"虫"字旁呢？考证一下字形，再联系其他的古文献记载就可以大致了解了。"虹"的名称源于"杠"，也就是得名于拱桥。凡从"工"声的字，大都具有横而长的意思。《说文》："杠，床前横木也，从木，工

[1] 成中英：《中国思维偏向》，中国社会科学出版社1991年版，第191～192页。
[2] 宗白华：《宗白华全集》，安徽教育出版社1994年版，第611页。
[3] 闻一多：《闻一多全集》(3)，三联书店1982年版，第415页。

声。”“扛，横木对举也，从手，工声。”《广雅·释器》：“树，桃，杠也。”王念孙《广雅·疏证》曰：“杠者横亘之名，石桥谓之杠，义与床杠相近也。”这些说明“虹”与“桥”、“杠”等均有横长义，即“声中寓义”，从声旁“工”得出“虹”字有横长义。为什么用“虫”旁呢？段玉裁《说文解字注》：“虫者，它（蛇的古字）也。虹似它，故字从虫。”所以，现在东北有的地区还称蛇为“长虫”。

汉字通过它的构形和体系多侧面地反映了先民对客观世界的认识。每一个汉字都是人与自然及社会关系的形象写照，也是先民观察、认知世界的生动表现。虽然历经数千年发展，汉字的形体结构已经在图形上有了很大的抽象和净化，但是它仍保持了客观事物的一些基本特征。汉字揭示了大自然中物的状态、物与物之间的关系、民族的生存生活状态。种种人与自然、人与人之间的复杂关系在汉字结构内都成为经过抽象的“象”，每个汉字都是一篇文、一首诗、一幅画[1]。汉字提供给人的恰好就是一种独特的视觉形象，它和德国艺术理论家阿恩海姆的“结构等同物”有更多的一致之处。汉字结构对对象特征的表现其实是对对象的一种简化，而意象保留事物的主要特征，也是“视觉对象被简化为一个有基本动力特征的结构”。

钱穆曾认为，《周易》“八卦”就是上古居民用来表述自然现象的“古代之文字”[2]。《周易》通过观物取象、假象喻意而“通神明”、“类万物”的思维方式，体现出的是一个“意象”的创造过程。以天、地、山、泽、雷、风、水、火所代表的乾、坤、震、巽、坎、离、艮、兑八卦及其象征意义，是人的自我主体意识的一种自觉选择。“立象”的过程实际上是意在象先的。面对宇宙天地中的万千自然物象，是意的自觉筛选使物象成为一个符合其标准的物象，并由它来承担所要传达的意义。故《周易》云：“圣人立象以尽意，设卦以尽情伪，系辞焉以尽其言。”[3]

---

[1] 郑敏：《语言观念必须更新》，《汉字文化》1997年第4期。

[2] 钱穆：《国学概论》，商务印书馆1997年版，第3页。

[3]《周易·系辞上传》

关于《周易》的意象形成过程及传达，王弼说得非常深刻透彻："夫象者，出意者也。言者，明象者也。尽意莫若象，尽象莫若言。言生于象，故可寻言以观象；象生于意，故可寻象以观意。意以象尽，象以言著。故言者所以明象，得象而忘言，象者所以存意，得意而忘象。尤蹄者所以在兔，得兔而忘蹄；筌者所以在鱼，得鱼而忘筌也。然则，言者，象之蹄也；象者，意之笠也。是故，存言者，非得象也；存象者，非得意也。象生于意而存象焉，则所存者乃非其象也；言生于象而存言焉，则所存者乃非其言也。然则，忘象者，乃得意者也；忘言者，乃得象也。得意在忘象，得象在忘言。故立象以尽意，而象可忘也；重画以尽情，而画可忘也。"（王弼《周易略例·明象》）《周易》中的意象性思维，暗示出一种更为深刻的文化心理活动。它展现出来的是一种感悟性的体会与象征性的表述而非逻辑论证方式的理论性分析。

第二节　汉字意象的诗性

一、汉字造字的诗性基础

汉字的象形不同于图画，它不是对事物进行写实性的描摹，而是人们观察事物、接触大自然的体会。"近取诸身，远取诸物"，汉字构形的再创造是对某类事物的概括与抽象，比图画更加简约、规范，而且具有一定的象征色彩。思维活动中的意象是人在认识客观世界过程中所形成的知觉形象。它是主观对客观的反映，其本源基础是客观外物，而结果则是如"格式塔"（gestalt）心理学所言，经知觉进行积极建构的"形"（或"象"）。[1]

汉字是一种展现于空间的形象实体。它以其特殊的视觉形象来指称事物、表达意念。汉字作为一种符号，具有意象性质。每一个汉字均

[1] 王作新：《汉字的表现方式与意象思维》，《华中师范大学学报》1999年第5期。

有意、象两极，每个汉字实际都存在一个意象结构。“意”是表达的意念，是“象”所蕴涵的意义；“象”是具体物象的表征，是“意”外现的符号概念。

“意象”的概念是从“易象”概念发展而来的。《易传》认为“象”是模拟“物”而产生的，不仅模拟物的外表，而且要体现物的内在本质、原理。所以说：“圣人有以见天下之赜，而拟诸形容象其物宜，是帮谓之象。”又说“是帮易者象也，象也者，像也”。

汉字在起源上可追溯到六七千年前，传说“昔者苍颉作书而天雨粟，鬼夜哭”[1]。张彦远也在《历代名画记·叙画之源流》中说：“颉有四目，仰观坐象。固俪乌龟之迹，遂定书字之形。造化不能藏其秘，故天雨粟；灵性不能遁其形，故鬼夜哭。”汉字产生之初就显现了与诗性相通的神话精神，更是人类感知神性的见证。“苍颉彻悟宇宙天地经纬之本，立极开泰，以横平竖直构成的深刻观念创建文字，致使每一个中国字都具有关照自然、与万象合一的性质。每个汉字是宇宙灵界的范畴图式概念。”[2]汉字因其非抽象性（包含有浓厚的感性直观素材）而更能表达诗的本质，且汉语不受狭隘的语法之框限等，让人对汉语具有通过可见传达不可见，从有形的到无形的东方哲思的特点惊叹不已。

汉字是象形文字，这就很自然地容易唤起视觉的直接参与，有利于促进形象思维的活跃。每个汉字就其造字的来源和演变而言，都能衍化为一幅画、一首诗。汉字的笔画和结构可以直接诉诸读者的感官，在给读者鲜明的形象刺激的同时，还可唤醒他们对事物自身的认识和感悟，激发他们的想象。在汉字的形体结构中，既有着丰富的感性体验，又容纳了坚实的理性精神。《周易》有言：“立象以尽意。”这从哲学的高度，精辟地概括出汉字创造过程中的美学原则。

汉字作为一种具象符号，它不是指谓世界，而是直接显示世界。汉字的创造方法，对于具体的、有形可象的事物，以具体的形态去展示。

---

[1] 赵宗乙：《二十二子详注全译》（上下），黑龙江人民出版社2003年版，第3页。

[2] 石虎：《论字思维》，《诗探索》1996年第2期。

如日、月、山、水等的概念正是以物本身的形象实体来展现，而对于那些抽象的概念，无形可象的事物，汉字主要通过自然之间、人与自然之间、人与人之间以及人与自身的复杂关系来加以表现。如“节”（箭）是个复杂而多义的概念，其本义是“竹约”即竹节的意思。这个字的形象特征有二：一是呈“缠绕、约束”之状；二是体现出“成段、分节”的视觉形象。由“缠绕、约束”之状出发，可引申出以下抽象义：节约、节俭（生活上）、礼节（待人接物上）、节度 （社会政治方面）、气节、贞节（道德方面）等。由“成段、分节”之形出发，可引申出以下抽象义：骨节（用于动物）、时节、节气、节时（用于时间）、节奏、节拍（用于音乐）、章节（用于文章）等。这众多的抽象义都可以用“节”字的视觉形象联系起来。

汉字的产生过程和构成法则，尤其是汉字的象形、指事、会意、形声等四种造字方法，使汉字具有极其丰富、直接、明显的意象性。它的每一个字及其所组成的词都可以直接或间接地唤起人们头脑中形形色色的意象，活跃地展开联想，进行形象思维，创造出审美意象，组成一个具有一定审美观念、审美理想、审美情趣的形象世界。汉字意象性的特点也使它具有很强的文学性。它“使得汉语语言艺术的文学性可以得到最充分的彰显，因为所谓文学性就是使语言文字结构成为美的艺术形态的那些内在规定性，即外观形象性、情感感染性、超越功利性，而文学性与语言文字的意象性密切相关。尤其是在当今信息化时代，语言文字信息的视像化转换就特别显现出汉字意象性的优越性，它最适合文学作为语言艺术的信息视像化”。[1]

正是汉字创造或构词法中深埋着的借物写心的比喻原则，直接孕育了中国古典诗词中的比喻意象和悠久的“比德”传统（例如“君子比德于玉”）。雷米·德·古蒙在其《文体问题》中指出：“直接的语言是诗。诗是直接的。因为它和意象打交道。不直接的语言是散文，因为它运用已经死了的成为修辞用法的意象。”汉语汉字是“直接的语言”，

[1] 张玉能：《汉字的意象性与文学性的视像化》，《文学与语言研究》2005年第9期。

是诗语。[1]

二、汉字语象成就"诗意"

汉字的诗性特征首先在于字象。当一个字映入眼眸，最先感知的就是字象。由线条的抽象框架形象所激发的字象思维，会去复合字所对应的物象。字象在音意幻化中与物象复合，便具有了意的绵延。这种字象的绵延具有非言说性，它决定了诗歌的诗意本质的不可言说性。汉字字形达到了一种超然的意义美感和建筑美感同享的境界。[2]

"象"是诗性存在的依据，失去了象也就失去了诗。诗歌中"意象"是个重要的概念。意象的产生是诗人内在之意与客观外在之象互相发现、互相拥抱而产生的新生命体。无论其内在之意怎样复杂变化，意象都最终表现为一个具体、鲜活、可感知的物象。几乎每一个汉字都有其产生时的原始依据，那就是实物。这让我们一接触它，就在脑海中呈现出一种物象。剧作家郭启宏曾经满含激情地写道："嶙峋、峥嵘、嵯峨、崔嵬，是山的丰神；澎湃、浩瀚、汹涌，是水的多姿；芳菲、葱茏、缤纷、氤氲、啁啾、朦胧、淅沥，是大自然蓬勃的生机！由婵娟、娉婷，而玲珑、伶俐，而绸缪、缱绻、缠绵，伟大的仓颉存心隐喻，女神原在人间，是我们的姐妹，是我们的母亲！倏忽间，汉字使人间变得如此美好！"[3]这也印证了语言学家胡以鲁的说法："形意之本体今虽不肖，而面影犹存，使读者起观画之感。表象活现，助长了类似联想之精神作用；字型复杂则能摄广，表象概念转由文字而生，即所谓望文生义。"[4]

中国古代诗歌中，比喻性的意象创造极其普遍。例如，《诗经·关雎》："关关雎鸠，在河之洲。窈窕淑女，君子好逑。"以雎鸠鸟和鸣

---

[1] 申小龙：《汉语文学形态论》，《上海文学》1988 年第9期。

[2] 参见石虎《论字思维》，谢冕、吴思敬《字思维与中国现代诗学》，天津社会科学出版社2002年版，第12页。

[3] 郭启宏：《声韵的臆想》，人民日报海外版，2001，52（8）：7。

[4] 胡以鲁：《国语学草创》，商务印书馆1912年版，第119～120页。

起兴，以喻男女相悦，是一对好配偶。对于屈原《离骚》中的比喻意象，汉代的王逸在《离骚经序》中指出："善鸟香草，以配忠贞；恶禽臭物，以比谗佞；灵修美人，以媲于君；宓妃佚女，以譬贤臣；虬龙鸾凤，以托君子；飘风云霓，以为小人。"所有这些比喻意象都与汉字语象有关，汉字以其借物写心的具体呈露方式对汉诗产生了直接的影响。[1]

作家李准曾深有感触地说，一看到方块字、象形字，就感到一种美人的美，一看见"水性杨花，蒲柳芦苇"这几个字，就会激动起来。诗人闻一多通过比较中西文学，不无自豪地宣称，只有象形的中国文字，可直接表现绘画的美。西方的文学变成声音，透过想象才能感到绘画的美。可是中国的文学，你不必念出来，只要一看见"落霞与孤鹜齐飞，秋水共长天一色"这两句诗，立刻就会饱览绘画的美。鲁迅先生在《汉文学史纲要》中指出，汉字除具有"意美"、"音美"以外，还具有"形美以感目"的特点。无论是李准的"美人的美"、闻一多的"绘画的美"，还是鲁迅"感目"的"形美"，其实都指出了这样一个事实，即汉字语象成就了汉诗的"画意"之美，汉字具有能直接引发观者形象感觉的审美特质。

另外，汉字以比喻为主体，同时还运用了对偶、借代、象征、婉曲、映衬等辞格式思维模式将"世界图式"与物质符号融为一体。象形字中的"比喻"、"借代"、"映衬"手段非常明显。例如，凡象形字的创制都离不开比喻式思维模式。观察"人、日、月、山、水"等的早期字形便见一斑。"瓜"、"泉"、"果"、"州"等本体加连带部分的象形字，还含有映衬式思维的痕迹。其本体就是主要事物——瓜类植物的果实、泉水、木本植物的果实、河水中的陆地本身，而衬体则是瓜蔓、泉的周边环境、树木及河川。这类象形字以衬体陪衬、烘托主体，形成一个主宾结合的意象，既有对主体的突出感、生命本源感，又有意象的整体感。再如，指事字同样离不开比喻的辞格式思维模式。指事字是象

[1] 参见王有亮：《论汉字与汉诗意象》，《重庆师范大学学报》2007年第5期。

形字和指示性符号组成的意象图式，大部分指事字是在象形字的基础上加上抽象符号来表示意义的。如在“木”的“底部”加上一点，示意“这是根部”，在“树梢”上加上一点，示意“这是末端”，在“刀”的最锋利部分加上一点，指出“这就是刀刃”等。如果没有象形字作为基础，其抽象性符号也就无所附丽。所以，汉字能立象表意，意与象共而因象察意或因形求义，呈现于我们面前的是一个广阔的想象和联想的世界。[1]

上个世纪50年代，印度总理尼赫鲁曾对他女儿说：“世界上有一个伟大的国家，她的每一个字都是一首优美的诗，一幅美丽的画，你要好好地学习。我说的这个国家就是中国。”[2]

三、汉字意象结构的时间性

刘长林认为，意象思维的根本特点在于：意象思维特别留意时间，在认识和评判外界事物时，以时间属性为主，空间属性为辅，以时间属性统摄空间属性。时间是一维的，不可分割。意象思维以时间为本位，故其所应对的主要是浑然整体的物“象”，具有整体性。这样的状态或物“象”保留着事物原本的丰富性，也就是事物自然呈现出来的复杂性、变易性和随机性。也就是说，意象思维将关注点放在事物自然流动着的现象层面，体察象之易，把握象之道，欣赏象之美，因而既在现象上显示出无穷的内外联系，同时又隐藏着多种变化的可能性。它与抽象思维的根本区别就在于：它不对现象作定格、分割和抽取，而是要尽量保持现象的整体性、丰富性和流动性；它不是要到现象的背后去寻找稳定性和规律，而是要在现象的自身之中找到稳定性和规律；它也对事物进行概括，发现事物的普遍性，但始终不离开现象层面。概括的结果，仍以“象”的形式出现。因此，意象思维的运行及其结果，必须能够对现象的丰富和变易有所容纳和估量。[3]

[1] 聂焱：《论汉字造字法的思维模式》，《河南学院学报》2005年第6期。
[2] 转引自萧启宏：《汉字通易学》，东方出版社1999年版。
[3] 刘长林：《汉语、汉字与意象思维》，《汉字文化》2006年第5期。

申小龙指出，一般认为汉字的二维结构是空间性的，拼音文字的一维结构是时间性的。但由于汉字的二维结构是具象的，具象思维的本身就具有流动性和顺序性，因而汉字结构依然体现出时间性。只是这种时间性和拼音文字的时间性不同。拼音文字的时间性是字母线性排列的时间性，这种时间性对于意义而言是非常抽象的。汉字的时间性是意象思维过程和意象生命体的表现，它本身就是意象的内在依据。

汉字意象结构的时间性与汉语句法的时间性有着内在一致性。汉语句式呈现以多样性、灵活性、富有弹性为特点的“流散型”，造句多取“意合法”，词语或分句之间大都通过逻辑事理顺序和功能意义来实现隐性连接，句子结构力求简短。汉文化强调整体综合，认识事物习惯于概括综合和整体把握，不太强求形式分析和逻辑推理，故句子的流动更多地是看重一种时间的脉络。“今天星期一”体现的是绝对时间词与相对时间词的先后逻辑顺序；“他中国人”的“对象+属性”的顺序，体现了谁是关注焦点；“桌子上一本书”，“方位+名词”的顺序，体现了物在主体视觉中的冲击印象。

第三节　汉语的“组块结构”与“名词中心”

一、汉语的“组块结构”

汉语的语素具有单音节性，音节结构较为简单。中国古代语文传统把“字”看做语法的基本单位，认为“句者，局也；局言者，联字以分疆”。申小龙在《中国句型文化》中指出：汉语的句子是以“字”为立足点建构的，是因字而生句，以小组大，散点经营，以流程见局势。[1]徐通锵也认为，字是汉语语义句法的基本结构单位，其结构清

[1] 参见申小龙：《中国句型文化》第一章《中国语文研究的句法学传统》，东北师范大学出版社1988年版。

楚，界限明确而封闭，功能开放而模糊，还有顽强的表义性。用公式可以表示为：1=1×1。[1]汉语这种“1”的特点，以字为基础，层层递进，前1制约后1，依次递进，灵活多变地组成句子的结构，因而句子的结构呈现出开放性的特点。一组“字”的线性序列能不能成为句子，不决定于有无主语或谓语；一段话是一个句子还是几个句子，也不决定于有几个“主语”或“谓语”，而决定于一个事件的叙述是不是告一段落。因此汉语不主张在结构上过于枝蔓，宁愿将复杂的枝蔓化为个个简洁的陈述。于是乎把一个意念的团块打散，用形断而神不断的一个个短语连续铺排，造成一种动态的节奏感，一种连贯的气势。[2]正如郭绍虞所指出的，中国人的思维是很能从错综复杂的现象中理出头绪，寻出规律，使之简易化，然后再从简易入手，驾驭各种变化和复杂事情。[3]

汉语的单位简便灵活，没有严格意义的形态。它主要依靠语义、逻辑事理组合起来，约定俗成。例如，七言绝句《清明》：“清明时节雨纷纷，路上行人欲断魂。借问酒家何处有，牧童遥指杏花村。”可以改写为词的形式：“清明时节雨，纷纷路上行人。欲断魂。借问酒家何处？有牧童遥指杏花村。”王之涣的《凉州词》：“黄河远上白云间，一片孤城万仞山。羌笛何须怨杨柳，春风不度玉门关。”在书写中缺省“间”和“山”二字后，可以重新标点为：“黄河远上白云，一片孤城万仞。羌笛何须怨？杨柳春风，不度玉门关。”因此，任何先验的、坚硬的框架都框不住汉语语法。唯有从基本语块、主体发挥的动态过程来把握语法脉络，把简单性与灵活性，能动性与规律件辩证地结合，才能从本体上理解汉语精神。汉语的析句方法应该从“宽”，即以句读段为汉语句子的基本活动单位[4]。汉语是流块顿进的，而非迭床架屋、前呼后拥的“树形”构架。它超越了西方语言句子的固定、静态、机械的句法，

[1] 徐通锵：《语义句法刍议》，《语言教学与研究》1991年第3期。
[2] 申小龙：《汉语与中国文化》，复旦大学出版社2004年版，第229页。
[3] 郭绍虞：《汉语语法修辞新探》，商务印书馆1979年版。
[4] 申小龙：《汉语与中国文化》，复旦大学出版社2004年版，第229页。

把对空间结构之法的追求转化为一种时间体势，通过体势的流动来表情达意[1]。

汉语是缺乏形态变化的语言，语言单位之间的组合注重的是语义之间的关系。汉语的意合在汉字的构造上表现为指示、会意法等，例如，“木”（树木）上加一点成了“末”（树梢），“木”下加一点成了“本”（树根），“木”中加一点成了“朱”（株，即树干）；用“人”与“木”意合为“休”（人靠着树休息），用“人”与“言”意合为“信”（人所说的话要守信），用上“小”下“大”意合为“尖”，用“不”与“正”意合为“歪”，用“入”与“米”意合为“籴”（表示买进粮食），用“入”与“水”意合为“氽”（表示把食物放到水里煮）等。

在汉语的组词和构词上汉语意合性也有反映。例如，用意义相近、相反、相关的两个语素来构词表义。朋友、道路、离别、答应、依靠、寒冷、爱好、孤独（两个语素义相同或相近）；长短、买卖、开关、出入、反正、呼吸、高低、深浅（两个语素义相反）；眉目、耳目、嘴脸、手足、口舌、手脚、江湖、江山（两个语素义相关）；忘记、国家、人物、窗户、甘苦、好歹、是非、得失（由两个语素构成，但其中一个语素的意义消失）。又如“吃饺子”（动作—受事）、“吃馆子”（动作—处所）、“吃大碗”（动作—工具）、“吃小灶”（动作—方式）、“吃父母”（动作—凭靠）等，在结构上都是述宾关系，但语义关系各不相同。再如，“救火”、“养病”、“盖被子”、“恢复疲劳”、“晒太阳”、“吃了一嘴油”、“跑了一身汗”等动宾结构，都是形式上悖理而靠意合约定俗成的。

汉语的意合性突出地表现为它的典型句式主题句，即话题加评论的句型。[2]汉语主语不像英语主语那样与全句有全面而又紧密的关系，它经常可以不出现，它和谓语动词的关系也不那么牢固，以至于汉语的主、宾语常可对换，而又不改变句子的基本含义。如“汽车盖着油布”

[1] 申小龙：《中国句型文化》，东北师范大学出版社1988年版，第2页。

[2] 参见申小龙：《中国句型文化》，东北师大出版社1988年版。

也可写成“油布盖着汽车”;“一条板凳坐五人”和“五人坐一条板凳”的含义基本一致。

二、汉语的“名词中心”

名词和动词是人类语言中最基本的词类范畴。汉语以实词为中心，而实词中名词最实。根据对儿童语言习得的研究，双词句中单词的词序是句法结构中语序的最原始胚胎。从双语词开始，儿童的心理感知锋开始具备了选择性，什么词在前，什么词在后，对于他们具有特定的顺序[1]。下面是研究者发现的一些1~2.5岁儿童的用语：

那儿[M]母牛[N]（母牛在那儿）

吉姆[N]自行车[M]。（那是吉姆的自行车）

毛巾[N]床[N]。（毛巾在床上）

汽车[N]跑[V]。（汽车在路上跑）

我们可以看到，儿童总是凭直觉把最重要的东西或是最先考虑到、注意到的东西放在句子前边，而这最先被注意到的东西是“名词”。

郭绍虞在《汉语语法修辞新探》一书中指出：“汉语造句的特点是以名词为重点的。”[2]他的立论基础是汉语的名句即主题句。例如，“苹果橘子买了一大堆。”

申小龙认为，即使是动句，即那种以时序，包括实际动作发生次序和逻辑上动作应有的因果次序展开的流水句之所以可能，就是因为汉语句子不存在一个动词核心。汉语句子之所以可以多视点而不累赘杂沓，就在于它的视点不由单一中心的形态框架决定，而由内容决定，随时间流动而移动，随事态变化而衔接。[3]

汉语的“名词重点”，还可以从多方面来看：

1. 从词类的比重来看

王珏认为，名词是词汇王国里的“大哥大”，在2000词级上，名词

---

[1] 辜正坤：《互构语言文化学原理》，清华大学出版社2004年版，第49~50页。

[2] 郭绍虞：《汉语语法修辞新探》，商务印书馆1979年版，第493页。

[3] 申小龙：《中国句型文化》，东北师范大学出版社1988年版，第2页。

几乎比动词多出二分之一，比形容词多三倍以上[1]。《HSK汉语8000词词典》收名词3429个，动词2393个。据北京语言学院语言教学研究所编的《汉语词汇的统计与分析》，汉语使用频率最高的1000个词中动词只有280个。尹斌庸调查发现，名、动、形占全部词数的92%，且他们的比例为8：4：1；在活动能力上，词类平均能量和词类平均信息量总体上成反比，名词的为1，动词为2，代词为72，助动词为344[2]。

1996年版《现代汉语词典》所收510个外来词中，动词只7个，其余均为名词，占98.6%，并且以具体名词为主，占名词性外来词的98.4%，包括人名、地名、植物名、特殊节日名、金属等物名、物质名、宗教名、佛教用语、乐器名、物理名词、化学名词、生物名词、医学单位、货币单位、食品名、量词单位、特定人群名、民族名、地区划名称、日本专名汉字等等。另外，也有少量的时间名词和表抽象物或抽象事件的名词。这说明实义性的具体事物名词更容易被借用。

陈宁萍认为，汉语的典型动词具有单音节性、动词性强的特点。双音节动词的动词性弱于单音节性，并且正在向名词性漂移。当前的双音化趋势也表明汉语的类型正由普遍动词向普遍名词型漂移[3]。

2. 从句子韵律核的构成来看

如果把句子当成“板”的话，它的组成部分可以说是“块”。汉语的句子是靠“块”、“块”推进的。汉语的音乐性很强[4]，“块”、“块”间靠音节和节奏手段来组织。“块”作为一个韵律范畴也是有“中心”的，即一种“韵律中心块”，我们权且称其为“核”。汉语句子有“名核”、“动核”、“关系核”、“语气核”四种。

“核”即中心的意思，是“韵律块”的轴心，是一种“磁焦”。它对其他成分具有“磁力”和“吸附力”。“名核”指“流块”以名词为核

[1] 王珏：《现代汉语名词研究》，华东师范大学出版社2001年版。

[2] 尹斌庸：《汉语词类的定量分析》，《中国语文》1986年第6期。

[3] 陈宁萍：《现代汉语名词类的扩大——现代汉语动词和名词分界线的考察》，《中国语文》1987年第5期。

[4] 郭绍虞：《汉语语法修辞新探》，商务印书馆1979年版，第560页。

心，其他成分受名词制约的韵律结构块。

“名核”的作用体现在：（1）名词能独立为韵律结构块；（2）其他成分与名词韵律组合优先于与动词的组合，即“名核”>“动核”；（3）名词对虚词成分的“吸附性”显示名词的“磁力”作用；（4）名词与量词的韵律组合显示“名词核心力”；（5）“名核”的“磁力”使得形容词的核心无法存在。

我们以汪曾祺的《受戒》为语料，“/”代表音拍的界限，来看名核的作用：

例1：他/上学时/起了个/学名，叫/明海。

“他”、“学名”、“明海”和“叫”独立为音拍，即韵律块，是“名核”和“动核”的反映。代词在语法功能上与名词接近，我们在“核”理论中称其为“次名词”，归于“名核”范畴。副词、连词、语气词等由于具有传达某种语气功能，以它们为核心的韵律块称为“语气核”。副词“时”受动词“上学”的核心牵引，没有独立形成“语气核”，而与“上学”一起形成“动核”，也说明“动核”>“语气核”。动词“起”对助词“了”和量词“个”的同时吸附，正是“动核”磁力的反映。

例2：她/把花/掐来，明海就/照着/画。

介词“把”受名词“花”的牵引，与“花”一起组合成韵律块，形成“名核”。同样，助词“来”、“着”与动词“掐”、“照”的组合是“动核”磁力的反映。副词“就”与名词“明海”组成音拍，而不是与动词“照”组合成音拍，也见“名核”磁力强于“动核”。

例3：家乡的/你们/都熟，唱个/安徽的。

“家乡”作为名核的中心，把助词“的”牵引到自己“流块”中，体现的是“名核”的力度。“熟”是动词“知道”的意思，副词“都”受“动核力”的牵引，与“熟”组成一个“动核块”。同样，“唱个”和“安徽的”分属“动核”和“名核”。

例4：正规的/焰口/是/十个人。

形容词的本质是表示事物的属性，形容词“正规的”在一起，不是因为“形核”的原因，而是为了更好地突出“名核”。

例5：他屋里/摆的是/一张/帐桌。

“摆的”是名词结构，系词“是”（语法功能与动词接近）受名词结构“摆的”牵引形成一个韵律块，即音拍，正是“动核”让位于“名核”的表现，即“名核”优先于“动核”。有人也许会说这是韵律和音节的结果，“摆的”有两个音节，而“是”只有一个音节，一个音节的韵律自然强不过两个音节，所以“是”被“摆的”吸附。

例6：据说/他有/相好的，而且/不止/一个。

例7：他是/一个/“全把式”。

“他”作为代词在语法功能上接近名词，我们可以视其为次名词。“他”和动词“有”、“是”都只一个音节，但次名词“他”相对于动词“有”和系词“是”来说，更具吸附性，从而共同形成一个音拍。名词、动词作为“名核”和“动核”的核心，本来各自都能单独形成韵律块，“有”、“是”被“他”牵引形成“名核”也足见“名核”强于“动核”。另外，例6的“据说”作为一个“动核”并没能吸引单音名词“他”，也能说明“他有”和“他是”是“他”吸引“有”和“是”，而不是“有”和“是”吸引“他”。

另外，“而且”这类的关联词，作为语义关系的衔接成分，无论在什么情况下，一般都独立为一个音拍，即独立为一个韵律块。这表明“关系核”优先于其他核。

汉语的“核”的多形态，以及“关系核”>“名核”>“动核”>“语气核”的优先顺序，特别是“名核”先于“动核”的位置，说明汉语不是“动词中心”。

3. 从汉语的主体心理感知锋来看

“主体心理感知锋”即人的心理感知锋，指的是主体对事物的注意焦点[1]。辜正坤认为，主体心理感知锋总是趋向于指向最重要、最富有刺激性，或最合目的性的事物。主体心理感知锋最先指向何物，何物在句子中的指称符号就处于句子最前边的位置上。从网上随机选取的49个汉语口误的例子来看，其中45例口误发生在名词上，3例口误发生在

[1] 辜正坤：《互构语言文化学原理》，清华大学出版社2004年版，第46～47页。

动词上，1例口误发生在形容词上。

口误发生在动词和形容词上的情况基本上是连动式，即句子中没有名物词。例如：

有没有人找电话打我啊?

当务之烦，心头之急。

45例名物词口误实例中，有13例是源于语音相似或受前后语音的影响，某个语音或部分语音被同化成相似语音的情况也多发生在名词语例上。例如：

“名烟名酒”说成“名优名碱”。

给我一碗白粉（白米饭）。

把它贴在壁告板上（壁报板）。

下面请欣赏：新疆歌舞，掀起你的头盖骨！（盖头来）

有17个是出于名词主体感知锋焦点前移的实例。例如：

A. 受关注的对象物前移。例如：

他用球将头顶入了！

来个没调料的辣椒。

B. 目的物前移。例如：

落鸡汤。

比如说人变猿。

C. 结果名词与原因名词错位。例如：

尿喝多了，酒就特别多。

D. 对象物属性前移。例如：

你的标准话说得真普通。

老虎不发猫，你当我是病威呀。

E. 受关注的对象物部分前移。例如：

快点，去厕纸拿厕所（面纸）。

同学去网吧上网，我们问他坐哪排？他说：“快去，坐射像排那头。”

这表明汉语的主体感知锋焦点落在名词上，名词对汉民族来说是

"最合目的性"的。

名词主体感知锋还会发生滞后的情况，如"西红柿炒番茄（西红柿炒鸡蛋）"的"番茄"是由于对主体感知锋"西红柿"作了过多"感知"。这都在一定程度上反映了汉语是以名词为重点。

口误多发生在意识不明显的场合，有的是惯性思维的结果，有的是经验思维的结果。由于某种相似性，使得对意象的处理不够明确，因而出现口误。例如：

A. 口误与说话者背景有关。例如：

在网吧，一同学突然举手，大喊："老师！"

B. 口误与最近所处环境或经历有关。例如：

在网吧，下机，想说结帐，说成"结机"。

考试分数很低，抱怨说：我的分数太便宜了！（与最近思考的事情或问题有关）

C. 口误与经验联想有关。例如：

"顾客是上帝"说成"顾客是天堂"。

D. 口误与范畴相似、相关有关。例如：

朋友问我电脑配置，我说显示器是彩屏的。（本来是想说液晶的）

在家里量体重，问：47公斤是多少钱？

E. 口误与事物或事件相似、相关。例如：

种种猪啊，养养地的。

你把衣服都放到冰箱里，把菜都捡到洗衣机里面去。

"心理感知锋"的运动方式经过千百万次的反复和调整，尤其是经过与同类语言使用者的交流，依据相应的时空条件和社会背景而逐步形成一些条件反射式的固定模式。于是，比较固定的语序逐渐形成，所谓约定俗成的句法结构习惯也就产生了[1]。主体心理感知锋凭借本能般的直觉所择构的特殊句式和词组，其实反映了人类语言发展中占压倒效应的经济原则和实用原则。

汉语的"主体感知锋"落在名词上，反映了汉语"以名词为重心"的特点。

---

[1] 辜正坤：《互构语言文化学原理》，清华大学出版社2004年版，第53页。

第四节　名词的意象陈述功能

汉字语象成就了汉语韵体文学的“画意”追求。汉字的“具象化”思维、汉语的“组块”结构以及汉语的“名词中心”，促成了韵体文学中名词的“意象”陈述功能。

名词性意象的陈述功能表现为一种无时间概念和具有永恒意义的描述。“意象”的陈述功能是汉语语法“弹性”、“灵活”的反映。它不受时、数和人称的影响，大致有两种表现形式：一种是意象间具有语义关联，其语义关联是时间顺序在思维范畴上的反映；一种是语义之间没有瓜葛，其语义关联源于意象铺排的整体性和类合性。

我们拟从诗、词、谚语三种“诗性”文体观察名词性单字或字组的意象陈述功能的具体情况，也同时观察诗性文本中不同文体中名词性结构意象陈述功能的个性和特殊性。

一、唐诗中名词意象的陈述功能

本节拟以《唐诗三百首》[1]为例，语例采用“例句文本+（作者·篇名·语例在文本中的页面）”的格式。经分析，该文本共30例以名词性单字或字组的意象起陈述作用的句子。分为以下几类：

1. 意象间没有语义关系，语义关联源于意象铺排的整体性，表现为“名词性意象并置”的形式，胡明扬称之为“意合式流水句”[2]。共10例，占该文本中所有名词性意象起陈述作用语例的30%强。其细化类型表现为：

①“时间”名词性意象与“地点”名词性意象并置。例如：

明日巴陵道。（李益·喜见外弟又言别·100）

[1] [清]蘅塘退士选编，郑君注：《唐诗三百首》，书海出版社1994年版。

[2] 胡明扬：《〈老乞大〉复句句式》，《语文研究》1984年第3期。

② “表人”名词性意象与“时间”名词并置。例如：

少妇今春意，良人昨夜情。（沈佺期·杂诗·75）

③ “时间”名词性意象与“事件”名词并置。例如：

千秋万岁名。（杜甫·梦李白二首·6）

④ 表“物”名词性意象、表“环境”名词性意象与“地点”名词性意象并置。例如：

细草微风岸。（杜甫·旅夜书怀·84）

⑤ “时空环境”名词性意象与“地点”名词性意象并置。例如：

高风汉阳渡，初日郢门山。（温庭筠·送人东游·106）

⑥ “时空环境”名词性意象与“表人”名词性意象并置。例如：

寒灯独夜人。（马戴·灞上秋居·107）

⑦ 名词性意象列锦式铺排。例如：

五花马，千金裘。（李白·将进酒·67）

⑧ 名词性意象间插入状语成分。例如：

危墙独夜舟。（杜甫·旅夜书怀·84）

砧杵夜千家。（韩翃·酬程近秋夜即事见赠·99）

名词性意象的并列式组合，使词与词之间的语法关系极其松散，也由于缺少关联词，意象之间的逻辑关系有一种不确定性。一个意象接一个意象，一个画面接一个画面，有类似电影蒙太奇的效果，使诗意呈现着开放的状态，随着观察者视点的移动而变化。名词性意象的这种并置现象，从表面上看是彼此独立的，但它们之间通过语义的对等原则，能够隐含地联系在一起。也就是我们常说的，汉语的词或句子的理解往往靠“意合”而不是靠“形合”。意象和意象之间的这种灵活性组合，在诗与读者之间建立了一种自由的解读关系。由于事先没有预设的意义与关系“圈定”，读者可以从不同的角度自由地进出其间。这就使得诗的内涵达到最大的丰富，使诗含蓄而富有多义，也更接近诗的本质。

《唐诗美学》的作者李浩指出：这种语法的灵活性促成了一种指义前的状态，那些字如实际生活中的事物一样，在未受预定的关系与意义封闭的情况下，为我们提供了一个可以自由活动，可以从不同角度进出

于广阔的空间，让我们获得同一美感瞬间的不同层次，让近乎电影般视角性强的事物、事件在我们眼前演出，而我们则仿佛在许多意义的边缘颤抖欲语。诗的这种“名词性意象并置”，是一种创造，扩大了诗的意象组合的方式，也使诗意在更广阔的空间呈现多层次、多角度的景象[1]。

2. 意象之间具有语义关系，是某种时间顺序在思维范畴上的反映

（1）主谓之间为“属性”具象化关系，主谓范畴之间具有某种逻辑顺序性。为了体现这种顺序性，我们下面用“+”表示它们之间的语义关系。共10例。具体表现为：

① 事物+属性。例：

寂寞身后事。（杜甫·梦李白二首·6）

② 人、物或事+数量属性。例如：

先帝侍女八千人。（杜甫·观公孙大娘弟子舞剑器行·43）

人、物或事的序次式属性。例如：

公孙剑器初第一。（杜甫·观公孙大娘弟子舞剑器行·44）

③ 人或事+比拟式属性。例如：

一寸相思一寸灵。（李商隐·无题·133）

④ 人或事+领有式属性。例如：

落叶他乡树。（马戴·灞上秋居·107）

其中有3例在相关范畴之间插入了功能性副词，体现该类名词性结构意象陈述句的灵动性。例如：

我本楚狂人。（李白·庐山谣寄卢侍御虚舟·31）

姊妹弟兄皆列士。（白居易·长恨歌·50）

岁岁金河复玉关，朝朝马策与刀环。（柳中庸·征人怨·162）

这也说明了副词不是名词性能起陈述作用的关键因素。副词主要起语义突显或强调的作用，没有副词，名词性结构照样能够具有陈述功能。而名词性结构之间能够插入副词，也反映了汉语意象组合的灵活性。

[1] 李浩：《唐诗美学》，陕西人民教育出版社，1992年版，第155页。

（2）主谓之间为“存在式”具象化关系，表达“某空间存在某人物”或“某人物存在于某空间”之义，是时间顺序在主体视觉上的反映。共7例。具体表现为：

① 某空间方位+某具体事物。例如：

花间一壶酒。（李白·月下独酌·2）

② 某抽象事物+某空间。例如：

草色新雨中，松声晚窗里。（邱为·寻西山隐者不遇·12）

③ 某时间环境+某事件或抽象事物。例如：

秋边一雁声。（杜甫·月夜忆舍弟·82）

④ 某空间+某事件。例如：

万倾江田一鹭飞。（温庭筠·利州南渡·136）

（3）主谓之间为“时空”具象化关系。它是汉民族具象思维在抽象时空上的体现。共3例，具体表现为：

① 事件+持续的时间。例如：

娉娉袅袅十三余，豆蔻梢头二月初。（杜牧·赠别·169）

② 隐含式事件+持续的时间。例如：

深宫二十年。（张祜·何满子·150）

③ 空间+面积。例如：

故国三千里。（张祜·何满子·150）

“诗”的语言是一种具体可感的语言，它是形象思维的结果。“意象”是诗歌艺术最重要的组成部分。意象的实现正是名词陈述功能的体现。

二、《诗经》中名词意象的陈述功能

《诗经》是先秦的一种诗体文学，它在形式上没有唐诗那么严格。观察先秦语料诗体文学中名词性单字或字组意象起陈述作用的句子，能够帮助我们理解汉字意象的陈述作用。

本节拟以《〈诗经〉译注》[1]为语料，语例采用“例句文本+（篇

[1] 程俊英：《〈诗经〉译注》，上海古籍出版社2004年版，第12页。

名·语例在文本中的页面）”的格式，详细呈现名词性单字及字组意象的陈述功能。

1. 意象间没有语义关系，语义关联源于名词意象铺排的整体性

（1）名物具象化表现为没有语义关系的名词性意象在一种整体意图的需要下，遵循一定的民族思维和心理习惯而铺排。共15例。如：

黍稷重穋，禾麻菽麦。（七月·230）

羽畎夏翟，峄阳孤桐。（《尚书》卷第六·205）

夏之日，冬之夜。（葛生·183）

秩秩斯干，幽幽南山。（斯干·299）

（2）名词性意象之间表面上没有语义关系，但名词性意象之间含有一种“逻辑关系”，且《诗经》中多用点读顿开主谓意象，显示一种主体情感与意志脉络。共9例。如：

祈父，予王之爪牙。（祈父·293）

思齐大任，文王之母。（思齐·421）

岂弟君子，民之父母。（泂酌·452）

荡荡上帝,下民之辟。（荡·464）

滔滔江汉，南汉之纪。（四月·347）

齐侯之子，卫侯之妻。（硕人·88）

万邦之方，下民之王。（皇矣·426）

汾王之甥，蹶父之子。（韩奕·495）

（3）起陈述作用的名词性意象是一种客观的自然或人文范畴，内涵义少，语义信息单一，具有上义位，但语义指向下义位；事物与语义直接联系而不需主观的逻辑转换，不易产生歧义。《诗经》中该类名词性意象起陈述作用的句子主语和谓语间大多用点读顿开。当名词性意象陈述句无主语时，谓语采用多个名词意象铺排的形式。共11例。如：

西人之子，粲粲衣服。（大东·344）

习习谷风，以阴以雨。（谷风·51）

彼其之子，三百赤芾。（候人·222）

赳赳武夫，公侯干城。（兔罝·12）

公车千乘，朱英绿縢，二矛重弓。（閟宫·555）

其中，有2例以省略主语的形式隐含点读。如：

衮衣绣裳。（九罭·241）

终风且暴。（终风·44）

有3例主语和谓语间没用点读隔开。它源于结构太短，能够容纳在古代的四字句节韵框架中。例如：

皇父卿士，番维司徒，家伯维宰，仲允膳夫，聚子内史。（十月之交·315）

天子万年。（江汉·500）

天子万寿。（江汉·500）

2. 意象间具有语义关系，在思维范畴上体现了某种时间顺序

《诗经》中该类意象陈述句主要体现为“属性的具象化”，即语义范畴间具有某种逻辑顺序性，且具有一个明显特点是：带有功能副词或语气词。如：

（1）事物+副词+属性：

周虽旧邦，其命惟新。（文王·406）

穀则异室，死则同穴。（大车·113）

（2）事物+语气词“其”+属性。例如：

隰有苌楚，猗傩其枝。（隰有苌楚·217）

皇驳其马。（东山·237）

三百维群。（无羊·302）

九十其仪。（东山 ·237）

九十其犉。（无羊·302）

有杕之杜，有睆其实。（杕杜·265）

汉语的意象铺排表面上看是一种“无（语法）形式”，但它不是句子断裂的表现，而是有着内在的语义关联，是汉语整体思维的一种表现。为什么这样说呢？

首先，铺排的名词性意象一般是同类的，名词意象铺排的整体义才是句子要表达的意思，而不是各个名词性意象义的简单相加。例

如，“夏之日，冬之夜（《诗经》·葛生·183）”，作为一个整体才呈现时间的推移，它不是简单地叙述夏天白天和冬天晚上；“锦衣狐裘（《诗经》·终南·194）”也不是纯粹地描写衣着，而是通过名词铺陈，展现气派的豪华。同样，“我将我享，维羊维牛。(《诗经》·我将·518）”名词意象铺排作为一个整体，才能传达“放松愉悦的心情”之义，而不是简单地列举牲畜；“黍稷重穋，禾麻菽麦（《诗经》·七月·230）”通过铺排谷物类名词，展现丰收场面。也就是说，仅根据单个名词语义并不能很好地理解整句话的语义，整体义是各部分融合的结果，铺排的名词与名词之间有着内在关联。

其次，这些“铺排”的名词性意象不是随意的，语序的设置不仅有文化的因素，也有语义和思维的因素。例如，上文的“夏之日，冬之夜”不说“冬之夜，夏之日”，因为“先说冬，后说夏”不符合时间发展的历程；“锦衣狐裘”不说“狐裘锦衣”，因为“衣”是类范畴，“裘”只能说是属范畴，从整体到部分是人类认识的一般规律；“禾麻菽麦”也是汉民族根据其文化重要性安排的顺序。

第三，名词铺排的意象不是对外在事物的忠实的、逼真的复制和模仿，而是一种主体认知。“意象”是主体在思维中以特定的感性形式表达一定的抽象内容。它不简单地表现一种感性形象，而是情感和理智的融合。我们可以联想起先民的人、鱼、鸟、虫、兽的原始彩陶纹饰：人的“目”，或睁、或眯成一线、或弯成一线，含有性情；鸟的“目”，或眼珠上接边框，或稍偏中心，或全白，目传其意；鱼的“目”，或下接框边，或凸出于中央，或半开半合，目传其神；虫的“目”，或两眼之珠不加对称，或两眼不点睛，目传其灵；兽的“目”，或圆睁，或怒视，或明眸，目传其性[1]，都是主体认知的表现。

三、宋词中名词意象的陈述功能

本节拟以《宋词三百首》[2]为例，语例采用“例句文本+（作

[1] 姚淦铭：《汉字心理学》，广西教育出版社2001年版，第52页。

[2] [清]上坡居士编，郑君注：《宋词三百首》，书海出版社1994年版。

者·篇名·语例在文本中的页面）”的格式。经分析，该文本共43例名词性单字或字组意象起陈述作用的句子。

1. 意象之间没有语义关系，语义关联源于意象铺排的整体性，即“名物具象化”的意象陈述句。共17例，占所有语料的三分之一强。

（1）“物”与“物”名词性意象列锦形式。例如：

一竿风月，一烟蓑雨。（陆游·鹊桥仙·113）

凤髻金泥带，龙纹玉掌梳。（欧阳修·南歌子·42）

（2）“事物”与“天气”名词性意象列锦形式。例如：

梧桐树，三更雨。（温庭筠·更漏子·14）

（3）“地点”与“地点”名词性意象列锦式。例如：

碧云天，黄叶地。（范仲淹·苏幕遮·38）

（4）“地点与时间”或“时间与地点”名词性意象并置。例如：

明月夜，短松冈。（苏轼·江城子·57）

去年天气旧亭台。（晏殊·浣西沙·41）

（5）隐含事件的事物名词性意象并置。例如：

一曲新词酒一杯。（晏殊·浣西沙·41）

（6）概括性“时段”与“地点”名词性意象并置。例如：

平生塞北江南。（辛弃疾·清平乐·132）

2. 意象之间具有语义关联，是时间顺序在思维范畴上的反映。

（1）主谓之间为“属性”具象化关系。共8例，具体表现为：

①事物+属性。例如：

寒山一带伤心碧。（李白·菩萨蛮·6）

秦楼月，年年柳色。（李白·忆秦娥·7）

② 地点+属性。例如：

东南形胜，三吴都会。（柳永·望海潮·47）

③ 抽象物+属性。例如：

一丝柳，一寸柔情。（吴文英·风入松·185）

④ 物+数量属性。例如：

汉家组练十万。（辛弃疾·水调歌头·117）

⑤ 事物+比拟式属性。例如：

三十功名尘与土，八千里路云和月。（岳飞・满江红・103）

（2）主谓之间为“存在式”具象化关系，是时间顺序在主体视觉上的反映。共12例，具体表现为：

① 空间方位+物。例如：

满地淡黄月。（范成大・醉落魄・115）

佛狸祠下，一片神鸦社鼓。（辛弃疾・永遇乐・115）

② 某器皿+某物，表“充满”义。例如：

满眼相思泪。（牛希济・生查子・26）

③ 某物+空间。例如：

尘土满面上。（无名氏・长相思・3）

④ 某地、某时+某物。例如：

小楼昨夜又东风。（李煜・虞美人・35）

⑤ 某事+某空间或地点。例如：

十年一梦扬州路。（张元干・贺新郎・90）

⑥ 某地点或者多个地点+某一个对象。例如：

落日楼头，断鸿声里，江南游子。（辛弃疾・水龙吟・124）

（3）主谓之间为“时空”具象化关系，是时间顺序在主体思维上的反映。共6例，具体表现为：

① 空间+面积。例如：

玉界琼天三万顷。（张孝翔・念奴娇・120）

② 空间+距离。例如：

往来一万三千里。（陆游・渔家傲・109）

③ 事件+发生时间，这种“发生时间”多体现为一种时点。例如：

归来华发苍颜。（辛弃疾・清平乐・132）

杨柳又如丝，驿桥春雨时。（温庭筠・菩萨蛮・12）

由于主体抒情的需要，《宋词三百首》和《唐诗三百首》中起陈述作用的意象都表现为一种铺排形式，或有语义关联，或通过整体铺排传达语义。其中，通过整体铺排传达语义的名词性意象起陈述作用的语例

都占较大比例，《唐诗三百首》中约占33.3%,《宋词三百首》中约占38.6%。

四、谚语中名词意象的陈述功能

本节拟以王常在编的《谚语手册》[1]为分析语料，语例采用“例句文本+（例句在文本中的页面）”的格式。经分析，该文本共49例名词性单字或字组意象起陈述作用的句子。

1. 意象之间没有语义关系，语义关联源于汉字意象组合的整体性。

（1）“谚语”是劳动人民生活经验和社会历史经验的表述，具有一种整体性。意象铺排是谚语表述具有整体性的反映。共7例。如：

千松万柏古柿树。（408）

一尺风，三尺浪。（404）

一曲一湾，一湾一滩。（404）

一兜萝卜一兜菜。（360）

（2）意象铺排整体中传达一种语义逻辑关系，体现为谚语的民族智慧性。共11例。

① 条件式。例如：

一分荣誉，十分责任；一分成绩，百倍虚心。（177）

一朝认识，千日朋友。（127）

② 转折式。例如：

十年河东，十年河西。（53）

③ 因果式。例如：

穷人的汗，富人的饭。（53）

一念之差，终身之累。（176）

或结果在前，原因在后。例如：

金杯玉酒千人血。（53）

④ 假设式。例如：

[1] 王常在:《谚语手册》，中国青年出版社1985年版。

一岁年纪一岁人。（35）

一夜夫妻百日恩。（347）

⑤ 解说式。例如：

鸡，鸡，二十一；鸭，鸭，二十八。（427）

⑥ 等同、比较式。例如：

一分精神一分财。（302）

（3）主谓意象间没有必然的联系，依靠语境及经验表现整体语义关系，共6例。其实，它本质上也是“名物铺排”的类型。

①“时间段”意象与“空间距离”意象，表速度。例如：

一日千里。(71)

②“空间方位”意象与“对象状态”意象。例如：

远在一千，近在一砖。(429)

③“身份、对象”意象与“态度”意象。例如：

一个将军一道令。(403)

④“对象”意象与“领有物”意象互文。例如：

大口小口，一月一斗。(354)

⑤“交际背景”意象与“隐喻式态度”意象。例如：

人前一面鼓，人后一面锣。(141)

⑥“时空环境”意象与“状态”意象。例如：

一时韭菜一时葱。(94)

2. 意象之间有语义关联，是某种时间顺序在逻辑上的反映

（1）主谓之间为“属性具象化”关系，共20例。

① 人或事物+属性。例如：

邻居好，一片宝。（370）

人人夸，一朵花。（204）

② 抽象事物+属性。例如：

一寸光阴一寸金。（181）

③ 事物+领有属性。例如：

一步一个脚印。（262）

一个马勺一个柄。（279）

领有属性表现在抽象事物方面，如性格、脾气等。例：

一人一个性。（101）

一个菩萨一个样。（279）

④ 人或事物+数量属性。例如：

骗子的尾巴一大把。（140）

千条万条，群众路线第一条。（254）

⑤ 事物+比拟式属性。例如：

眼中钉，肉中刺。（444）

一寸国土一寸金。（28）

（2）主谓之间为“时空具象化”关系，是时间顺序在主体视觉上的反映。共5例，具体表现为：

①“空间+存在对象”或“对象+空间”：

A. 空间+存在物。例如：

天上多少星，船上多少钉。（410）

B. 空间+数量成分+存在物。例如：

上面一条缝，下面一个洞。（409）

C. 某物+存在的空间。例如：

一个萝卜一个坑。（403）

② 事物、事件+持续或延续的时间：

A. 事件+持续的时间。例如：

养德百年，丧德一日。（160）

B. 事物+延续的时段性。例如：

人生仅一世，流芳则千年。（172）

谚语反映的是人们对事物的一种经验、看法。汉语谚语中的名词性意象起陈述作用多以“数量”结构的形式出现，即“人或物+数量+属性”；一般含上下两句，上句和下句成对地出现，说明同样一个道理。如本语料中结构前后两部分都为数量式有32例，占65%强的比例。其中，21例是单句对立式，10例是分句联立的形式。如：

①单句对立式。例如：

一人一个性。（101）

一个菩萨一个样。（279）

②分句联立式。例如：

上面一条缝，下面一个洞。（409）

一尺风，三尺浪。（404）

该文本中有2例名词性意象谓语没有采用数量式，源于它们本身多含有一种严格的对立关系，并且内部逻辑关系非常明显，即结构和逻辑赋予了它们的名词性意象以陈述作用。例如：

眼中钉，肉中刺。（444）

穷人的汗，富人的饭。（53）

《诗经》中，没有直接语义关系的意象陈述句明显多于有语义关系的意象陈述句。例如，《诗经》有43例名词性意象陈述句，其中34例没有直接语义联系，仅9例有语义联系，并表现为“属性具象化”。而在唐诗、宋词及现代谚语中，虽然均为韵体文学，但意象间的语义关联更加明显。例如，《唐诗三百首》共30例名词性意象陈述句，其中10例没有直接语义联系，20例有语义联系；《宋词三百首》共43例名词性意象陈述句，其中17例没有直接语义联系，26例有语义联系；《谚语》共49例名词性意象陈述句，其中24例没有直接语义联系，25例有语义联系。

早期韵体文学的意象更多呈现为无直接语义联系，反映的是早期汉民族的诗性智慧。随着时代的发展，人类理性的自觉，表意的细致化和思维的严密化，也就更看重字与字之间以及“字块”与“字块”之间的语义关联。例如，“时空具象化”、“存在式”等具体感更强的意象陈述句类型在先秦《诗经》中没有。另外，《诗经》中的“语义具象式”意象陈述句更多地表现为主谓之间用点读隔开，通过一种感性的韵律传达语义。同为韵体文学，“谚语”的理性表现得更强，它是人类认识和智慧的结晶。因此，谚语中的“时空具象式”意象句比例更少。

我们来观察一下上述四个文本意象陈述句的具体情况：

数例 本	意象间没有直接语义关联			意象间有语义关联				句例数
	整体关联	含逻辑关系	名物铺排	属性具象	存在式具象化	时空具象化	语义具象式	
《诗经》	/	9 (20.5%)	15 (34.1%)	9 (20.5%)	/	/	11 (25%)	44
《唐诗》	/	/	10 (33.3%)	10 (33.3%)	7 (23.3%)	3 (10%)	/	30
《宋词》	/	/	17 (39.5%)	8 (18.6%)	12 (27.9%)	6 (14%)	/	43
《谚语》	6 (12.2%)	7 (14.3%)	13 (26.5%)	20 (40.8%)	/	5 (10.2%)	/	49

（注："/" 代表该类型的意象句不存在）

汉语是单音节语言。现代汉语中复音词大增，但是几乎每一个音节都有自己的独立意义，可以独立使用（外来语除外）。尤其重要的是，每一个音节所代表的意义很多，即每一个能指可以表达多个所指，每一个语音符号可以指代多种客体对象。以音节为语言的最小的独立单位，而每一音节又有能力代表很多意义，这使得汉语名词意象能够以简驭繁，引发相关的联想，以推进对指代对象或其他相关对象更为丰富的了解和感受。

第八章　楼盘命名中的汉字思维

第一节　楼盘命名的汉字视角

一、楼盘命名研究的语言学视野

营销界有一句名言："定位时代中，你要做的最重要的是为产品取个名称。"（营销大师艾·里斯语）楼盘案名（文中也称楼盘命名）是楼盘特征和差异性的反应，是传播的第一要素，是面向市场的第一诉求。现在，越来越多的置业者看重案名，曾经发生过开发商要换案名，置业者就要退钱的事件。[1]近两年来，房地产的升温到了白炽化状态，很多楼盘采用预售方式，看不到实物体的房子，楼盘案名在销售中的作用就越发重要了。它是消费者对楼盘的第一印象，好的楼盘案名会强化楼盘在消费者心目中的产品形象，而不好的楼盘案名会使产品形象大打折扣。于是，开发商为创意性地命名楼盘来吸引大众眼球而各显神通，楼盘案名不断花样翻新。从语言层面上来讲，楼盘案名是汉语的组合，楼盘案名中的汉语如何组合以及这样的组合体现了什么样的民族文化和社会心理，引起了语言学界的关注。

从2002年起，语言学界开始关注和研究楼盘案名。其中，从社会语言学角度研究，探讨楼盘案名折射出的城市文化和社会心理的论文，

[1] 张禾：《浅谈案名在房地产项目中的运用》，《科技咨询导报》2007年第25期。

有童慧刚《试论上海楼盘通名的创新及其所蕴含的人居文化》[1]，谭汝为《楼盘命名的社会语言学分析》[2]，麻昌贵《京、沪、穗“洋名化”楼盘案名称的社会语言学分析》[3]，麻昌贵《楼盘案名称“去通名化”现象的社会语言学分析》[4]，邹敏、黄玉蓉《论深圳住宅楼盘案名称及其所体现的人居文化》[5]，张玥《武汉楼盘命名的语言文化分析》[6]，卜海艳、饶春《楼盘案名中看文化——郑州市楼盘案名称调查研究》[7]，靳海涛《郑州住宅楼盘案名称的文化透视》[8]，韩秋菊《楼盘命名的文化》[9]，邢欣《都市语言研究新视角》[10]，骆蔓莉《浅谈南宁市楼盘案名的语言特点》[11]，潘文国《中国居住小区的艺术性命名》[12]。

从语用学角度研究，找出楼盘命名的特点，并提出规范化建议论文，有李萍、邓军《上海楼盘案名的语用分析及其规范化问题》[13]；从语义学角度研究，分析楼盘案名的语义特点的论文，有刘钦荣《郑州住宅楼盘案名称专名的语义特点》[14]，徐振鸿《语义学视野下的郑州

[1] 童慧刚:《试论上海楼盘通名的创新及其所蕴含的人居文化》,《上海大学学报》2002年第6期.

[2] 谭汝为:《楼盘命名的社会语言学分析》,《修辞学习》2004年第1期。

[3] 麻昌贵:《京、沪、穗“洋名化”楼盘案名称的社会语言学分析》,《语文学刊》2006年第10期。

[4] 麻昌贵:《楼盘案名称“去通名化”现象的社会语言学分析》,《黔东南民族师范高等专科学校学报》2006年第4期。

[5] 邹敏、黄玉蓉:《论深圳住宅楼盘案名称及其所体现的人居文化》,《沙洋师范高等专科学校学报》2005年第3期。

[6] 张玥:《武汉楼盘命名的语言文化分析》,《现代语文》2006年第11期.

[7] 卜海艳、饶春:《楼盘案名中看文化—郑州市楼盘案名称调查研究》,《美与时代》2007年第7期。

[8] 靳海涛:《郑州住宅楼盘案名称的文化透视》,《魅力中国》2007年第3期。

[9] 韩秋菊:《楼盘命名的文化》,《商业现代化》2007年第11期。

[10] 邢欣:《都市语言研究新视角》，北京广播学院出版社2003年版，第121～129页。

[11] 骆蔓莉:《浅谈南宁市楼盘案名的语言特点》,《广西商业高等专科学校学报》2005年第4期。

[12] 潘文国:《中外命名艺术》，新世界出版社2007年版，第219～232页。

[13] 李萍、邓军:《上海楼盘案名的语用分析及其规范化问题》,《现代语文》2006年第11期。

[14] 刘钦荣:《郑州住宅楼盘案名称专名的语义特点》,《魅力中国》2007年第3期。

楼盘专名》[1]；探讨楼盘案名存在的问题及对策的论文，有李岩《楼盘案名存在的问题及规范原则》[2]，刘钦荣《郑州楼盘命名的盲点和对策》[3]。

童慧刚研究发现，作为社会用语的楼盘名称，随着房产市场的兴起也在不断创新，其中表示楼盘属性的通名变化更大，从新词的出现和词义的变化折射出楼盘通名所蕴含的深厚的历史文化、独特的上海城市文化、兼容并蓄的海派文化以及现代人所追求的居住理念。李萍、邓军从语用学角度进行分析研究，找出上海楼盘的命名特点，揭示其反映的上海社会文化特色，并探寻楼盘命名中存在的规范化问题。

谭汝为以《今晚报》公布的天津261个楼盘名为主体，在分析阐发中引用其他楼盘小区名作为对照，从社会语言学的角度对楼盘命名的语言技巧进行考察和阐析。麻昌贵从社会语言学的角度对北京、上海和广州楼盘名称的"洋名化"现象进行分析，认为这些具有洋名色彩的楼盘名称的存在不仅有命名类语用求新求特的效果要求，还有其深层的社会心理原因和社会语言环境原因。他在另一篇论文中以北京、上海的1494个楼盘名称为主要分析材料，并参照天津、香港、中山的837个楼盘名称的情况进行比较分析，发现北京、上海楼盘名称"去通名化"现象已有一定程度的流行，并认为这种现象的存在一是因为命名类语用的奇特性要求，二是因为保留通名的前提下，楼盘名称既要简洁上口又要不重音重名的语用效果要求难以普遍达到。

邹敏、黄玉蓉举了一些深圳楼盘的通名和专名的例子说明深圳兼容并蓄的建筑文化、安居乐业的家庭文化、洁净美好的环境文化、时尚多元的异域文化、井然有序的法治文化，但缺乏数据统计。

张玥以武汉三镇开发的楼盘为研究对象，从语言和文化的角度对这些楼盘名称进行考察和阐释。

卜海艳、饶春对213个郑州楼盘名进行分析，统计出楼盘名中4个音

[1] 徐振鸿:《语义学视野下的郑州楼盘专名》,《新闻爱好者》2007年第7期。
[2] 李岩:《楼盘案名存在的问题及规范原则》,《中国水运》2007年第11期
[3] 刘钦荣:《郑州楼盘命名的盲点和对策》,《魅力中国》2007年第1期。

节最多，由此得出楼盘音节的偶化现象的结论。然后将楼盘名分为修饰词和标识词两部分，简单谈楼盘名修饰词和标识词的文化蕴含。靳海涛举例说明郑州楼盘名在营造文化底蕴、造就审美意趣方面的三个模式与特点：（1）采撷古词雅语，追求典雅的文化氛围；（2）向往绿色环境、追求自然情趣；（3）追求如意吉祥、祈祷福寿安康。刘钦荣将郑州楼盘名称中的专名根据语义分为9类，包括地域特征字词，体现建功立业、打拼精神的字词、体现新气象的新词新语等，并举例证明。

骆蔓莉整理了南宁市目前颇具影响力的楼盘名，并进行了归纳分析，得出南宁市这些楼盘名的五个语言特点。

潘文国统计香港和上海楼盘的通名，然后总结出楼盘命名的规律为继承传统法、超越传统法、时新命名法、译借洋名法、贪豪求大法、谐音求变法、注重特色法、通专不分法八类。

也有一些研究对楼盘案名的语言规范提出批评性的意见。如李岩针对开发商乱起楼名给房地产案名市场造成的混乱以及对社会语言文字造成不良影响的问题，提出楼盘命名的规范建议。刘钦荣指出郑州楼盘命名的盲点或误区，如名不副实、虚假盛行的命名现象，洋化名称滥用的现象等，然后提出要完善法规，不断改进楼盘命名的管理工作等对策。

以上这些研究，多没有翔实的统计数据，因而谈楼盘案名和文化之间的关联也比较牵强。潘文国的研究语料比较丰富，可是对楼盘专名和通名区分有很大问题。李萍、邓军的研究统计数据较翔实，但未能展示出楼盘命名的全貌。目前，所有的研究都没有关注到楼盘命名中的汉字的可能性问题，未能揭示楼盘命名的内涵与中国文化精神的关联，缺乏一个楼盘案名研究的汉字视角。

二、从现代文字观到当代新文字观

1. 现代语言学的文字观

现代文字观在西方有着悠久的历史。亚里斯多德也说“人声直接表达了人的灵魂状态”，“口语是心灵的经验的符号，文字是口语的符号”[1]。这种语音言语中心主义在索绪尔那里也有经典的叙述：

“语言和文字是两种不同的符号系统，后者唯一的存在理由是在于表现前者。语言学的对象不是书写的词和口说的词的结合，而是由后者单独构成的。但是书写的词常跟它所表现的词紧密地混在一起，结果篡夺了主要的作用；人们终于把声音符号的代表看得和这符号本身一样重要或比它还重要。这好像人们相信，要认识一个人，与其看他的面貌，不如看他的照片。”[2]

索绪尔在此表达了文字是“符号的符号”的观点。自此，文字被看做“符号的符号”便作为常识被语言学界普遍接受。之后的西方语言学家基本是遵循着这个共识，如罗宾斯也认为“……文字比起说话来只不过是次要的语言表达形式，因而文字学（graphology）在语言研究中的地位并不重要”[3]。

文字只是为了表现语言，文字没有独立价值的本原文字观，被急于将汉语纳入世界语言研究框架下的中国语言学界不假思索地拿过来奉为至理名言，作茧自缚，却将索绪尔后来的一段关于汉语不在这个体系之内的话忽略过去了。索绪尔在后面谈到“表音体系”和“表意体系”这“两种文字的体系”时，他说：“对中国人来说，表意汉字和口说的词语同样都是概念的符号；在他看来，文字是第二语言，而在谈话中，如果有两个口说的词语发音相同时，他们有时就会借助书写的词来解释他的思想。”[4]索绪尔发现了表音文字和表意文字的区别，表意文字是观念的符号，间接地和它所表达的观念发生关系。他还特别强调：“我们的研究仅限于表音体系，尤其是今天仍在使用的且是以希腊字母为原始型的体系”。

2. 当代新文字观

新文字学的代表人物德里达说，“通过一种难以觉察的必然性，文

[1] 亚里斯多德：《范畴篇 解释篇》，商务印书馆1986年版，第55页。
[2] 索绪尔：《普通语言学教程》，江苏教育出版社2002年版，第27页。
[3] 罗宾斯：《普通语言学概论》，上海译本出版社1986年版，第29页。
[4] 索绪尔：《普通语言学教程》，江苏教育出版社2002年版，第51页。

字概念正在开始超出语言的范畴，它不再表示一般语言的特殊形式、派生形式、附属形式，它不再表示表层，不再表示和一种主要能指不一致的复制品，不再表示能指的能指”。他进一步指出，“经过几乎难以觉察其必然性的缓慢运动，至少延续了大约20世纪之久并且最终汇聚到语言名义之下的一切又开始转向了文字的名下”。在其著作《论文字学》中，他对“文字是自足的系统，独立于语言”进行了深刻的论述。[1]其观点消解了西方传统的“逻各斯中心主义”，引起学术界的广泛关注。

在国内，20世纪80年代，语言学界的部分研究者开始质疑文字工具论。申小龙提出文字不是语言的外在设计，而是有意义的自主的符号系统。[2]孟华重新发掘和研究索绪尔的文字观，发现了索绪尔的矛盾：在理论上坚持“言本位”，但是又不得不面对文字对语言巨大的反作用——文字的遮蔽原则和投射原则。[3]总之，当代新文字观的主要特点是强调文字的独立性和主体性，修正文字对语言的依附关系。

三、汉字在世界文字体系中的特殊性

如前所论，连持语音中心主义思想的语言学家索绪尔也认识到汉字的特殊性，认识到汉字与表音文字的不同之处。那么，对汉语更有发言权的汉学家对这个问题的看法是什么呢？高本汉说过一段有趣的话：

中国文字是真正的一种中国精神的创造力的产品，并不像西洋文字是古代远方的异族借得来。中国地方对于文字特别的敬爱，这种又是西洋人所不能理会的。中国文字有了丰富悦目的形式，使人能发生无穷的想象，不比西洋文字那样质实无趣，所以对于中国文字的敬爱，更是增进。中国文字好像一个美丽可爱的贵妇，西洋文字好像一个有用而不美的贱婢。中国文字常常因为艺术上的目的而写作……西洋人装饰房子只用图画，不用文字，而中国人常用书法家所写成的白纸黑字的格言，悬

[1] 德里达：《论文字学》，上海译文出版社2005年版，第8页。

[2] 申小龙：《汉字人文精神论》，江西教育出版社1995年版，第4页。

[3] 孟华：《索绪尔语言理论中的字本位思想初探》，《汉字文化》2005年第2期。

挂于壁上，当做房子里的点缀品。[1]

这段话道出了中国一直很重视汉字的传统。字在古代语言学中是核心，而《说文解字》一直是小学的主导。许慎的《说文解字》立足字形分析字义和文义，“古者包牺氏之王天下也，仰则观象于天，俯则观法于地，视鸟兽之文与地之宜，近取诸身，远取诸物，于是始作《易》八卦，以垂宪象。及神农氏，结绳为治而统其事，庶业其繁，饰伪萌生。黄帝之史仓颉，见鸟兽蹄迒之迹，知分理之可相别异也，初造书契，百工以乂，万品以察”。可见，在中国先民的心里，语言就是神创的，对文字充满敬意。许国璋对此评价很高，他认为许慎的语言观就是事物概念是由视觉符号来表示的，思想与视觉符号是最直接的联系。[2]许国璋还说，“从语言的书写形式出发，去研究语言，这是汉语语言学一开始就有的特点”[3]。汉字在整个中国文化中也享有崇高的地位，只有汉字才能孕育出绵延几千年的中华书法文化，同时汉字对中国画的影响也是不可以估量的。汉字演化的顺序是从象形的“图画”到仍带有描摹物象的痕迹的“线条”，到完全符号性的“笔画”，而中间这个“线条”环节也是中国画中基本的因素。[4]古人提出“书画一法”，“画者，六书象形之一，故古人金石、钟鼎、隶、篆，往往如画，而画家写山水，写兰，写梅，写葡萄，多兼书法，正是禅家一合相也”[5]。中国文字与国画的同源性印证了德里达所说的汉字的“书写空间”绝非仅仅局限于成形的“文字范畴”，而是蕴含于绘画和文字的那种“一般铭文”的先在空间。[6]汉字在中国语言和文化中如此特殊的地位，可是在现代语言学的研究中，却把它视为和拼音文字同样的记录语言的工具。

申小龙指出，汉字字形表意的特点使它无法纳入一个表音文字的研

[1] 高本汉：《中国语与中国文》，商务印书馆1923年版，第84～85页。

[2] 许国璋：《论语言和语言学》，商务印书馆2001年版，第208～215页。

[3] 许国璋：《许国璋论语言》，外语教学与研究出版社1991年版，第74～75页。

[4] 傅抱石：《中国绘画理论》，江苏教育出版社2005年版，第93页。

[5] 傅抱石：《中国绘画理论》，江苏教育出版社2005年版，第94页。

[6] 姜宇辉：《“替补”与“间隔”——从德里达“文字学”视域看汉字的哲学内涵》，《学术月刊》2006年第12期。

究体系。他认为人类文字性质有二重区分，汉字的表达功能除了记录语言之外，还直接传达概念。汉字因其表意直接与概念联系，这与欧洲文字的价值完全不同。[1]所以他说，“西方的文字定义，就其本身来说，并没有充分揭示文字的功能，更不用说把这样的文字定义用到具有很强人文精神的汉字中来”[2]。

大家都有这样的体验：有时候看到拼音，很久都反应不过来是什么意思，非要读出来或是换成汉字才一下子明白过来。这是汉民族造字、用字、识字的“望文生义”的心理和习惯使然，形入便能心通。“汉字为代表的表意文字，却以意象结构直接体现着民族文化的全部蕴含。它们不仅作为‘第二语言’而与民族思维方式和文化精神融为一体，而且由于它们独特的物质形式，它们在民族文化的发展与阐释中起着表音文字难以企及的作用。”[3]

到90年代，徐通锵提出汉语“字本位”语法理论，认为汉字处于汉语语法结构的核心地位。他认为语言是一种音义结合的非线形结构，基本结构单位是音义关联的基点，具有三个特点：（1）现成的，拿来就能用；（2）离散的，结构上有很强的封闭性，很容易和别的结构单位区别开来；（3）在语言社团中具有心理现实性，不管受过教育还是没受过教育，人们都知道一句话中有几个单位。根据这个标准，他认为，汉语的基本结构单位不是词，是字；印欧语的基本结构单位是词和句。[4]徐通锵字本位的理论揭示出，汉语与印欧语的编码机制不同，汉语的最小书写单位是字，其基本精神是“1个字，1个音节，1个概念”的一一对应关系。

潘文国认为，汉字以形写意，从概念直接到文字。作为文字，汉字是有音的，但从中国人的传统心理来讲，比起形，音是第二位的。他比较英语文字和汉语文字的不同之处：“汉字是音、形、义的统一体，这

[1] 申小龙：《论汉字的文化定义》，《汉字文化》2003年版第2期。

[2] 申小龙：《汉语与中国文化》，复旦大学出版社2005年版，第399～465页。

[3] 申小龙：《汉语与中国文化》，复旦大学出版社2005年版，第399～465页。

[4] 徐通锵：《字和汉语语义句法的基本结构原理》，《语言文字应用》2001年第2期。

一点世界上还没有别的哪一种文字能够做到。拼音文字如英语只能做到以形记音、以音载义。音义就单词而言有同一性，就音节而言没有同一性（很多音节并不表义）……英语和汉语这两种文字记录思想的途径并不相同，英语（以及其他拼音文字）走的是曲径，从意义先到语音再到文字，中间有一个语音的中介；汉语走的是直径，从意义直接到文字，而语音只是伴生的附属性成分。从文字直接联系的对象来讲，英语联系的是语音，而汉语联系的是语义。"[1]他强调，相同的语音外壳，据义构形的过程不同，在汉语里不成其为障碍。造词之初，一个字就是一个概念。[2]

汉字的这种特殊性是与汉字"形入心通"的特征密切联系的。这一特征使得汉字的运用不仅仅是一个"记录"口语的工具性问题，更是一个充分利用汉字的形音义的各种可能性参与语言的意义建构的更为本质的问题。这一点在汉字的楼盘命名上有充分的体现。

四、汉字的命名传统

中国自古以来重视"正名"的传统，所谓"名不正则言不顺"，对取名颇有考究，看得非常神圣，甚至神秘，还形成了专门的学问，叫姓名学，足见国人对取名的看重。

从周朝起，命名已经纳入礼法，形成了制度。因此，有些时候因为名字的原因，对人会产生很大的影响。有些名字皇帝或高官喜欢而得到了与其他人不一样的优厚待遇；一些人的名字被认为不吉利而遭到了不公平的待遇。那时候，但凡有点身份地位的人都是字、号、学名等俱全，一个好"名字"意味着正大、光明的"名义"，正式、恰当的"名分"。

现代中国社会，虽然不再"以名取人"，但重视命名的传统还是延续了下来。一个好名字意味着美好的期望和光明的前途，中国人都相信

[1] 潘文国:《汉英语对比纲要》，北京语言大学出版社2005年版，第171～172页。
[2] 潘文国:《汉英语对比纲要》，北京语言大学出版社2005年版，第158页。

名字伴随人一辈子，一个好名字有利于人的事业、财运、婚姻、健康和人际交往。常言道，传子千金，不如教子一艺；教子一艺，不如赐子好名。因此中国人给自己的子女、公司、商品等取名，都是求吉祥顺利，必然考虑汉字的形音义三个方面。以笔者的名字为例，“王一心”，这个名字字音平仄谐和，三个字的笔画均简单并且左右平衡，字义取“一心一意”，寄予父母对孩子的厚望——在未来的人生道路上一心一意做事为人。而有的名字，如韩渊（含冤）、吴子（无子），谐音不雅，则被认为不吉利，对人有不好的预示和影响。

这与西方的命名传统是非常不同的。在西方文化中，名字只是代号，并不承载太多的意义。西方人取名相较中国人而言就随意得多，有时候孩子就随父名或祖父名，如英国前首相丘吉尔，其父亲名伦道夫，他的一个儿子也叫伦道夫，祖孙同名。美国前总统富兰克林·罗斯福的儿子也叫富兰克林·罗斯福。石油大王洛克菲勒也为儿子取了与自己相同的名字。人们为区别清楚，只好在称呼他们的儿子时，冠一个“小”字（Junior，放在英文姓名之后），即小罗斯福，小洛克菲勒。西方还喜欢沿用历史上卓越人物的名字。在美国，不少人给孩子取名华盛顿、林肯、富兰克林、罗斯福等。

东西方不同的命名习惯不仅是因为文化传统不同，还因为各自文字有不同的特点。汉字和拼音文字不同，汉字的单音节性，在取名时不同的字并置有不同的意义，能够创造出意义丰富的名字，而拼音文字的词是有固定的意义的。那么，他们在取名时多使用现有的词汇，如果使用新的自造词，也许孩子的父母会明白这个词的意义，但其他人都很难从新造词的组合看出名字的含义。所以，中国人重命名的传统也是以汉字的特点为基础的。

中国重命名的传统不仅体现在人名中，也体现在生活的方方面面。一个人要开家公司，公司名怎么取也是很讲究的。就连引入外国商品，中国人都要颇费一番心思翻译外国商品名。比如，Canno原意是大炮，没将它直接翻译为大炮，而音译为佳能，两个字显示出照相机的好功能；Benz音译为本茨，但这两个字组合在一起意义不明显，后来选了同音的“奔驰”暗合了汽车的性能；Bora原义是“亚得里亚海沿岸的季节性东北冷风”，如果按这个翻译，让人不知所云，而音译为宝来，有“宝贝来到”之意，既吉利又朗朗上口；Goldian原意是“金狮”，听起来像“金失”，不吉利，所以译者将前半部分意译为“金”，后半部分音译为“利来”。在这样一种重汉字命名传统下，楼盘作为商品，无论是从开发商的角度，还是从消费者的角度，楼盘案名在整个楼盘营销的过程中都是至关重要的一环。记者曾经走访过很多房产开发商，发现房产开发商都将楼盘命名作为项目的非常重要的部分，甚至有的公司召集全体人员来讨论和投票表决楼盘案名。[1]而楼盘命名的关键，就是要利用汉字的特点，充分发掘形音义三方面的可能性，这样取的名字方为好名。

五、汉字的离境化带来的受众话语权

口语和文字是不同的实体，用文字来表达思想在形式和物质上与口语都是有区别的，使用口语和使用文字的效果是不一样的。看到汉字我们就知道语义，相反如果听到字音，我们往往不知道意思，非要把汉字写出来才知道它的意思。这是大家在日常生活中都有的经验。这是因为汉字直接与意义相连，不需要经过语音途径，而且汉语音节简单，同音字多，光听语音难免会混淆。楼盘命名中汉字的视觉功能很重要，我们是在看楼盘案名而不是听楼盘案名。当我们听到楼盘案名时，一定要确定是哪些汉字组成的，才知道这个楼盘的寓意，并在脑海里记下来。如：

王子晶品公寓——wangzijingpingongyu，听到这个楼盘案名可能会以为是精品公寓，看到字才知道是“晶品”。《说文》：“晶，精光也。”晶本义“光亮、明净，后有水晶之说”，“晶品”给人的感觉是如水晶般莹亮剔透的物品。

多摩园景——duomo，这个楼盘案名听起来和“多么”很像，让人

[1] 严峰林：《京城别墅案名全揭密》，《安家》2007年第4期。

不知所云，看到字才知道是“多摩”。

枫涧美墅——feng jian mei shu，听起来很像“封建美术”，使人不知所云，看到字，脑海里立刻浮现出一副画卷：枫林深处，别墅若隐若现，难以窥见全貌，一地的嫣红，潺潺的涧流，片片枫叶随流而下。

所以，开发商总是以巨幅广告牌来宣传自己的楼盘。那些汉字印入眼帘，潜在的消费者就立刻会有观画之感，感受到楼盘案名所带来的无限遐想和美感。

由此看来，汉字有一种离境化即独立表意的作用，正如有的学者所说：“与西方拼音文字相比，汉字是一种易于客体化的文字。在中国的山岩林泉，宙殿城屋上到处可以看到几个汉字孤零零地大写铭刻在那儿。作为话语，它们一般与说话者是隔绝的，与说话的环境也是无关的。实际上它们是作为独立的、自足的意义在那里存在着。在西方，这样使用文字是没有的。”[1]楼盘案名无论是在报纸上打广告还是用巨幅广告牌宣传，其离境化的倾向都很强。

楼盘案名在诞生以后，以汉字的形式固定下来。无论是在巨幅广告牌上还是在报纸的广告版面上，消费者在看到这些汉字的时候，这些汉字是离境、独立的。孟华说：“离境化的文字切断了与现实的联系，产生了理解上的距离和多义性，从而使文字的书写和读解更侧重于人的主观动机。”[2]即是“文字的物质铭刻性使得文字所指和语言所指（即‘我’和‘wo’）构成一种静态的‘对视’状态。这种状态保持了人们对言文关系的自觉，导致了一种言此意彼性”[3]。所以楼盘案名和开发商当初的意愿已经隔绝了，楼盘的消费者掌握着案名解读的权力，他们根据自己的经验理解着案名的意义。例如：

“河滨围城”，开发商的本意可能是想借名著之名突出楼盘的人文

---

［1］褚孝泉：《语言哲学：从语言到思想》，上海三联书店。

［2］孟华：《汉字：汉语和华夏文明的内在形式》，中国社会科学出版社2004年版，第38页。

［3］孟华：《汉字：汉语和华夏文明的内在形式》，中国社会科学出版社2004年版，第44页。

色彩。但钱钟书的《围城》讲“围城效应”是“城中人想出去，城外人想进来”的人生困境，“围城”在大多数知识层次较高的消费者心目里并非好词。

一个朋友谈起成都一楼盘案名为“融城后街”。她说，“融城”与“蓉城”同音，命名者显然是想通过谐音让生活在蓉城的消费者对此楼盘感到亲近，从而去接受它。可她说她绝不会去买他们的房子，因为从字义上来看，“融”有融化的意思。“融城”首先给她的感觉像电影《后天》，冰雪融化，把城市淹没了，“融城”让她觉得很不吉利。

上海的一个楼盘取名“亚馨苑”。此楼盘的开发商是上海飞亚房地产开发有限公司，取“亚”代表公司名，“亚馨”的意思是说飞亚公司开发的楼盘如香气般美好、如香气般散布得很远，但是消费者不会如此理解，看到“亚”就联想到“较差”、“次一等”的意思，“亚馨”便成了“次一等的香味”，与开发商的初衷大相径庭。

另一个楼盘取名“尚建园”。其主题本来是时尚建材与生活创意的融合，但看到这个楼盘案名，受众会以为“尚建”是“没建好”的意思。

所以，商家在命名楼盘时一定要站在消费者角度来思考，不能一厢情愿地想要引导消费者的理解，这样才能避免歧义的产生。

第二节　汉字的音节特征对楼盘命名的影响

一、楼盘命名的字数统计

我们调查了上海楼盘案名1356例。[1]语料搜集来源以《东地产》和《房地产时报》[2]的房产信息为主，以搜房网上的一些房产信息为辅。由于目前命名比较混乱，楼盘一般都有2个以上的名字，故筛选语

[1] 楼盘开发时间跨度为2004年到2008年。

[2] 报纸的时间跨度是从2008年2月到2008年12月。

料的标准以批准名为准，有期数的楼盘，都舍去期数取总命名。我们以字数为标准进行了分类统计，统计结果见表1：

表1

字数	1	2	3	4	5	6	7	8	9	10
数量	2	31	135	643	201	240	55	34	11	4
实例	U品19尊	上郡	汇丽苑	天杰徐汇	东方巴黎城	金铭文博水景	上海梦想雍景苑	保利十二橡树庄园	中信泰富朱家角新城	星辰园西班牙假日广场
比率	0.14%	2.27%	9.96%	47.42%	14.82%	17.70%	4.06%	2.51%	0.81%	0.29%

从表1可看出，楼盘命名以4字为最多，占到总数的47.42%；6字为次，占到总数的17.70%；3到6字为常，占到总数的89.9%；1字、9字、10字最少，仅占总数的1.24%，形成一个4字为峰顶的山形结构。如下图：

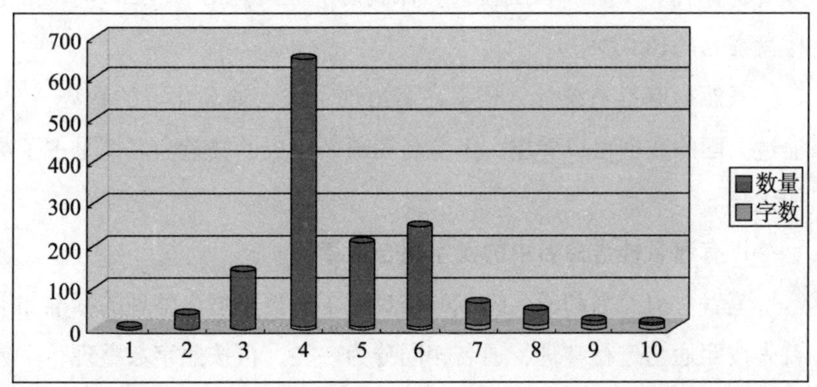

为何楼盘案名对字数的选择呈现以上的特色呢？简单来讲是因为字数少难表其义，字数多记忆负担过重，故3字到1字的楼盘案名数量逐渐递减，5字到10字楼盘案名数量大致也是逐渐递减的。6字楼盘案名数量略多于5字楼盘案名数量，是因为汉语的偶意倾向，即汉语双音步表意的特色，而偶字数当然易于组合成双音节。4字楼盘案名数量最多，则是其记忆负担适度和汉语双音步表意的特色共同造就的。

二、楼盘命名中的汉字组合规律

在笔者搜集的语料中，上海的楼盘命名有两种类型：一种是遵循地名命名法则，由专名和通名两部分组成；一种是只有专名没有通名。后一种情况是商业性命名语用新颖性要求带来的变化[1]。

什么是通名呢？我们认为通名就是其含义与人居建筑物类别属性有较密切的联系或有一定的关联，并位于楼盘案名词尾的字。依据此标准，由专名和通名组成的楼盘案名，如：馨康苑、中星恬园、万科白马花园、美岸栖庭、上海源花城、九歌上郡等。其中，苑、园、花园、庭、城、郡等是楼盘命名的通名，馨康、中星、万科白马、美岸、上海源、九歌等为楼盘命名的专名，恬、栖、花、上等为通名修饰词。这类楼盘案名有1111例，占全部楼盘案名的81.93%。

无通名的楼盘案名，如：玫瑰99、海上花、莫奈印象、东方云顶、月夏香樟林、中融·碧玉蓝天、保利海上五月花等，有245例，占全部楼盘案名的18.07%。

虽然据麻昌贵统计，楼盘命名出现了“去通名化”的趋势[2]，但通过上面的数据可以看出，由专名和通名组成的楼盘命名还是占了绝对的优势。

1. 有通名楼盘命名中的汉字组合规律

笔者对由专名和通名组成的楼盘做了分类整理，整理的标准如下：首先按照通名进行整理，通名相同分为一类，再按照字数整理，字数相同分为一类，然后按照楼盘案名字与字之间的意义组合关系分类。分类以后，合并同类项，笔者发现在有通名的楼盘命名中，汉字的组合有规律可循。

2字楼盘案名汉字组合规律如下：

1字+1字通名，简记为【1+1】

[1] 麻昌贵：《楼盘案名称“去通名化”现象的社会语言学分析》，《黔东南民族师范高等专科学校学报》2006年第4期。

[2] 麻昌贵：《楼盘案名称“去通名化”现象的社会语言学分析》，《黔东南民族师范高等专科学校学报》2006年第4期。

【1+1】有21例，如：檀宫、丰舍、陶园、中城等。

3字楼盘案名汉字组合规律如下：

2字+1字通名，简记为【2+1】

1字+2字通名，简记为【1+2】

【2+1】有107例，如：豫龙坊、博园村、檀溪湾、恒安阁等；【1+2】有4例，如：尚中心、好家园。

4字楼盘案名汉字组合规律如下：

2字+（1字通名修饰词+1字通名），简记为【2+（1+1）】

2字+2字通名，简记为【2+2】

3字+1字通名，简记为【3+1】

【2+（1+1）】有337例，如：富特新村、盛世宝邸、云山星座、天山华庭等；【2+2】有182例，如：深蓝别墅、紫金花园、香梅花园、丽水广场等；【3+1】有1例，如：徐家汇馆。

5字楼盘案名汉字组合规律如下：

2字+2字+1字通名，简记为【2+2+1】

3字+2字通名，简记为【3+2】

3字+（1字通名修饰词+1字通名），简记为【3+（1+1）】

4字+1字通名，简记为【4+1】

2字+（1字修饰词+2字通名），简记为【2+（1+2）】

【2+2+1】有105例，如：环岛翡翠湾、中信太湖城、沁风雅泾轩等；【3+2】有44例，如：美兰湖别墅、泰晤士小镇、春之声大厦等；【3+（1+1）】有17例，如：月泉湾名邸、爱伦坡艺墅、粤亮湾景苑、维多利华庭等；【4+1】有1例，如：三元及地苑；【2+1+2】有8例，如：宝地东花园、锦秋新天地、爱法小天地等。

6字楼盘案名汉字组合规律如下：

2字+2字+2字通名，简记为【2+2+2】

2字+2字+（1字通名修饰字+1字通名），简记为【2+2+（1+1）】

3字+2字+1字通名，简记为【3+2+1】

4字+2字通名，简记为【4+2】

【2+2+2】有131例，如：绿洲中环中心、万科金色城市、华敏帝豪大厦、明月清泉别墅等；【2+2+（1+1）】有57例，如：紫都上海晶园、太湖西山紫郡、上海临汾名城等；【3+2+1】有10例，如：大上海紫金城、美兰湖颐景园等；【4+2】有2例，如：湖山在望花园、上海之春公寓。

7字楼盘案名汉字组合规律如下：

3字+2字+2字通名，简记为【3+2+2】

2字+2字+2字+1字通名，简记为【2+2+2+1】

2字+3字+2字通名，简记为【2+3+2】

3字+2字+（1字通名修饰字+1字通名），简记为【3+2+（1+1）】

4字+2字+1字通名，简记为【4+2+1】

【3+2+2】有19例，如：新金桥商业中心、陆家嘴中央公寓、兴达利盛宅花园等；【2+2+2+1】有15例，如：上海国际摩尔城、上海梦想雍景苑、绿地时代商务园等；【2+3+2】有12例，如：汤臣高尔夫别墅、绿洲雅宾利花园、上海新金桥大厦等；【3+2+（1+1）】有1例，如：康兴苑古韵新邸；【4+2+1】有1例，如：新申花城玉兰苑。

8字楼盘案名汉字组合规律如下：

2字+2字+2字+2字通名，简记为【2+2+2+2】

2字+2字+2字+1字修饰词+1字通名，简记为【2+2+2+（1+1）】

4字+2字+2通名，简记为【4+2+2】

2字+4字+2通名，简记为【2+4+2】

3字+2字+2字+1字通名，简记为【3+2+2+1】

3字+3字+2字通名，简记为【3+3+2】

【2+2+2+2】有22例，如：南方国际金融大厦、虹桥盛世莲花广场、秀康新城达城家园等；【2+2+2+（1+1）】有3例，如：金鹤新城双佳翠庭等；【4+2+2】有2例，如：白领—创世纪花园等；【2+4+2】有1例，如：上海奥林匹克花园；【3+2+2+1】有1例，如：蓝波湾生态商务馆；【3+3+2】有1例，如：棕榈滩高尔夫别墅。

9字楼盘案名汉字组合规律如下：

2字+2字+2字+2字+1字通名，简记为【2+2+2+2+1】

2字+3字+2字+2字通名，简记为【2+3+2+2】

2字+2字+3字+2字通名，简记为【2+2+3+2】

3字+2字+2字+2字通名，简记为【3+2+2+2】

2字+2字+3字+（1字修饰词+1字通名），简记为【2+2+3+（1+1）】

【2+2+2+2+1】有2例，如：菊泉新城古北陆翔苑；【2+3+2+2】有1例，如：绿地东海岸国际广场；【2+2+3+2】有1例，如：白领公寓新建业中心；【3+2+2+2】有1例，如：大上海国际商贸中心；

【2+2+3+（1+1）】有1例，如：中信泰富朱家角新城。

10字楼盘案名汉字组合规律如下：

2字+2字+2字+2字+2字通名，简记为【2+2+2+2+2】

3字+3字+2字+2字通名，简记为【3+3+2+2】

【2+2+2+2+2】有1例，如：九亭生活佳园·三元公寓；【3+3+2+2】有3例，如：星辰园西班牙假日广场。

2. 无通名楼盘命名的汉字规律

笔者对无通名楼盘案名也进行了分类整理，先以字数划分，再以字与字组合关系划分，规律性也很明显。

1字楼盘案名汉字组合规律如下：

英文字母/数字+1字，简记为【F+1】

【F+1】有2例，如：U品。

2字楼盘案名汉字组合规律如下：

2字+英文字母/数字，简记为【2+F】

英文字母/数字+2字，简记为【F+2】

2字，简记为【2】

【2+F】有7例，如：外滩99、碧云108等；【F+2】有2例，如：SVA越界等；【2】有1例，如：钢谷。

3字楼盘案名汉字组合规律如下：

2字+1字，简记为【2+1】

1字+2字，简记为【1+2】

3字，简记为【3】

【2+1】有14例，如：月亮河、海上花、爵仕悦等；【1+2】有5例，如：院景观、九英里等；【3】有5例，如富比仕、西雅图等。

4字楼盘案名汉字组合规律如下：

2字+2字，简记为【2+2】

4字，简记为【4】

3字+1字，简记为【3+1】

【2+2】有115例，如：阳光世界、上海年华、天山星辰、百米香榭等；【4】有5例，如：豪布斯卡等；【3+1】有3例，如：衡山路41号等。

5字楼盘案名汉字组合规律如下：

2字+3字，简记为【2+3】

3字+2字，简记为【3+2】

2字+1字+2字，简记为【2+1+2】

【2+3】有29例，如：东方夏威夷、金地未未来、万里双子座等；【3+2】有4例，如：金地湾流域、欧罗巴生活等；【2+1+2】有1例，如：绿地家世界。

6字楼盘案名汉字组合规律如下：

2字+2字+2字，简记为【2+2+2】

2字+4字，简记为【2+4】

3字+3字，简记为【3+3】

3字+1字+2字，简记为【3+1+2】

4字+2字，简记为【4+2】

【2+2+2】有33例，如：佘山假日半岛、经纬城市绿洲、龙湖花盛香醍等；【2+4】有3例，如：海上普罗旺斯等；【3+3】有2例，如：梅陇镇新都会等；【3+1+2】有1例，如：绿中海II梦公元；【4+2】有1例，如：凯德林茵湖畔。

7字楼盘案名汉字组合规律如下：

2字+2字+3字，简记为【2+2+3】

2字+3字+2字，简记为【2+3+2】

3字+2字+2字，简记为【3+2+2】

3字+4字，简记为【3+4】

2字+2字+2字+1字，简记为【2+2+2+1】

【2+2+3】有3例，如：保利海上五月花等；【2+3+2】有3例，如：中科大学村·独尊等；【3+2+2】有2例，如：鑫都城云天绿洲等；【3+4】有1例，如：美兰湖奥特莱特；【2+2+2+1】有1例，如：大华新界·中环1号。

8字楼盘案名汉字组合规律如下：

2字+2字+2字+2字，简记为【2+2+2+2】

【2+2+2+2】有4例，如：汤臣豪庭美丽空间等。

9字楼盘案名汉字组合规律如下：

2字+3字+2字+2字，简记为【2+3+2+2】

【2+3+2+2】有2例，如中房三林城金谊河畔等。

10字楼盘案名汉字组合规律如下：

2字+2字+3字+3字，简记为【2+2+3+3】

【2+2+3+3】有1例，如恒盛·阳光威尼斯—提香湾。

综上所述，楼盘命名的汉字组合规律为：1. 字与字的组合倾向双字化，双字组合成为楼盘案名中的基本单位；2. 1字通名倾向于携带1字修饰词，构成双字组合。（337例【2+（1+1）】，17例【3+（1+1）】，57例【2+2+（1+1）】，1例【3+2+（1+1）】，3例【2+2+2+（1+1）】，1例【2+2+3+（1+1）】，共有416例，占所有通名楼盘案名总数的37.44%）[1] 3. 无通名的楼盘案名中，有的尾字频率高，也倾向于携带1字修饰词，构成双字组合。（东方丽景、新城盛景、阳城美景）

三、汉字的单音节性和现代汉语的双音步表意

楼盘命名中汉字的双字组合占绝对优势。这是什么原因造成的呢？

[1] 还有8例“1字+2字通名”，如共富新家园、爱法小天地、锦秋新天地、大宁新天地、虹桥新天地、碧云新天地、月厦新天地。

在汉语研究的历史中，关于“词”的定义是一个颇具争议的问题。学界总想在汉语中找出一个“单位”跟西方的word对应起来，无论是“扩展法”（陆志韦），还是“短语结构限定法”（Huang），在界定汉语“词”的概念的时候，都是捉襟见肘，力不从心。究其原因在于汉语使用的是方块字。一个书写符号代替一个音节，每一个音节在书写形式上都是独立的。也就是说汉语语法的基础单位是“1个字、1个音节、1个概念”[1]，或者说汉语语法的基本单位是形音义结合体的汉字。一方面，汉字的单音节性为汉字的横向组合提供了可能性。“单音节文字易造韵文，其构成文句，气息节与谈话节得以一致”[2]，所以在楼盘命名中汉字可以据义并置，形成丰富的意义组合；另一方面，语言的发展为汉字的横向组合提供了必然性。我们知道，先秦的汉语基本是单音节语言，随着汉语的发展，逐渐双音节化（双音节化的原因此不已赘言），汉字倾向于双字组合表意。譬如，发—头发，唇—嘴唇，鲤—鲤鱼等。汉字的单音节性和汉语的偶意倾向，首先让楼盘命名的汉字组合具有极大的灵活性，但是这种灵活性并不是单个汉字随意并置拼合，而是在“双字化”、“单字通名携带修饰词成双”的倾向性下的适度灵活组合，形成双字优先的组合态势。这与一些学者“双字组合占绝对优势，是汉语词汇由古代发展到现代的一个显著的变化，也是现代汉语词汇的一个重要特征”的结论互为印证。[3]

第三节　楼盘通名中的汉字

一、楼盘通名的数据统计

笔者对语料里所有的楼盘通名进行统计，按通名的数量进行排序，

[1] 徐通锵：《字和汉语语义句法的基本结构原理》，《语言文字应用》2001年第2期。
[2] 胡以鲁：《国语学草创》，商务印书馆1912年版，第119～120页。
[3] 周荐：《双字组合与词典收条》，《中国语文》1999年第4期。

并计算出每个通名在所有有通名的楼盘案名中所占的比例，从中可以看出通名用字的特点。在1111个有通名的楼盘案名中，通名词频占前5位的为“苑”、“园”、“花园”、“城”、“大厦”，占总数的54.01%。如表2：

表2

序号	通名	楼盘案名实例	数量	比例
1	苑	金苑、贵峰苑、和华名苑、徐汇锦梅苑、绿地康桥新苑、万宇荣盛阳光苑、菊泉新城古北陆翔苑	210	18.90%
2	园	鎏园、东海园、上青佳园、半岛科技园、万科琥珀郡园、绿城上海玫瑰园	111	9.99%
3	花园	皇家花园、新理想花园、绿洲香岛花园、环球翡翠湾花园、仁恒运杰河滨花园	101	9..09%
4	城	嘉城、名都城、高桥新城、东方巴黎城、万科花园小城、上海国际摩尔城、中信泰富朱家角新城	96	8.64%
5	大厦	伸大厦、沪东大厦、金海岸大厦、飞州时代大厦、上海新金桥大厦、金天地国际大厦	82	7.38%
合计			600	54.01%

排在第6位至第10位的通名为“庭”、“公寓”、“广场”、“别墅”、“家园”，占总数的22.41%。如表3：

表3

序号	通名	楼盘案名实例	数量	比例
6	庭	观庭、天宝华庭、新时代景庭、古北嘉年华庭、秀康新城海尚康庭	62	5.58 %
7	公寓	逸流公寓、雍景台公寓、河滨国际公寓、马陆清水湾公寓、春天花园酒店公寓	59	5.31%
8	广场	明天广场、城购物广场、亚龙国际广场、新塘桥生活广场、绿地汇创国际广场、绿地东海岸国际广场	54	4.86 %
9	别墅	嘉怡别墅、花源湾别墅、大华西郊别墅、天马高尔夫别墅、上海西郊明苑别墅、美丽华度假村联体别墅	45	4.05%
10	家园	好家园、华滨家园、森林湾家园、平江盛世家园、秀康新城达城家园	29	2.61%
合计			249	22.41%

排名在第11位至第15位的通名为“邸”、“都”、“墅”、“中心”、“湾”，占总数的8.91%，如表4：

表4

序号	通名	楼盘实例	数量	比例
11	邸	太原邸、瑞金尊邸、丰景湾名邸、中星海上名邸、康兴苑古韵新邸、金鹤新城缘圆宝邸	25	2.25%
12	都	尚都、东方丽都、维罗纳贵都、嘉实上城名都	21	1.89%
13	墅	雅墅、魏玛原墅、西郊湖岸美墅、圣地雅歌·海墅	19	1.71%
14	中心	尚中心、胜益商务中心、新金桥商业中心、上海环球金融中心、白领公寓新建业中心	18	1.62%
15	湾	丽水湾、清水蓝湾、旭辉依云湾、佳兆业珊瑚湾、华润置地橡树湾	16	1.44%
合计			99	8.91%

排名在第16位至第20位的通名为“天地”、“郡”、“居”、“坊”、“村”、“楼”、“府邸”、“座”、“公馆”，占总数的7.47%。其中因数量相同，“郡”、“居”并列第17位，“坊”、“村”、“楼”并列第18位，“府邸”、“座”并列第19位。如表5：

表5

序号	通名	楼盘案名实例	数量	比例
16	天地	圣天地、创智天地、爱法小天地	13	1.17%
17	郡	上郡、莱英郡、西郊紫郡、金地格林（green）郡	10	0.90%
17	居	怡祥居、汇贤雅居	10	0.90%
18	坊	四季坊、金桥翡翠坊、兴梅路·尚乐坊	9	0.81%
18	村	博园村、榴云新村	9	0.81%
18	楼	三德大楼、通田商住楼、V6时代新源商务楼	9	0.81%
19	府邸	虹桥府邸、久阳文华府邸	8	0.72%
19	座	东方金座、云山星座、徐汇尚座、中邦晶座	8	0.72%
20	公馆	颐山公馆、上海大公馆、建国路一号公馆	7	0.63%
合计			83	7.47%

排名在第21位至第26位的通名为“馆”、“院”、“庄园”、“街”、“舍”、“镇”、“阁”、“宫”、“轩”、“邦”、“堂”、“山庄”、“府”、“汇”、“筑”、“厦”、“庐”、“商铺”、“城市”、“小区”、“都市”、“庭院”、“社区”、“住宅”、“书院”、“都城”，占总数的7.20%。其中因数量相同，“馆”、“院”、“庄园”、“街”并列第21位，“镇”、“阁”、“宫”、“轩”、“邦”并列第23位，“堂”、“山庄”、“府”、“汇”、“筑”、“厦”并列第24位，“庐”、“商铺”、“城市”、“小区”、“都市”、“庭院”并列第25位，“社区”、“住宅”、“书院”、“都城”并列第26位。如表6：

表6

序号	通名	楼盘实例	数量	比例
21	馆	铂晶馆、徐家汇馆、丽景七星生活馆	6	0.54%
21	庄园	圣得庄园、东淀湖庄园、世茂佘山庄园、爱法奥朗新庄园	6	0.54%
21	街	中房晶街、澳丽好旺街	6	0.54%
22	舍	丰舍、碧绿春舍	5	0.45%
23	镇	幸福小镇、毕加索小镇	4	0.36%
23	阁	悠诗阁、静安艺阁	4	0.36%
23	宫	檀宫、紫金汉宫、汇展百乐宫	4	0.36%
23	轩	雅仕轩、汇丰豪轩、沁风雅泾轩	4	0.36%
23	邦	桃源富邦、合生城邦	4	0.36%
24	院	上院	3	0.27%
24	堂	九间堂、中大九如堂	3	0.27%
24	山庄	龙柏山庄、百富丽山庄	3	0.27%
24	府	溧阳华府、招商雍华府、大华铂金华府	3	0.27%
24	汇	四季汇、知雅汇	3	0.27%
24	筑	上南雅筑、一品新筑、万科金色雅筑	3	0.27%
24	厦	世纪凯厦、晶钻博华商厦	3	0.27%
25	庐	江南名庐、春江锦庐	2	0.18%
25	商铺	樱源晶舍商铺、海悦聚金商铺	2	0.18%
25	城市	中邦城市、万科金色城市	2	0.18%
25	小区	祥东小区、九韵小区	2	0.18%

序号	通名	楼盘实例	数量	比例
25	都市	明园森林都市、金铭新水岸都市	2	0.18%
25	庭院	杨泰庭院、东方庭院	2	0.18%
26	社区	顺寓国际社区	1	0.09%
26	住宅	芝梅苑住宅	1	0.09%
26	书院	阳城书院	1	0.09%
26	都城	象屿都城	1	0.09%
合计			80	7.20%

二、楼盘通名的分类

1. 汉语固有词

（1）体现楼盘居住功能的词

楼[1]——两层以上的房屋。《说文·木部》："楼，重屋也。"此字意义很普通，楼盘案名有9例以此为通名。

轩——长廊；有窗的长廊；房室。也做书斋、茶馆、饭馆的字号；以敞朗为特点的建筑物，如亭、阁、棚。如今楼盘用此命名，取其可居住之义。

坊——此名称隋唐时代就有了。长安城的"坊里"是由外郭城中的东西向十四条大街、南北向的十一条大街交叉分割而成的，是个居住而兼有行政性质的单位。隋文帝时定名为"坊"，隋炀帝时改为"里"，唐时又重新称为"坊"。长安城当时的坊有110个左右，著名的如长安坊、兴庆坊等。解放前，上海不少新式里弄石库门都取名"坊"，如淮海中路的尚贤坊。现在楼盘用此字作通名，意在体现上海人居文化的底蕴。

别墅、墅—— 墅：乡间简陋的房子。《玉篇·土部》："墅，田庐也。"在郊区或风景区建筑的供休养游玩的别馆。《晋书·谢安传》："（谢安）又于土山营墅，楼馆林竹甚盛。"现在楼盘以此做通名，用

[1] 文中涉及到字义、词义均参考四川、湖北辞书出版社的《汉语大字典》和商务印书馆的《现代汉语词典》。

的是本义，不过词义有变化。现在将大的独立的房子都称为别墅，并不一定是别馆。

庐——本指农时寄居田野的棚舍。《说文·广部》："庐，寄也，秋冬去，春夏居。"也指简陋的房屋。文人常用来作自己住宅的通名。郁达夫在西湖边的旧居取名"风雨茅庐"。现楼盘用此做通名，突显人们对没有案牍劳形的乡居生活的向往和人居文化的底蕴。

筑——居室，建筑物。唐代杜甫《畏人》："畏人成小筑，偏性合幽栖。"楼盘以此做通名的有3例，继承汉语固有词的本义。

阁——夹室，在大屋子里隔出的小房间；宫廷中收藏图书、安置贤才或绘象表功的房子；供游息远望的楼房，如亭台楼阁。现在以"阁"命名楼盘，也算用的是本义。

馆——接待宾客的房屋；供客人饮食娱乐的场所，如茶馆、酒馆等；华丽的住宅，汉代司马相如《上林赋》："离山别馆，弥山跨谷。"今用"馆"命名楼盘，正是用"华丽住宅"之意。

堂——前室，后世也称正寝为堂；明堂，古代国君行礼、理政、祀神的场所。现在楼盘案名中有3例以此为通名的，其中九间堂、中大九如堂都是别墅，孝恩堂是以祭祀文化为主题的商业地产项目，后者接近"堂"的本义。

居——住所。唐代韩愈《孟生》："岂识天子居，九重郁沉沉。"楼盘以此做通名，继承本义。

庭——《说文》："庭，宫中也。从广廷声。"段玉裁注："宫者，室也，室之中曰庭。"① 正室；厅堂；② 堂阶前的地坪。以"庭"做楼盘通名的有62例，数量比较多，"庭"字古雅，并且"堂阶前的地坪"之意可以表示楼盘环境好。

院—— 有墙垣围绕的宫室、房屋，如四合院、大杂院。楼盘通名"院"继承本义。

邸——《说文》："邸，属国舍。从邑。氐声。" ① 战国时诸国客馆，汉诸郡王侯为朝见而设置在京城的住所。② 高级官员、贵族办事或居住的地方，如官邸、府邸。楼盘用此做通名，用其高贵显赫、典雅

尊荣之意，增加了楼盘的文化附加值。府邸也从此处出。

公馆——旧时指官员、富人的住宅。楼盘用其尊贵之意做通名。

宫——房屋的通称。《尔雅·释宫》："宫谓之室，室谓之宫。"帝王的住所。楼盘以此命名意在彰显荣耀富贵，也继承古义。

山庄——山村；山中住所；别墅。楼盘以此做通名，意在表现返璞归真的野趣。

府——达官贵人的住宅。如相府、王府。今楼盘以此命名，显示居住者的权势和地位。

座——古有"房屋"之意。晋代陆机《桑赋序》："皇太子便座，盖本将军直庐也。"楼盘以此为通名，继承古义。

舍——① 客馆。《说文》："市居曰舍。"② 房屋，居室。《礼记·曲礼上》："将适舍，求毋固。"孔颖达疏："舍，主人家也。"今楼盘命名继承古义。

厦——房屋。汉代杨雄《太玄·强》："大厦微。"范望注："厦，屋也。"今楼盘命名继承古义。

大厦——高大的房屋。汉代王褒《四子讲德论》："大厦之材，非一丘之木；太平之功，非一人之略也。"今楼盘以此为通名继承古义。

公寓——旧时指租期较长、房租论月计算的旅馆，住宿的人多半是谋事或求学的。今以此做通名，指能容纳许多人居住的房屋，多为楼房，房间成套，设备较好。

住宅——住房（多指规模较大的）。以此做楼盘通名，意义很贴切，但用语平淡无奇。

家园——家中的庭院。泛指家乡或家庭。今楼盘命名以此做通名，体现浓浓的家庭味，给人以归宿感。

庄园——封建主占有和经营的大片地产，包括一个或若干个村庄，基本上是自给自足的经济单位。以欧洲中世纪早期的封建领主庄园最典型，我国封建时代皇室、贵族、大地主、寺院等占有和经营的大田庄，也有叫庄园的。现以庄园命名楼盘，意在突出豪宅的规模和奢华。

（2）体现楼盘聚集功能的词（说明楼盘是较多人聚集的繁华热闹

之地）

都——《说文》："都，古代指有先君之旧宗庙曰都。从邑，者声。《周礼》距国五百里为都。"① 古代指有先君宗庙的城邑。② 大城市。③ 首都，全国最高行政机关所在地。④ 国。楼盘以此做通名，取繁华热闹的聚集地之意。

郡——我国古代的行政区划。楼盘命名以此做通名，也取繁华热闹的聚集地之意，并且此字今少用，显得古雅。

邦——古代诸侯封国的称呼。国都，大城镇，或泛指地方。以此做通名，也取繁华热闹的聚集地之意。

城——都邑四周用做防守的墙垣。古代王朝国都，诸侯封地，卿大夫采邑，都以大小不同的墙垣的都邑为中心，这些都邑通称为城。后泛指一般城市。以此做通名，也取繁华热闹的聚集地之意。

镇——市镇，集镇。宋代以后称县以下的小商业都市，现多为基层行政区域单位。"镇"与英文的town对译。在欧美国家，比较好的居住聚集地叫做town。故现在汉语也用镇来命名楼盘，如泰晤士小镇等。

村——村庄。泛指人口聚居的地方。楼盘命名正是取这个泛指意。

汇——本义为河流会合。宋代苏辙《游太山·岳下》："喧闹六师合，汹涌众流汇。"后扩大为指任何事物的汇合、汇聚。以此命名楼盘，取其聚集之意，如在翻译Broadway时，将之音译加意译为百老汇。

书院——旧时地方上设立的供人读书、讲学的处所，有专人主持。从唐代开始，历代都有。清末废科举后，大都改为学校。楼盘命名以此做通名，取其书卷气和聚集义。

都城——首都。首都都是人们向往之地，以此做通名，也取其繁华热闹的聚居地之意。

城市——人口集中、工商业发达、居民以非农业人口为主的地区。现代居住观念仍以居住在城市为傲，故楼盘命名以此为通名，也取其繁华热闹的聚居地之意。

都市——大城市。楼盘命名以此为通名，也取其繁华热闹的聚居地之意。

街——城市的大道，如大街小巷。今楼盘以此做通名，多指商铺集中的街道。

商铺——商铺是经营者为顾客提供商品交易、服务及感受体验的场所。以此作为商业用途的楼盘通名非常妥帖。

天地——原义指天和地，后比喻人们活动的范围。以此做楼盘通名，取的是其比喻义。

（3）体现楼盘环境功能的词

苑——《说文》："苑，所以养禽兽也。从艹，夗声。" ① 养禽兽植树木的地方。后来多指帝王游猎的场所。② 会集地。多指学术文艺的中心。如翰苑、艺苑。这个字以前只有皇家可以用，王宫大臣都不能使用。楼盘命名大概就是取这个尊贵和环境好之意，而且"苑"和"园"读音相近，字形也美，就用来做楼盘通名了。

园——《说文》："园，所以树果也。从囗，袁声。" ① 种植花果、树木、菜蔬的地方，四周通常有垣篱，如花园、果园、菜园、植物园。② 供人憩息、游乐或观赏的地方。如公园、戏园、动物园。楼盘用此字做通名，古已有此用法，如上海的"豫园"。今用此字暗示小区环境如有私家园林一般。

花园——指种植花木供游玩休息的场所。如唐代李適《奉和春日幸望春宫应制》："玉辇金舆天上来，花园四望锦屏开。"楼盘用此字做通名，彰显楼盘环境好。

庭院——正房前的院子。泛指院子。以此做楼盘通名，意在暗示楼盘环境好。

湾——水流弯曲的地方。据说此字最早用在香港楼盘案名中，彰显其楼盘的地理形势。后因上海近海楼盘的开发和开发商为了迎合消费者对伴水而居的憧憬，上海楼盘通名中也出现了"湾"字。

2. 外来词

中心 ——直接译自英语的centre，如英语中的shopping centre。

社区、小区 ——"社区"是引进英语community一词时几经反复最后接受下来的词。"小区"则是这一名称的发展，义指"小的社区"，指可以提供人与人沟通交流、人与自然环境协调共处，并能体现出社会生活安全感和认同感的居住场所。

广场——译自西班牙语plaza，原指商业集中区，往往是一幢大楼或大厦，但由于其在法语中写作place，常用做“广场”的意思，中国人也就译为了“广场”[1]。现在楼盘多用此命名商厦等，也算贴近其本义了。

综上所述，楼盘通名中的汉语固有词有46个，外来词3个。汉语固有词分为3类：体现楼盘居住功能的27个，体现楼盘聚集功能的14个，体现楼盘环境功能的5个。在排名前10位的楼盘通名中，第1位的“苑”、第2位的“园”和第6位的“庭”属于体现楼盘环境功能的汉语固有词；第4位的“城”属于体现楼盘聚集功能的汉语固有词；第3位的“大厦”、第7位的“公寓”、第9位的“别墅”和第10位的“家园”都属于体现楼盘居住功能的汉语固有词；唯有第8位的“广场”属于外来词。

三、对楼盘通名修饰词的研究

笔者对语料中所有单音节通名的1字修饰词进行了统计，按其数量进行排序，并计算出其在所有有1字修饰词的楼盘案名中所占的比例，从中可以看出1字修饰词用字的特点。在416例有1字修饰词的楼盘案名中，修饰词词频占前5位的为“新”、“名”、“华”、“豪”、“景”，占总数的38.07%。如表7：

表7

序号	1字修饰词	与之搭配的通名	数量	比例
1	新	筑、园、村、苑、城、镇、邸、街、居	40	9.64%
2	名	墅、邸、都、庭、庐、园、苑	40	9.64%
3	华	苑、府、庭、城、园、院	32	7.71%
4	豪	轩、苑、庭、园	26	6.27%
5	景	苑、庭、园、城、都	20	4.82%
合计			158	38.07%

[1] 参见周荐：《双字组合与词典收条》，《中国语文》1999年第4期。

排名第6位到第10位的是“雅”、“花”、“佳”、“星”、“丽”、“商”、“嘉”，占总数的21.69%。如表8：

表8

序号	1字修饰词	与之搭配的通名	数量	比例
6	雅	园、居、苑	19	4.58%
6	花	苑、城	19	4.58%
7	佳	苑、园	16	3.85%
8	星	苑、座、城、墅	10	2.41%
8	丽	墅、园、苑、都	10	2.41%
9	商	城、苑、都、厦	8	1.93%
10	嘉	园、苑	8	1.93%
合计			90	21.69%

排名在第11位到第15位的是“绿”、“小”、“艺”、“馨”、“茗”、“翠”、“紫”、“南”、“康”、“家”、“晶”、“锦”、“东”、“金”、“欣”、“博”、“御”、“春”、“美”、“云”、“尚”，占总数的21.69%。因数量相同，其中“绿”、“小”并列第11位，“艺”、“馨”并列第12位，“茗”、“翠”、“紫”、“南”并列第13位，“康”、“家”、“晶”、“锦”、“东”、“金”并列第14位，“欣”、“博”、“御”、“春”、“美”、“云”、“尚”、“沁”并列第15位。如表9：

表9

序号	1字修饰词	与之搭配的通名	数量	比例
11	绿	城、苑、园	7	1.69%
11	小	镇、城	7	1.69%
12	艺	墅、阁、庭	6	1.45%
12	馨	苑、庭	6	1.45%
13	茗	园、庭、苑	5	1.20%
13	翠	庭、都、苑	5	1.20%
13	紫	城、苑	5	1.20%
13	南	园、苑	5	1.20%
14	康	城、庭	4	0.96%

序号	1字修饰词	与之搭配的通名	数量	比例
14	家	苑	4	0.96%
14	晶	街、舍、座	4	0.96%
14	锦	庭、都、庐	4	0.96%
14	东	郡、苑、城	4	0.96%
14	金	座、邸、城	4	0.96%
15	欣	苑	3	0.72%
15	博	园	3	0.72%
15	御	苑	3	0.72%
15	春	舍、墅	3	0.72%
15	美	墅	3	0.72%
15	云	庭、居、轩	3	0.72%
15	尚	座、城、都	3	0.72%
15	沁	苑	3	0.72%
合计			93	22.35%

排名第16位的是“尊”、“原”、“宝”、“贵”、“逸”、“杰”、“北”、“安”、“二”、“福”、“鼎”、“蓝”，都只有2例，占总数的5.78%。如表10：

表10

序号	1字修饰词	与之搭配的通名	数量	比例
16	尊	邸	2	0.48%
16	原	墅	2	0.48%
16	宝	邸	2	0.48%
16	贵	都	2	0.48%
16	逸	墅、居	2	0.48%
16	杰	座	2	0.48%
16	北	苑	2	0.48%
16	安	居、邦	2	0.48%
16	二	村	2	0.48%
16	福	城、邸	2	0.48%
16	鼎	园、城	2	0.48%
16	蓝	湾、庭	2	0.48%
合计			24	5.78%

排名第17位的是“怡”、“海”、“老”、“富”、“馥”、“城”、“银”、“梦”、“高”、“雍”、“秋”、“青”、“航”、“漫”、“明”、“秀”、“兰”、“龙”、“舒”、“栖”、“宽”、“世”、“瑞”、“夏”、“水”、“煌”、“天”、“宜”、“汇”、“上”、“红”、“冠”、“颐”、“荣”、“养”、“桃”、“中”、“俊”、“兴”、“愚”、“随”、“恬”、“愉”、“臻”、“凯”、“铂”、“郡”、“涟”、“唐”、“易”、“铭”、“汉”，仅各1例，占总数的12.74%。如表11：

表11

序号	1字修饰词	与之搭配的通名	数量	比例
17	怡	苑	1	0.24%
17	海	墅	1	0.24%
17	老	街	1	0.24%
17	富	邦	1	0.24%
17	馥	邦	1	0.24%
17	城	邦	1	0.24%
17	银	苑	1	0.24%
17	梦	苑	1	0.24%
17	高	邸	1	0.24%
17	雍	邸	1	0.24%
17	秋	邸	1	0.24%
17	青	城	1	0.24%
17	航	城	1	0.24%
17	漫	城	1	0.24%
17	明	城	1	0.24%
17	秀	庭	1	0.24%
17	兰	庭	1	0.24%
17	龙	庭	1	0.24%
17	舒	庭	1	0.24%
17	栖	庭	1	0.24%
17	宽	庭	1	0.24%
17	世	都	1	0.24%
17	瑞	都	1	0.24%

序号	1字修饰词	与之搭配的通名	数量	比例
17	夏	都	1	0.24%
17	水	都	1	0.24%
17	煌	都	1	0.24%
17	天	都	1	0.24%
17	宜	居	1	0.24%
17	汇	居	1	0.24%
17	上	郡	1	0.24%
17	红	郡	1	0.24%
17	冠	郡	1	0.24%
17	颐	园	1	0.24%
17	荣	园	1	0.24%
17	养	园	1	0.24%
17	桃	园	1	0.24%
17	中	园	1	0.24%
17	俊	园	1	0.24%
17	兴	园	1	0.24%
17	愚	园	1	0.24%
17	随	园	1	0.24%
17	恬	园	1	0.24%
17	愉	园	1	0.24%
17	臻	园	1	0.24%
17	凯	厦	1	0.24%
17	铂	庭	1	0.24%
17	郡	园	1	0.24%
17	涟	城	1	0.24%
17	唐	城	1	0.24%
17	易	墅	1	0.24%
17	铭	苑	1	0.24%
17	汉	宫	1	0.24%
合计			53	12.74%

语言随社会发展而发展，同时语言又体现出社会风貌及变迁。楼盘

案名作为一种文化标记，承载着丰富的文化信息，是社会历史和语言的记录。所以上海楼盘通名的修饰词也折射出上海的城市文化和社会心理需求。笔者将通名修饰词分为14类：

1. 体现对物质财富和权力地位的追求

如："名"、"豪"、"金"、"银"、"尊"、"宝"、"贵"、"铂"、"富"、"荣"、"上"、"御"、"煌"、"冠"、"鼎"、"高"、"天"、"华"、"世"等。

此类有19个通名修饰词，一共有123例，占总数的29.57%。

2. 体现对居住整体环境意境美的追求

如："雅"、"绿"、"翠"、"花"、"丽"、"美"、"水"、"兰"、"秀"、"景"、"梦"、"青"、"夏"、"馥"、"馨"、"海"、"秋"、"涟"、"桃"、"云"、"晶"、"锦"、"蓝"、"星"、"宽"、"春"等。

此类有26个通名修饰词，一共125例，占总数的30.05%。

3. 体现楼盘定位

如："商"等。

此类只有1个通名修饰词，一共8例，占总数的1.92%。

4. 体现美好祝愿

如："愉"、"福"、"安"、"怡"、"兴"、"康"、"雍"、"红"、"瑞"、"欣"、"凯"、"臻"等。

此类有12个通名修饰词，一共19例，占总数的4.57%。

5. 体现传统文化色彩

如："愚"、"养"、"易"、"唐"、"茗"、"龙"、"颐"、"中"、"紫"、"铭"、"汉"等。

"愚"源于成语"大智如愚"；"养"来自中华文化中"养生"的观念；"易"源于中华文化之根《易经》；"唐"是中国最鼎盛的朝代"唐朝"；"茗"源于中国的茶文化；"龙"是中华民族的图腾象征；"颐"源于皇家园林"颐和园"；"中"是古人对中国的地理定位；"紫"源于"紫气东来"，表示祥瑞；"铭"是刻在器物上记述生平、事业或警惕自己的文字；"汉"是中国鼎盛朝代"汉朝"。此类有11个通名修饰词，一共19例，占总数的4.57%。

6. 用通名做通名修饰词

如："郡"、"城"、"汇" 等。

此类有3个通名修饰词，一共3例，占总数的0.71%。

7. 用方位词做通名修饰词

如："南"、"东"、"北" 等。

此类有3个通名修饰词，一共11例，占总数的2.64%。

8. 体现怀旧和返璞归真的情怀

如："原"、"老" 等。

此类有2个通名修饰词，一共3例，占总数的0.71%。

9. 体现道德品质和素质修养追求

如："俊"、"宜"、"杰"、"明"、"尚"、"佳"、"嘉"、"博"、"艺" 等。

此类有9个通名修饰词，一共41例，占总数的9.86%。

10. 体现人居休闲文化

如："舒"、"逸"、"漫"、"恬"、"家"、"栖"、"小" 等。

此类有7个通名修饰词，一共18例，占总数的4.33%。

11. 体现求新求变的心理

如："新" 等。

此类有1个通名修饰词，一共40例，占总数的9.62%。

12. 体现楼盘的构成

如："二" 等。

"和合二村"、"石笋二村" 是两个楼盘合在一起命名的。此类有1个通名修饰词，仅2例，占总数的0.48%。

13. 表明地理位置

如："航" 等。

"金色航城" 位于航头镇镇中心。此类有1个通名修饰词，仅1例，占总数的0.24%。

14. 比照历史名园命名的修饰词

如："随"、"沁"、"桃" 等。

"随园"是袁枚的金陵织造隋赫德之园，后更其名为随园，因自好随园老人，其诗话称为《随园诗话》，作品集则称为《随园全集》。"沁园"是汉明帝在当时的沁水县境内为皇女刘致所建的园林，全称应为沁水公主园。"桃园"是春秋晋国的一个园名。此类有3个通名修饰词，有5例，占总数的1.21%。

在这14类中，追求对居住整体环境意境美的命名比重最大，为30.05%；其次是追求物质财富和权力地位的命名比重，为29.57%。

此外，追求道德品质和素质修养的命名占9.86%；体现求新求变心理的命名占9.62%；体现美好祝愿的命名占4.57%；体现传统文化色彩的命名占4.57%；体现人居休闲文化的命名占4.33%；用方位词做通名修饰词的命名占2.64；用比照历史名园命名的修饰词的命名占1.21%；用通名做通名修饰词的命名占0.71%；体现怀旧和返璞归真情怀的命名占0.71%；最后两位是体现楼盘的构成的命名，占0.48%；表明地理位置的命名占0.24%。我们从中可以看出，现代人对高品质生活、财富和权力、道德修养的追求，以及在喜欢追求时髦、喜新喜变的同时，又守护传统文化的心理。总的来说，这些楼盘通名修饰词都是吉祥如意、寓意美好的词。

楼盘案名中呈现出对吉祥有口彩的字的选择，实际上是中国人语言崇拜的传统文化心理的体现。在原始社会，由于人类认识水平很低，对自然现象和自然力感到困惑和恐惧。语言作为社会交际工具，被赋予了超人的力量，认为它能够给人类带来祸福，从而导致语言禁忌和灵物崇拜。[1]这样一种原始迷信的心理顺着文化的传承一直延续到现代社会，成为植根于中国人心灵中的文化传统。林语堂说："中国人对于文字的魔力，迷信至深……幻想与真理之区别，从不加以分辨，亦无意从事于分辨。""这是一个心理阶段，介临乎真实与假托之间，真假混淆，富含诗意，有似黄粱一梦中之境界。"[2]那么，楼盘命名对吉祥

[1] 陈原：《社会语言学》，学林出版社1983年版。
[2] 林语堂：《吾国与吾民》，岳麓书社2001年版，第79页。

有口彩的字的青睐，也就可以理解了。

楼盘命名虽然要被动地迎合市场，但也可以主动地引导市场。排名前10位的楼盘通名修饰词寓意美好，使用频率很高，但是在语言使用过程中，它们是不断地钝化的，也就是说当人们不断使用一种语言表达方式，以致人们习以为常时，这种语言表达方式就变得平庸和陈旧，人们对它的感觉迟钝了，只剩下机械地认识和无意识地反应，不再享受其美好寓意带来的美好感受。所以，排名越靠前的楼盘通名修饰词就越早进入人们的思维定势，难以让人从感觉的麻痹中恢复过来，体味它的新奇和美丽。而楼盘案名作为一种楼盘营销的至关重要的一环，需要引起受众对它的兴趣，带给受众生活的灵感和美感。应该如何来解决这个问题呢？这里需要借用一个著名的文学理论术语——“陌生化”（defamiliarization）。它由俄国形式主义评论家什克洛夫斯基提出。他说：“艺术之所以存在，就是为使人恢复对生活的感觉，就是为了使人感受事物……艺术的目的是要人感觉到事物，而不是仅仅知道事物。艺术的技巧就是使对象陌生，使形式变得困难，增加感觉的难度和时间的长度，因为感觉过程本身就是审美目的，必须设法延长。”[1]这个理论强调的是在内容与形式上违反人们习见的常情、常理、常事，同时在艺术上超越常境。陌生化的基本构成原则是表面互不相关而内里存在联系的诸种因素的对立和冲突，正是这种对立和冲突造成了“陌生化”的表象，给人以感官的刺激或情感的震动。克雷齐在《心理学纲要》中指出，人们对外界的刺激有“趋新”、“好奇”的特点，而那些“完全确实的情境（无新奇、无惊奇、无挑战）是极少引起兴趣或维持兴趣的”[2]。所以，新奇的东西才能唤起人们的兴趣，才能在新的视角、新的层面上发掘出自我本质力量的新的层次并进而保持它，而“陌生化”正是化熟悉为新奇的利器。由此可见，使用目前统计比率低的楼盘通名修饰词，如目前只有1例的“雍”、“秋”、“青”等，或启用新的楼盘通名修饰词，是楼盘命名“陌生化”的两条途径。

[1] 转引自朱立元：《当代西方文艺理论》，华东师范大学出版社1997年版，第45页。

[2] 克雷齐：《心理学纲要》，文化教育出版社1982年版，第138页。

第四节　楼盘专名中的汉字

一、楼盘专名命名分类

1. 二字[1]专名命名分类

我们将638例2字专名根据命名的缘由分为5大类：第一类是以楼盘相关地域名、开发商名等命名，有201例，占总数的31.51%；第二类是以现成词命名，有102例，占总数的15.99%；第三类是以谐音词命名，有13例，占总数2.04%；第四类是以音译词命名，有21例，占总数的3.29%；第五类是以临时构词命名，有301例，占总数的47.18%。其中，第一类又分为9小类：① 以区名命名；② 以城市名命名；③ 以区域名命名；④ 以山、河、湖、公园命名；⑤ 以附近学校命名；⑥ 以开发商、物业商、投资商名命名；⑦ 以附近路名命名；⑧ 联合命名；⑨ 以人名命名。详见表12：

表12

	类别	例子	数量	比例
第一类 以楼盘相关地域名、开发商名等命名 （201例）	① 以区名命名	徐汇臻园 黄浦华庭	14	2.19%
	② 以城市名命名	上海花园 上海湾	10	1.57%
	③ 以区域名命名	康桥水都 高行家园	19	2.98%
	④ 以山、河、湖、公园命名	佘山翠庭 浦江公馆	6	0.94%
	⑤ 以附近学校命名	同济华城	1	0.16%
	⑥ 以开发商、物业商、投资商名命名	中大易墅 中邦城市	107	16.77%

[1] 在本节中，笔者只关注专名的汉字构建意向，故谈到字数的问题，既是指专名的字数，与通名无关。另外，1字专名因没有构建意向的问题，此处不对它进行研究。

	类别	例子	数量	比例
第一类 以楼盘相关地域名、开发商名等命名 （201例）	⑦ 以附近路名命名	昌里雅苑 春申府邸	36	5.64%
	⑧ 联合命名[1]	曹江公寓 星罗苑	7	1.09%
	⑨ 以人名命名	香梅花园	1	0.16%

第二类是以现成词命名。见表13：

表13

	例子	数量	比例
第二类 以现成词命名	绿洲康城、东方豪园、清风华院、海港新苑、东海园、绝对城市、名企公馆、外滩99	103	16.14%

第三类是以谐音词命名[2]。见表14：

表14

	类别	例子	数量	比例
第三类 以谐音词命名 （13例）	① 谐固定词	领秀丽墅 海尚明城	6	0.94%
	② 谐开发商名或路名	瀛华苑 金和佳园	7	1.09%

第四类是以音译词命名[3]。见表15：

表15

	例子	数量	比例
第四类 以音译词命名	奥克苑、海伦新苑、温莎公寓、伦敦广场	20	3.13%

第五类是以临时构词命名，又分为8小类：① 偏正型；② 动宾型；

[1] 联合命名就是除去固定词和临时构词命名以外的命名法联合使用。

[2] 谐音具体分析可参看第七章第三节。第七章第三节的谐音主要是谈语音问题，而本章是谈构词问题。

[3] 音译词命名的情况比较复杂，后面有专名一节对此做分析，此处不赘言。

③ 联合型；④ 主谓型；⑤ 补充型；⑥ 成语缩写；⑦ 重叠式；⑧ 暂无法确定构词法，见表16：

表16

	类别	例子	数量	比例
第五类 以临时构词命名 （301例）	① 偏正型	豪景苑 兰郡名苑	174	27.27%
	② 动宾型	怡心苑 御翠豪庭	20	3.13%
	③ 联合型	富泰苑 华盛新苑	49	7.68%
	④ 主谓型	兰沁苑 君悦花园	39	6.11%
	⑤ 补充型	扬盛佳苑	1	0.16%
	⑥ 成语缩写	文宝苑 立雪苑	5	0.78%
	⑦ 重叠式	弯弯别墅 本本大厦	3	0.47%
	⑧ 暂无法确定构词法	白丽大厦 大宁新天地	10	1.57%

2. 三字专名命名分类

笔者将73例3字专名按照2字专名的分法也分为相同的5大类：第一类是以楼盘相关地域名、开发商名等命名，有23例，占总数的31.51%；第二类是以现成词命名，有27例，占总数的36.99%；第三类是以谐音词命名，有8例，占总数1.09%；第四类是以音译词命名，有14例，占总数的19.18%；第五类是以临时构词命名，有9例，占总数的12.33%。

第一类是以楼盘相关地域名、开发商名等命名，又分为7小类：① 以区名命名；② 以城市名命名；③ 以区域名命名；④ 以山、河、湖、公园命名；⑤ 以开发商、物业商、投资商名命名；⑥ 以附近路名命名。见表17：

表17

	类别	例子	数量	比例
第一类 以楼盘相关地域名或开发商名命名 （23例）	① 以区名命名	静安门	1	1.37%
	② 以城市名命名	金上海花园	2	2.74%
	③ 以区域名命名	徐家汇馆	1	1.37%
	④ 以山、河、湖、公园命名	淀山湖庄园	3	4.11%
	⑤ 以开发商、物业商、投资商命名	中浩云花园 兴力浦大厦	15	20.5%
	⑥ 以附近路名命名	美兰湖别墅	1	1.37%

第二类是以现成词命名，又分为3小类：① 3字现成词；② 1字修饰词+2字现成词；③ 2字修饰现成词+1字词。见表18：

表18

	类别	例子	数量	比例
第二类 以现成词命名 （27例）	① 3字现成词	紫丁香花园	4	5.48%
	② 1字修饰词+2字现成词	金海岸花园	11	15.07%
	③ 2字修饰现成词+1字词	棕榈湾花园	12	16.43%

第三类是以谐音词命名。见表19：

表19

	例子	数量	比例
第三类 以谐音词命名	爵仕悦 粤亮湾景苑	8	10.9%

第四类是以音译词命名。见表20：

表20

	例子	数量	比例
第四类 以音译词命名	爱里舍花园 蒙特利城	14	19.18%

第五类是以临时构词命名，又分为2小类：① 偏正型；② 其他。见表21：

表21

	类别	例子	数量	比例
第五类 以临时构词命名（9例）	1. 偏正型（2+1）	淡水湾花园	8	10.9%
	2. 其他	富比仕	1	1.37%

3. 四字专名命名分类

笔者将435例4字专名也分为5大类：第一类是以楼盘相关地域名、开发商等名命名，有245例，占总数的56.32%；第二类是以现成词命名，有57例，占总数的13.10%；第三类是以谐音词命名，有8例，占总数1.84%；第四类是以音译词命名，有15例，占总数的3.45%；第五类是以临时构词命名，有110例，占总数的25.29%。

第一类是以楼盘相关地域名、开发商等名命名，又分为8小类：① 以区名命名；② 以城市名命名；③ 以区域名命名；④ 以山、河、湖、公园命名；⑤ 以附近学校命名；⑥ 以开发商、物业商、投资商名命名；⑦ 以附近路名命名；⑧ 联合命名。见表22：

表22

	类别	例子	数量	比例
第一类 以楼盘相关地域名、开发商名等命名 （245例）	① 以区名命名	徐汇御景苑 静安凤凰苑	21	4.83%
	② 以城市名命名	上海潮流 上海星港	5	1.15%
	③ 以区域名命名	上南春天苑 金色西郊城	26	5.98%
	④ 以山、河、湖、公园命名	太湖美山庄 浦江天第苑	8	1.84%
	⑤ 以附近学校命名	复旦书馨公寓	1	0.23%
	⑥ 以开发商、物业商、投资商名命名	复地香堤苑 万科朗润园	154	35.40%
	⑦ 以附近路名命名	罗山怡景苑 天山星辰	21	4.83%
	⑧ 联合命名	融都金桥园 圣骊澳门苑	9	2.07%

第二类是以现成词命名，又分为2小类：①偏正型；②联合型。见表23：

表23

	类别	例子	数量	比例
第二类 以现成词命名 （57例）	①偏正型	海上明珠园 东方巴黎城	24	5.52%
	②联合型	碧海现代苑 环岛翡翠湾	33	7.59%

第三类是以谐音词命名。见表24：

表24

	例子	数量	比例
第三类 以谐音词命名	锋巢宫寓 瀚林世家	8	1.84%

第四类是以音译词命名。见表25：

表25

	例子	数量	比例
第四类 以音译词命名	欧泊圣堡 维纳阳光	15	3.45%

第五类临时构词命名，又分为3小类：①2字现成词+2字临时构词；②2字临时构词+2字现成词；③2字临时构词+2字临时构词。见表26：

表26

	类别	类别	例子	数量	比例
第五类 以临时构词命名 （110例）	①2字现成词 +2字临时构词 （11例）	a. 偏正型	世纪左岸 格调星洲	6	1.38%
		b. 联合型	方舟谷水苑 东方康洛园	4	0.92%
		c. 主谓型	四季宜景苑	1	0.23%
	②2字临时构 词+2字现成词 （65例）	a. 偏正型	康河原味 大业领地	6	1.38%
		b. 联合型	鼎鑫名流苑 嘉骏香山苑	58	13.33%
		c. 动宾型	溢盈河畔别墅	1	0.23%

	类别	类别	例子	数量	比例
	③ 2字临时构词+2字临时构词（34例）	a. 偏正型	水清年华花园 盈湖三岛	3	0.69%
		b. 联合型	翠逸丽晶 杉林新月	29	6.67%
		c. 主谓型	湖山在望花园 三春汇秀苑	2	0.46%

4. 五字专名命名分类

笔者将73例5字专名分为4大类：第一类是以楼盘相关地域名、开发商名等命名，有50例，占总数的68.49%；第二类是以现成词和临时构词共同命名，有11例，占总数的15.07%；第三类是以谐音词命名，有1例，占总数1.37%；第四类是以音译词命名，有11例，占总数的15.07%。

第一类以楼盘相关地域名、开发商名等命名，又分为7小类：① 以区名命名；②以城市名命名；③ 以区域名命名；④ 以山、河、湖、公园命名；⑤ 以开发商、物业商、投资商名命名；⑥ 以附近路名命名；⑦ 联合命名。见表27：

表27

	类别	例子	数量	比例
第二类 以楼盘相关地域名、开发商名等命名 （50例）	① 以区名命名	徐汇自由度	1	1.37%
	② 以城市名命名	大上海紫金城	1	1.37%
	③ 以区域名命名	莱阳生活赏	10	13.70%
	④ 以山、河、湖、公园命名	夏阳湖国际花园	3	4.11%
	⑤ 以开发商、物业商、投资商名命名	达安春之声花园	24	32.88%
	⑥ 以附近路名命名	东淮海壹号	5	6.85%
	⑦ 联合命名	绿地诺丁山	6	8.22%

第二类以现成词和临时构词共同命名。见表28：

表28

	例子	数量	比例
第二类 以现成词和临时构词共同命名	宝纳文化源 华亭大都会	11	15.07%

第三类是以谐音词命名。见表29：

表29

	例子	数量	比例
第三类　以谐音词命名	月夏香樟林	1	1.37%

第四类是以音译词命名。见表30：

表30

	例子	数量	比例
第四类　以音译词命名	欧罗巴生活 金色奥斯卡	11	15.07%

5. 六字专名命名分类[1]

笔者将84例6字专名分为4大类：第一类是以楼盘相关地域名、开发商名等命名，有60例，占总数的71.43%；第二类是以现成词命名，有1例，占总数的1.19%；第三类是以现成词和临时构词共同命名，有19例，占总数的22.62%；第四类是音译词命名，有4例，占总数的4.76%。

第一类以楼盘相关地域名、开发商名等命名，又分为6小类：① 以城市名命名；② 以区域名命名；③ 以山、河、湖、公园命名；④ 以开发商、物业商、投资商名命名；⑤ 以附近路名命名；⑥ 联合命名。见表31：

表31

	类别	例子	数量	比例
第一类 以楼盘相关地域名、开发商名等命名 （60例）	① 以城市名命名	上海梦想雍景苑	3	3.57%
	② 以区域名命名	梅陇镇新都会	4	4.76%

[1] 7字、8字、9字、10字专名因数量少，不具有统计学意义，故不专门分析，放入本章第二节一起分析。

	类别	例子	数量	比例
	③以附近山、河、湖、公园命名	佘山假日半岛	2	2.38%
	④以开发商、物业商、投资商名命名	万宇荣盛阳光苑	40	47.62%
	⑤ 以附近路名命名	桃园新城瑞和苑	2	2.38%
	⑥ 联合命名	上海绿城玫瑰园	9	10.71%

第二类是以现成词命名。见表32：

表32

	例子	数量	比例
第二类　以现成词命名	春天花园酒店公寓	1	1.19%

第三类是以现成词和临时构词共同命名。见表33：

表33

	例子	数量	比例
第三类 以现成词和临时构词共同命名	金铭文博水景 华敏翰尊国际	19	22.62%

第四类是音译词命名。见表34：

表34

	例子	数量	比例
第四类 以音译词命名	半岛托斯卡纳 海上普罗旺斯	4	4.76%

二、楼盘专名汇总分析

1. 以楼盘相关地域名、开发商名等命名

（1）以区名命名

2字专名到5字专名均有以区名命名的楼盘，共有37例，占总数的2.78%。其中，以徐汇命名15例，以静安命名13例，以黄浦命名4例，以长宁命名2例，以卢湾、嘉定、虹口命名各1例。徐汇区素有上海高级居住区之称，近代史上中外名流纷纷择居徐汇，人文历史与建筑文化的

融合，涵养了徐汇住宅的高雅品质，“住在徐汇”已成为上海房地产市场的品牌，故以徐汇命名的楼盘最多，彰显“住在徐汇”的区域优势。静安区是商业商务兴旺、人文景观丰厚、文化气息浓郁、城区环境优美、信息交通便捷的中心城区，也是上海对外开放的重要窗口，故以静安命名的楼盘案名也多。黄浦区万商云集、市场繁荣，是全国闻名的商贸购物中心，是上海的行政文化中心、交通集散中心、旅游热点之一，楼盘以黄埔命名也能彰显楼盘区域优势。卢湾区位于上海市中心，拥有丰富的历史人文史迹，故以卢湾命名楼盘，显示出楼盘历史人文底蕴。总而言之，这些用来命名楼盘的区都是繁华之地，将区名冠之楼盘，表现出上海人居住崇尚繁华，以居市中心为傲的心理。

（2）以城市名命名

2字专名到7字专名均有以城市名命名的楼盘，共有26例，占总数的1.96%。其中以上海命名的楼盘有25例，以香港命名的楼盘1例。上海是中国的经济中心，以上海命名楼盘体现了上海人的自豪心理。香港也是经济发达之地，以香港命名表现了人们对繁华之都的向往。

（3）以区域名命名

2字专名到7字专名均有以区域命名的楼盘，共有61例，占总数的4.59%。以区域命名主要的功能是以所在区域及附近商圈等定位楼盘的位置。

（4）以附近山、河、湖、公园命名

2字专名到6字专名均有以附近山、河、湖、公园命名的楼盘，共有22例，占总数的1.66%。其中以湖命名的9例，以山命名的7例，以江命名的3例，以公园命名的3例。开发商以附近山、河、湖、公园命名楼盘是为了彰显楼盘优越的居住环境，投合人们希望依山傍水而居的心理，体现了现代人想要贴近自然的愿望。

（5）以附近学校命名

以附近学校命名的楼盘共有3例，占总数的0.23%。如同济华城、复旦书馨公寓、中科大学村·独尊，都是以附近著名大学同济、复旦、中国科技大学上海研究院命名，开发商意在营造浓厚的人文气息，也投

合了人们的名校情结。

（6）以开发商、物业商、投资商名命名

2字专名到7字专名、9字专名均有以开发商、物业商、投资商名命名的楼盘，共有347例，占总数的26.11%，所占比重很大。此类楼盘以知名开发商、物业商、投资商命名，是为了以品牌效应促销售，以不知名开发商、物业商、投资商命名则是宣传自己，培育品牌。

（7）以附近路名命名

2字专名到7字专名均有以附近路名命名的楼盘，共有66例，占总数的4.97%。以附近路名命名的主要功能是定位楼盘的位置。

（8）联合命名

联合命名一共有36例，占总数的2.71%，细分为14类：

① 以两条路名联合命名

曹江公寓（位于曹安路与华江之路）

浦云大厦（座落于浦东南路、云台路口的浏河路19号）

② 以开发商名和物业商名联合命名

科汇景苑（徐汇物业公司、上海科房置业有限公司）

华升新苑（上海华福房地产开发、德升物业）

③ 以开发商名和路名联合命名

圣骊澳门苑（上海圣骊房地产有限公司、澳门路58弄小区）

星罗苑（罗香路168弄、上海中星集团）

融都金桥园（上海融都房产开发有限公司、金桥路1221弄）

新梅淞南苑（上海新梅置业股份有限公司为本案的项目公司，位于宝山淞南路）

④ 以开发商名和区域名联合命名

中信泰富朱家角新城复地北桥城

大华西郊别墅绿地康桥新苑（绿地集团）

银桥大厦（上海银泰置业股份有限公司、金桥板块）

中房三林城金谊河畔（上海中房置业、三林商圈）

华泾绿苑（上海龙华房地产有限公司，尤为适合在漕河泾、徐家汇

上班族等居住）

⑤ 以开发商名和音译词联合命名

万科兰乔圣菲绿地诺丁山

福运马洛卡（昆山福运置业发展有限公司）

绿洲比华利花园（上海绿洲花园置业有限公司）

中祥哥德堡（上海中祥集团有限公司）

⑥ 以开发商名和山、湖名联合命名

耀江淀湖桃源（浙江省耀江集团）

中凯佘山别墅

⑦ 以开发商名、物业商名和音译词联合命名

恒盛·阳光威尼斯—提香湾（恒盛地产控股有限公司、上海阳光集团物业管理有限公司）

⑧ 以开发商名和城市名联合命名

上海新金桥大厦（金桥集团有限公司）

紫都上海晶园（上海紫都佘山房产有限公司）

上海合生国际花园（合生创展集团）

上海奥林匹克花园（上海奥林匹克置业投资有限公司）

上海交银金融大厦（交通银行股份有限公司）

上海绿城玫瑰园（上海绿城森林高尔夫别墅开发有限公司）

⑨ 以城市名和音译词联合命名

上海国际摩尔城上海奥斯卡

⑩ 以城市名和区域名联合命名

上海西郊明苑别墅

⑪ 以区域名和音译词联合命名

虹桥帝梵尼花园

⑫ 以区域名和山湖名联合命名

古北佘山国际别墅

⑬ 以区域名和路名联合命名

菊泉新城古北陆翔苑（位于宝山区陆翔路358弄1～92号）

⑭ 以山湖名和音译词联合命名

美兰湖奥特莱特

这14类联合命名中，含有开发商名、物业商名的9类，有音译词的5类，有区域名的5类，有城市名的3类，有路名的3类，有山湖名的3类。可见，在楼盘联合命名中，开发商名、物业商名参与的类别最多，其次为音译词和区域名，原因与上文“开发商、物业商名以品牌效应促销售”的分析是一致的。

综上所述，第一类以楼盘相关地域名、开发商名等命名，共有598例，占总数的44.99%。其中，以开发商、物业商、投资商名命名的比重最大，为总数的26.11%，其次为以附近路名命名4.97%，以区域名命名4.59%，以区命名2.78%，联合命名2.71%，以城市名命名1.96%，以山、河、湖、公园命名1.66%，以附近学校命名0.23%。

2. 以现成词命名

仅以现成词命名的楼盘案名有164例，占总数的12.34%。由现成词和单字组合命名的楼盘案名有33例，由现成词和临时构词组合命名的楼盘案名有106例。这反映了人们在命名时有利用现成词的倾向。就如人们把李宇春的歌迷叫做“玉米”、把何洁的粉丝叫“盒饭”、把张靓颖的粉丝叫“凉粉”、把郭德纲的粉丝叫“钢丝”一样，用的是现成词来命名。

3. 以谐音词命名

此类楼盘案名共有51例，占总数的3.84%。在第七章第三节有专门地分析，此处不赘述。

4. 以音译词命名

把联合命名中有音译词命名也算上的话，以音译词命名楼盘有73例，占总数的5.49%。汇总细分为：

（1）以外国人名命名

如：莫奈的花园、爱伦坡艺墅、罗兰花园、海伦新苑、温莎半岛别墅、温莎花园、温莎公寓、莫奈印象、富兰克林、维多利亚购物中心、亨纳斯酒店公寓、罗宾森购物广场、毕加索小镇

（2）以外国地名命名

如：伦敦广场、罗马花园、爱丁堡、西雅图、巴黎时光、巴黎风情、大唐奥斯汀、莱顿小城、都灵广场、莱英郡、爱里舍花园、普拉托小城、泰晤士小镇、蒙特利城、好莱坞花园、圣卡洛·铂庭、英郡雷丁、蓝堡爱琴海、清水依瓦诺、阳光威尼斯、圣塔路斯、马洛卡岛、欧罗巴生活、半岛托斯卡纳、海上普罗旺斯、东方夏威夷、魏玛原墅、圣马丽诺桥语别墅、百米香榭、绿地诺丁山、福运马洛卡、绿洲比华利花园、中祥哥德堡、海德名园、德玛公寓

（3）以外国大学名命名

如：剑桥馨苑、剑桥丽苑

（4）以外来事物、理念等命名

如：奥克苑、豪布斯卡、乐莫苑、圣特丽墅、夏朵小城、圣美邸、虹桥帝梵尼花园、林顿大厦、奥世澜、维多利华庭、Westwood慧芝湖花园、欧泊圣堡、维纳阳光、上海·皮尔中心、圣堤生活街、维诗凯亚、圣诺亚商务广场、金色奥斯卡、金色贝拉维、万科兰乔圣菲、上海国际摩尔城、上海奥斯卡、美兰湖奥特莱特

这73例音译词中，只有8例是纯粹的音译词，其他65例都是中西组合命名，有的和通名组合命名，有的和现成词组合命名，有的和开发商名组合命名，带着明显汉化的痕迹。

第（1）、（2）、（3）类楼盘命名，或以命名所在地的建筑风格为蓝本，比如“毕加索小镇”是西班牙风格建筑、“爱丁堡”以苏格兰风情为特色；或以命名所在地的美好景色比拟楼盘所营造的品味和环境，试图营造出与这些地方惬意生活相似的生活情境，比如“半岛托斯卡纳”、“海上普罗旺斯”等。第（4）类命名比较复杂，有外来理念。如：“乐莫苑”，“乐莫”是Lomo的译名，其意思是Let Our lives be Magic and Open，让我们的生活开放、有魔力。Lomo的爱好者们给它起了一个恰当的中文名字——乐摸——让我们快乐地抚摸生活！此处用的翻译版本是“乐莫”。“金色贝拉维”，“贝拉维”是个法语音译词belle vie，意为美好生活。“豪布斯卡”是HOPSCA的译名，是当今地产模式的最高形式。它是伴随着城市功能的综合化、规模大型化和空间与流线组织复合

化而顺应成长的一种全新的复合地产。有外来事物，如："欧泊"是英文OPAL的音译，也有人把它翻译成澳宝，它是一种贵蛋白石，主要出产于澳大利亚。"美兰湖奥特莱特"，"奥特莱特"是outlet（出海口）的音译。还有的难以找到出处，如"夏朵"、"兰乔圣菲"等。上海是国际大都市，深受欧美文化的侵染，所以楼盘中音译词较多是很正常的，亦西亦中，中西合璧，本为海派文化的特色。

5. 以临时构词命名

2字专名临时构词有301例，以构建意向分为8类：复合式5类，重叠式1类，成语缩写1类，暂不清楚构词法1类。其中，有一个值得注意的现象：8类中偏正式构词174例，占2字专名临时构词的57.81%，甚至在后面的现成词组合、现成词与临时构词组合中都是偏正式占绝对优势。这与沈怀兴的"汉语词汇发展史上，复合词始终以偏正式为最多，偏正式构词法始终最能产"的研究结论是一致的。他进一步解释了这个现象的原因：当人们认识到某一事物的某一特点，出于表达的需要，给它起个名字，这个名字不仅要一般地指称该事物，而且要准确地反映该事物的某一特点，以达到突出该事物并区别于他事物的目的，于是词汇中便相应地产生了偏正式结构的词。[1]

3字专名中临时构词，共有9例；4字专名中临时构词有110例，分为2字现成词+2字临时构词、2字临时构词+2字现成词和2字临时构词+2字临时构词三类；5字专名中现成词+临时词11例，6字专名中19例，7字专名中1例，8字专名中4例；再加上1字专名中的临时构词24例。综上，楼盘专名中涉及到临时构词一共有479例，占总数的36.04%，数量很多。2字并置，甚至是3字并置，如"兴达利"等，成为一个临时性的语义单位，这也是汉语的特色。汉语在重意、重神、重风骨、重凌虚的哲学和美学传统下，形成了注重内在关系、隐含关系、模糊关系的语言结构素质。信息时报记者采访著名学者赵毅衡，谈及《诗神远游》一书的副题——"中国如何改变了美国现代诗"。赵先生说道："汉语重并置，

---

［1］沈怀兴：《汉语偏正式构词探微》，《中国语文》1998年第3期。

少联接，西方语重曲折，逶迤连绵。美国诗人在20世纪初发现汉语的并置，是产生现代诗朦胧美的好处方[1]。”石虎也谈到这个问题：“汉字之间的并置，为中国人的意识提供了巨大的舞台。当两个字自由并置在一起，就意味着宇宙中类与类之间发生相撞和相姻，潜合出无限妙语玄机。由汉字自由并置所造成的两山相撞两水相融的象象比隔和融化所产生的义象升华，是‘字思维’并置的美学原则。这种并置无非有两种可能：一种并置象象相合，字气熟悉，进入约定，名之‘合意词’；一种象象阻障，字气蛮怪，名之‘障意词’。”[2]

楼盘专名中这些临时构词，我们或能分析其构词方法，偏正也好，主谓也好，或很难将其归入某种构词法，如九隆坊、榴云新村、凯泓广场等，字与字之间相和、相障的张力盈溢出无法言说的微妙和韵致，其间诗意丰沃灵动，表达出丰富的内涵，唤醒我们的想象。

在楼盘专名的命名中，以楼盘相关地域名、开发商名等命名的所占比重最大，为44.99%；其次是以临时构词命名36.04%；再次是以现成词命名12.34%，以音译词命名5.49%，以谐音词命名3.48%。

第五节　汉字音韵在楼盘命名中的功能

汉语语音以音节为单位，一个音节一个汉字。但汉字与英语中的字母不同，它不仅仅是书写单位，还是表意单位。汉字这种特有的身兼二职的身份，使得汉语可以兼顾语言表达的意美和音美。

一、楼盘命名中的双声叠韵及叠音

双声叠韵是汉语的一种声韵现象。两个字的古声母相同或相近是双声；两个字的古韵相同或相近是叠韵。古代文学家汲取双声叠韵的灵

[1] 赵毅衡：《我更希望以诗心写诗史》，《信息时报》2003年3月22日。

[2] 石虎：《论字思维》，谢冕、吴思敬《字思维与中国现代诗学》，天津社会科学出版社2002年版，第10页。

光闪烁，广泛地运用到中国古典诗歌里。《诗经》《关雎》里用了八个双声叠韵的连绵字，双声如“参差”，叠韵如“窈窕”，双声叠韵如“辗转”。《月出》运用双声叠韵法，化一章为三章，从而取得回环往复的效果，如窈纠、忧受、夭绍。宋人黄庭坚曾写过双声诗，其中两句为：“潭庭同淡荡，仿佛复芬芳。”李重华《贞一斋诗说》云：“叠韵如两玉根叩，取其铿锵；双声如贯珠相联，取其婉转。”王国维《人间词话》云：“余谓苟于词之荡漾处多用叠韵，促节处用双声，则其铿锵可诵，必有过于前人者。”铿锵、婉转，荡漾、促节的细微区别，虽未必尽然，但双声、叠韵的音乐效果是确实存在。其音乐效果可以概括为：在一连串声音不同的字中，出现了声韵部分相同或完全相同的两个邻近的字，相同语音成分的再现强调了某一个声音以及由此声音所表达的情绪，铿锵的越发铿锵，婉转的益见婉转，荡漾的更加荡漾、促节的尤为促节，回旋荡漾，美妙悦耳。

语言是不断发展变化的。现代汉语的语音系统和上古汉语的语音系统不同。现代汉语构成叠韵的条件是：

1. 单韵母（单元音）必须相同。如：睥睨（bi ni）、呜呼（wu hu）。

2. 复韵母的主要元音（韵腹）有的相同，有的相近，但韵尾必须相同。如：酩酊（ming ding）、蹒跚（pan shan）、苁蓉（cong rong），它们的韵尾相同，韵腹也相同。又如：峥嵘（zheng rong）、玲珑（ling long）、呻吟（shen yin），它们的韵尾相同，但韵腹不同，只是相近。

3.复韵母的韵头（介音）对叠韵无关。如：袈裟（jia sha）、逍遥（xiao yao）、辗转（zhan zhuan）、潺湲（chan yuan），它们是一个有韵头，一个没韵头。又如：缱绻（qian quan），两个字的韵母都有韵头，但韵头不同。

4. 同一韵部的韵母都可构成叠韵。以现代新的诗韵为例，麻部字的韵母有a、ia、ua三种，它们的主要元音都是a，而韵头i、u对叠韵无影响。唐部字的韵母有ang、iang、uang三种，它们的韵尾韵腹都相同，而韵头i、u对叠韵无影响。寒韵字的韵母有an、ian、uan、üan四种，它们的主要元音a和韵尾n都相同，而韵头i、u、ü对叠韵无影响。

汉语的楼盘命名中也用较为宽泛的双声叠韵来增强案名的音乐性。

1. 双声命名。例如：和华名苑（he hua）、长春新苑（chang chun）、华辉绿苑（hua hui）、山水景苑（shan shui）、漪园（yi yuan）、涵合园（han he）、樱缘花园（ying yuan）、罗兰花园（luo lan）、东鼎名门（dong ding）、三湘盛世花园（sheng shi）、盛世宝邸（sheng shi）、旭辉依云湾（yi yun）、九间堂（jiu jian）、煌烘雅墅（huang hong）、樱源晶舍（ying yuan）、明月清泉别墅（qing quan）、溢盈河畔别墅（yi ying）、永业公寓（yong ye）、保利金爵公寓（jin jue）、长城大厦（chang cheng）、汇华大厦（hui hua）、嘉杰国际广场（jia jie）、海悦聚金商铺（ju jin）、翔殷心秀（xin xiu）、秀康新城昱龙嘉景苑（jia jing）。双声命名共有25例。

2. 叠韵命名。例如：吉利名苑（ji li）、丰盛雅苑（feng sheng）、云润家园（yun run）、海派青城（hai pai）、新闵捷运城（xin min）、锦麟天地（jin lin）、陆家嘴金品（jin pin）、富都大厦（fu du）。完全同音的叠韵不多，大多数叠韵都是音近叠韵，例如：永丰苑（yong feng）、阳光苑（yang guang）、亭升苑（ting sheng）、法华苑（fa hua）、阳光雅苑（yang guang）、华夏茗苑（hua xia）、四季茗苑（si ji）、天安别墅（tian'an）、紫逸佳苑（zi yi）、界龙阳光苑（yang guang）、四季宜景苑（si ji）、天山怡景苑（tian shan）、爱庐世纪新苑（shi ji）、万宇荣盛阳光苑（yang guang）、天安豪园（tian'an）、世袭愚园（shi xi）、中星恬园（tian yuan）、协合紫薇园（xie he）、阳光四季园（yang guang si ji）、共富富都园（fu du）、珠江香樟南园（xiang zhang）、御墅花园（yu shu）、协和海琴花园（xie he）、元丰天山花园（tian shan）、枫景家园（feng jing）、平江盛世家园（sheng shi）、中城高桥新城（gao qiao）、阳光世纪城（yang guang，shi ji）、绿地世纪城（shi ji）、世纪飞凡锦城（shi ji）、天然居（tian ran）、四季汇（si ji）、荣盛名邸（rong sheng）、襄阳秋邸（xiang yang）、丰景湾名邸（feng jing）、静鼎安邦府邸（jing ding）、清风华院（qing

feng）、清风别墅（qing feng）、迎亭公寓（ying ting）、鼎隆公寓（ding long）、东寅公寓（dong ying）、荣振大厦（rong zheng）、卿峰丽景（qing feng）、文荟峰景（feng jing）、兴隆天地（xing long）、万科蓝山（lan shan）、天山星辰（tian shan）、徐汇枫景（feng jing）、东浩枫景（feng jing）、月夏香樟林（xiang zhang）、龙湖艳澜山（yan lan）、四季绿城（si ji）、阳光花城（yang guang）、四季汇（si ji）、天山河畔花园（tian shan）。叠韵命名共有63例。

3. 双声叠韵。例如：和合二村（he he）、和合苑（he he）、金鹤新城缘圆宝邸（yuan yuan）。共有3例。

叠音是利用汉语的音节特点，通过声音的重叠，反复作用于人们的听觉，增强人们对语音的感受，加重形象的模拟，增强语言的描绘力。如李清照的《声声慢》以“寻寻觅觅，冷冷清清，凄凄惨惨戚戚”14个叠音词开头，渲染了悲凉的气氛。楼盘命名中的叠音有6例，如：欣欣苑、九九别墅、弯弯别墅、旺旺大厦、本本大厦、金地未未来。

二、楼盘命名中的平仄

汉语的声调不仅有区别意义的作用，在词语组合时适当地搭配不同的声调，还可以增强语言的音乐性。声调搭配的音乐性在古代汉语中有特别重要的意义。古代汉语的声调分平、上、去、入四声。“平”指四声中的平声，包括阴平、阳平二声；“仄”指四声中的仄声，包括上、去、入三声。按传统的说法，平声是平调，上声是升调，去声是降调，入声是短调。明朝释真空的《玉钥匙歌诀》曰：“平声平道莫低昂，上声高呼猛烈强，去声分明哀远道，入声短促急收藏。”简单来说，区别平仄的要诀是“不平就是仄”。清朝江永曾说：“平声如击钟鼓，仄声如击木石。”故古代诗歌讲究平仄相间，构成音乐的美感。在现代汉语四声中，分为阴平、阳平、上（shǎng）声及去声。古代“平声”这个声调在现代汉语中分化为阴平及阳平，即所谓第一声、第二声。古代“上声”这个声调在现代汉语中一部分变为去声，一部分仍是上声。上声是现代汉语拼音的第三声。古代“去声”这个声调在现代汉语中仍是去声，即第四声。古代“入声”这个声调在现代汉语中已经不存在，变为阴平、阳平、上声及去声里去了。现代汉语四声声调表为阴平（第一声）、阳平（第二声）、上声（第三声）、去声（第四声）。

例如：

妈	麻	马	骂
（阴平）	（阳平）	（上声）	（去声）

简单说，在现代汉语四声中，第一声、第二声是平声，第三声、第四声是仄声。

现代汉语不再遵循古代格律，但还是注重发挥汉语的语音特点，注重声调的调配，使声音有高低、轻重、缓急的变化。如老舍所说：“即使散文，平仄的排列也还该考究，是‘张三李四’好听，‘张三王八’就不好听。前者二平二仄，有起有落；后者四字（按京音读）皆平，缺乏扬抑。”[1]汪曾祺也谈到这个问题，“……平仄声要交错使用。一句话都是平声或仄声，一顺边，很难听”。[2]故楼盘案名要符合汉字的发音规律，也就是要读起来上口，不能跟绕口令似的。一般来说，两个字的楼盘案名，如果前面的字是上声或去声，后面的字就应该是平声。而楼盘案名“博园”两个字都为平声，“上院”两个字都是去声，读起来不太顺口，改为“博苑”、“上园”就会顺很多。三个字的楼盘案名对语音的要求就更高一点，如果四声安排得不好，读起来就不顺。比如三个字都用平声，如“博园村”、“龙泽园”、“檀乡湾”，读起来有点别扭，好像不能一口气读完似的。在我们的语料中有46例案名字音平仄搭配不当，有的全是平声，有的全是仄声，而96.6%的楼盘案名还是遵循了平仄搭配规律的。

三、楼盘命名中的谐音

1. 汉字谐音

汉语中有大量的同音字，在听觉上给我们带来了不便。“如果考虑

[1] 老舍：《对话浅论》，《出口成章》，复旦大学出版社2004年版，第67页。
[2] 汪曾祺：《“揉面”——谈语言》，《汪曾祺代表作》，华夏出版社1999年版，第344页。

到汉字形音义一体的本质，我们马上会发现同音字多的问题不仅不是汉语的一个弊病，而是汉语的一项重要特色。整个汉语文化，甚至可以说是一种谐音文化；整部汉语使用的历史，可以说离不开对同音字现象的妙用、巧用。可以说不懂汉语的谐音之妙，就不曾真正懂得汉语。”[1]胡以鲁在谈汉字特点是也说到这个问题。他说汉语“一音而同义或类义之字多，俪语偶语易于排比，唤起读者之注意而夺其心目”。[2]汉字谐音就是利用汉字同音或近音的条件，用同音或近音字来代替本字，构成表义双关，产生辞趣。作为一种语言现象，谐音虽普遍存在于各种语言之中，但唯有汉语将谐音发挥得淋漓尽致。据阮显宗统计，汉语中与谐音相关的仅修辞格就有13种[3]。陈望道：“修辞所可利用的是语言文字的习惯及体裁形式的遗产，就是语言文字的一切可能性。”[4]谐音之所以成为汉语的特色，是因为汉语自身特点相关，汉语普通话中有21个辅音声母，39个韵母，声韵相拼后的音节总数为432个，加上四声音调的区别音节总数为1376个。[5]同音字、词甚多，为谐音的产生提供了丰厚的语音基础；汉语词汇的特点是“单音成义”，一字一音节一意义，这是谐音产生的语义基础；汉语中一词多义现象，这是谐音产生的语汇基础。利用谐音，可以从一个字或词过渡到另一个字或词，从词的一个义项过渡到另一个义项。[6]由此衍生出各种谐音的表达：

（1）谐音歇后语。如：“外甥打灯笼——照旧（舅）”、“孔夫子搬家——净是输（书）”、“四月的冰河——开动（冻）了”。

（2）谐音笑话。如：“甲看见乙提箱子很费劲，就说：我帮你提。乙不会用箱子上的滚轮，就对甲说：你滚吧！甲很生气，乙赶紧说：我是让你用滚轮。”

（3）谐音对联。如：“莲（连）子心中苦，梨（离）儿腹内

[1] 潘文国：《字本位与汉语研究》，华东师范大学出版社2002年版，第240页。
[2] 胡以鲁：《国语学草创》，商务印书馆1912年版，第119～120页。
[3] 王雪梅：《汉语谐音艺术的文化意蕴》，《汉字文化》2007年第1期。
[4] 陈望道：《修辞学发凡》，上海教育出版社2006年版，第8页。
[5] 潘文国：《字本位与汉语研究》，华东师范大学出版社2002年版，第131页。
[6] 于全有、李现乐：《谐音与汉文化关系研究综论》，《渤海大学学报》2007年第6期。

酸。”“因荷（何）而得藕（偶），有杏（幸）不须梅（媒）”。

（4）谐音广告。如：服装广告“衣衣（依依）不舍”，酒类广告“有口皆杯（碑）”，热水器广告“随心所浴（欲）”，杀蚊剂广告“默默无蚊（闻）”，“电熨斗广告“百衣（依）百顺”。

我们搜集的楼盘命名中也用到汉字谐音的，共有51例。原文和谐音文本相映成趣，让人产生美好的联想。下面一一进行解读：

春江花悦园（春江花月夜）：

《春江花月夜》是唐代张若虚的乐府诗。此诗有“孤篇压倒全唐”之誉。春、江、花、月、夜，题目中的五种事物是最令人心驰神往的良辰美景。作者在诗里勾勒出月光下，江水、沙滩、天空、原野、枫树、花林、飞霜、白沙、扁舟、高楼、镜台、砧石、长飞的鸿雁、潜跃的鱼龙，不眠的思妇以及漂泊的游子，组成了完整的诗歌形象，展现出一幅充满人生哲理与生活情趣的画卷。楼盘借用此名诗的题名，把诗歌幽美恬静的意境融入人居环境中，并巧妙地改“月”为“悦”，更添一派喜悦之情，营造出与诗歌内容相似的生活意境。

金玉良苑（金玉良缘）：

金者坚，玉者洁，情比金坚，玉成良缘，凡良辰佳景、美好姻缘之事皆作金玉良缘之说。相传乾隆年间，乾隆皇帝微服私访南下，喜逢一迎亲队伍，锣鼓喧天、唢呐齐鸣，一派天下太平之象，于是龙颜大悦，写下“金玉良缘”题赠婚配佳偶。后人便以“金玉良缘”金字招牌成立喜庆堂会，操办婚庆生意，风靡大江南北。楼盘案名巧借此成语，融喜庆、美好的祝愿于人居环境，以“苑”替代“缘”，点明人居建筑类别属性，言外之意，非常巧妙妥帖。

地方天园（地方天圆）：

天圆地方是中国传统文化核心和精髓的体现，是先哲们对宇宙世界的认识和思考。这种追求和希望融入到中国传统的建筑中，如明清时期在北京修建的天坛和地坛就是遵循天圆地方原则修建的。天坛是圆形，圆丘的层数、台面的直径、四周的栏板，都是单数，即阳数，以象征天为阳。地坛是方形，四面台阶各八级，都是偶数，即阴数，以象征

地为阴。普通百姓，常常在方形小院中修一个圆形水池，或者在两院之间修一个圆形的月亮门，这些都是天圆地方的体现。而北方的“四合院”民宅，则是天圆地方学说的典型代表。更有学者认为现代楼房建筑应多提倡天圆地方，满足现代人对原有栖息地生活方式的渴望，拉近人与人之间的距离。此楼盘案名将中国传统文化的精髓融入到人居环境中，并以专名“园”替代“圆”，既点名了楼盘属性，又言此意彼，寄予美好的寓意和希望。

丰水宝邸（风水宝地）：

风水宝地源于中国的风水学。风水理论实际上就是地球物理学、水文地质学、宇宙星体学、气象学、环境景观学、建筑学、生态学以及人体生命信息学等多种学科综合一体的一门自然科学。其宗旨是审慎周密地考察、了解自然环境，利用和改造自然，创造良好的居住环境，赢得最佳的天时地利与人和，达到天人合一的至善境界。所谓“风水宝地”，按现代科学来讲就是和谐、宜人的环境。楼盘案名借用这一说法，以“丰”替代“风”，言水之丰沛，以“邸”替代“地”，点名楼盘属性，既取“风水宝地”之意，又营造出傍水而居的生活意境。

禧福汇（喜福会）：

《喜福会》是美国著名华裔女作家谭恩美的第一部长篇小说，也是她的成名作。当年曾经连续八个月荣登《纽约时报》畅销书，成为1989年美国四大畅销书之一，多次获奖并拍成电影。小说描写解放前夕从中国大陆移居美国的四位女性的生活波折，以及她们与美国出生的女儿之间的心理隔膜、感情冲撞、爱爱怨怨，令人感慨万千。全书分别从母亲和女儿两个体系来安排，两者呼应得十分融洽，既可独立成章，又可连成一体。阅读本书，我们不仅可以了解到美籍华人的心态和观念，还感受到血浓于水的骨肉亲情。楼盘案名借“喜福会”之音，以“禧”替代“喜”，更添吉祥幸福之意，以“汇”替代“会”，点明楼盘属性。楼盘“禧福汇”采用西方现代科技结合中国元素，打造出真正宜居的生活状态，并且在推广上更要传达这么一个概念——中国式美好、国际化社区，这样中西结合的观念和《喜福会》的内涵是相合的，故借此名非常巧妙妥帖。

丝庐花语（丝路花雨）：

丝路花雨是甘肃敦煌艺术剧院取材于敦煌莫高窟壁画艺术，博采各地民间歌舞之长，创作的大型民族舞剧。《丝》剧首创于1979年，被新闻媒介赞誉为"活的敦煌壁画，美的艺术享受"，"此舞只应天上有，人间难得看几回"，"为中国舞蹈剧开辟了新路"。此后多年，此剧在全国各地久演不衰，所到之处盛况空前，期间还先后到朝鲜、日本、意大利、泰国、法国、拉脱维亚、香港等国家和地区，至今已演出了940多场，成为东方艺术的奇葩，并被作为20世纪中国舞蹈经典剧之作，载入中华民族艺术史册。楼盘案名以"丝庐"替代"丝路"点明楼盘属性，以"花语"替代"花雨"，含鸟语花香之意。此楼盘试图打造一个现代、人文、优雅的生态家园，与丝路花雨的美学意境相合。

领秀丽墅（领袖）、领秀赏（领袖）：

这两个楼盘案名都是谐音"领袖"，有尊贵、权威之感，而"领秀"本身意义也不错，"秀"有"优异、聪明、灵巧、美丽"之义，故"领秀"有"引领优异、美丽、聪慧"的含义。

长宁鉴筑（建筑）：

此楼盘谐音"建筑"，点名楼盘是人居建筑物，以"鉴"替代"建"，"鉴"有"镜子"、"鉴定"之义，比较雅致，后两个字在字形上搭配得比较好，笔画都比较繁复，而且都是上下结构。

王子晶品（精品）：

此楼盘谐音"精品"，谓上乘之作，以"晶"替代"精"，"晶"有"光亮"、"水晶"之意，也给人以美好的遐想，而且从字形上看，三日三口，很有建筑美感。在"晶"上做文章的楼盘案名还有"铂晶馆""徐汇晶典""东方晶华园"。

瀚林世家（翰林世家）：

此楼盘谐音"翰林"。翰林为唐以后皇帝的文学侍从官，明清两代从进士中选拔，故"瀚林世家"有书香门第之意，以"瀚"替代"翰"，"瀚"有"广大"之义，而"瀚林"则有树木茂密之义，故又言及楼盘绿化率高的优势。

泗海怡家（四海怡家）：

此楼盘谐音“四海”，意在“四海之内愉快的家”，而以“泗”替代“四”，“泗”古有“泗水”之称，因四源并发而得名，“泗海”义符相同，搭配在一起显示出汉字的建筑美感。

海尚杰座、三铭杰座（杰作）：

这两个楼盘都谐音“杰作”，语义双关，而“座”替代“作”又点名了楼盘属性。

阳辰美景（良辰美景）：

此楼盘谐音“良辰美景”，语义双关，意为“美好的时光和景色”，以“阳”替代“良”更添“阳光普照”之意境。

享域滨江（享誉滨江）：

此楼盘谐音“享誉滨江”，意为“在滨江地区享有很高的声誉”，以“域”替代“誉”，点出楼盘处于陆家嘴金融贸易区和世博展区两大板块之间的地域优势。

徐汇尚座（徐汇上座）：

此楼盘案名谐音“徐汇上座”，意为“徐汇区最尊贵的座位”，以“尚”替代“上”，更体现有“尊崇”之意。

欧韵艺墅、御宫艺墅、海湾艺墅、爱伦坡艺墅、中大易墅（艺术）：

艺墅谐音“艺术”，以“墅”替代“术”，点名了楼盘属性，又谐音双关地说明了这些楼盘建筑具有艺术品的价值。“易墅”也谐音“艺术”，以“易”替代“艺”，“易”字积淀着中国文化的精髓《易经》，更添文化品味。

东方冠郡（东方冠军）：

冠郡谐音“冠军”，意为此楼盘为行业翘楚，以“郡”替代“军”，又点名了楼盘属性。

日月星城（日月星辰）：

“城”谐音“辰”，“日月星城”听起来像“日”、“月”、“星”、

"辰"，意境幽美，以"城"替代"辰"，又点名了楼盘属性。

名仕豪庭（名士豪庭）：

"仕"和"士"谐音。"名士"旧时指以诗文等著称的人或名望高而不做官的人，而以"仕"替代"士"，"仕"意为"做官"，"名仕"的意思就变为有名望的做官的人，投合了当代人对权力权势的向往。

嘉旺苑（家旺苑）：

"嘉"为"好"之意，以"嘉"谐音"家"，"嘉旺"听起来就是"家旺"，业主都希望自己家红红火火、人丁旺。

枫桦景苑（风华景苑）：

"枫桦"与"风华"谐音，"风华"意为"风采和才华"。"枫桦"一语双关，还点出楼盘绿化的树种，枫树、桦树都是浪漫美好的意象。

白金瀚宫（白金汉宫）：

"白金汉宫"为英国的王宫。此楼盘以"瀚"替代"汉"，谐音双关地点名了楼盘的荣华尊贵之意，又以"瀚"字添中国韵味，中西结合，言此意彼。

新朝时代（新潮时代）：

"新朝"与"新潮"谐音，既有"时代新趋势"之意，又以"朝"替代"潮"，添古典之味，增辞之趣。

三元及地苑（三元及第）：

三元及第的意思是科举时代乡试、会试、殿试都是第一名。此楼盘用"地"替代"第"，谐音"三元及第"，有口彩，表达美好祝愿。

瑞丽公寓市中星（市中心）：

"星"谐音"心"，既点名市中心的位置，有市中之明星楼盘之意。

有人说，谐音就是对同音现象的积极利用和开发。[1] 其实，在实际的楼盘命名的语言运用中我们也发现谐音消极的一面。宋代王应麟说："修辞立其诚，修其内则为诚，修其外则为巧言。"（《困学纪

[1] 王希杰：《汉语修辞学》，商务印书馆2004年版，第192页。

闻·易》）谐音修辞如果一味地玩文字游戏，缺乏丰富的内容、健康的情趣，就会走向消极的一面。例如：

村上春墅（村上春树）：

村上春树是日本著名小说家，以《挪威的森林》在日本畅销四百万册，被誉为20世纪80年代的日本文学旗手。此楼盘案名以“墅”替代“树”，点明楼盘属性，楼盘案名中的村、春、别墅能传达出美好的意境。只从形式来讲，这个谐音运用得很妙，但是我采访过一些知道村上春树的消费者，大部分人觉得这样的楼盘案名不伦不类，也有少部分人觉得这样的楼盘案名有噱头，能传达出精致的小资生活感觉。

锋巢宫寓（蜂巢公寓）：

此楼盘是以小户型为主的房源，所以开发商试图用“蜂巢”来传达出这样一个特点，以“锋”替代“蜂”，以“宫”替代“公”，完成了形式上的谐音修辞，但是完全没有内容上的意义。我采访一些消费者，都一致认为这个名字无论是在视觉还是在听觉上都让人感到不舒服，会有“拥挤不堪”的联想，没有任何美感可言。

另外，楼盘案名中谐音现象还有一种类型是谐“开发商名或路名”，共有10例，又分为两种小类：

第一类是音与“开发商名或路名”相同，但是字不一样。如：

瀛华苑　上海赢华房地产开发有限公司

悠和家园　上海优合置业有限公司

海逸公寓　上海海益置业有限公司

月厦新天地　上海越厦房地产开发有限公司

月夏香樟林　上海越厦房地产开发有限公司

乾阳佳园　上海乾扬房地产有限公司

金和佳园　上海金合房地产有限公司

恒喧商苑　恒宣路2～8（双）号

赢华地产将楼盘命名为“瀛华”，以“瀛”替代“赢”，“瀛”为“大海”之意，符合现代人喜欢傍水而居的愿望。优合置业将楼盘命名为“悠和”，“悠”为“悠闲”之意，“和”为“和谐、和睦”之意，符合现代人居的理念。越厦地产以“月厦”命名楼盘，与开发商名音同，又有“月光下大厦”之意，意境优美；又以“月夏”命名楼盘，音近意美，月亮、盛夏的意象一一浮现眼前。乾扬地产将楼盘命名为“乾阳”，“乾”代表“天”，与“阳”搭配起来，意义甚合，大有阳光普照之感。金合地产以“和”替代“合”，倡扬“以和为贵”的人居文化。恒喧商苑取名于附近路名“恒宣”，以“喧”替代“宣”未必妥当。“喧”意为“声音大”，而“恒喧”意为“一直很吵闹”，开发商最初可能是想表达热闹之意，可是有些弄巧成拙，现代的人更向往闹中取静的居住环境。

第二类是以开发商名或区域名中的一个字来替代汉语现成词中的一个字，与现成词谐音。如：

粤亮湾景苑　上海粤华房地产有限公司

青水弯公寓　青浦镇华浦路268弄

“粤亮”谐音“月亮”，“ 青水”谐音“清水”，把开发商名、区域名嵌进去了，但表意明显不如“月亮湾”、“清水湾”自然。

2. 数字和字母谐音

数字作为在社会生活中用以计量的语言符号系统，在历史的进程中被赋予了丰富的文化内涵，对数字的崇信和禁忌是世界各民族共有的现象。[1]但各国对同一个数字却有着不同的理解。如3在西方许多国家像英、美、俄罗斯被认为是圣洁、吉祥、尊贵的象征，这与基督教三位一体的文化传统有关。日本人、印度人也喜欢3。[2]但贝宁人、德国人、博茨瓦纳人忌讳3。[3]对数字的迷信有很多原因，其中之一是数字语音迷信，即崇拜与本国语言谐音意义好的数字，忌讳与本国语言谐音意义不好的数字。作家汪曾祺说：“中国有文化的人，与其说是用

[1] 陈汝东：《汉字语音迷信的民族差异比较及其传播修辞价值》，《浙江树人大学学报》2007年第6期。

[2] 杨海庆：《东西方数字文化观比较》，《太原师范学院学报》2005年第1期。

[3] 谭爱平：《国际市场产品包装的禁忌》，《企业活力》1996年第12期。

汉语思维，不如说是用汉字思维。”[1]汉民族常常以汉字来理解和比附数字，因为数字的谐音往往要靠汉字的理解来实现。如4在汉字字音为“si”，与“死”的字音声调不同，但相近相谐，故中国人都忌讳4，车牌号码、电话号码都要避开4。而数字8与“发”声母不同，但相近相谐，因而备受青睐，带8的车牌号码、电话号码被炒得身价百倍。中国人挑日子也看重8，奥运会就是在2008年8月8日开幕的。数字9谐音汉字“久”，被认为是“天长地久”之意。这种汉字思维体现在楼盘里，就是楼盘以数字和汉字组合命名，或数字+汉字，或汉字+数字。如：

19尊：此楼盘是19栋纯粹北美风格大宅，以19尊命名既点出豪宅的数量，又谐音“要久”，寄予“要长长久久”的美好期望。

外滩99、玫瑰99、宽景99：这三个楼盘案名都是数字99结尾，谐音“久久”，即“外滩久久”、“玫瑰久久”、“宽景久久”，寄予天长地久的美好愿望。其中玫瑰99位于闵行区洱海路99弄，所以楼盘案名不仅谐音久久，也点出了楼盘的地理位置。

碧云108：此楼盘位于浦东区红枫路108弄，108谐音“要你发”，故楼盘案名既点明了楼盘地理位置，又表达了追求吉利富贵之意。

公馆77：位于建国路77弄，而77谐音“起起”，寓意上升、发展之意，故此楼盘既点名了地理位置又表达了美好向上的愿望。

楼盘命名里还有字母谐音。如U品，谐音“优品”，寓意此楼盘是“优秀的作品”。（诸如“e世纪·长岛绿园”、“东星SOHO”、“SVA越界”中的英文是非汉语成分，与汉语又无谐音等关系，所以不在我们的分析范围内。）

第六节　汉字字形在楼盘命名中的功能

画家石虎认为，当一个字打入眼眸，人首先感受的便是字象。它是

[1] 汪曾祺：《“揉面”——谈语言》，《汪曾祺代表作》，华夏出版社1999年版，第342页。

由线条的抽象框架形象所激发的字象思维。它一定会去复合字所对应的物象。这种字象意延绵具有非言说性，它决定了汉语诗意本质的不可言说性。[1]他的“字思维”在一定程度上强调字的形素作用，认为“它会逾越字的表述空间把意味推向诗、神创之本初”。[2]石虎把汉字的灵性描摹得很到位，汉字字形能够达到一种超然的意义美感和建筑美感同享的境界。学术界对古文字的字形研究著述颇丰，但一旦谈及简体汉字的字形问题，就王顾左右而言他。诚然，汉字的产生、发展是“观物取象”然后不断符号化的过程。汉字演化到今天，其图像性和理据性淡化，很难从简体汉字的字形去追寻汉字造字之初的精意，但汉字作为表意文字所包涵的文化信息和语义密码还是在其不断发展的过程中保留了下来。剧作家郭启宏曾满含激情地写道：“嶙峋、峥嵘、嵯峨、崔嵬，是山的丰神，澎湃、浩瀚、汹涌，是水的多姿，芳菲、葱茏、缤纷、氤氲、啁啾、朦胧、淅沥，是大自然蓬勃的生机！由婵娟、娉婷，而玲珑、伶俐，而绸缪、缱绻、缠绵，伟大的仓颉存心隐喻，女神原在人间，是我们的姐妹，是我们的母亲！倏忽间，汉字使人间变得如此美好！”[3]所以，“形意之本体今虽不肖，而面影犹存，使读者起观画之感。表象活现，助长了类似联想之精神作用；字型复杂则能摄广，表象概念转由文字而生，即所谓望文生义”。[4]

汉字以形示意，字形在楼盘命名中同样参与着意义的建构。下面分两类做详细的阐述：

一、义符迭用

楼盘命名使用相同的汉字义符，在字形上展示出整齐划一的建筑美感，在字义上因迭用形符意象而诗意盎然。

---

[1] 石虎：《论字思维》，谢冕、吴思敬《字思维与中国现代诗学》，天津社会科学出版社2002年版，第12页。

[2] 石虎：《论字思维》，谢冕、吴思敬《字思维与中国现代诗学》，天津社会科学出版社2002年版，第13页。

[3] 郭启宏：《声韵的臆想》，人民日报海外版，2001年5月28日。

[4] 胡以鲁：《国语学草创》，商务印书馆1912年版，第119～120页。

1.“水”的意象选用。例如：海淞苑、沔溪苑、浦沁苑、泗海怡家、滨浦新苑、海湾新城、滨河景城。

也许“淞”、“沔”、“泗”这3个汉字，我们都不知道确切的意思，但三点水的义符，直观而形象地向我们明示这些字都与水相关。“淞”为云雾或水汽凝结成的冰花，“沔”为“水流充满河道”，“泗”为古水名。古人云：山主人丁，水主财。这些以水为义符的楼盘案名，或是在字面上，或是在字面和居住环境上迎合了人们伴水而居的居住理想。

2.“示”的意象选用。例如：禧福汇。

《说文》：“示，天垂象，见吉凶，所以，示人也。从二；三垂，日、月、星也。观乎天文以察时变。示，神事也。”就是说“示”是天显现出某种征象，向人垂示休咎祸福。所以，以“示”为义符的汉字大体上都有此意。禧为“福，吉祥之意”；福为“富贵寿考等齐备与‘祸’相对”。禧福组合起来，字形字义均美，透着洋洋喜气，富有中国传统文化色彩。

3.“火”的意象选用。例如：煌烘雅墅。

也许不知“煌烘”为何意，但是从义符可以判断此字与火有关，基本可以判定此命名寄予红火兴盛的愿望。据笔者采访一些人，大部分人都觉得此命名给人的感觉是楼盘很高档。根据《汉语大字典》，“煌”一个意思为“火光；明亮”，一个意思为“盛，如敦煌”，而“烘”古有像火一样热的意思。

4.“木”的意象选用。例如：枫桦景苑、杉林新月、月夏香樟林、楠林水岸怡苑。

义符“木”让人望之便知“枫”、“桦”、“樟”、“楠”都是树木名称，虽然并非每人都能够准确辨别这些树种。这些带着“木”字义符的楼盘命名暗示着楼盘区良好的绿化环境，切合了现代人想要亲近自然的愿望。

二、品字形义符

品字形汉字是表意汉字的杰出代表。其结构独特，三个相同的字叠成“金字塔”型，视觉上稳固感强，均匀对称，有美感；表意形象性强，由熟悉的字搭建而成，即使不知道读音，一望便知道意思。如“森”为木多，“淼”表示水大，“焱”为火华，“垚”为土高。在楼盘命名中，如“众鑫大厦”、“王子晶品”，都连续使用了两个品字形的汉字，视觉上具有很强的建筑美感，意义上“众”为“人多，人丁旺”；“鑫”为“多金，财富兴旺”。这两个字做写字楼的专名非常吉利。“晶”为“光亮”，品为“等级”，用这两个字命名豪宅也很妥帖。

一些品字形的汉字在楼盘命名中受到青睐。例如：

鑫：广鑫苑、鼎鑫名流苑、昌鑫花园、山鑫康城、泓鑫时尚广场、鑫都城云天绿洲、鑫华俊园（7例）

森：翡翠东森花园、森林湾家园、森海豪庭、中房森林别墅、森林湾大厦、海森国际大厦、明园森林都市、中鹰黑森林（8例）

晶：铂晶馆、晶波坊、中邦晶座、东源丽晶别墅、樱源晶舍、恒陇丽晶公寓、中房晶街、樱源晶舍商铺、翠逸丽晶、徐汇晶典、华辰东晶国际、晶苑、金沙丽晶苑、紫晶南园、紫都上海晶园（15例）

众：众昌金城大厦、众众德尚世嘉（2例）

品：西郊一品花园、一品漫城、品家都市星城、御品大厦、一品新筑、品赏碧云、汤臣一品、U品、品尊国际、陆家嘴金品（10例）

品字形汉字别致的外形和深厚的意蕴，给人印象深刻，既能吸引顾客，又能表达出企盼财旺业兴、生活吉祥如意的心意。

第九章　对外汉语教学中的汉字思维

第一节　对外汉字教学的理论依据

一、对外汉字教学能否使用“六书”理论

汉字构造理论研究一直是文字学领域的一个热门话题。提起汉字结构，总离不开“六书”之说。东汉许慎所著的《说文解字》以六书理论为本逐一分析9353个汉字的音形义，系统地总结了汉字的构造方式和造字规律。许慎《说文解字·叙》把六书之名定为指事、象形、形声、会意、转注、假借。一般认为，六书中象形、指事、会意、形声属于造字法，即汉字结构的条例；转注、假借则属于用字法。

象形为六书之一。字形摹写实物的形状，或用比较简单的线条来摹写事物的特征部分。“象形者，画成其物，随体诘诎，日月是也。”如《牙部》：“牙，壮齿也，像上下相错之形。”象形字有独体象形与合体象形之分。合体象形所合之二体，有一体不能单独成字，有一体可以单独成字。如“石”，其中“厂”（han四声）成字，意思是山边岩石突出覆盖处；“口”像石块之形（非口舌字），不成字。合体象形的产生是由于区别象形形体的需要，即加上一个表示同类事物的字，使所摹写的对象能够确定，不致产生误解。

指事，以点画等象征性的符号来表明意义。《说文解字·叙》：“指事者，视而可识，察而见意，上下是也。”指事字在汉字中为数不多，

这可能与以符号表意的局限有关。指事字可分为两类：一类是所谓纯指事字，全部用指事性的符号来表示，如一、二、三等。这类指事字可能是来自原始的刻画符号。另一类是在象形字的某一部位加上点画性符号，以表明造字的意图所在。如“刃”是在刀口处加一点，指明刀刃。“本”是在“木”字下方加上一短画，指明是树木的下端。

会意，组合两个以上的字表示一个新的意义。《说文解字·叙》：“会意者，此类合谊（同“义”），以见指撝（同“挥”），武信是也。”会意字中较普遍的是用不同的字组成的“异文会意”。如《说文·林部》：“戍，守边也，从人持戈。”还有相当一部分会意字是“叠文会意”。如《说文·林部》：“林，平土有丛木曰林，从二木。”会意字的结构有助于认识一些汉字的本义。如《说文·斗部》：“料，量也，从米在斗中。”段玉裁注：“米在斗中，非盈斗也。视其浅深而可料其多少，此会意。”

形声，由形符和声符两部分组合成的字，其中形符表义，声符表音。《说文解字·叙》：“形声者，以事为名，取譬相成，江河是也。”形声字是汉字中最能产的合成字。因此，形声字在现代汉字中数量最多，占80%以上。现代汉字中形声字的组合方式很灵活，分为左形右声（猫、妈）、左声右形（经、期）、上形下声（笨、蔓）、上声下形（忍、岔）、外形内声（街、衷）、外声内形（闻、衡）。形声字可能是比较晚起的造字方式。早期甲骨文中形声字还比较少，后期甲骨文中，形声字约占20%。由于这种方式灵活，适应性强，在汉字发展中，它得到了最广泛的运用。

由于许慎是根据小篆字体来确定的“六书”，汉字发展到今天，很多学者认为，“六书”的理论已经不大符合汉字的实际了。这种看法不无道理。例如，古文字中的不少象形字在现代汉字中已经失去了原来的样子，象形字不再“象形”了。随着汉字的演变，尤其是简化字的大量涌现，很多汉字结构的理据都被破坏，有些原本类别明显的字现在很难归类了。

鉴于此，很多学者就现代汉字教学中要不要放弃传统的“六书”提出不同的意见。以唐兰为代表的一些学者提出放弃传统“六书”的主张。唐兰《古文字学导论》批判了六书说，提出了三书说，创立了关于汉字结构的新理论。唐氏把汉字分成象形文字、象意文字、形声文字三类。[1]陈梦家在《殷墟卜辞综述》中指出了唐兰“三书”说的问题，并提出自己的“三书”说：象形、假借和形声。[2]裘锡圭的“三书”说把汉字分成表意字、假借字和形声字三类。[3]也有学者主张沿用“六书”理论。李大遂就认为，“六书”是古代汉字学家根据古代汉字总结出来的理论，所以自然不能用它来分析每一个现代汉字。但是现代汉字是从古代汉字发展而来的，许多汉字的形体结构基本没有改变，并且许多新汉字也是依据“六书”描述的方法创造的。因此，“六书”理论依然是全面系统地认识汉字、研究汉字的钥匙。有了这一理论的支持，就会发现汉字虽然数量繁多、字形复杂，却是组织严密、规律性很强的文字体系。所以，研究汉字、讲汉字的造字方法，必须从“六书”开始。[4]

在对外汉语教学中沿用“六书”的理论的问题，我们应该适当地继承传统的汉字造字原则，对于不适合的部分加以说明和变通。首先，外国人，尤其是非汉字圈的学习者，他们没有母语学习者那样直接、充分的语言环境，而且已经有了第一语言文字的认知基础，他们在学习汉字时特别希望能够高效率地掌握汉语汉字，这就必须了解汉字的规律。因此汉字教学必须讲解汉字的音、形、义结构规律。其次，面向外国人的汉字规律必须简明、好记、实用有效。有些理论虽然周密、严谨，但是用于对外汉语教学未必合适。“六书”理论已沿用两千年，深入人心，虽然有不适合现代汉字的地方，但可做适当的简化、变通、融合、说明，使之更具指导汉字的概括力。

结合“六书”理论和现代汉字的具体情况，参考周健关于现代汉字

[1] 唐兰：《古文字学导论》，齐鲁书社 1981年版。
[2] 陈梦家：《殷墟卜辞综述》，中华书局2005年版。
[3] 裘锡圭：《文字学概要》，商务印书馆1998年版。
[4] 李大遂：《简明实用汉字学》，北京大学出版社2007年版。

的结构理论[1]，对外汉字教学中现代汉字结构可进行如下具体分类和操作：

1. 会意字、指事字、形声字的分类和教学方法不做改变。会意字在现代汉字中仍然存在，一些简化字也采用了会意的方法，如“泪”、“尘”、“体”等。指事字的数量很少，与会意字都是由两个或两个以上部分结合而成，因此二者可归为一类，在教学中方法相似。形声字是汉字的主体，在现代汉字中占80%以上，是汉字教学的重点。

2. “六书”中的象形字在现代汉字中已不再“象形”，但是在教学中仍然具有认知价值，我们可以联系古汉字的字形讲解。不仅能提高学生的学习兴趣，还能帮助他们建立形旁与字义的关联。比如“日”字，联系古象形字的图形，使学生建立起“日”与太阳的联系，再进一步认知含有“日”旁的合体字。

3. 有一类汉字，在楷化、简化后或形声字经隶变以后，失去了部分或全部理据，如“专”、“听”、“急”等。这一类字很难对它们进行归类，可归为特殊字，在教学中就要积极思考一些行之有效的教学方法。

二、对外汉字教学中的构字方法理论

在现有的对外汉字教学的教材中，根据汉字结构的特点进行教学的教材几乎清一色地分为两类：一是根据从象形字到指事字，再到会意字，最后学形声字；二是先教独体字，后教合体字。我们认为，汉字在对外汉语教学中，不能仅仅把字简单地分析为象形字、指事字、会意字和形声字，也不能仅仅以独体字和合体字来归类，而应该综合去看，去分析汉字的构字成分之间、偏旁部首之间是以什么方式组合在一起。

汉字是据义构形的表义系统文字。也就是说，一个汉字由哪些构件、按照什么位置来组构，其客观依据在于这个汉字所代表的词的本义。造意分析就是要研究参与汉字构形的元素携带了何种意义信息，怎样表示词的本义。因此，“造意”与词的本义既有密切的联系，也有本

[1] 周健：《汉字教学理论与方法》，北京大学出版社2007年版，第64～65页。

质的区别。对此，王宁指出，造意是指字的造形意图，实义则是由造意中反映出的词义。[1]造意以实义为依据，但有时它仅是实义的具体化、形象化，而并非实义本身。造意只能说字，实义才真正在语言中被使用过，才能称为词的本义。许慎的《说文解字》首开系统分析汉字造意的先河。段玉裁在许慎的基础上进一步进行了这方面的探讨，段注揭示出以下几种汉字造意模式：

1. 特征显法。象形字是整个汉字系统的基础，象形字的造意模式为特征凸显示意法。当构件使用本义的时候，呈现的依然是物象特征；而当构件义使用的是引申义时，则呈现的是事理特征。汉字就通过揭示现实世界的物象特征或事理特征来表达该字所代表的词的本义。也就是说，汉字构形与词的本义之间的联系线索在于汉字构形所体现出来的物象特征或事理特征。从汉字认知的角度来说，对这一类型的字需要抓住构形所体现出来的特征。这些特征，有的是显而易见的，有的则比较隐晦，需要进一步分析和揭示。揭示物象特征的如“日”、“月”、“贝”均为刻画事物的象形字；揭示事理特征的如“顺”。“顺”以构件“页”和“川”组合示意，段玉裁分析其构形理据，认为人的身体从头到脚，一顺而下；江河流水，顺流直下。就是说“页”和“川”均能让人联想到“顺”的特征。

2. 构件加合法。这类构形的汉字所代表的词的本义等于组成该字的几个构件意义相加。比如“企”，许慎把“企”分析为形声字。段玉裁更正其为会意字，把构形分析为“从人止”，并分析其构形理据：“从人止，取人延箌之意。”即“企”的本义为构件之义的加合。

3. 逻辑组合法。这类汉字的构件组合本身并不能直接表示该字所代表的词的本义，从构形组合到词的本义之间有一条逻辑联系的纽带。例如，“亮”，《说文·儿部》：“亮，明也。从儿、高省。”《说文解字注》：“……人处高则明，故其字从儿高。”“亮”的本义为明亮，为什么用

[1] 王宁：《说文解字与汉字学》，河南人民出版社1994年版。

构件“儿”、“高”来示意呢？段玉裁指出这是基于逻辑推理：人站在高处就明亮。

4. 文化礼俗融入法。这类汉字的构形与词义之间并没有直接的必然的联系，其造意依据在于一定的文化习俗。许慎对此已有所认识。例如“丧”，《说文·哭部》：“丧，亡也。从哭亡，亡亦声。”段玉裁在“亡”字下对“丧”的构形理据作了如下的解释：“孝子不忍死其亲，但疑亲之出亡耳，故‘丧’篆从哭亡。”从段氏的解释可知，“丧”的构形反映了古代人们的礼俗观念。

5. 修辞参与法。修辞不仅是一种言语表达手段，也是一种认知世界的方式。有的汉字的构形并不直接与词义相联系，而是采用了修辞手法来示意。段注揭示了这种情况：“知”，《说文·矢部》：“知，词也。从口矢。”段玉裁对此字的构形示意作出了解释：“识敏，故出于口者急如矢也。”其中构件“矢”并非表示箭，而是用于比喻。比喻反应机敏，快得像箭一样。

汉字是由构件构成的。一个汉字不是各种笔画的简单堆积，也不是各种构件的简单叠加，而是由各构形要素相互联系、相互作用构成的整体。汉字的构件按照一定的空间位置组合起来表示一定的词义，其中蕴含着当时人们的认知经验和文化背景。相同的构形，由于认知经验或文化背景的不一样，所表示的词义也就不一样。汉字造意的分析就是要揭示蕴含于汉字构形中的逻辑、修辞、礼俗等认知经验和文化背景。这样的分析，不仅能准确理解词义，而且有助于深入了解古代文化。

段氏对汉字造意的分析对汉字教学有着重要的意义。无论哪一种汉字教学法，都应该先弄清楚汉字本身的系统规律问题，包括每一个汉字的构形元素、构形元素所携带的意义信息以及蕴含在构形中的当时人们的认知经验和文化背景。只有把这些研究清楚了，才能据此来确定相应的汉字教学技术手段，对于不同造意模式的汉字采用不同的教学方法。如果缺乏对汉字系统本身的深入研究和了解，仅仅在技术层面兜圈子，是很难有所作为的。

三、对外汉字教学中的文化导入理论

美国语言学家萨丕尔[1]认为，语言是不能离开文化而存在的。语言与文化具有历史的联系，语言是打开文化宝库的钥匙。离开语言天然依赖的文化背景难以充分理解语言本身。由此可见，学习研究语言的同时，应该而且必须学习研究目的语的文化。语言与文化不可分割，语言教学也离不开文化教学。

汉字与汉文化的关系更加密不可分。申小龙认为汉字的文化定义应该这样表述："汉字是汉民族思维和交际最重要的书面符号系统。"[2]汉字和西方拼音文字不同，它不是"记录有声语言的书面表达形式"，汉字的信息主要不是靠声音来传达，而是靠形式来传达。汉字正是依靠这样冲破时空局限的图像，传达了遥远时空里的声音，把深厚的中国传统文化呈现在今人的眼前。在中国传统文化的影响下，汉语从形式到表达都带有浓厚的人文因素。汉语在语音、词汇、语法和表达策略中体现出来的文化选择因素，是以语言形式反映的中国传统文化。虽然任何语言都会受到本民族文化的影响，但汉语的这种人文性比其他语言更为突出。汉语的人文性是进行汉语教学及汉字教学的优势之一。

汉字具有强大的生命力。它除了对汉语具有极强的适应性以外，还与中华民族传统文化结成了一种特殊的关系。首先，中国传统文化影响着汉字的特性。张立文认为，中国传统思维体现在八卦思维、混沌思维和太极思维之中，具有比附性、直觉性和整体性。[3]它的价值取向是天地人的协调统一，在变化中求和谐，于对立中求统一，这是一种辩证的思维方式。从前文分析的汉字的总体特点来看，与这种思维方式是十分合拍的。如占汉字总数近90%的形声字，它的形旁和声旁就是由对立的两面构成的整体。声旁为阳，形旁为阴。在几千年的产生、发展和使用中，汉字作为汉语的书写符号，记录了辉煌灿烂的中国文化，而且以

---

[1] 爱德华·萨丕尔：《语言论》，商务印书馆1964年版。
[2] 申小龙：《论汉字的文化定义》，《浙江社会科学》2002年第6期，第152～157页。
[3] 张立文：《传统学引论》，中国人民大学出版社1989年版。

其独具的形象表意特点，充分发挥了书面语言超越时空的作用，以其巨大的文化功能对人们的思维方式、价值观念产生了深远的影响，具有强大的凝聚力和渗透力。在世界上屈指可数的几个文明中，只有中国文化没有出现过断层，这是汉字的巨大功劳。

汉字与文化的特殊关系还有一个重要的方面往往容易被忽视：汉字除了对文化有“负载”和“揭示”的功能外，它在传播文化的同时也积极地、不断地作用于文化，创造丰富着文化。例如，汉字孕育的举世无双的艺术——书法，几千年来经过人们不断的发展、完善，形成了无论在理论上还是在实践中都具有很高水平的艺术，使汉字的书写走向了审美的境界，使汉字本身蕴藏着无穷无尽的魅力。这为汉字教学提供了极好的条件。另外，汉字独有的析字文化，为我们民族带来了一系列文化样式，如隐语、字谜、双关、相字、避讳、寓意、别称等等，适应了社会多方面的需要，成为人们文化生活的重要内容。

一定的民族语言文字都是一定的文化积淀的产物，彼此相生相荣。文字现象从本质上讲也是一种文化现象，不了解文化无以学其语言。对于汉语汉字来说尤其如此。汉字是历史文化的“化石”，“几乎每个汉字都可以绘出一幅中国历史文化图，或考证演绎出一段中国历史文化‘典故’，因而汉字本身就可被视为文化信息的载体，是一种充满时代色彩、地域概念、人文心理特征等的动态的文化符号”。[1]中国文字的造字功能本身就体现了包含中华民族思维特征在内的极为丰富的文化蕴含。比如，汉字的象形、会意，直接依附于文化本身；而汉字内涵丰富的包容性和自由地组构词语的功能更是以中华文化的特点为基础的。因此，语言教学必须结合文化，在传授语言知识和训练语言技能时，只有把语言的文化因素有机地结合起来，才能有效地生成与提高学生的语言交际能力。对外汉语教学的教学目的之一是培养学生用汉语进行交际的能力，而交际能力的形成是与语言相关文化因素和文化知识的教学有直

[1] 张德鑫：《关于汉字文化研究与汉字教学的几点思考》，《世界汉语教学》1999年第10期，83页。

接关系的。实践告诉我们，在对外汉语教学中，只有把语言知识、语言技能教学同与之相关的文化教学有机地结合起来，同步并进，浑然天成，才能取得最佳的教学效果。我们要紧紧抓住汉语和汉字自身的特点，从汉字的构成、汉民族造字的特征角度来讲解汉字；从汉字本身，挖掘出其中的文化蕴含。

第二语言教学的任务之一，就是要使学习者了解目的语国家人们的生活和行为方式以及他们的文化心理与价值观念，正确理解目的语国家的人为什么在某一具体情境下那样说或那样做，分清哪些行为是本质的，哪些行为是没有代表性的，并要弄清各种行为之间内在的联系，甚至接受第二文化，最终扫除第二语言学习中的文化障碍，避免文化冲突。

中国学童初学汉字，由于受传统识字方法的熏陶，在很长一段时间内往往只能模仿，只能死记。但留学生大多数是成年人，受过大学或高中以上程度的教育，有良好的母语文化基础，对新事物、新知识有较强的认知领悟能力，富有创造性，更易于感受到事物的规律和本质，善于利用已有的知识经验进行联想，便于接受汉字折射出的汉民族的价值观念、生活方式、道德标准、风俗习惯、思维方式、民族心理等深层文化信息。这是他们的优势所在，也是在对外汉字教学中进行汉字文化信息解读的认知基础。

据调查，非汉字圈国家学生普遍觉得汉字难，很多人却对汉字感兴趣，甚至有些人是汉字激发了他们学习汉语的欲望。“汉字的独特造型与它象征的东方古老文明对西方人来说颇具新奇感和吸引力。”[1]可见，在对外汉字教学中，发掘、了解、探讨汉字所承载的文化信息，展示颇具吸引力的东方文明，符合外国学习者的好奇心理。

---

[1] 石定果，万业馨：《关于对外汉字教学的调查报告》，《语言教学与研究》1991年第1期。

第二节　对外汉字教学调查研究

一、对前人调查结果的分析

1. 对留学生汉字书写偏误的调查

要知道学生汉字学习的难点、汉字中常犯的错误，最直接的方法就是对留学生的汉字偏误进行调查。前人对留学生的汉字偏误调查比较少。肖奚强在调查研究后认为外国学生的汉字书写偏误，除了少数由朦胧阶段的初学者所产生的不成系统的增减笔画的失误以外，成系统的汉字偏误大多与部件有关。可以概括为以下三类：部件的改换、部件的增加和减损、部件的变形与变位。[1]肖奚强对汉字偏误的分析从部件的角度拆分汉字，对每一个偏误分析细致到位。但是遗憾的是，在每种类型的错误中，没有调查数据的支持，我们无法从他的文章中看出每种错误类型所占的比例以及不同阶段学生的不同；在对结果的分析中，肖奚强由于没有从学生所使用的汉字学习方法上寻找根源，所以在偏误的解释中明显有猜测的语气。在文章的最后，也并没有明确指出避免汉字偏误对策。

鉴于此，我们尝试从部件及偏旁部首的角度来分别调查不同阶段留学生的汉字书写偏误，并从学生汉字学习策略的角度分析造成他们自身汉字偏误的原因。

2. 对留学生学习策略的调查

北京语言大学的江新、赵果对基础阶段留学生汉字学习策略进行了调查研究。[2]他们采用问卷调查方式，在测试者提供的策略中筛选出6大策略：笔画策略、音义策略、字形策略、归纳策略、复习策略和应

[1] 肖奚强：《外国学生汉字偏误》，《世界汉语教学》2002年第2期。

[2] 江新，赵果：《初级阶段外国留学生汉字学习策略的调查研究》，《语言教学与研究》2001年第7期。

用策略。在此基础上，他们又进步一研究了什么学习策略最有效。[1]他们发现应用策略对提高汉字学习效果有很大帮助，而字形策略不利于汉字学习，以及形声字学习效果比非形声字学习效果对策略的使用更敏感。

我们在研究中参考了江新的调查方法，并对测试者的汉字学习策略做了新的归纳。由于我们的出发点是如何提供给留学生最有效的汉字学习方法，因此对学习策略的归纳是从汉字偏误的角度出发的，与汉字偏误产生的联系较为密切。我们的研究结合了肖奚强对留学生汉字偏误的分析，及我们对不同阶段留学生汉字书写偏误的调查结果，调查统计出不同阶段留学生不同学习策略的使用。两个实验相辅相成，互为依据。

二、实验前的相关假设

在调查之前，我们对留学生的汉字书写偏误做出了如下两个假设：

假设一：不同阶段留学生的汉字书写偏误有一定区别，因此在教学策略上要有所区别对待。

在前人对留学生汉字偏误调查研究和教学策略的制定中，很少将不同阶段的留学生区分开来。大部分学者认为不同阶段的留学生汉字学习的特点和难点的差别并不明显，初级阶段出现的情况，中高级阶段也会继续出现。但是，江新（2001）提到，随着识字量增大，被试汉字书写中的字形错误减少，而字音错误增多。他认为识字量大小可能会影响被试汉字书写中字形和字音的作用。随着识字量增大，被试汉字书写中字形的作用减弱，字音的作用增强。

鉴于此，我们在下面所有的实验中试将留学生分为初级阶段和中高级阶段两个类型分别调查研究。因为：

（1）江新等人提到的随着识字量的提高，学生的汉字偏误类型由字形向字音转变。

（2）初级阶段是汉字的入门阶段，是对汉语以及对汉字开始了解

[1] 江新：《对外汉字词与阅读学习研究》，北京语言大学出版社2008年版，第92~101页。

的阶段，所以此阶段的汉字学习比较浅，但却非常重要。到了中级，学生的汉语水平已经提高，对汉语、汉字有了宏观的了解，就有能力进入系统的汉字学习。因此，在教学中应该分开对待。

（3）在教学实践中，我们发现留学生在初级阶段和中高级阶段所犯的错误大部分是相同的，即有些错误在初级阶段就出现了，但是在中高级阶段依然如此。这可能与留学生在初级阶段没有打好基础、有些基本的东西没有弄清楚有关系，所以在中高级阶段相同、相似的错误依然出现并不代表两个阶段学生汉字学习的难点是相同的。

（4）之所以没有进一步区分中级阶段和高级阶段的学生，是因为在HSK等级考试中级大纲中对留学生的汉字要求为2205个。据统计，现代汉语中的常用汉字仅为2500个左右。因此到了高级阶段，虽然生词较多，但生字出现的却比较少了。所以在本文中，没有对高级阶段的学生做单独分类，而是与中级阶段的学生归为一类，统称为中高级阶段的学生。

因此，我们假设：留学生的汉字书写错误应在不同学习阶段有不同的变化，错误的类型同样可以反映出学生学习的程度，学生的识字量。在对不同级别的学生进行汉字教学时应采取不同的教学策略，对不同的方面应有所偏重，而不应该对所有的学生一概而论。

此假设将在以下实验一和实验二中通过实验验证。

假设二：留学生的汉字书写偏误主要是由于不熟悉偏旁部首的意义，不理解汉字的结构和造字的理据引起的。

在教学实践中，我们发现留学生的主要汉字书写偏误的错字多集中体现在汉字偏旁的增缺、部首位置的错误摆放，以及笔画、部件的书写错误上，别字多集中在字音、字形相似字的混淆上。这里，除了笔画、部件的书写错误，其他错误都可归结为偏旁部首和汉字理据认识的错误，也就是没有深刻理解部首的意义和汉字的构形和理据。偏旁的增缺可能造成错字，也可能形成别字，如“水”字多了一个偏旁“氵”便是错字，多写了偏旁“冫”就是别字。如果学生明白“氵”表示的是“水”的意思，而“冫”多表示与寒冷的东西有关，就不会在写“冰”的时候少写了偏旁，也不会错用“氵”旁了。字音相似字如“木—

目”，排除粗心的可能性，如果学生在学习之初就清楚“目”的理据是象形字，表示眼睛，而“木”则是表示与植物有关的东西，那么在应用的时候就可以轻易区分它们了。同样，字形相似字像“红—江”，在教学时就告诉学生偏旁部首的意义，学生的出错率会大大减少。

因此，以肖奚强（2002）和江新（2001）的调查为参考，在我们对留学生汉字书写偏误的调查中，试将留学生的汉字书写偏误归纳为以下五类：

（1）笔画、部件的书写错误。指被试者笔画、部件上的书写变形导致错字的出现。比如把“口”写成“O”等。

（2）偏旁的增缺或误用，以及部件的反置。包括多写偏旁或漏写偏旁，如把“放”写成“方”；误用偏旁，如“性”写成“姓”；左右部件的反置或上下部件反置，如“陪”写成“部”等。

（3）相似偏旁及整字的误用。包括意义的相同或相似，比如“氵”、“冫”的混用，和外形的相似，如“兔”写成“免”等。

（4）字音相似错误。比如把“现”写成“先”等。

（5）其他错误。可能是留学生把两个词合二为一混用，组成自认为正确的“新词”，或者笔误，让测试者认为是用字错误。如“前天”写成“前日”，无法判断是用字错误还是笔误。

以上偏误（1）属于层次较低的字形错误。（2）和（3）类型都属于偏旁部首的错误，但也有所区别。偏旁的增缺或误用及部件的反置，反映了学生对偏旁意义没有充分理解，对汉字造字的理据也没有深刻把握，把整字的意思与偏旁部首的意义混淆，以整字的意义代替偏旁部首的意义，或把偏旁部首的意义看做是整字的意义。相似偏旁及整字的误用中，相似偏旁基本都是形符，说明学生已有形符的概念，但没有清楚形符的真正意义，对相似的形符会有混淆。相似偏旁又分为形似形符、意近形符和相关形符。（4）字音相似错误也说明了学生不仅没有理解这两个汉字的造字理据，也缺乏形、音、义对应的知识。

在实验二中，我们将根据这一分类，具体统计出留学生汉字书写偏误每一个类型出现的比例。

三、留学生汉字书写偏误的调查研究

1. 实验一：初级阶段学生汉字书写偏误的调查研究

（1）研究方法

① 被试人群

上海复旦大学长期班A（4）班（即汉语零起点班）学生21人，长期班A（5）班学生23人，共44人。所有学生均为成年人，都是没有汉语基础、从拼音学起的留学生，因此所有学生在此阶段识字量相当。其中复旦大学长期班A班有泰国学生2名，其余42名都是来自欧美国家的学生。所有学生的第一语言均为拼音文字。

在此试验及下文中，复旦大学长期班A（4）班被称为初级1班，长期班A（5）被称为初级2班。

② 实验方法

本研究主要从留学生的作文中收集汉字书写偏误。在这两个班所有留学生学习汉字6周后，要求学生看图作文，图画内容为日常简单的生活场景，图画故事选自《美和汉语速成初级教材（初级第一册）》。故事内容贴近生活，字数要求为每篇作文50字以上。共选择4个故事，分4节课完成，为时4周。

试验结束后共收到作文176篇，其中5人由于上课请假，作文由课后补写后补交。

（2）实验结果

据统计，初级1班留学生交上来的作文为84篇，共计5812字；初级2班留学生上交作文92篇，共计6783字。对汉字书写偏误（包括用拼音替代汉字）进行统计。具体结果见表1：

表1　初级1班和初级2班汉字书写偏误统计

班级	汉字书写偏误数（个）	汉字总数（个）	汉字书写偏误比例
初级1班	2165	5812	37.3%
初级2班	2396	6783	35.3%

从表1可以看出，初级1班和2班的汉字书写偏误比例相当，初级2班

的错误率相对低一些。据此推断，这两个班的学生汉字水平大体一致。

由于初级1班和初级2班留学生在学习汉字前汉语水平也相似，汉字学习进度相当，且此次实验中汉字水平相当。由此推断，这两个班的汉字书写偏误类型比例和学习策略也应该相似。因此，在下面的统计分析中，将不再做初级1班和2班的分别调查统计，将两个班合二为一进行实验，将之称为初级班。

留学生的汉字书写偏误一般可分为两类：一是错字，即形体不正确的字；二是别字，即形体正确但使用错误的字。本实验对初级班错字和别字的统计，见表2：

表2　初级阶段留学生汉字书写的错字和别字的总数、平均数及比例

错误类型	总字数	占全部错误比例
错字	2841	62.29%
别字	1720	37.71%
总计	4561	100%

如同在假设（二）中提到的，在对初级阶段留学生汉字书写偏误类型调查统计时，将被试的错误分为以下几类：（1）笔画、部件的书写错误；（2）偏旁的增缺或误用及部件的反置；（3）相似偏旁及整字的误用；（4）字音相似错误；（5）其他错误。

初级阶段留学生的汉字书写偏误类别的比例统计，详见表3：

表3　初级阶段留学生汉字书写偏误不同类型的错误数及比率

偏误类型	偏误数量（个）	总偏误数（个）	偏误数比率
笔画、部件书写错误	2705	4561	59.31%
偏旁增缺、部件反置	482	4561	10.57%
相似偏旁、整字的误用	1023	4561	22.42%
字音相似错误	315	4561	6.91%
其他错误	36	4561	0.79%

（3）实验结果分析及讨论

① 关于初级阶段留学生笔画、部件书写错误讨论

根据表2，错字在初级阶段的留学生书写偏误中所占比例为62.29%，别字占37.71%，与江新（2001）对初级阶段留学生汉字书写错误的调查结果较为接近，与崔永华对初级阶段留学生的错别字统计结果出入较大。[1]原因可能是90年代末期在初级阶段汉字教学上的重视不够，在初级阶段较少独立开设汉字课，导致笔画、部件的错误比较大。而近年来对对外汉字教学的重视，加之对汉字字形教学的大量使用，使得错字占汉字书写偏误比重下降。

但是有一点不容忽视。根据表3，初级阶段留学生的笔画和部件的书写错误占所有汉字偏误的59.31%，而表2中错字的比例占到62.29%。可以推断出，初级阶段留学生汉字的笔画和部件的书写占汉字错字的绝大部分。这反映了初级学习者的学习特点。他们对笔画、部件的学习和了解不够深刻。另外，这跟他们的识字量也有关系。由于初级阶段的留学生识字量不算多，对有形音义联系的字储备较少，所以不易把有形音义联系的字混淆。他们写错汉字的原因，是没有正确掌握已学过的字的字形。

早在1949年，我国心理学家艾伟就提出，笔画对汉字识别存在着显著影响。[2]现代心理学的一系列实验也证明了笔画数效应的存在，认为笔画是识别所有汉字的基本单元。但是由于在教学中对笔画教学与研究的疏忽，使许多学生不能有效地分解汉字笔画。初学汉语的学生由于不了解汉字结构的一般规则，他们不是在写字，而是在画画。这些画出来的"字"往往十分杂乱。尤其是拼音文字背景的学生，他们已经掌握了拼音文字的书写机能，而拼音文字是一种线形文字，汉字是一种平面文字，两者存在着巨大的区别，在书写单位、书写方向和关系上也不相同。因此，初学者的书写错误往往表现为书写的无序，即笔画、部件的

[1] 崔永华:《汉字部件和对外汉字教学》、《语言文字应用》1997年第3期。

[2] 艾伟:《汉字问题》，上海：上海中华书局1949年版。

添加、缺失和异位，汉字结构的松散和变形。

这也提醒我们在汉字教学初级阶段，笔画和部件教学相对更重要。如果在初级阶段没有打好基础，等汉语学习到了中高级阶段，这类错误依然会出现，且会影响汉字学习的进程。

② 关于初级阶段留学生汉字书写中偏旁部首和同音字错误的讨论

讨论之一：在初级阶段留学生汉字书写中出现的别字，相似偏旁和整字误用的比例最高。大体可以分为形似形符、近义形符和相关形符三种：形似形符是很多组彼此形似的形符；近义形符是意义相近的形符；相关形符则是意义相关的形符。施正字以造字理据为标准，在对现代形声字的分析中归纳出了167个形符。[1]就表义性能而言，167个形符所表示的是字的意义类属或范围，且分工明确。这也是形符作为汉字组成部分的生命力之所在。相似整字是指外形相似的一组字。

进一步抽样调查学生参与实验的作文后，我们发现，在初级阶段，留学生关于形符的错误主要表现在形似形符上，加上相似独体字的错误，约占80%以上。这说明了初级阶段的学生在形符上所犯的错误还是比较低级的，把不同的形符混淆大多是因为外形的相似。从这可以看出，学生还没有充分理解这些偏旁和独体字的意义，把意义相似的偏旁和独体字混淆了。同时，把汉字作为图画把汉字和图形联系在一起，把意义不相关而形似的偏旁和整字混用。这表明他们对汉字的记忆靠的是死记硬背，缺乏对汉字偏旁部首和独体字的理据性认识。因此，初级阶段汉字教学需要加强汉字偏旁部首的理据性认识，以及简单象形、指事、会意字的理据分析。

讨论之二：偏旁的增缺和部件的反置偏误不仅说明学生在对偏旁意义没有充分理解，还说明对汉字结构规则的认识尚处在一个比较低的层次。江新（2001）认为这是初级阶段学生汉字书写最常出现的偏误。但在此试验中没有明显的数据支持。原因可能在于：被试者6周的汉字学习时间较短，所学汉字多为独体字和简单的合体字，而且他们对汉字意符

[1] 施正宇.《现代汉字形声字形符表义功能调查报告》,《语言文字应用》1992年第4期。

的意识很薄弱，因此不具备增加或减损汉字偏旁的能力，所以在书写上不容易直接增缺汉字偏旁，而是常写错偏旁或误用其他相似偏旁。

另外，值得一提的是，部件的反置是非汉字文化圈留学生汉字书写典型的偏误之一。留学生汉字书写中出现的部件反置一部分原因是没有深刻理解偏旁部首的意义，而另一部分原因是留学生，尤其是非汉字文化圈留学生由于方位定域的民族性、认知汉字的方法以及文字书写规则与习惯等的不同，容易犯部件反置的错误。因此，应通过加强学习策略的指导和初始阶段汉字的笔画、部件的认知训练，有效地纠正部件反置现象。

讨论之三：字音相似错误是学生在汉字使用过程中错把甲字当成了乙字。这说明学习者在记忆中已储存了甲字的字形，但缺乏其形、音、义对应的知识。这一偏误在此试验中出现比例较低，仅占偏误总数的6.91%。初学者书写汉字时字形错误比字音错误多，字形作用大于字音作用，这是因为被试者汉字学习时间较短，同音字储备不多。同音字少其干扰作用也较小。且初学者对汉字读音掌握的还不够熟练，他们在书写汉字时更多地利用字形策略。这一结果同时也表明在整个初级阶段，留学生汉字书写中字形的作用远远大于字音的作用。江新（2001）提出了类似的观点。

③ 实验小结

通过以上分析，在初级阶段留学生的汉字偏误中，以笔画、部件和偏旁部首的书写错误居多，比例达到90%以上。因此，不同于传统教学中认为的初级阶段应重视的汉字的形、音、义，我们认为在初级阶段，汉字的字形最为重要，同时兼重视笔画、部件教学，其次是偏旁部首的理据教学。具体在这些内容的教学中时刻注意汉字与汉文化的关系，把文化教学贯穿到部件和汉字教学中。而汉字的形、音、义并重的教学，在初级阶段可根据实际情况点到为止，到了中高级阶段再系统讲授。初级阶段选择一些较规则、理据强的汉字很重要，以它们为基础来培养学生形成系统的汉字观念，逐步加深对汉字的认识，培养学生从形音联系到形音义的结合、从表音文字到表意文字意识的转变过程。

2. 实验二：中高级阶段留学生汉字书写偏误的调查研究

（1）研究方法

① 被试人群

上海复旦大学长期班F（1）班（复旦大学长期班根据留学生汉语水平分为A—I班9个等级，F班属于中等偏上水平级别）24人，F（2）班21人，共45人。所有学生均为成年人，进入F班前均进行过汉语水平测试，因此所有学生在此阶段汉语水平相当，学习汉语时间为2～3年。其中复旦大学长期班F（1）班有韩国学生3名，F（2）班有日本学生3名、韩国学生1名，其余38名都是来自欧美国家的学生。但是，在此试验中没有区分汉字圈国家的学生和非汉字圈国家的学生。这是此实验的遗憾。

在此试验及下文中，复旦大学长期班F（1）班被称为中高级1班，复旦大学长期班F（2）班被称为中高级2班。

② 实验方法

我们主要从留学生的作文中收集汉字书写偏误。从这两个班所有留学生新学期开课开始，要求学生听故事然后把故事记录下来。故事内容为幽默小故事，故事摘自网络。故事简单，学生一遍即能听懂，每个故事教师说两遍。每个故事约有生词2～4个，由教师事先写在黑板上。要求学生记录出故事的大意，每个故事字数在150字左右。共选择2个故事，分2节课完成，用时2周。

试验结束后应收到文章90篇，由于有1人于第二周试验当天请假，实收到文章89篇。

（2）实验结果

据统计，中高级1班留学生交上来的作文为47篇，共计7191字；中高级2班留学生上交作文42篇，共计6552字。对汉字书写偏误（包括用拼音替代汉字）进行统计，具体结果见表4：

表4　中高级1班和中高级2班汉字书写偏误统计

班级	汉字书写偏误数（个）	汉字总数（个）	汉字书写偏误比例
中高级1班	3070	7191	42.7%
中高级2班	2698	6552	41.2%

从表4可以看出，中高级1班和2班的汉字书写偏误比例相当，中高级2班的错误率相对略低一些。可见这两个班学生的汉字水平相当。加之分班前进行过汉语水平测试，由此推断，这两个班的汉字书写偏误类型比例也应该相似。因此，在以下对中高级留学生汉字情况的调查研究中不再对两个班分开调查，将两个班合二为一，统称中高级班。

与对初级阶段留学生汉字书写偏误的分类相同，把中高级阶段留学生汉字书写偏误也分成相同五类，即：笔画、部件书写错误；偏旁增缺、部件反置；相似偏旁、独体字的误用；字音相似错误；其他错误。

具体数据和结果详见表5：

表5　中高级阶段留学生汉字书写偏误不同类型的错误数及比率

偏误类型	偏误数量（个）	总偏误数（个）	偏误数比率
笔画、部件书写错误	1161	5768	20.13%
偏旁增缺、部件反置	995	5768	17.25%
相似偏旁、整字的误用	1787	5768	30.98%
字音相似错误	1724	5768	29.89%
其他错误	101	5768	1.75%

（3）实验结果分析及讨论

① 中高级阶段留学生汉字书写中的笔画、部件书写错误的分析

通过表5可以看出，笔画、部件的书写错误较之初级阶段的60%左右降至20.13%。留学生学习汉字到了中高级阶段笔画、部件导致的错字的数量开始下降，这与教师对笔画、部件教学的重视有关。学生对汉字的字感开始增强。但是笔画、部件的书写错误还是属于比较低级的错误，在中高级阶段应该尽量避免这种错误再发生，因此初级阶段应打好这方面的基础。同时，我们还必须意识到，随着留学生识字量的增加，他们汉字书写中错误减少，但相反的，他们的理据性错误开始增多。

② 中高级阶段留学生汉字书写中偏旁部件和同音字错误分析

分析之一：比较表3和表5，中高级阶段留学生的汉字书写偏误最多的类型由初级阶段的笔画、部件书写错误变为相似偏旁、整字的误用和字音相似错误。相似偏旁、整字的误用，说明学生在这一阶段已经掌握了较多的汉字，包括大量形近字。但是和初级阶段的学生一样，由于对偏旁和汉字意义的理解不充分，对汉字的学习、记忆方法不正确，导致这一类型错误的大量增加。根据进一步对留学生作文的的抽样统计分析，中高级阶段的留学生在形符上所犯的错误，形似形符已呈下降趋势，而近义形符和相关形符出错的比例占到一半以上。

近义形符错误的出现，与造字时形符的意义相似有关，但有时也没有明显的界限，连第一语言是汉语的人也很容易混淆。大部分近义形符是可以区分的。教师在教学中应该对相似的形符作归类和对比分析，在学生犯错之前就加强区分的意识。相关形符错误出现的原因是参与构字的形符表义明确，但由该字组成的词的义类经过引申、假借已经发生转移，学生误将词义义类等同于形符义类，并进而以词义为根据改写与之不符的形符。如汉字“奶”，在汉语中原意是女性的乳汁，但学生根深蒂固的印象就是牛奶，于是写字就会写成“牛+乃”。有的构字形符在现代汉字中的意义已经区分，而学生从该字组成的词的意义中寻找线索，也会犯相关形符的书写错误。如“故”字，偏旁“攵”在这个字中已失去了造字时的意义，于是学生在“讲故事”的印象中将“故”写做“诂”。忽视形符所表示的意义与该整字的意义之间的区别，进而把作为构字元素的形符随字使用范围的扩大而作不适当的改变，或者没有追根溯源形符的本意，在写字时凭想象随意改变形符，这是此类书写错误的原因所在。

这两种错误反映了中高级阶段的学习者已对形符的意义有了进一步了解，有了形符表意的观念，但是他们忽视了形符所表示的意义的细微差别，常常只知其一不知其二。因此，在初级阶段打好基础的同时，中高级阶段对字的理据分析依旧很重要，要在学生对偏旁部首已具有宏观概念以后进一步帮助他们做系统的规整。

分析之二：字音相似错误在初级阶段中不很明显。到了中高级阶段，字音相似错误开始大量出现。这说明随着识字量的大量增加，学生掌握了大量的同音字，同音字对汉字书写的干扰开始显现。但是学生对汉字的音、形、义对应缺乏系统的了解。在此阶段给学生系统、详细地介绍汉字音、形、义知识，符合学生学习汉字的规律，合乎时宜。

分析之三：偏旁的增缺和部件的反置也随着学生识字量的增加略有增长。崔永华（1997）认为笔画、部件的学习在初级阶段如果没有打下坚实的基础，随着学习的深入，虽然汉语口语水平可能已经达中高级水平，但仍然会犯简单的汉字错误，且偏旁和部件变形会逐步增多。在这一阶段，部件的反置就属于初级阶段的基础不牢，教师在教学中需要适当复习。另一方面也说明到了中高级阶段，学生对汉语汉字有了更多的了解，在他们有了字感以后，应重新更有系统地介绍汉字的一些规则。

③ 实验小结

根据实验一与实验二的纵向对比，假设一成立。中高级阶段的汉字教学应很大地区别于初级阶段。初级阶段，留学生的汉字书写偏误主要集中在笔画与部件的书写上，对偏旁部首的意义了解较少，字形错误多于字音错误。中高级阶段的留学生最主要的错误则是对偏旁部首意义了解的不细致、充分以及同音字对汉字书写的干扰上。我们认为初级阶段教学的重点应该是笔画、部件教学和偏旁部首的理据教学。要在这些内容的教学中时刻注意汉字与汉文化的关系，把文化教学贯穿到部件和汉字教学中。在中高级阶段，汉字音、形、义并重的教学应居于首位，同时把初级阶段所教授的内容作系统化的归纳并形成理论，便于学生学习、记忆。但一切汉字教学最后的回归点都是汉文化。汉文化在汉字教学中既是方法又是归属。

其次，根据实验一和实验二，初级阶段的学生由偏旁部首的意义和汉字理据不清楚造成的汉字书写偏误占到三分之一左右，而到了中高级阶段比例达到了70%以上。因此，汉字的偏旁部首义和汉字的理据性在汉字教学中格外重要。假设二认为的汉字书写偏误主要是由于学生对偏旁部首的意义理解不充分、对汉字理据不清楚基本成立，但值得注意的是在初级阶段要更加重视学生的汉字基础教育，加强汉字笔画、部件的书写练习，对汉字的偏旁部首和理据教学应该深入简出，以学生理解为原则，到了中高级阶段再系统深入。

四、留学生汉字学习策略的调查研究

为了了解初级1、2班和中高级1、2班的学习策略，以便在汉字教学试验后对他们所使用策略进行对比。在汉字书写偏误调查之后，我们对这4个班学生做了关于留学生汉字学习策略的调查。

1. **研究方法**

（1）被试人群

从初级1班和初级2班中随意选定学生各15人，共30人；从中高级1班和中高级2班中随意选定学生各15名，共30名。其中中高级班中选定学生中有韩国人2名、日本人1名。其余被试人群都为拼音文字背景国家的学生。

（2）实验方法

此次，实验采取调查问卷的方法。

首先，将外国人常用的汉字学习策略归纳为以下几种：

① 重复抄写策略，包括手指空写；

② 形象联想策略，即对汉字的形象进行想象、编故事或口诀，包括老师课堂上教授的和学生自己编的；

③ 拆字策略，即部件、偏旁部首独立学习策略，包括学习部件的拆分、偏旁部首的意义；

④ 归纳策略，即对形近字、同音字、形声字或同义、近义词进行归纳分类；

⑤ 复习策略，就是复习学过的汉字，包括课后及时反复练习、制作随身携带的卡片等等；

⑥ 应用策略，即使用汉字，如写日记、写作文、寄卡片等；

⑦ 其他策略。

其次，将这几种策略制成调查问卷，其中对初级阶段的问卷以中英文对照的形式出现。要求学生根据自己的实际情况对问卷上每种策略作5个等级的评价（1为“从不”，2为“很少”，3为“有时”，4为“经常”，5为“总是”）。共回收调查问卷60份。

2. 研究结果

（1）实验数据

通过以上方法分别对初级阶段和中高级阶段留学生关于汉字学习策略进行问卷调查，然后对回收的问卷进行统计，每种策略的数据只统计了留学生有时使用、总是使用的人数，即学生给每种策略的等级评价在3及3以上的统计。具体统计详见表6和表7：

表6　初级阶段留学生汉字学习各类型策略使用人数和比例

策略类型	使用人数（人）	总人数（人）	所占比例
重复抄写策略	25	30	83.3%
形象联想策略	24	30	80.0%
拆字策略	8	30	26.7%
归纳策略	3	30	10.0%
复习策略	23	30	76.7%
应用策略	0	30	0
其他策略	2	30	6.7%

其中，初级阶段留学生使用的其他策略有：临摹（1人）和汉字游戏（1人）。

表7　中高级阶段留学生汉字学习各类型策略使用人数和比例

策略类型	使用人数（人）	总人数（人）	所占比例
重复抄写策略	21	30	70.0%
形象联想策略	6	30	20.0%
拆字策略	14	30	46.7%
归纳策略	12	30	40.0%
复习策略	20	30	66.7%
应用策略	11	30	36.7%
其他策略	3	30	10.0%

其中，中高级阶段留学生使用的其他策略有：学习汉字电脑输入

（1人）和查字典（2人）。需要注意的是，这里的字典指的是《新华字典》之类的中文字典。

（2）实验结果分析

① 根据表6，初级阶段大部分学生都使用重复抄写的方法。重复抄写的方法是最基础，也是留学生学习汉字最常用的学习方法。在初级阶段，他们常把汉字作为一个整体来记忆，进行反复地机械地抄写、记忆。学生在使用重复抄写法的时候会关注汉字的整体字形，而且在一遍遍的重复抄写中会渐渐出错，甚至一开始的抄写就错了。这个错误会在后面的抄写中重现，这样学生就会记住错误的汉字。因此，江新等人认为重复抄写法不利于汉字的学习。

形象联想策略在初级阶段也被大量使用。由于这一阶段的留学生所学汉字都为独体字和简单的合体字，且根据对初级阶段学生汉字书写偏误的调查，初级阶段的学生学习多使用字形策略，因此可以看出形象联想在这一阶段的使用反映了初学者常常试图根据某个汉字的形状，将之与大脑中已有的图形联系起来。这种图形联系对学生学习、记忆汉字是有帮助的。但江新也指出，形象联想策略学生书写汉字常出现笔画缺失的原因之一。

拆字和归纳策略使用较少，可能跟初学者的汉字储备量以及对部件、偏旁部首知识的认识较少有关。学生在这一阶段识字还不多，对形近字和音近字的储备量也不多，因而很少使用归纳的策略。同时，部件和偏旁部首的概念对他们而言也是模糊的。在汉字中他们不能准确地辨认和拆分，所以对拆字策略进行回避。而应用策略的零使用率则是因为学生仅4周的汉字学习，识字量少，同时也与教师对学生的汉字应用不做要求有关。

② 比较表6和表7，可以看出重复抄写策略仍是中高级阶段最主要的学习策略，这反映了大部分学生汉字学习效率仍然不高。和初级阶段一样，重复抄写法也有可能造成对汉字的错误记忆。其他策略的使用比例相差不是特别明显，均有不同程度的使用。

形象联想策略的使用率从初级阶段到中高级阶段有了很大幅度的下

降。初级阶段学生大多学习的是独体字和简单的合体字，到了中高级阶段就会学习复杂字形。这一阶段形象联想策略使用的下降，表明学生在初级阶段对独体字和简单的合体字的字形可进行联想，但到了高级阶段对复杂字形的联想能力就开始下降。汉字是表意文字，汉字的形象非常重要，学生学习汉字使用形象策略也比较重要。而在中高级阶段学生对形象策略使用率反而下降。这说明，教师在汉字教学中缺乏对汉字形象的解析、对汉字构造的说明。教师应引导学生对汉字字形加以联想，但并非是像初级阶段学生那样，对字形的联想出于整体字形的图画感，而是对汉字部件、偏旁部首组合进行联想，是有一定理据性的组合联想。当然，这需要建立在对汉字偏旁部首的把握上，也需要运用大量的汉字文化知识。

拆字策略和归纳策略的使用率也有所上升。数据显示，学生现在已有了对汉字拆分和归纳的意识，但可能缺乏系统的理论和较好的方法，因此对这两个重要策略的使用仍然不是很多。同样，这两个策略对学生学习、使用汉字又很重要。有资料显示，汉字拆分的部件笔画数越少，越有利于记忆。教师在教学中仍可注意对汉字部件、偏旁知识的复习，以及对声符、意符的系统教学，加强学生对声符、意符的认识。归纳法是学习的重要方法。归纳汉字可以按读音归纳、按偏旁部首归纳、按字形归纳、按字义归纳等，这些不仅是对已学过内容的总结，也帮助学习者集中学习、辨别在某一方面相同、相似的汉字，帮助学习和记忆。归纳法和拆字法一样，都需要一定的汉字基础，所以中高级阶段的学生使用率明显高于初级阶段。但是中高级阶段留学生的汉字书写偏误特点也反映出其对归纳策略使用的不充分。

应用策略在这一阶段的使用率提高是一个很明显的特征。留学生在中高级阶段已积累了大量的汉字，已有主动在使用汉字中练习汉字的意识。应用策略有助于把汉字学习和汉字使用联系起来，以汉字使用促进汉字学习。对此，教师应给予学生指导和鼓励，同时注意开展一些促进汉字应用活动，如开展征文比赛、书法比赛、出黑板报等等。

对比初级阶段和中高级阶段留学生的其他学习策略，可以发现一个有趣的现象。初级阶段留学生使用的临摹方法和通过汉字游戏学习汉字的方法其实也反映了初级阶段学生的两个重要的汉字学习特点。临摹是根据字帖描汉字或者模仿写汉字。临摹注重汉字的整体性，体现了初级阶段学生对汉字字形的侧重。学生在模仿字帖的规范汉字写汉字的同时，能够注意到正确的笔画、部件写法和正确的汉字结构。这对初级阶段的汉字基础学习很有帮助，值得鼓励和提倡。调查研究中学生提到的汉字游戏，是给参与者提高汉字的部件或偏旁部首，要求参与者随意排列组合，组合出不同的汉字。这种游戏是针对中国学习汉字的儿童设计的，但是对外国的汉字初学者也有一定帮助。它可以让学生识别部件和偏旁部首，在组合汉字的过程中了解汉字的构成，领悟汉字构成的理据。为这类游戏需要在教师的指导、帮助下使用。因为在初级阶段，留学生无法对组合出来的汉字判断对错。汉字部件的组合哪怕错了一点点，这个汉字也是错的。这会使学生对这个汉字一开始就造成错误的印象。如果教师在课堂上带领学生一起玩这个游戏，不仅可以活跃课堂气氛，告诉学生汉字部件、偏旁部首位置的重要性，还可以引导学生对汉字的一些特点、规则，以及一些形近字进行归纳，教他们学习归纳的方法，而且自己归纳出来的知识也可以记得更牢。学生在初级阶段所用的这两个“其他策略”，从一个角度证明在这个阶段，他们更注重汉字的整体性，侧重在整字的构形中去把握汉字。

在中高级阶段，留学生使用的其他策略是学习电脑汉字输入和查字典。电脑拼音输入法，需要对拼音的熟练运用，可以帮助学生学习汉字音形义的对应。查汉语字典需要分清汉字的部首，清楚地对汉字进行拆分，是对汉字部首知识的应用。中高级阶段留学生使用的其他汉字学习策略反映了这一阶段学生的汉字学习水平，对他们的学习是有帮助的。

（3）实验小结

这次调查中，留学生汉字书写中的错字较多，尤其是笔画、部件的错误，和他们重复抄写的大量使用有较明显的关系。形象归纳策略、拆字策略，归纳策略的使用在一定程度上反映了被试学生的不同水平，而它们的使用率也可以看出学生对汉字规律、知识掌握的程度。对于其他学习策略。教师需要对其进行了解，及时纠正错误或者不当的学习策略，对于好的学习方法，应给与鼓励并向其他学生介绍。

五、对汉字成功学习者学习策略的调查

在对初级1班、初级2班和中高级1班、中高级2班留学生进行过汉字书写偏误调查和汉字学习策略调查后，我们又对他们分别进行了为期12周的专门、系统的汉字教学。12周后对其中的成功学习者再次进行了汉字学习策略的调查。

1. 研究方法

（1）被试人群

首先需要对汉字成功学习者进行界定。在学习结束之后，学校分别对初级班和中高级班进行了期末测试。初级班有专门的汉字测试，中高级班都没有进行专门的汉字测试。但是周健等人实验发现，汉字学习与汉语学习的正相关显著。汉字学得好的学生往往也是汉语成绩好的，反之亦然。汉语成绩差的，汉字也学得不好。[1]根据这一理论，我们对中高级班成功学习者的选定，参考了中高级班精读课的考试成绩。精读课的考试内容包括了汉字的识、记，因此精读课的成绩在很大程度上能反映学生的汉字水平。

初级班汉字课的成绩最高为96分，最低62分，平均成绩为78分。我们选择了83分以上的所有学生，有15人，占总人数的34.0%。即成绩在前1/3左右的学生在此实验中被界定为成功学习者。中高级班精读课的成绩最高为92分，最低60分，平均成绩为76分。我们从中选择了81分以上的所有学生，共15人，占总人数的33.3%。同样，在本次实验中把这些成绩在前1/3左右的学生界定为成功学习者。

（2）实验方法

本次实验采用的是追踪访谈的形式。在界定完汉字成功学习者之后，让这些成功者在课后分别口头描述学习汉字的方法。谈话时其他被

[1] 周健：《汉字教学理论与方法》，北京大学出版社2007年版，第135页。

试者不在场，访问结束后再对他们的学习方法进行归纳，同时把他们的汉字学习策略归纳归为重复抄写策略、形象联想策略、拆字策略、归纳策略、复习策略、应用策略和其他策略七类，并与之前学生学习策略进行对比。

2. 研究结果

（1）实验数据

对于以上的七种策略，初级阶段和中高级阶段的成功汉字学习者的使用人数统计，见表8：

表8　初级阶段和中高级阶段留学生汉字学习成功者的策略使用情况

策略类型	初级阶段成功学习者使用人数（人）	中高级阶段成功学习者使用人数（人）	总计使用人数（人）
重复抄写策略	11	7	18
形象联想策略	10	9	19
拆字策略	9	12	21
归纳策略	6	11	17
复习策略	13	12	25
应用策略	7	11	18
其他策略	2	3	5

其他汉字学习策略，分别是查字典、读中文出版物（报纸、杂志等）和利用电脑学习汉字输入。初级阶段利用电脑学习汉字输入1人，查字典1人。中高级阶段查字典1人、阅读中文出版物2人。同样，这里的字典依旧是《新华字典》之类的汉语字典。

（2）实验结果分析

① 初级阶段的成功学习者15人中，有11人表示会使用重复抄写的策略，中高级阶段的成功者15人中有8人使用重复抄写策略，并且这些人在使用重复抄写策略的同时也会使用其他策略。由此可见，不管是在初级阶段还是在中高级阶段，重复抄写策略在留学生的心里根深蒂固，它能在一定程度上帮助学生记忆汉字。不过，据常使用该策略的学生描述，他们自己也意识到重复抄写汉字的学习效率并不高，使用起来感觉较累，但感觉通过这种方法记忆汉字记得比较牢固。同时。他们希望能

够学习到更有效率的记忆汉字的方法。重复抄写策略是对汉字的整体记忆，效率不高，因此教师应该努力把学生对汉字“整体形象”的关注转移到“部分形象的组合”上来，即加强部件和偏旁部首的教学。

② 另一方面，在明白重复学习法学习效率不高的情况下这些学生依然使用该策略，这也表明这些成功者平时花较多的时间在汉字学习乃至汉语学习上面，他们的学习比较刻苦。跟踪访谈的结果也显示，这19个使用重复抄写策略的成功者，几乎百分之百都同时使用复习策略。由此可见，常复习所学内容对成功学习是有帮助的。

③ 这些成功者学习比较认真、刻苦，因此这其中有不少人也会选择使用应用策略。初级阶段有7人会使用应用策略，中高级阶段有11人使用应用策略。从某种程度上来说，应用策略一部分也属于复习策略。因为在应用汉字时，大部分使用的都是已学过的汉字，只有一小部分汉字是新字。所以应用汉字的过程也是对学过汉字的复习的过程。正因为应用汉字需要使用已学过的汉字，因此应用策略对留学生汉字的存储量有一定要求。虽然在应用汉字中复习、学习汉字，学习汉字文化比较轻松、有趣，但是在初级阶段，这一应用还是比预期低一些。这可能还是与学生的词汇量有限有关系。中高级阶段的使用率还是比较令人满意的。

④ 关于更有效地记忆汉字的方法，江新提到了回忆默写法，即通过回想来写汉字。据江新等人实验，回忆默写法比机械地抄写汉字更有效率。学生使用回忆默写法对汉字进行分析加工时，是以汉字部件为加工单位的，所以回忆默写法与本次试验中提及的拆字策略相类似。

拆字策略在初级阶段成功者中的应用达到9人，在中高级阶段中有12人。与12周前的调查相比，此策略的使用率有了很大幅度的提高。据学生（尤其是初级阶段的学生）描述，在使用拆字策略的时候即使没有掌握部件的名称和含义，学习、记忆汉字的时候也会以部件作为记忆单位进行记忆。这样可以促进记忆，减轻学习负担。值得注意的是，使用拆字策略和使用重复抄写策略的人数有交叠，即不少使用拆字策略的人也会使用重复抄写策略。这表明，学生在有了拆分部件意识时，对于汉字部件的组合规则缺乏很好的认识，只能通过死记硬背来记住部件或部首的组合。因此，教师在今后的教学中也应注意汉字构形规律的讲授。

⑤ 形象联想策略初级阶段的成功者有10人使用，中高级阶段有9人使用。这是一个值得高兴的进步，特别是中高级阶段的使用人数较之以前有了很大幅度的上升，这与教师在教学策略上的重视有关。其中，初级阶段的学生表示，他们对汉字形象的联想一部分还是对图画的联想。如把“日”想成大写的字母“B”，把“阝”想成数字“13”。但是教师在课堂上讲授的一些象形字、指事字和会意字的联想他们也会使用，只是如果教师没有告诉他们怎么想，他们一般不会这样想象。与之不同的是，中高级阶段的学生表示，他们会主动地对汉字形象进行联系，除了教师在课堂上教授的，课后他们也会自己对汉字编故事，方便记忆。

这些现象说明留学生在经过有计划地训练之后，已对汉字的表意性质有了一定了解。但是在初级阶段，学生的汉字意识还相对薄弱，尤其是对汉字拆分后各个部分的意思不够了解。随着学习的深入，对中国文化的熟悉以及部件、偏旁部首意义的进一步了解，他们能够对汉字进行较充分的联想，在联想中促进汉字学习以及对中国文化的了解。

⑥ 归纳法是一种很有效地学习方法。调查显示，在初级阶段有6人会使用归纳策略，而到了中高级阶段有11人会使用这一策略，较之先前的调查，所占比例都有较大提高。学生表示，归纳法不仅能帮助他们记忆汉字，也能帮助自己区别近义字、同音字、形近字，更加了解汉字。中高级阶段的使用者比初级阶段多出近一倍。这说明由于归纳法与学生的汉字声符、意符的意识有很大关系，因此它对学生的汉字知识功底有一定要求。学生对归纳法的运用与否也能反映学生自身的汉字水平。在初级阶段，学生的汉字水平和识字量都不如中高阶段的学生，所以在初级阶段这一方法还没有广泛运用。但是从这一数据可以看出，不管是初级阶段的学生还是中高级阶段的学生，他们对汉字音、形部的了解都有了比较大的进步。教师在今后的教学中还需继续帮助学生复习和归纳汉

字音、形部。在对成功者的跟踪访谈中，有几个人还提到了其他的汉字学习策略，分别是查字典、读中文出版物（报纸、杂志等）和利用电脑学习汉字输入。这种主动自学新字、词的行为可能是这些学生成功的原因之一。

（3）实验小结

总的说来，此次实验的研究结果说明，在第4周到第16周汉字教学策略的使用取得了一定成效。学生对汉字的特点、汉字知识的认识有了较大程度的提高，对中国文化有了较多较深刻的了解，并通过对文化的了解反过来促进了汉字学习。同时，学生开始使用更有效率的汉字学习策略，并表示对自己的汉字学习很有帮助。不过，有些结果与预期的效果还有一定差距，尤其是中高级阶段学生的汉字学习效果没有预期的理想。可能因为中高级阶段的学生在经过初级阶段的学习以后，形成了一套自己的学习方法，先习得的方法在他们脑中根深蒂固，一时间很难消除。这也提醒我们，汉字学习在初级阶段就要打下坚实的基础，基础一定要牢，在学习之初就习得一些有效率的方法。教师在今后的教学中需不断复习、加强学习过的内容，并可根据实际情况对教学策略进行改进，以期达到更好的教学效果。

第三节　教学策略与方法

一、初级阶段：从汉字形象中探寻汉字文化根源

1. 初级阶段汉字教学的特点

万事开头难，汉字难就难在入门阶段。我们的教学对象是汉语零起点的成年学生，他们对汉字几乎是一无所知。如同对初级阶段学生的调查研究中所揭示的那样，有的甚至对汉字还存在脱离实际的错误认识，把汉字看做图画或是一件神奇的艺术品。尤其是非汉字文化圈学生在学习汉字之前已经形成了一套适合其母语特点的认知模式、思维习惯和表

达方式，他们原有的学习生活经验在这里几乎是“将军无用武之地”。因此，针对这样的现实，改变学生头脑中对于其他语言的认知模式，重新建立一种新的适合汉语汉字的认知模式就显得极其重要。一旦学生对汉字有了正确的认识，意识到了汉字的内在规律性并初步培养起“字感”，以后的学习将容易很多。

在原有基础上重新建立一种与原思维模式完全不同的模式其难度是不言而喻的。此阶段的任务非常艰巨，不仅要帮助学生建立适应汉字学习的思维模式，还要克服学生自身母语带来的种种负迁移。所以，这一阶段对汉字的呈现技巧有较高的要求。汉字是由笔画、部件组成的方块字。一个汉字就是一个视觉符号，汉字教学也应该从汉字的形象入手，在初级阶段通过教给学生最基本的汉字知识——笔画、笔顺、基本部件、偏旁部首及汉字的间架结构以及很有理据的象形、指事、会意字来帮助学生了解汉字构形系统的基本知识，掌握汉字学习的基本方法。通过对汉文化的学习，消除对汉字的神秘感，为以后的汉字学习打下良好的基础。

2. 选字原则

提高对外汉字教学质量的关键之一是选择好初期积累字，因为对这批字的学习具有决定性的意义。

选字应以字形的学习难度低、高频率、笔画少为宜，能显示基本笔画和基本结构的字，更利于日后的自学。另外，适当选择几个与学习者的学习环境、生活环境及学习目的关系密切的字。如在掌握了基本部件后，可适当对学生进行“啤酒”二字的教学。尽管字形繁难，笔画众多，但因为这两个字所代表的事物是学生所熟知的，学会这两个字给学生带来成就感，所以学习热情很高。除了实词，我们也应适当选些虚词，以便于组字。对这类字的学习，不宜利用字源法。因为汉语中常用的介词、副词、连词、语气词等大多是高频字，它们大多是虚化、假借而成，许多字的字源已不可考。可通过笔画和英文翻译义的讲解以及多次重复练习来帮助学生记忆。

3. **教学方法、策略**

（1）汉字的笔画和结构——重视汉字基础知识的讲授和严格基本训练

① 笔画

笔画是汉字构成的基础，严格笔画、笔顺的训练是留学生学好汉字的基础。在进行笔画训练时，应首先向学生展示整字，按照整字—部件—笔画这样的顺序，使学生把笔画与其在字中所处的位置建立有机联系，这将有利于学生正确认识汉字。基础阶段应培养学生良好的书写习惯：横要平，竖要直，撇朝左下，捺不带钩；派生笔形一笔写成，中间不能有停顿断裂；一定按照笔顺规则书写汉字。另一方面可以通过课后作业的方式让学生多写多练。教师通过检查作业的方式及时掌握学生的学习情况，针对作业中常见的书写偏误，有效地进行纠正，使之明白汉字每一笔每一画都很重要，不是可有可无的，看似微小的差别都会关涉该字的正确与否。

笔画训练一定要严格要求，因为任何结构的独体汉字最终都要落实到基本笔画上来。但要注意的是，六种基本笔画教授的同时须告诉学生笔画的方式只有两种：先从上到下再从左到右和先从左到右然后再从上到下。并适当举些例子让学生对这一规律加深认识，让他们从中总结出派生笔形，自行命名。另外，可适当出现简单的汉字，如学过“横”和“竖”后，我们可以把以下汉字提供给学生：“土”、“十”、“口”、“王”等。但仅供了解不要求记忆。这一阶段的训练应按照习字规律严格要求，一开始就培养他们良好的书写习惯，结合书写比赛、展览等激发学习兴趣。

② 结构

汉字是向四面展开的平面结构，不同于拼音文字的线性排列。这意味着汉字构成部件的位置相对复杂而且重要。汉字结构对汉字的意义至关重要，其意义通过具体的偏旁、部件表现出来。例如，“口”是构字最多的偏旁，其位置可以居左，如“吟”、“喝”；可以居右，如“知”、“和”；可以在上，如“架”、“哭”；也可以在下，如“召”、“吞”。相同的部件，若处于不同的结构方式，则或者不成字，或者组成意义大相径庭的字，像“含”与“吟”，“架”和“伽”，“部”和“陪”，“召”和“叨”便是如此。这充分说明了部件结构在汉字系统中的重要性。要向学生强调汉字结构的重要性，书写时注意各构字部件的相对位置。

通过大力加强书写训练，及时纠正书写偏误，使学生在由整字→偏旁部首→部件→笔画这样一个逐层解析的过程中，摆脱“神秘图画”的困惑，转换视觉模式，确立新的文字观念，形成有利于汉字学习的心理特点和思维模式。也只有知道汉字的每一个笔画、偏旁部首还有结构是怎样的，才有可能正确书写汉字，有效认读汉字。所以，汉字教学相对短暂的基础阶段是写字教学，是为识字教学这一长期阶段而服务的。

当然，这里所强调的基础教学不是让学生通过笔画来识记汉字。据统计，高频汉字的平均笔画为八笔，而人短时记忆一般以七个记忆单位为限。显而易见，由笔画直接记忆整字是一种效率极低的做法。总之，汉字基础教学的目的不仅是要学生掌握一定数量的汉字个体，更重要的是让学生在基础阶段掌握汉字的书写特点、构字规律，在以后的学习中可以举一反三，可以自主、有效地学习汉字。

（2）部件教学和偏旁部首教学——利用传统文字学知识教授汉字

对外汉语教学界对汉字教学任务的理解主要在教学生掌握汉字形体，所以对外汉语教学界的汉字本体研究尤重字形结构研究。汉字字形结构的中级结构单位——偏旁或部件，是汉字字形研究的重点。如何对汉字中级结构单位进行分析，在教学上分为两派：一派使用新兴的部件分析法；一派使用传统的偏旁分析法。

新兴的部件分析法是受计算机汉字拼形编码输入法的启发而提出的。其良好愿望是将教学上的汉字结构单位与计算机形码输人的结构单位统一起来，以便利用计算机辅助汉字教学。据崔永华在1997年的统计，部件错误占留学生汉字书写错误的80%以上。以他为代表的不少学者认为部件教学是汉字教学的根本。部件分析法一派内部其实极不统一，有的倾向无理切分，撇开字音和字义，对汉字进行纯字形的部件分析；有的倾向有层次切分。传统的偏旁分析法成熟统一，既考虑到汉字的外部结构，也照顾到汉字的内部结构。分析的原则是以六书理论为指导，尊重汉字体系自身的系统性，为学生利用偏旁学习合体汉字的读音和意义打基础。不过，现在主张汉字教学采用传统偏旁分析法的人不多。

这两种对汉字的切分方法各有裨益。但是，在教学实践中，我们认为部件教学在实际操作中具有不少困难：一是虽然部件多有含义和称谓，但也有较多的部件没有含义和称谓。据统计，后者所占比例比前者很接近，即两者数量相当。不可称谓部件的比例过大，显然会给教学带来障碍，加重学生的学习、记忆负担。二是一般的部件体系，不成字的部件较多，与成字部件的比例极为接近。因此，这类不成字部件不仅难以独立教授，而且学习者也难以记住，这就削弱了部件对汉字认知的作用。三是根据部件拆分原理制定的部件体系，有时将汉字拆得太零碎，给汉字的解释和记忆带来一定的困难。如“估”被拆成“亻”、“十”、“口”，这样的拆分会将汉字本身存在的音、义联想功能破坏，不利于教学。偏旁是汉字结构单位名称，指的是“六书”中会意、形声字里的两个组成部分，或表义或表音。在初级阶段的教学中如果只采用偏旁进行教学，表意的形旁具有较强的造字理据，但是表音的声旁便无从解释，这会造成教师和学生的困扰。

我们希望在汉字的拆分上找到一个平衡点，引入偏旁和部首的概念，利用偏旁部首的结合进行教学，但依然将部件教学作为汉字书写的基础，进行有选择的学习。因为首先，部件在初级阶段有着不可取代的优点，但是在使用中的局限性使得它只适用于教学之初。作为偏旁部首概念引入前的汉字基础知识，部件可以用来训练学生书写汉字，以及解释简单的汉字。其次，以偏旁部首为教学单位体系有很强的构字能力，对教学是有意义的，可以帮助教师把握汉字教学的重点，并充分利用对其意义的解释和生成能力教授新汉字。其三，偏旁部首作为单位有固定的语音形式和含义，对构成的汉字的解释和记忆很有帮助，也可以帮助学生在掌握了一定数量的汉字后，对汉字进行归纳，帮助积累、对比记忆等。其四，部首具有完整的文化义，可在部首中追溯汉字的演变、汉字的理据，也有利于汉文化的学习。

在对外汉字教学中，也不能仅仅依靠部首或者仅仅依靠偏旁教学，必须两者相结合。部首是指在编撰字书时按字形特点取其共同的构字部件将所收的汉字分别归属的门类，是针对字典收字归类编排的部首字而言的。因为部首是汉字在字典中排列的依据，有些部首如“一”、“丨”、“丿”并无实际意义，在教学中既难以解释，又不利于学生的理解和学习。所以教学中不用具体告诉学生哪些汉字的哪一部分是偏旁、哪一部分是部首，只要综合运用两者的知识，教给学生分析汉字的方法，就是成功的汉字教学。

① 部件教学

在传统的文字学理论中，汉字的结构单位只有偏旁部首的概念，没有部件的概念。近年来的汉字教学中，特别是对外汉字教学中提出了部件这一个汉字的结构单位。部件也叫字根、字元、字素，是由笔画组成的构字单位。它大于或者等于笔画，小于或者等于整字。如“站”字有左右两个偏旁，但可以切分出“立”、“十”、“口”三个部件。一般来说，部件的拆分只根据字形，不考虑声旁、形旁等理据。

心理学的原理告诉我们，汉字拆分出部件是符合学生学习规律的。汉字拆分出来的记忆单位越小，越利于识记。因此，同笔画和整字相比，部件是比较理想的。部件的概念对于初学汉字的外国人很有帮助。一个初学汉字的外国人，如果他的母语是拼音文字，字母组词的习惯会使他关注汉字中的结构单元，在他还没有偏旁部首的概念的时候，他所看到的汉字是由一些笔画和构件组成的。如“谢”，很容易看到“讠”、“身”、“寸”三个部件。这对于初学者认识汉字的结构有一定的帮助。外国学生在书写汉字的时候，写错部件、摆错部件的位置都是常见的偏误。如果训练学生正确书写部件，汉字教学就可以超越笔画的阶段。记忆部件比记忆笔画容易，因为记忆单位少，减轻了记忆负担。比如，学生学会了“口”、“女”、“寸”、“十”等部件，将来就能在合体生字中作为单位正确书写这些部件的笔画和笔顺。

但部件的拆分主要考虑的不是理据，所以部件对汉字的认知并没有多大的帮助。很多不成字的部件或没有明确含义及称谓的部件都比较难记忆，反而会加重学习者的负担。所以在学习汉字的初始阶段，可以引入部件的概念教学，引导学生正确书写汉字中常见的构字单位，掌握汉字的组合方式和间架结构。部件的学习要尽快进入成字部件学习阶段，并且尽快地用偏旁部首取代部件来进行汉字结构教学。

在学部件之前很有必要给留学生上一节特别的汉字基本知识介绍课。用学生的母语把汉字的相关知识结合大量的事例和图片展示给他们，以增强学生对汉字的整体了解，消除畏惧心理，激发学习汉字的兴趣。内容包括：汉字的总字数虽多但常用字却不多；汉字的分类即独体和合体，很多独体字不仅能独立使用而且可以作为合体字的组成部分；汉字的四种造字法；汉字的形音义规律等等。讲解中有图片展示、有数字证明、有教具演示，语言要生动有趣、简单易懂。

学基本部件字的目的之一在于帮助学生建立对汉字字形、部件、结构和轮廓的感性认识。其中对那些可结合古象形字来学习的部件，就借助图画来辅助教学，如“日”、“月”、“山”、“水”、“弓”等。由于汉字是从图画直接演变过来，图画法可以很形象地揭示汉字起源，引起学生兴趣。因此在部件教学法初期，图画法是很好的教学方法。

单个的部件字难以记忆，可采用字形系联的方式帮助学生掌握汉字，把具有相同特点的部件归类记忆。能够字形系联的汉字数量有限，应在高频字范围内进行，不宜扩展太多。

需要注意的是，同一个部件，当它处在不同的偏旁位置时，形状和笔画都可能会发生变化。比如“人”在“他”中变成了“亻”；“女”在“娶”中写得比较矮胖，但在“她”中就写得比较瘦长。还有一些突出的笔画变形现象，如横在偏旁中变提，如“土—地”等等。汉字中同一个表意部件往往变形为不同的形态，甚至有些汉字具有相同的部件，但是这同样形态的部件在不同的汉字中却表现不同的意义。要了解这些部件的原始理据就要追根溯源。关于这些部件的教学，或许到了中高级阶段可以介绍它们的变形及字理，但是在初学汉字阶段必须注意直观和简明的原则。

基本部件组合的教学原则是循序渐进，由两个部件的组合（“木”与“目”组合成“相”）过渡到三个部件的组合（“相”与“心”组合成“想”）。在组合的初始阶段，仍可运用会意等古文字形体作为引导，帮助学生获得形象的直感；适当介绍相关的中国文化和汉字知识，以弥补留学生缺乏中国文化这一不足；学以致用，及时复习，组词造句以增强记忆。进行部件组合的练习，教学主要目的是让学生了解部件组合的一些规律性特点，不强制他们一定记忆所组合的汉字。

② 偏旁部首教学

任何事物的发展都是从无到有，从低级到高级的。任何历史知识的传承发展对于现在的事物都是很有意义的。现代汉字亦如此。尽管在形、音、义诸方面与古汉字大相径庭，但它不能割断与古汉字的联系。它根植于古汉字，或多或少地沿袭、遵循着古有的造字原则，承载着古时的文化信息。所以，传统文字学的知识可以而且应该为我们今天所用。初级阶段的汉字教学中，我们主要结合偏旁部首来说明汉字学习中古汉字知识的运用。

需要注意的是，现代汉字中偏旁部首的表义作用有其局限性。如多数部首在合体字中起表义作用的时候只能表示大致的类别，表达大致的意思，有的随着与字义关系的终结而成为“记号”。在课堂上巧妙地运用一定的古汉字知识来辅助现代汉字的讲解，将会使许多毫无生气的方块字变得生动、形象起来。把这些知识传授给留学生，将会对他们理解、记忆汉字的意义（尤其是本义）很有帮助。

偏旁部首表示的意义是原字本义基础上的延伸与扩展。以“戈”部为例，“戈”的本义是武器长矛，保持本义的“戈”在现代汉语中很少出现，只是在某些固定形式的词语中如“金戈铁马”等，更多的时候是被一些具体的字代替。然而，“戈”在作为偏旁部首组字时却仍保留着古义。如“伐”、“战”、“武”，这些字保持着与战争有关的一种行为动作。再如，“足”的本义是“脚”的意思，保持本义的“足”在现代汉语中也很少出现，仅常在某些词语，如“足球”、“足迹”、“手舞足蹈”中出现，更多的时候是被“脚”字代替。“足”在作为形符组字时保留着古义。如“跑”、“踢”、“跳”、“践”、“跟”，这些字是“足”即“脚”及其相关部位有关的一种动作。“路”——如鲁迅先生所说“世上本没有路，走的人多了便成了路”，与“足”脱不了干系。

此外，还有的独体字作部首时使用的是现代汉字中早已废弃的本义。为什么“斧”、“断”、“斩”使用“斤”字旁？学习中遇到这些字不禁会疑惑。现代汉语中，“斤”只作为重量单位（500克）来使用，甲级词中也只有“斤（量词）”的解释。查一下《说文》得知“斤，析木也，象形，凡斤之属皆从斤”。事实上，“斤”本指斧子一类的工具，做重量单位的“斤”是假借用法。后来，斤的本义消失，假借义用法一直沿用到现在。而本义却在合体字中得到保留。许多从“斤”的字都同斧斤的意思有关，而不是“斤两”的意思，如“斧”、“断”、“斩”。

因此，在偏旁部首的教授中要时刻观察学生的反应。有些较深的内容，如“斤”旁的意义在初级阶段就不应刻意讲解。初级阶段的原则就是讲解跟本义比较接近、常用的偏旁部首，不宜教得过难。否则不仅达不到很好的效果，还会使学生畏惧汉字。

（3）初级阶段的文化导入

初级阶段的汉字学习侧重点在汉字的笔画、部件和偏旁部首的意义，因此笔画、部件和偏旁部首反映的中国文化可以尝试融入到汉字学习中去。

①汉字的笔画和结构中的民族思维

许慎在《说文解字》中曾对文字做出了经典评论，既指明了文字的工具性，又道出了文字还具有传承思想文化的作用。汉字的笔画横平竖直，跟拼音文字迥异。汉字从隶书开始，就从以前的曲线构型转为笔画。申小龙指出，“隶变”使汉字的书写彻底摆脱了“描绘”而成为符号的书写[1]。汉字的方块字形反映了汉民族性格特点是对稳定生活的向往和追求。比如，传统意识下的中国人不喜欢频频换工作，习惯于在同一个城市生活，甚至祖祖辈辈都生活在一座房子里。汉字反映了这样

[1] 申小龙,:《汉语与中国文化》，复旦大学出版社2003年版，第431页。

一种民族的心理。

在汉字教学之初，跟学生简单介绍一下汉字的演变过程。在每个过程中列举一些可以看出字形的汉字让学生辨识，与现代汉字对比，就可以使学生明白现在的汉字已不再是一幅画，而是由表意的符号构成的表意文字。教学之时强调一下汉族人的生活习惯，提醒学生注意从汉字中观察一个民族的生活状态，不仅可以理解汉字的形态，不会像把“口”画成“○”一样画出汉字，而且对后面偏旁部首的意义学习也有益。

汉语的拼音具有声母和韵母的对立平衡，汉语的词汇以双音节为主，汉语的句法讲究平行结构，这样讲究成双成对的思维方式反映在汉字的结构上就是注重结构的平衡。汉字的形体结构从整体上看具有对称和平衡的特点。如汉字的上下结构、左右结构，声符和形符在对立中平衡。左右结构中声符宽则形符窄，高度一致；上下结构中形符长则声符短，宽度相同。另外，中国人的内敛性格，也决定了方块汉字不同于拼音文字线型结构的奔放，而是内敛和稳重的特点。因此，在写字时要注意汉字的对称美和形式美。如果在教学上给予学生类似的提示，学生会深刻理解汉字结构的根源，注意汉字的对称性，不把汉字写得扭曲变形或一部分大一部分小，给人造成重心不稳的感觉。

② 偏旁部首的文化意义

文字现象本质上也是一种文化现象。汉字素有历史文化“化石”之称，汉字的表意特性使其在形义之间，常能折射出古代社会的某种文化烙印。新的汉字形体体现了历时演变中的文化变异的信息，没有汉文化背景的留学生无法直接利用这一文化传承性。这就需要教师充分发挥作用，搭建起汉文化与现代汉字字形的桥梁，便于学生理解记忆。

申小龙指出：“在世界文字体系中，汉字的构形洋溢着浓郁的人文精神。”[1]这就是说，汉字中不仅描绘出中国先民丰富的社会生活，而且汉字的构型中体现了中国先民独特的思维方式。古时造字的时候，并不以客观世界的事物作为造字的依据，而是从人的主观印象和价值

[1] 申小龙：《汉语与中国文化》，复旦大学出版社2003年版，第450页。

取向出发，“汉字的建构精神是一种以人为立足点的人本精神”。比如，“身”描绘的是一个大肚子的人。在甲骨文中多数偏旁部首都与人、人体的部分有关系。据统计，此部分占了甲骨文的20%以上。因此，在教学中需要了解古人的世界观。了解古人在造字时以人的认知模式去建立世界的图式。把握这一人文精神，汉字中很多部首和汉字的原意就比较容易准确掌握。这种精神学生在初级阶段不能立刻全部理解和接受，需要循序渐进地教学。

在初级阶段，对汉字人文精神的把握可以先从与其他文化比较相近，或学生容易理解的方面开始，比如与自然界有关的偏旁部首。下面以“羊”为例进行说明。汉字中，由“羊”作部首的字不少，比如“美”、“鲜”、“祥”、“群”等。这些字多不易通过字形认读，有些学习难度较大，如果联系“羊”的文化义，就可以大大降低难度。“羊”是象形字，以羊耳为形，它描摹的不是羊的整体形象，而是羊的局部特征。羊的性格温顺和善，不与人争食更不会伤害人类，而且羊可以奉献肉、皮毛给人类。因此，古人从实用、功利出发，把羊视为大吉大利的吉祥征兆。古代物品上常有“吉羊”二字，这个“羊”也就是后世的“祥”字。“羊”、“祥”在表示吉祥的时候可以通用互换，后世为了表义明确，便给“羊”加上“示”旁，造出“祥”字，专表吉祥之义。这里的“示”取象于祭祀时的供桌，表示祭献、祈求的意思。合体后的字形，就会意出了吉祥、和和美美的意思。

另外，在中国人的心目中，羊肉和鱼都是刺激味觉和嗅觉的特殊食品。由鱼和羊组成的“鲜”字，真实地反映了古代先民对羊肉这种食物的特殊偏好。羊肉作为人间美食，最初的吃法有两种：一是煮；二是炙。“炙”就是今天的烤羊肉。“美”是以“羊”、“大”二字构成的会意字，可以理解成“羊大为美”，这就是“美”的本义。

与“羊”有关的汉字还有很多，其写法和意义都离不开先人对羊的喜爱。从偏旁部首中追溯汉字的文化义为我们提供了更多古人的思维方式和生活经验，很值得今天参考和研究。

再如“纟”。汉字中，由“纟”作部首的字也很多，比如“红”、

"级"、"结"、"经"、"细"、"线"、"纸"等。这些字有的是半音字，有的是完全的记号字，属于学习难度较大的部分，但联系"纟"的文化义，便容易识记。"纟"是"糸"居于合体字左边时的简化形式，通过字形可以看出它的本义：像一束丝。《说文解字》的解释是"细丝也"，所以"纟"旁构成的字多与丝线、编织等有关。如用来表示丝织物、丝线、丝的结构、丝织物的特性、纺织、缝纫方法等。"线"中"纟"的意义与"线"字本义等同，"继"、"结"、"细"等字皆是以丝线为依托，以丝线的性质、打结或粗细等来表示这些抽象的概念。"红"、"绿"等不少表示颜色的词，则直接根源于我国古代丝绸染色事业的发展。本义表示红色、绿色的丝帛，与丝的本义联系紧密。"纸"虽不是丝织物，但它是写字、绘画等所用的东西，多用植物纤维制造。纤维（也都是"纟"字旁）则是天然或人工合成的细丝状物质。由于纤维的媒介作用，"纸"与"纟"之间产生了间接的意义关系。如果情况允许，可以顺便提及我国古代四大发明之一——造纸术和蔡伦造纸的故事以加强印象。

③ 俗字解说策略的巧妙、合理运用

汉字作为汉民族思维和交际的书面语言符号系统，包罗社会文化的方方面面，映射社会文化的每一个细节。但是，"汉字这种独到的社会文化认识价值，并不是一览无余地展示在字的画面上的，它需要经过专门的'说文解字'的工作去发掘和发现"[1]。但是经过隶变、简化的现代汉字丢失了很多历史信息，模糊了造字理据，有些需要联系一些古汉字知识才能理解，有些则变成了完全的记号字。这些字无法通过形体、部件去推测、理解音义，原则上只能下工夫死记。但是有些记号字（主要是合体字）可以通过"俗字解说法"来帮助记忆。

所谓俗字解说，当然不是字的本源，但它通俗易懂。究竟能否利用一些理俗字源的说法来帮助留学生记忆现代汉字，是近年来汉字教学法研究中争论的一个问题。这种方法究竟是否可行，是否会"误人子

[1] 申小龙：《汉语与中国文化》，复旦大学出版社2003年版，419页。

弟”？我们认为《说文解字》也是后人对汉字的解说，因此在历史上不断有人对其修正或产生质疑。俗字解说只要基于合理的理论依据，对某些依据传统字源理论不便解释或者过于复杂、学生难以理解的记号字，我们可以考虑使用这种方法，但需在课堂上向学生交待清楚。告诉学生这个字，我们可以这样去理解，之所以这样说主要是为了帮助记忆，并不是完全依照字源的解释。绝大多数的学习者学习汉语的目的仅是将之作为便于工作的语言工具，主要是进行日常的汉语交流，而不是做汉语汉字研究。所以，不应当因为这些说法不符合造字本义而一概加以排斥。对记号字进行直观、有趣的解说，不仅可以帮助学生更快、更深刻的记住该字的字形与字义，而且可以用来纠正学生容易发生的错误。

殷焕先[1]对“富裕”中“裕”的俗解便是一个很好的例子：“衤（衣）+谷（粮食）”，很容易明白，丰衣足食是富裕。这样的例子还有很多。比如，学生常常把“宿”字下面的“百”写成“白”。如果我们给学生解释说，住宿，宿舍中的“宿”，宿——宀（屋子）+亻（人）+百（一百），表示屋子里住着一百个人。这样学生很容易记住“宿”下面是“百”而不是“白”了。“德”，是现代汉字中的常用字，但是对于留学生而言，右半部分的写法较为复杂。这时候可以提示学生把“德”的 右边拆成部件“十、四、一、心”，告诉他们口诀“十四个人一条心”，这样汉字“德”的写法学生便了然于心了。同时，可以扩展一下“德”的词义，如“品德”，“大家一条心，同心协力团结在一起，就是一种好的品德”。这样的拓展，学生不仅可以记住字形，同时也能记住字义。“治”，在甲级词中出现的是“政治”一词。《现代汉语词典》中的主要义项为“治理、医治、消灭、研究”，均无法与字形建立联系。为了便于学生的理解，我们可以把它放到一个特殊的语境中：治水——疏通水道，消除水患。如果是在专门的汉字课上，或者时间允许的话，可以简单讲一下“大禹治水”的故事以加深印象。

利用俗字解说法讲解，最好选取那些已失去原字理的字，而且要在

[1] 殷焕先：《汉字三论》，齐鲁书社1981年版。

学生掌握了一定的汉语知识以后，这样才可以避免学生理解上的障碍，达到满意的效果。比如“福”是以“示”为形旁的形声字，有人把它拆成“衣”、“一”、“口”、“田”，并解释说“一口人有田种，有衣穿，就是福”。这种讲解在部件拆分上就犯了错误，而且把“示”讲成“衣”，就已经造成了致命的混乱，不仅无益于对汉字的理解，而且会对学生今后的学习造成误导。

如果可能，也可以启发学生根据自己的想象来对汉字进行这种通俗的解释。假如引导得当，不仅能使学生增加对汉字的了解，培养学习兴趣，对于他们提高口语能力也有帮助，还可以活跃课堂气氛。但这毕竟只是一种辅助记忆的方法，不可滥用。

二、中高级阶段：基于汉字音、形、义的文化阐释

1. 中高级阶段汉字教学的特点

掌握了少量的简单汉字，具有一些汉字的基础，此阶段的外国学生已摆脱对汉字的陌生感，对汉字的一些基本规律也有所了解和掌握。由于把所学的汉字和生活实际结合起来，学生的学习兴趣很高。学生已经掌握了组成汉字的大部分构件。因此，此阶段完全具备大量汉字扩充和积累的条件。

但是，如调查中所反映的，随着学习汉字数量的逐渐增多，相似部件和偏旁部件混淆现象日益突出，同音字的混用也逐渐增多。面对如此众多面貌相似、读音相似而不同的字体组合，学生们常常张冠李戴、错误百出。此阶段的汉字学习令学生对汉字的迷惑增加，学习的压力很大。教师要站在学生的角度重新认识汉字。我们和非汉字文化圈学生认知汉字的方式是不同的。有些在我们看来不是难点的却恰恰是他们学习的难点。所以，老师应把学生容易出错的汉字部件按先后顺序加以比较，总结出经验教训。对容易出错的地方要反复强调。

由于对外汉字教学的对象都是成年人，与儿童相比，成年人分析能力强，更注重学习方法，更希望找到规律。汉字是记录汉语的符号体系，有其明显的系统性。这一阶段对合体字的学习，就是帮助学生全面

系统掌握汉字规律，让学生通过对汉字系统规律的掌握，为以后自学汉字打下坚实的基础。汉字的系统性具体表现在形、音、义三个方面。现阶段学生大多对汉字形体结构的系统性有所了解，但汉字音、义的系统性却是隐性的、复杂的。老师要帮助学生学习有关汉字形、音、义系统的知识，以提高利用这种系统性学习掌握新字的能力。

2. 选字原则

规则性强、系统性高的合体字，比如会意字和形声字，即能够进行音符系联和形符系联的汉字。其中以1000高频汉字中的字为学习重点。其他可系联的字也可出现，但暂不做掌握的要求。

到了后期，可进行不规则汉字学习。这些汉字不能进行系联，需要独立学习。我们可以通过分散识字法，把这些汉字放在篇章中，结合语境帮助学生学习。让学生知道，汉字具有内在的规律性，但经过3000多年的发展，少数汉字已经演变得没有规律可循。尤其是某些汉字的读音，不能轻易根据声旁发音。

掌握基本的学习方法和汉字规律后，留学生应初步具备自学汉字的能力。后期汉字积累阶段的主要任务是学习一些无规律可循的汉字。一般情况下让留学生通过工具书完成学习任务。这些汉字虽无规律可循，但他们的构件大多是学生所熟知的，因此他们完全可通过已经获得的学习能力来掌握这些汉字。

3. 教学方法、策略

（1）借鉴中国传统集中识字的教学经验，根据汉字的形音义规律采用系联的方式大量扩充识字量

如调查中所表现出的，中高级阶段的留学生已掌握了大量的汉字基础，这个时候如果教师没有重视对学生的引导，教会学生归纳的学习方法，强调汉字音形义的联系，学生就会在形似字和同义字的偏误上大量出错。调查中中高级阶段学生的偏误和他们的学习策略告诉我们，此阶段加强音形义联系和归纳的重要性。

① 音符系联策略

认读困难始终是困扰学生汉字习得的突出问题。习惯了拼音文字的

他们，在学习汉字时也非常希望能够“因形求声”、“因声求意”。因此，加强汉字字音的教学是非常有必要的。汉字读音的系统性，主要是由形声字与表音偏旁的读音关系表现出来的。据统计，在构成现代汉语常用字的偏旁中，具有表音功能的偏旁有九百多个。如果以九百多个表音偏旁系联现代汉语常用字中的形声字，可以系联出九百多个大小不同的音系字族。具有同一表音偏旁的形声字，读音都与表音偏旁相同、相近或有声韵亲缘关系，因此我们可以根据声符在合体字中表音或部分表音的作用，以音符为中心成批识字，在同一音符的字集中识记。如由“方”字组成的“放、房、防、纺、芳、访、仿”等字，由“分”组成的“份、芬、扮、纷、氛、盼、盆、粉”等。这些字既是音近字也是形近字。

有些同音字也可以归类，如“木、目、母”等，但是在归类的时候需要组成词。有些学生可以理解汉字的意思，但是在句子或词语中就容易写别字。这可能是因为对词的不熟悉，在学习中仅仅记忆汉字，却忽略了词的重要性。有些字在词语里会失去意义或表示出与原来的字不同的意思。如“道”，学生在学习的时候可能记住的是它作为“路”的意义，但是在“道理”里意思会变得比较模糊和抽象，因此学生在书写“道理”的时候可能就会用他们比较熟悉的汉字“到”来代替。因此，同音字的归纳应该注意在词语中区别含义。

按照音符系联的方式识字，有利于学生运用归纳策略，掌握这些汉字的读音、字形，并且可以成批地大量识记形声字。对于不便采用音符系联的汉字，如有些音符过于生僻甚至不成字，我们可将这些字纳入其他关联的系统中。

② 字形系联

由于学生已在汉字初期积累阶段掌握了基本笔画、笔顺和基本部件，此阶段的教学重点是基本部件组合的学习。但由于孤立的汉字难于记忆，所以我们采用字形系联的方式来帮助学生学习汉字，进一步了解和掌握汉字字形的系统性。字形的系统性主要体现在偏旁和合体字的形体联系即外部结构关系上。例如，以“木”系联常用汉字，可以系联出

“木”字形系字族有“本、末、未、林、森、休、体”等等。具有构形组字能力的汉字偏旁有一千多个，以这些偏旁系联合体常用字，就可以系联出一千多个形系字族。偏旁与其字族字在形体上具有明显的联系。对汉字字形系统性的把握，有利于合体字字形的记忆与书写。

③ 字义系联策略

字义系联是进一步扩大汉字量的一种有效方法。在构成现代汉语常用字的偏旁中，具有表义功能的偏旁约400个。如果用这些表义偏旁系联现代汉语常用字中的会意字、形声字，可以系联出约400个大小不同的义系字族。字义系联的一种做法就是充分利用具有表义功能的偏旁，如人、言、土、口、女、手、走、火等，根据由它们组成的汉字基本上表示一个义类的特性，把含这些意符的相关汉字串联起来放在一起集中学习。如“鸟”——“鸣、鸦、鸭、鸽、鹅、鹊、鸡、鹰、鸡”等；另一种做法就是完全不考虑字形的结构因素，只从语义关联出发。如把反义的“好—坏、高—低、胖—瘦、远—近”，把同义的“赤—红—朱，江—河—湖—海—洋”等系联。这不仅符合认知心理学，而且对学生扩大识字量、词汇量，提高交际能力都大有帮助。这是目前对外汉字教学经常使用的一种教学方法。

④ 文化综合系联策略

依据汉字内部形、音、义的各种规律，采用集中对比的方法，讲授某些相关的字，让学生对其进行分析和综合，从中窥见古人的思维意识。例如“人、大、太、天、夫”这组字就可以相联系。“大”，甲骨文像伸开四肢的正面人形，以人体伸开四肢表示所占空间之大。但是“大”在作形旁部首所组字的词义多与人有关。“太”，是在“大”下面加一点，一点作指事符号，指示比“大”还大之意，故引申作为程度副词。“天”在“大”字上面加一画，一画作指事符号，指示人头顶的部位。本义头顶，引申指头顶上的空间。“夫”在“大”上加一横，这一横作指事符号，指插在人头顶发髻上的簪子（一横上的出头部分就表示发髻）。古代男子20岁成年时要挽发别簪，所以“夫”的本义为成年男子，引申指女子的配偶——丈夫，或从事某种劳动的人——渔夫、农夫等。这组形近字都以“人”为基本构形，在“人”之上加不同的笔画而生出众多的意义。这种汉字的构形方式体现了中国人的主体思维和人文精神。

总的来说，对于所系联的每个汉字，基本上需要从读音、字形、意义三方面来掌握，并且把学汉字和组词造句结合起来。此时，大多数学生基本上掌握了汉字的系统性规律，在此基础上再利用分散识字教学法，把那些无法系联的汉字放在文章中，结合具体的语境来学习就容易多了。

值得注意的是，在教学实践中，教师要根据文字学和音韵学的基本理论，针对具体情况灵活地运用这一方法，而不能机械地套用。比如，在字形联系时，以“耳”为形符的字可把“聪、闻、取、聋”等形符与字义之间明显联系的字放在一起，但是“耻、职、耸”这样由于字形和词义的演变，形符和词义之间的内在联系已经不好辨认的字不宜给学生追根溯源，这样会增加学生的学习压力。在教学中用“系联法”一定要有针对性。教师要抓住重点，把握关键，进行有选择的系联，要留心学生经常写错的字，总结规律，从而使系联有的放矢，真正起到促进汉字学习的作用。

经过汉字的集中学习阶段，留学生基本上掌握了汉字系统的规律和自学汉字的能力，能很容易地掌握新的汉字，并能进一步通过字义分析理解词语的意思，为下一阶段的汉语教学打好基础。通过这种方法的学习，留学生还习得了归纳法和字形联想法，提高了汉字的学习效率。

（2）中高级阶段的文化导入

① 音符、字形联系中的中国文化

以汉字的音符、字形为联系归纳汉字和以汉字的字形为联系归纳汉字，两者所使用的大多还是汉字的偏旁部首概念。汉字以形象表意的特征，决定了汉字不仅可以直接显示一般的概念意义，而且可通过其构成本身，形象地再现古代社会的状况，为我们提供更为丰富深层的文化信息。汉字对历史的记录与历史文献对历史的记录不同。历史文献的记载是一种个人或集团的行为，它往往渗透着片面的个人见解在其中，甚至出于某种利益而遮蔽历史文化的真相。而汉字从某种意义上说“是一座恢弘的历史博物馆”，我们用它来创作历史文献，而汉字本身也为我们提供了“大大早于历史文献的远古历史文化信息”。[1]这是汉字教学所不容忽视的。我们应教会学生通过汉字透视中国文化，通过中国文化理解汉字。在初级阶段学习了偏旁部首，明白了偏旁部首的文化义之后。中高级阶段就可以给学生归纳一下从偏旁部首义中推理出来的汉字的文化义。

目前，已经有不少学者尝试给汉字归类。通常汉字可以归为汉字与天地、自然界；汉字与植物、农林业；汉字与动物、牧副渔业；汉字与人类、医药；汉字与婚姻、人生；汉字与生活、交通；汉字与战争、官场；汉字与祭祀、文化等约10多类。[2]这些分类中探讨了汉字的本意和引申义，从甲骨文说起，研究了汉字在每个时期的演变流程，非常细致、明确。但是，在对外汉字教学中是否可以直接拿来使用呢？即使在中高级阶段，学生对汉字的了解已经比较多，他们依然不能从根本上理解汉文化中的医学、中国古代的官场和中国古人眼中的是是非非。在对外汉字教学中，教师要把握的不是最细致的条条框框的汉文化，而是在梳理汉文化之后提取可以用于教学的部分，把汉字的精神教给学生，让学生领悟，用自己的观察和总结最大程度地理解教师所讲的文化和与这些文化相关的汉字。因此，只要在物质文化方面和精神文化方面把握住汉民族的思维，就能把握住汉字精神——

A. 物质文化层面

物质文化主要包括科学技术、文学艺术、典章制度、社会规范、风俗礼仪等内容。这些内容易于理解，学生乐于接受。而精神文化是民族文化的深层内容，对于留学生来说有很大的难度。因此，汉字文化教育首先应以物质文化的渗透为重点，而物质文化内容也要选取一些易于理解的部分。

---

[1] 申小龙:《汉语与中国文化》，复旦大学出版社2003年版，第419页。

[2] 唐汉:《汉字密码》，学林出版社2002年版。

从汉字中可以了解古人类与自然万物的联系。如“草”，原本是一个象形字。在文字的使用过程中，“草”渐渐演变成一个草本植物的偏旁部首。“草”变成了一个形声字，也变成了形形色色小草的通称。汉字中凡草本植物以及相关事物，多加有“艹”字头，如“芙蓉、芯、药”等字。引申义则有“低贱、粗糙”等意思。如古代统治者称平民百姓为“草民”，把人民喻为自生自灭的杂草，隐含了阶级低贱的意思在内。

汉字可透视出中国古代的社会形态和社会制度。如“姓”字，从女从生，反映了母系社会的女人地位；“男”字，从力从田，说明男人从事砍伐、狩猎、守护等重体力劳动；“奴”字，从女从又，像以手抓女人，把女人等同于战俘，可见我国封建社会女人地位的低微。

汉字可反映远古时期的生产、生活方式，描绘出一幅幅社会生息图。比如“家”，屋内有猪，表明从事畜牧的人才算真正定居下来；从“田”字反映了奴隶社会井田制的状况；从“贝”（一种货币）构成的一些字，如“购、贸、贩、贷、贿、赂”等，表现了古代的贸易状况。

从汉字可了解古代的风俗礼仪。如“婚”，本写做“昏”，古人嫁娶多在黄昏之时，所以“昏”在“婚”中兼表义，二字是同源字，并且由此也可以看出远古娶妇的抢亲制度。

另外，从汉字的发展和偏旁部首的演变可看出文化的变迁。从姓氏别号可看到民族的起源和宗教信仰，从外来词语可看到汉民族在与其他民族的交往过程中，吸收、融合、接受外来文化的痕迹等等。这些都是适合教学的部分。

B. 精神文化层面

精神文化包括价值取向、审美情趣、思维方式等等。这是一个民族文化的精神内核。汉字中蕴含了极为丰富的精神文化信息，对于属于“汉文化圈”内的留学生和“圈外”的中高级水平的留学生，可以适当地加以渗透。

从汉字看汉民族的思维方式和价值取向。汉字是中国的原始人类认识世界的一种符号，从它的构造方式和特点中可以投射出先民的思维方式。这种思维方式影响到汉民族的各种观念。如“天人观”，自古以来天道和人道是一体的，这种哲学思想渗透到汉字中。如“天，颠也”，“天”本义是头顶，“大”的本义是一个人伸展开手脚的形状，“一”是指示性符号。天，高高在上，古人不知这些自然之谜的谜底，认为天是有意志的神，是万物的主宰，是至高无上的权威，因此把天看成老天爷。统治人间的君王为表君权神授，自称“天子”愚弄百姓，凌驾于万民之上。“天”还由此获得了至高无上的含义，许多本来属于人的事物被冠以“天”字，如“天性”、“天真”、“天资”等等。

汉字也可以反映汉民族的价值取向。如“仁”字，从人从二，充分体现了要建立一种温情脉脉的人际关系的道德理想。《礼记》和《孟子》认为：“仁者，人也。”这充分展示了中国文化以求善为目的的伦理型文化特征，不同于西方求真的科学型文化。再看“孝”字，从老从子。许慎将“孝”的本意解释为“子承父业”。要想继承家业，首要条件便是“驯服”。这充分展示了中国文化不同于西方的家庭观的文化特征。

在汉字教学的高级阶段，可以通过文化教学启人心智。这些文化内容如能通过汉字的学习一点一滴地渗透其中，会使留学生更加深入地理解汉字及其深厚的文化底蕴。

② 汉字文化的讲授法——相机诱导，启人心智

讲授汉字文化，不仅仅是讲授汉字所表示的意义，也要体会古人在造字时的智慧和中国传统的思想观念。古人造字多以几个指具体事物的独体字的字义，按其联系合成一个蕴含生活哲理或富有教育意义的合体字。在讲解这些字时，从局部到整体，由字形到字义，适当点拨，有启人心智的作用。例如，“慧”从心、彗声。“慧”原意为扫帚，引申指扫除，因此“慧”即为扫除心灵上的邪思杂念才能学习，做事情精力集中而聪敏，才能发挥才智。“忠”从心，中声，即把职内或他人托办的事时刻放在心上，尽心竭力地做好。“恕”，从心，如声，即用如同关心爱护自己的心情推想理解别人的困难、爱护别人，引申为不计较别人的过失，即宽恕。这一类的字还有“礼、仪、孝、圣、哲”等，都可在教学中点石成金，让学生得到多方面的教益。

③ 学习书法激发学生对汉字的审美情趣

我国书法艺术是书写汉字的艺术，而汉字是我们民族的象征，是中华民族文化艺术的瑰宝，源远流长、博大精深。数千年来，汉字与书法伴随着中国人创造着中国历史和中国文化，一直走到今天，可谓“写不完的汉字，道不尽的书法”。书法艺术的本质，其实就是汉字的审美书写。不同的时代，审美的取向不同，书写的方式也有变化。汉字和图画一样都具有形象性和美感性。从形体结构看，汉字有独体、合体；有左右、上下或左中右、上中下结构。这些汉字大小匀称，棱角分明，笔画多不见密，笔画少不见空，竖直不嫌高瘦，横摆不觉杂乱，排列成文，美观整齐。学习书法，可以使学生体会到汉字形体的结构美、线条美、章法美和意境美，激发学生对汉字的喜爱之情。

林语堂说：“中国字尽管在理论上是方方正正的，实际上却是由最为奇特的笔画构成的，这就使得书法家不得不去设法解决那些千变万化的结构问题。于是通过书法，中国的学者训练了自己对各种美质的欣赏力，如线条上的刚劲、流畅、蕴蓄、精微、迅捷、优雅、雄壮、粗犷、谨严或洒脱，形式上的和谐、匀称、对比、平衡、长短、紧密，有时甚至是懒懒散散或参差不齐的美。”他甚至认为，在解决这些问题的过程中，“书法艺术给美学欣赏提供了一整套术语”，“可以把这些术语所代表的观念看做中华民族美学观念的基础”。这些观念还影响到了“中国绘画的线条和构思”、“中国建筑的形式和结构”，“正是这些韵律、形态、范围等基本概念给予了中国艺术的各种门类，比如诗歌、绘画、建筑瓷器和房屋修饰以及基本的精神体系”。[1]

学习书法，可以使学生体会到汉字形体的结构美、线条美、章法美和意境美。书法教学，均以碑帖法书为教本，从形式入手。首先要进行基本笔画、结构和章法的讲练，所讲练的都是艺术形式。临帖、背帖和创作相结合。当然为了增加书法的趣味性，也可以讲述书法史上的逸闻趣事，让学生了解书法史与文字演变史，知道书法是一门高度抽象的高

[1] 林语堂：《中国书法》，《中国人》，（香港）三联出版社2008年版。

级艺术。它融音乐、美术、舞蹈、建筑于一体，其线条在空间的组合上千变万化，给人以充分的想象和表现的余地，激发学生的兴趣和欲望。兴趣是最好的老师，通过培养学生的课外兴趣爱好，引导学生对汉字和中国文化的喜爱和深入研究。

④ 创造学习汉字、使用汉字的环境

环境可以对一个人的思想、气质产生潜移默化的影响。创造一个优秀的学习、使用汉字环境，激发学生对使用汉字、使用书法的欲望，可通过课外活动、班会、节日让学生设计黑板报、制作贺卡、贺信、专刊、手抄报等形式。另外，还可以采取书法展览等多种形式。每学期可举行一两次书法竞赛和展览，黑板报评比或教室布置评比。学生的兴趣、进取心、勤奋等积极人格特征及想象力、创造力，都会在自己的书法创造中得以充分的发掘和展示。在中国传统节日春节的时候带领学生抄对联、写“福”字，元宵节猜字谜，中秋节编打油诗等等，使学生既能了解中国传统文化，又能寓教于乐学习汉字知识。

在汉字教学中，让学生用学过的汉字组词、造句、写文章，既能巩固已有的知识，又能加强新知识的联系，做到融会贯通。另外，字谜、析字联、文字诗也可适当引进汉字教学中。学生在运用汉字的过程中，会加强对汉字的文化内涵的理解，也会发现自己在哪些方面存在着知识的欠缺。这样就有可能主动地去学习汉字和探究汉字的文化内涵。

另外，教师的一手好字，在教学中自觉不自觉地起着一种榜样的作用，具有很强的感染力和吸引力。合理优美的板书设计，可以创造良好的教学气氛和吸引学生的注意。

对外汉语教学中的汉字教学策略，是在适当时间为具有自身特点的教学对象，通过适当的教学方法和教学媒体，提供汉字教学内容。为了寻求对外汉字教学特有的原则和规律，探索既科学合理又简便易行的教学方案，我们对汉字的性质和特点进行了梳理和概括。汉字是由形、音、义组成的反映中国传统文化和民族思维的表意文字，汉文化对汉字有着不可磨灭的影响。因此，汉字教学要结合汉字的形、音、义的特点和规律，把握汉字的文化特点。对外汉字的教学对象是以成人为主的外国留学生，针对不同阶段的学生特点和学习上的难点须安排不同的教学策略，构建新的教学方法。

在对外汉语教学中，我们的目的和任务就是利用一切有关信息资源，调动一切有效手段，使外国人尽可能顺当便捷地学好、用好汉字。在对外汉语教学中，挖掘汉字的特点与优势，变繁难为简易，通过解读汉字承载的文化信息，向外国人宣传汉民族的传统文化，深化对汉语的阅读能力和表达能力，这是一个很值得研究和很有开发前途的课题。